Guanlixue Jichu

"十三五"职业教育国家规划教材
安徽省"十四五"首批高等职业教育规划教材
省级精品课程教材
21世纪高等职业教育精品教材 · 工商管理类

管理学基础

（第六版）

蒋永忠　张颖　主　编
王韦　张礼国　副主编

富媒体智能型教材

东北财经大学出版社
Dongbei University of Finance & Economics Press
大连

图书在版编目（CIP）数据

管理学基础 / 蒋永忠，张颖主编. —6版. —大连：东北财经大学出版社，2023.7（2024.7重印）
（21世纪高等职业教育精品教材 · 工商管理类）
ISBN 978-7-5654-4883-6

Ⅰ. 管…　Ⅱ. ①蒋…　②张…　Ⅲ. 管理学-高等职业教育-教材　Ⅳ. C93

中国国家版本馆CIP数据核字（2023）第126666号

东北财经大学出版社出版
（大连市黑石礁尖山街217号　邮政编码　116025）
网　址：http://www.dufep.cn
读者信箱：dufep@dufe.edu.cn
大连图腾彩色印刷有限公司印刷　东北财经大学出版社发行

幅面尺寸：185mm×260mm　字数：387千字　印张：18
2023年7月第6版　2024年7月第3次印刷

责任编辑：郭海雷　张爱华　责任校对：惠恩乐
封面设计：原　皓　版式设计：原　皓

定价：45.00元

教学支持　售后服务　联系电话：（0411）84710309

如有印装质量问题，请联系营销部：（0411）84710711

第六版前言

党的二十大擘画了全面建设社会主义现代化国家、以中国式现代化全面推进中华民族伟大复兴的宏伟蓝图。强国建设、民族复兴，要求高职院校把“立德树人”这个根本任务融入贯穿教育各环节各领域，培养造就适应我国高质量发展需要的高素质高技能人才。

教材是传播知识的主要载体，体现着国家、民族的价值观念体系，在教育场景中扮演着重要角色。它不仅仅是教师教学和学生学习的工具，同时影响教育的方向、目的和内容，影响人才培养的质量和效果。认真贯彻落实党的二十大精神，加强教材建设和管理是深入推进高等职业教育“三教”改革的迫切需要。

本教材连续获评“十二五”“十三五”职业教育国家规划教材。2023年11月，本教材获评安徽省首批“十四五”高等职业教育规划教材。本次修订在保持第五版教材特色的基础上，继续紧扣“育人与育才”主题，按照“坚定理想信念、厚植爱国主义情怀、加强品德修养、增长知识见识、培养奋斗精神、增强综合素质”的要求，注重教材思政元素的提炼与挖掘，融合了思想性、教育性、趣味性、技能性，把新要求新趋势融入教材；坚持体现职业教育规律，把管理能力训练作为教材和教学的主线，严格按照专业教学标准来编排教学内容，结合当前经济社会发展、企业经营管理实际调整相关内容、补充相关案例；制作高品质音频、视频等资源，进一步丰富教学素材库，通过运用新媒体技术链接纸质教材和数字化教学资源，增强学生学习的时空自由度和学习内容的延伸度，达到帮助学生自主学习、灵活运用知识的目的，提高教材立体化水平。

本次修订的主要内容包括：

（一）加强课程思政内容

落实课程思政要求，精心设计、遴选思政素材，形成较为系统的课程思政教学内容体系，包括素养目标、思政元素、思政实践。除每章正文和“互动课堂”“小看板”栏目融入党的二十大精神、中华优秀传统文化等内容外，还在章前“学习目标”中增设“素养目标”，正文增设“思享园地”栏目、章末“综合应用”栏目中增设思政主题训练题。为保证课程思政教学素材的思想性、教育性、及时性与新鲜度，所选资料均体现与时俱进，有效契合相关管理知识点与技能点，从章前到章末形成课程思政教学闭环，力促育人与育才融合，以有效达成教学目标。

（二）增加音频、视频教学资源

根据教材“趣味阅读”“小看板”“管理定律”等相关内容，创作高品质音频作品，作为重要的数字教学资源。结合教材内容及管理实际，认真思考、凝炼管理观点，同时针对高职学生学情特点，精心设计生动有趣的超短小动画视频，以期达到“一语中的，心领神会”的目的，使学生在快乐的氛围中领悟管理的真谛。增设教学团队教学微课视频，使音频、视频资源库的构建成为教材立体化建设的有力支撑。

（三）对教材相关内容进行修订

按照“目标明确，重点突出，深入浅出，寓教于乐”的理念，对教材相关内容进行修订调整，主要对第2章、第3章、第4章、第8章、第9章等正文内容进行修订，同时更换了各章部分“小看板”“互动课堂”栏目的内容。

（四）推进教材建设与课程教学融合

配套数字化教学资源，促进教材资源立体化多样化，使之能够满足不同教学模式的需求。

本教材第六版是安徽省高水平高职教材建设成果，由安徽广播影视职业技术学院蒋永忠教授、安徽工商职业学院张颖教授任主编，安徽工商职业学院王韦副教授和张礼国教授任副主编。具体编写分工如下：安徽工商职业学院张颖编写第1、2章，安徽工商职业学院刘帅编写第3、8章，安徽工商职业学院张礼国编写第4、6章，安徽工商职业学院王韦编写第5章及部分案例，安徽广播影视职业技术学院蒋永忠编写第7、9章。在编写过程中，编者借鉴、参考和引用了国内外众多学者的观点和有关资料，主要参考文献已列于书后或在文中注明，在此谨向各位学者表示最衷心的感谢。同时感谢东北财经大学出版社相关编辑对本教材出版的关心、支持和帮助。本教材配有电子教案、PPT教学课件和课程思政教学案例，任课教师可登录东北财经大学出版社网站（www.dufep.cn）下载使用。

由于编者水平有限，加之时间仓促，书中难免会有不足之处，恳请广大读者及同行专家批评指正，以便我们改进。

编　者

2023年5月

2024年6月修订

Contents

目录

第1章 管理与管理者

管理，从根本上讲，意味着用智慧代替鲁莽，用知识代替习惯与传统，用合作代替强制。

——彼得·德鲁克

管理工作虽是一种艺术，但管理实际工作者像其他实践工作者一样，如果他们懂得并利用基础科学知识，他们就能把工作做得更好。

——西里尔·奥唐奈、哈罗德·孔茨

【学习目标】

知识与能力目标：

◎了解管理的含义、性质、特征。

◎熟悉管理的职能以及环境影响。

◎掌握成为有效管理者的技能。

◎熟悉管理学的研究内容和特征。

素养目标：

◎探究我国古代管理思想对现代管理的价值和指导意义。

◎厚植家国情怀和责任担当意识，培养正确的价值取向。

本章自学课件

趣味阅读

世界第一女CEO

卡莉·费奥丽娜从斯坦福大学法学院毕业后，第一份工作是在一家房地产经纪公司做接线员，她每天的工作就是接电话、打字、复印、整理文件。尽管父母和朋友都对她表达了支持，但很明显这份工作并不是一个斯坦福毕业生明智的选择。她毫无怨言，在简单的工作中积极学习。一次偶然的机会，几个经纪人问她是否还愿意干点儿别的什么，于是她得到了一次撰写文案的机会，她的人生从此改变。这位卡莉·费奥丽娜就是惠普公司的前首席执行官（CEO），被尊称为世界第一女CEO。

资料来源　编者根据相关资料整理。

音频

管理启示：任何一个组织，对新进人员通常都会一视同仁，不管你是多么优秀的人才，都只能从最简单的事情做起。对于成长中的年轻人来说，基层的磨练就像蚕茧，是羽化前必须经历的一步。

1.1　管理

1.1.1　什么是管理

“管理”有管辖、治理的意思。大到国家，小到企业或学校，几乎任何组织都离不开管理。在不同时期，不同学者对管理做出了不同的描述，具有代表性的观点有以下几种：

微课：什么是管理

一是从工作任务的角度出发对管理进行定义。如泰罗认为，管理就是要“确切知道要别人干什么，并促使他们用最好、最经济的方法去干”。“管理的主要目的应该是使雇主实现最大限度的富裕，也联系着使每个雇员实现最大限度的富裕。”他强调的是寻求最经济的方法完成工作任务。

二是从职能和过程的角度出发对管理进行定义。法约尔认为：“管理，就是实行计划、组织、指挥、协调和控制……是一种分配于领导人与整个组织成员之间的职能”。

三是从管理所产生的组织效果的角度出发对管理进行定义。如波波夫认为，管理同土地、劳力和资本一样，都是一种生产资源。一个公司的管理，将在很大程度上决定其生产率和盈利能力，因此管理是“生产的第四要素”。

四是从文化的角度出发对管理进行定义。如德鲁克认为，“管理不只是一门学问，还应是一种‘文化’，它有自己的价值观、信仰和语言”。管理“根植于一种文化、一种价值传统、习惯和信念之中，根植于政府制度和政治制度之中”。

五是从决策在管理中所占重要地位的角度出发对管理进行定义，把管理与决策等同起来。如西蒙就提出：“管理过程是决策的过程。”

上述这些不同的定义均强调或突出了管理活动某一方面的特性，各有道理，也各执一端。综合来看，我们认为，管理就是在特定的环境下，对组织所拥有的资源进行有效的计划、组织、领导、控制，以便完成组织既定目标的过程。

这个定义包含着以下四层含义：

（1）管理是为实现组织目标服务的。

（2）管理要通过对组织中各种资源的综合运用来实现组织目标。

（3）管理过程是由一系列相互关联、连续进行的活动所构成的，包括计划、组织、领导、控制等，它们成为管理的基本职能。

（4）管理是在一定环境下进行的，有效的管理必须充分考虑组织内外部环境的影响。

通常来说，管理并不是独立存在的，它只是一个组织的“器官”，是为组织服务的。什么是组织？组织是对负有特殊使命的人的系统性安排，即指由两个或两个以上的个人为了实现共同的目标组合而成的有机整体，如学校、学校中的学生会、政府机关、各类企业、慈善机构等都是组织。

组织具有三个基本特征：有明确的目标、由人组成、有自己的系统性结构。

我们在了解管理与组织的时候，还要关注效率与效果的关系。效率是管理极其重要的组成部分，反映了输入与输出之间的关系，即用尽可能少的投入，获得尽可能多的产出。例如，设备利用率、工时利用率、资金周转率、劳动生产率等，都是组织效率的具体衡量指标。

通常情况下，资源总是有限的，这种有限性对组织目标的确定与实现有很大的影响。组织的有限资源与组织可调动的资源不一定是一致的，可调动的资源可能大于组织自己拥有的资源，也可能小于组织自己拥有的资源。组织资源的有限性决定了组织应该充分有效地利用这些资源，使之发挥最大的效用。

管理者仅仅关心组织活动的效率还是不够的，管理工作的完整任务必须是使组织在高效率的基础上实现正确的活动目标，也就是要实现组织活动的效果。当管理者实现了组织目标，我们就说管理是有效果的。那么，什么是效果？效果就是组织活动的结果。效果的具体衡量指标有销售收入、利润额、销售利润率、产值利润率、成本利润率、资金利润率等。

效率和效果是相互联系而又有所不同的两个概念。效率涉及的是活动方式，它与资源的利用相关，因而只有高低之分而无好坏之别。效果则涉及活动的目标和结果，不仅具有高低之分，而且可以在好和坏两个方向上表现出明显的差距。如果说高效率是追求“正确地做事”，好效果则是保证“做正确的事”。在效果为好的情况下，高效率无疑会强化组织的有效性，但从本质上说，效率性和有效性之间并没有必然的联系。有时一个企业的效率可能比较高，但如果所生产的产品没有销路，或者说不能满足顾客的需要，这样效率越高反而会导致有效性越差，因为此时产品生产得越多，库存积压也就越多，导致企业赔钱也越多。所以，一个有效的管理者，应该既能指出应当怎么做才能使组织保持较高的效率，又能指出应当做什么才能取得好的效果，这样的组织才具有最突出的有效性。

1.1.2 管理的性质

管理具有二重属性，即自然属性和社会属性。管理是人类共同劳动的产物，具有同生产力和社会化大生产相联系的自然属性；同时，管理又具有同生产关系、社会制度相联系的社会属性。

管理的自然属性，也称管理的生产力属性或一般性。它由生产力决定，而与生产关系、社会制度无关，具有历史长期性。

管理的社会属性，也称管理的生产属性或管理的特殊性。管理的社会属性是由与管理相联系的生产关系和社会制度的性质决定的。在历史发展的过程中，不同社会形态下，管理的社会属性体现着统治阶级的意志，带有明显的政治性。

思享园地

我国基本经济制度是中国特色社会主义制度的重要支柱，也是社会主义市场经济体制的根基，公有制主体地位不能动摇，国有经济主导作用不能动摇。这是保证我国各族人民共享发展成果的制度性保证，也是巩固党的执政地位、坚持我国社会主义制度的重要保证。

在社会主义条件下发展市场经济，是我们党的一个伟大创举。我国经济发展获得巨大成功的一个关键因素，就是我们既发挥了市场经济的长处，又发挥了社会主义制度的优越性。我们是在中国共产党领导和社会主义制度的大前提下发展市场经济，什么时候都不能忘了“社会主义”这个定语。之所以说是社会主义市场经济，就是要坚持我们的制度优越性，有效防范资本主义市场经济的弊端。我们要坚持辩证法、两点论，继续在社会主义基本制度与市场经济的结合上下功夫，把两方面优势都发挥好，既要“有效的市场”，也要“有为的政府”，努力在实践中破解这道经济学上的世界性难题。

资料来源　习近平. 不断开拓当代中国马克思主义政治经济学新境界 [J]. 求是，2020（16）.

1.1.3　管理的特征

1）动态性

管理的动态性特征主要表现为这类活动需要在变动的环境与组织中进行，需要消除资源配置使用过程中的各种不确定性。因此，管理不是停留在书本上的东西，它是实践中的操作。管理无定式，不存在一个标准的、处处都能成功的管理模式。

2）科学性

管理的动态性并不意味着管理没有科学规律可循。管理活动尽管是动态的，但还是可将其分成程序性活动和非程序性活动。程序性活动，就是指有章可循、照章运作便可取得预期效果的管理活动；非程序性活动，就是指无章可循、需要边运作边探讨的管理活动。

这两类活动虽然不同，但又是可以转化的，实际上现实的程序性活动就是从非程序性活动转化而来的，这种转化的过程事实上是人们对这类活动与管理对象规律性的科学总结，管理的科学性在这里得到了很好的体现。

3）艺术性

艺术性是指在掌握一定理论和方法的基础上，灵活运用这些知识和技能的技巧和诀窍。管理的艺术性强调管理人员必须在管理实践中发挥积极性、主动性和创造性，因地制宜地将管理知识与具体管理活动相结合，这样才能进行有效的管理。需要注意的是，我们强调管理的艺术性，并不否认管理的科学性。管理活动不但需要利用经过整理的基本知识，而且需要根据实际情况加以创造性地、灵活地运用，才能取得预期的成效。因此，管理工作是科学性与艺术性的有机统一，是结合实际进行的一种创造性活动。

4）创造性

管理的艺术性特征实际上与管理的另一个特征相关，这就是创造性。管理既然是一种动态活动，又没有统一的模式可以参照，那么要实现既定的组织目标，就需要有一定的创造性。

5）经济性

资源的配置使用是需要成本的，因此管理就具有经济特性。首先，管理的经济性反映在资源配置的机会成本上，管理者选择一种资源配置方式是以放弃另一种或几种资源配置方式为代价的，这里有一个筹划选择的过程。其次，管理的经济性反映在管理方法选择上也有一个成本比较，因为在众多资源配置方式中，不同方式的成本是不一样的，所以如何选择也就成为经济性的问题。最后，管理是对资源有效整合的过程，因此选择不同的资源供给和配比，也有成本大小的问题，这是经济性的另一种表现。

管理的上述五个特性是相互关联的，是管理性质五个不同方面的反映。

1.1.4　管理的对象

管理对象是管理者为实现管理目标，通过管理行为作用其上的客体。我们知道，管理总是对一个群体或组织实施的，所以，管理对象首先可以理解为不同功能、不同类型的社会组织。而任何社会组织为发挥其功能，实现其目标，都必须拥有一定的资源或要素，管理的任务就是对这些资源或要素进行合理的配置、使用，使其发挥效用，从而实现管理目标。因此，这些资源或要素就成为管理的直接对象。同时，任何组织要完成自己的任务，都必须开展一些职能活动，形成一系列工作或活动环节。只有对活动环节进行有效的管理，才能保证目标的实现，这样，职能活动或工作环节也成为管理的对象。以企业组织为例，管理工作的对象实际上包含了三个方面：一是对工人和作业工作进行管理。可以这么说，管理最初就是产生于对工人及其工作的管理。但随着组织规模的扩大，这类管理工作逐渐交给了基层管理者来完成，上层管理者则主要按“例外原则”介入对工人及其工作的管理。二是对管理人员及其工作进行管理。在任何组织中，管理既是对人的管理，也是通过人来管理的。那些负责管理他人的管理者，他们本身也应该受到某种程度和某种方式的管理。也就是说，在企业中管理者同时也是被管理者。因此，管理工作的第二项任务便是管理管理者及其工作。无论是基层、中层还是高层管理人员，他们都必须置于某种力量的管理之下；否则，他们的行为就有可能出现偏差。目前许多企业发生管理人员行为不受约束的现象，主要原因就是对这些管理人员的管理不到位。三是对整个企业进行管理。它要求对一个企业的生产经营活动进行全面的管理。

1.1.5　管理的职能

1）计划

计划的任务主要是制定目标及目标实施途径（即计划方案）。具体来说，计划工作主要包括：①描述组织未来的发展目标，如利润增长目标、市场份额目标、社会责任目标等；②有效利用组织的资源实现组织的发展目标；③决定为实现目标所要采取的行动。计划是管理的首要职能，管理活动从计划工作开始。

2）组织

再好的计划方案也只有落实到行动中才有意义。要把计划落实到行动中，就必须有组织工作。组织工作包括分工、构建部门、确定层次等级和协调等活动，其任务是构建一种工作关系网络，使组织成员在这样的网络下更有效地开展工作。通过有效的组织工作，管理人员可以更好地协调组织的人力和物力资源，更顺利地实现组织目标。

3）领导

有了计划，构建了合适的组织结构，聘用了合适的人员之后，就需要开展领导工作了。有人把领导称为指导，但不管怎么叫，都是指对组织成员施加影响，使他们对组织的目标做出贡献。其工作内容包括激励、采用合适的领导方式、沟通等。

4）控制

控制工作包括衡量组织成员的工作绩效，发现偏差，采取矫正措施，进而保证实际工作开展情况符合计划要求。

计划、组织、领导和控制是最基本的管理职能，它们分别回答了一个组织要做什么和怎么做、靠什么做、如何做得更好，以及做得怎么样等基本问题。作为管理工作的手段和途径，随着管理对象的变化和科学技术的发展，管理职能也在不断地丰富和完善。近年来，决策和创新这两项职能得到了管理者的高度重视，但这两项职能严格来说并不是独立的管理职能，而是从原有的四个管理基本职能中分离出来的，是对原有四个基本职能某些方面内容的专门强调。在后面的章节中，我们将会有所涉及。

管理游戏

游戏简介：企业员工，特别是管理人员需要有像福尔摩斯一样的逻辑思维能力。对于一个合格的企业人员来说，其逻辑思维能力是不可缺乏的，本游戏将帮助你了解自己这一能力水平。

道具：无

参加人数：30人

用时：20分钟

场地：教室

游戏步骤：

第一步，由教师交代案情：一个男人走到湖边的一座小木屋前，同一个陌生人交谈以后就跳到湖里淹死了。学员通过问封闭式问题的方式判断案情的起因。

第二步，教师负责回答学生的问题，但只能说“是”或“不是”。

第三步，计时开始。看谁能在最短的时间推理出这个男人的死因。

第四步，由教师带领学生讨论下列问题：谁的推理最富逻辑性？有没有比答案更好的推理？

游戏要点：游戏的答案也许是匪夷所思的，但游戏的重点并不是要得到最后的答案，而是在游戏的过程中让学员积极地延展、激发自己的思维能力，并在这个过程中体会到开动脑筋的乐趣。

1.1.6　管理的环境

管理的环境是指存在于社会组织内部与外部的影响管理实施和管理效果的各种力量、条件和因素的总和。管理环境按存在于社会组织的内外范围划分，可分为内部环境和外部环境。

1）内部环境

内部环境主要指社会组织履行基本职能所需的各种内部的资源与条件，包括人员的社会心理、组织文化等因素。任何组织都是独特的资源和能力的结合体，这一结合体形成了管理工作的基础。由于组织的资源和能力各不相同，所以在同一外部环境中经营并采取类似管理措施的组织也不一定会取得相同的绩效。可以概括地说，组织的内部条件、外部环境和管理工作这三者共同决定了一个组织的总体绩效水平，决定了这个组织的生存发展能力。

互动课堂1-1

1878年，柯达公司的创始人伊士曼发明了一种涂有一层干明胶的胶片，而在此之前，感光底片都是湿片。1879年，伊士曼又发明了一台乳涂敷机，开始批量生产摄影干版。1880年，伊士曼在美国创立柯达公司的前身——“伊士曼干版公司”。1883年，伊士曼发明了胶卷。1888年，伊士曼发明了史上第一台小型相机，并模仿快门的“咔哒”声起名为“柯达”，从此改变了摄影的方式。1935年，柯达公司推出了柯达彩色胶卷。1981年，柯达销售额突破100亿美元。1991年，柯达推出第一台数码单反相机。1994年，柯达快速彩色冲印店进入中国市场。1997年2月，柯达市值达到了巅峰的310亿美元，风光程度堪比今日的苹果公司。2004年，柯达被道琼斯除名并停止生产传统胶片相机以应对数码潮流。2005年，柯达数码相机在美销售夺冠，盈利高达57亿美元，随后销售排名逐年下降。2009年，柯达停售历经74年之久的35毫米彩色胶片。2011年，柯达仅能勉强维持市场份额，并受创于为职工发放巨额抚恤金，柯达股价跌幅超过80%。2012年，柯达依据美国《破产法》向纽约一家法院申请破产保护。

资料来源　编者根据相关资料整理。

讨论：请分析柯达公司的内外部环境，以及其最终倒闭的主要原因。

音频

2）外部环境

外部环境是指组织外部的各种自然和社会条件与因素。组织的外部环境还可以进一步划分为一般环境和具体环境。一般环境，也称宏观环境，指对某一特定社会中所有组织都产生影响的环境因素，包括经济和技术、政治和法律、社会和文化、自然环境等要素。一般环境的影响常常是广泛的，可能影响到处于其中的所有组织，而不一定仅影响某个特定的组织。在大多数情况下，一般环境是特定组织的管理者所无法影响和控制的，因此适应和利用是常用的应对策略。具体环境，亦称微观环境或任务环境，是指某个社会组织在完成特定任务过程中所面临的特殊环境因素。例如，一家工商企业可能同一所学校面临相同的一般环境，但它所面临的具体环境不但与学校的具体环境不同，而且与其他企业的具体环境也可能不同。对工商企业来说，具体环境主要包括资源供应、合作者、竞争者、顾客、政府主管部门以及社区等。与一般环境相比，具体环境对特定组织的影响更为明显，也更容易为组织管理者所识别、影响和控制。当然，不同的组织所面临的具体环境是不一样的，而且会随着组织所提供产品或服务的范围及其所选择的细分市场的变化而发生改变。例如，私立学校和公立学校都从事教学活动，但私立学校要比公立学校更卖力地招收新生、维持校友关系及提供就业服务。同样，瑞士劳力士公司和日本西铁城公司都制造手表，但它们的具体环境却因其选择不同的细分市场而不同。

环境对组织的生存发展及内部管理起到决定与制约作用，因此要求管理者必须抓好环境管理，了解与认识环境，分析与评估环境，能动地适应环境，从而谋求内部管理与环境的动态平衡。

小看板 1-1

如果管理者不理解环境如何影响他们的组织，或者不能分辨可能的重要机会和威胁，那么他们决策和实施计划的能力将会很有限。如对顾客的好恶所知甚少，组织会很难设计新产品、计划产量、制订营销计划等。总而言之，及时、准确地把握环境信息对企业运作至关重要。

但是环境信息是不容易被把握的。环境的不确定性意味着管理者没有足够的信息去了解环境或预测未来。不确定性由两个相关的因素引起：一是复杂性；二是动荡性。复杂性指管理者要处理的问题的数量和其内部关联性。例如，拥有许多采取不同方式竞争的不同公司的行业与只有几个重要竞争者的行业相比，趋向于更复杂、更不确定。环境的动荡性指行业内部发生非连续的变化程度。例如，产品和技术快速变化的高成长性行业与变化较小、可预见的稳定性行业相比，趋向于更不确定。处理环境不确定性的第一步就是确定重要性。如果组织行动时毫无打算，结果将导致未来会懊悔。例如，IBM有机会购买复印技术，但它拒绝了，而施乐公司看到了潜力，结果可想而知。又如，施乐公司开发了计算机鼠标技术，却没有看到其潜力，公司因此也丧失了重要的市场机会。

音频

因此，管理者要对信息进行分类以解释什么是重要的、什么是不重要的。管理者可以考虑以下问题：

我们目前的竞争者是谁？

我们行业的进入壁垒是多还是少？

我们的产品或服务存在的替代品是什么？

公司是否非常依赖有实力的供应商？

公司是否非常依赖有实力的顾客？

对这些问题的回答能帮助管理者提高竞争意识，以便在激烈的竞争环境中更好地进行管理。

资料来源　贝特曼，斯内尔．管理学［M］．王雪莉，译．北京：中国财政经济出版社，2004.

1.2　管理者

1.2.1　管理者的类型

动画：基层管理者的态度

微课：什么是管理者

管理者是指在组织中从事管理活动的全体人员，即在组织中担负计划、组织、领导、控制等工作，以期实现组织目标的人，是影响组织活动最为重要的一个因素。

管理者在组织中工作，但并非组织中的每一个人都是管理者。我们可以将一个组织的成员分为两类：操作者和管理者。

在组织中，操作者是指直接从事具体实施和操作工作的人。比如，汽车装配线上的装配工人、饭店里的厨师、商场里的营业员、医院里的医生、学校里的教师等，这些人处于组织中的最底层，不具有监督他人工作的职责。

组织中有不同类型的管理者。例如，在学校里有校长、副校长、系主任以及其他各类管理人员；如果你参加了工作，在工作的地方你可能看到财会审计人员、销售管理人员、车间主任以及副总裁、总裁等。这些人都是管理者，他们都在为了实现组织的目标对人或事进行计划、组织、领导和控制。

对管理者有许多分类方法，最常见的是根据在组织中的级别、职位和职能头衔区分为高层管理者、中层管理者和基层管理者三个层次（见表1-1，以企业为例）。不同层次管理者的工作重点不同。高层管理者对整个组织的管理负有全面责任，主要任务是制定组织的总目标、总战略，把握组织的发展方向，如“在未来两年中销售额翻一番”。中层管理者的主要职责是贯彻执行高层管理人员制定的重大决策和管理意图，监督和协调基层管理人员的工作，或对某一方面的工作进行具体的规划和参谋，如“招聘两名销售员”“推出三种新产品”等。基层管理者即一线管理人员，其主要职责是直接给下属作业人员分派具体工作任务，直接指挥和监督现场作业活动。

表1-1　管理者的类型

级别	职位	职能头衔
高层管理者 （下属是管理者）	执行官	总裁 生产副总裁 销售副总裁 人力资源副总裁 首席财务官 ⋮
中层管理者 （下属是管理者）	经理或总监	生产总监 销售总监 人力资源部经理 财务部经理 ⋮
基层管理者 （下属是操作者）	主管	生产监督员 地区销售经理 人力资源助理经理 主会计师 ⋮

互动课堂 1-2

蒋华是某新华书店邮购部经理，该邮购部每天要处理大量的邮购业务。在一般情况下，登记订单、按单备货、发送货物等都是由部门中的业务人员承担的，但在前一段时间里，接连发生了多起A要的书发给了B、B要的书却发给了C之类的事，引起顾客极大不满。今天又有一大批书要发货，蒋华不想让这种事情再次发生。

讨论：他应该亲自发送这批书，还是仍由业务员来处理？为什么？

1.2.2 管理者的技能

每位管理者都在自己的组织中从事某一方面的管理工作，都要力争使自己主管的工作达到一定的标准和要求。管理是否有效，在很大程度上取决于管理者是否真正具备了作为一位管理者应该具备的管理技能。通常而言，一名管理者应该具备的管理技能包括技术技能、人际技能、概念技能三个方面。那些处于较低层次的基层管理者，主要需要的是技术技能，其次是人际技能；处于较高层次的中层管理者，更多需要的是人际技能，其次是技术技能与概念技能；而处于最高层次的管理者，则尤其需要具备较强的概念技能，其次是人际技能以及技术技能。

1）技术技能

技术技能是指完成涉及一定方法和流程的具体任务的能力。比如，车间主任要熟悉各种机械的性能、使用方法、操作程序，以及各种材料的用途、加工工序等；办公室管理人员要熟悉组织中的有关制度以及相关法规，熟悉公文收发程序、公文种类及写作要求等。对于管理者来说，虽然没有必要使自己成为精通某一领域技能的专家(因为他可以依靠有关专业技术人员来解决专门的技术问题)，但也必须了解相当的专门知识，掌握最基本的专业技能，否则就很难与他所主管的组织内的专业技术人员进行有效的沟通，从而也就无法对他所管辖的业务范围内的各项管理工作进行具体的指导。毋庸置疑，医院的院长不应该是对医疗过程一窍不通的人，学校的校长也不应该是对教学科研工作一无所知的人，军事首长更不能对军事指挥一无所知。当然，不同层次的管理者，对专业技能要求的程度是不同的。相对而言，基层管理者需要的专业技能的程度较深，而高层管理者则只需要有些粗浅了解即可。

另外，从学生学习角度看，技术技能的获取也十分必要，在某些时候这些技术技能可能会帮助你成为管理者。当你离开学校时，如果你拥有了一项技术技能就会比较轻松地获得入职的机会。如会计专业的学生要掌握一些关于做账和审计方面的基本技能，营销专业的学生则要知道定价、市场调查和销售技术等。比如，你所掌握的基本会计和财务知识可以帮助你拥有管理和理解组织财务资源所需的技术技能，你就可能进入一个管理岗位。

2）人际技能

人际技能是指处理与人事关系有关的技能，即理解、激励他人并与他人沟通和共事的能力。这种技能当然首先包括领导技能，因为领导者必须学会同下属人员沟通并影响下属人员的行为。但人际技能的内涵远比领导技能广泛，因为管理者除了领导下属人员外，还得与上级领导和同级同事打交道，还得学会说服上级领导，领会领导意图，学会同其他部门同事紧密合作，还要与相关的外界人员和组织发生联系与交往。可以说，人际技能对高、中、低层管理者有效地开展管理工作是非常重要的，因为各层次的管理者都必须在与上下左右之间进行有效沟通的基础上相互合作，共同完成组织的目标。

3）概念技能

概念技能是指对事物的洞察、分析、判断、抽象和概括的能力，包括理解事物的相互关系从而找出关键影响因素的能力、确定和协调各方面关系的能力，以及权衡不同方案优劣和内在风险的能力等。管理者不但应看到组织的全貌和整体，了解组织与外部环境是怎样互动的，了解组织内部各部分是怎样相互作用的，能预见组织在社区中所起的社会的、政治的、经济的作用，知道自己所管部门在组织中的地位和作用，还要能够快速、迅捷地从混乱复杂的情况中辨别出各种因素的相互作用，抓住问题的起因和实质，预测问题发展下去会产生什么影响，需要采取什么措施解决问题，这些措施实施以后会出现什么后果。显然，在组织的动态活动中，任何管理者都会面临一些混乱而复杂的环境，需要认清各种因素之间的相互联系，以便抓住问题的实质，根据形势和问题果断地做出正确的决策。因此，管理者所处的层次越高，其面临的问题就越复杂，无先例可循甚至具有多变性，就越需要概念技能。

小看板 1-2

管理者是负有一定责任的人

任何组织或团体的管理者，都居于一定的职位，都要运用和行使相应的权力，同时也要承担一定的责任。权力和责任是一个矛盾的统一体，一定的权力又总是和一定的责任相联系的。当组织赋予管理者一定的职务和地位，从而形成了一定的权力时，相应地，管理者同时也就担负了对组织一定的责任。在组织的各级管理者中，责和权必须对称和明确，没有责任的权力，必然会导致管理者用权不当，没有权力的责任是空泛的。有权无责或有责无权的人，都难以在工作中发挥应有的作用，都不能成为真正的管理者。比较而言，责任比权力更本质，权力只是尽到责任的手段，责任才是管理者真正的象征。如果一个管理者仅有职权，而没有相应的责任，那么他是做不好管理工作的。管理者的与众不同，正因为他是一位责任者。如果管理者没有尽到自己的责任，就意味着失职，等于放弃了管理。

资料来源　编者根据相关资料整理。

音频

1.2.3　如何成为管理者

如果你想成为管理者，那么有大量的研究可以帮助你判断自己是否适合这项工作。

1）个性和爱好

美国的约翰·霍兰德教授认为个性（包括价值观、动机以及需要）是影响人们做出职业选择的决定性因素。他的研究表明，通过职业偏好测试，几乎所有成功的管理者至少符合这两种个性类型中的一种：

微课：如何成为有效管理者

（1）社会型。社会型的人喜欢从事能够为他人提供帮助的职业。此类职业一般包括管理者、心理咨询医生和社会工作者。一般而言，社会型的人会发现自己很容易与各种人交谈，善于帮助有心理问题或遇到麻烦的人，能巧妙地向他人解释一些事情而且他们也乐于帮助他人解决个人问题，喜欢教育他人以及结交陌生人。

（2）企业型。企业型的人喜欢为实现某一目标而去说服他人或者监督他人的工作，尤其喜欢用言语来影响他人。律师和公共关系管理人员就表现出这种倾向。企业型的人认为自己有雄心壮志并且做事果断，善于在公众场合演讲，善于与难相处的人打交道，能够成功地组织他人开展工作。他们喜欢影响他人，善于推销产品或观点，喜欢作为团队的领导并监督他人的工作。

2）能力倾向

能力倾向也将决定能否成为好的管理者。埃德加·沙因认为，职业生涯的规划是一个不断了解自我的过程。在这个过程中，人们了解了自己具有的天分、能力、动机以及价值观，慢慢形成了较清晰的对职业的理解。当你更多地了解自己时，你就形成了自己的职业认定，一旦做出选择，就不会轻易放弃。沙因根据自己对麻省理工学院毕业生的研究，得出结论：管理者有非常强烈的管理能力职业倾向。他们表现出非常强烈的想成为管理者的动机，他们的经历使其相信自己有胜任管理职位所必需的能力，他们最终的目标是成为高级管理者。当要求他们解释为什么认为自己有获得这些职位所需的能力时，许多人会说自己具备三方面的能力：①分析能力，即在信息不完全和不确定的情况下识别、分析、解决问题的能力；②处理人际关系能力，即影响、监督、领导及操控各种各样的人的能力；③情感能力，在情感压力和人际关系危机下，能够保持良好的状态，而不是表现得疲惫不堪，能够承担重大的责任而不至于被压垮。

3）以往的成就

研究表明，可以通过仔细回顾一个人以往的成就，来对他的未来进行预测。在对美国电话电报公司（AT&T）进行了两项长期的研究后，有关学者得出了一些有意义的结论。比如，他们发现，在刚刚被聘任到中层或中层以上的管理岗位时，读过大学的员工比没读过大学的员工显示出更好的发展潜力；八年以后，这两组员工的区别则更为明显。很显然，与没读过大学的人相比，读过大学的人平均晋升速度更快，获得的职位也更高。大学成绩也很重要，在职业生涯早期，大学成绩较好的员工比大学成绩较差的员工具有更大的晋升潜力，后来在管理层中的级别，也是前者更高。再比如，学校的质量对管理者职业生涯早期的意义远比对其稍后的职业生涯的意义大。一开始，从公认的好学校毕业的那些人被作为有潜力的管理者而排在前列，但是若干年后，学校的质量对晋升似乎起不了多大作用。还有在大学所修的专业也很重要，人文专业和社会科学专业毕业的管理者从一开始就得到较高评价，被看成是有潜力的管理者。他们后来在公司的发展也非常快。工商管理专业的管理者排第二，而主修数学、自然科学以及工程专业的管理者排第三。是什么原因导致了人文专业和社会科学专业毕业生呈现出这种令人惊讶的表现呢？这项研究显示，他们在决策能力、智力水平、书面表达能力、解决问题的创造力以及对成功的渴望程度等项目上，得分都是最高的。而在领导能力、语言交流能力、人际关系技能和适应性方面，学习人文、社会科学和工商管理专业的人也比学习数学、自然科学和工程专业的人表现得要出色。当然，此类研究结果并不是说数学、自然科学等专业对管理就毫无帮助。也许该结论只适用于这一群特定的管理者，或者说只是适用于美国电话电报公司的管理者，但是这却可以表明，无论你学习什么专业，不断提高各种能力都是非常重要的，比如说提高决策能力、创造力和书面沟通能力。

管理大师档案

大师中的大师：彼得·德鲁克

被尊为“大师中的大师”与“现代管理学之父”的彼得·德鲁克（Peter F. Drucker），于1909年出生在奥地利的维也纳，祖籍荷兰。彼得·德鲁克最伟大的贡献是创建了“管理”这门学科，他如此阐述管理的本质：“管理是一种实践，其本质不在于‘知’而在于‘行’；其验证不在于逻辑，而在于成果；其唯一权威就是成就。”他所提出的影响最为深远的理论是“目标管理”，在他看来，管理者的工作基本点就是完成任务以实现公司目标，指导和控制管理者的是行动目标而不是他的老板。相对于多数强调具体处事方式的管理学家，他认为，管理者的眼光、奉献精神和诚实决定了管理水平，其次才是方法。

（扫一扫
了解更多）

资料来源　赵娟.大师中的大师：彼得·德鲁克［J］.施工企业管理，2007（7）.

互动课堂1-3

你认为在工作上成绩最突出的管理者会不会是组织中升职最快的人呢？

1.3　管理学

1.3.1　管理学的研究内容

由于人类社会存在多种多样的社会组织，如电视台、报社等各类媒体，政治党派、学术团体、宗教组织等，博物馆、公园、图书馆等公共设施单位，企业、军队、学校、医院、国家各级政府机关等，而每种社会组织又由于自身的宗旨与行业特点不同，其管理的内容与方法也存在差别。研究解决不同行业各自特殊性的管理原理和方法，就形成了不同门类的管理学，如企业管理学、军队管理学、学校管理学、医院管理学以及行政管理学等。但是不同门类的专业管理学中又都包含着一些共同的管理原理、管理规律、管理技能和方法。作为一般意义上的管理学，不可能将各个行业管理的内容都纳入进去，而只能是研究各个行业管理中共通的、带有规律性的原理与方法。

管理是一切组织不可缺少的活动。尽管各种组织的目的各异，但是基本管理过程总是不变的。一般而言，管理过程是从确立组织目标和提出行为规范开始，进而包括交互式的物资和信息的传递与反馈，直到任务完成为止的全部活动，与行政机关、商业或工业组织中的管理工作相比，具有更广泛的含义，它包括任何一种组织中发生的管理活动。管理过程的共通性使得不同行业的管理人员的高度互换成为可能，也正是因为如此，管理过程这一概念的形成把管理学向专业化大大推进了一步，从而促使它迅速成长为一门一般性科学。

如上所述，管理学以一般组织的管理为研究对象，研究内容包括管理的基本概念、原理、方法和程序，探讨人力、财力、物力、信息、技术、方法、时间的计划和控制问题，组织的结构设计问题，对组织中人的领导与激励问题等。管理学对管理活动的这些具体形态的研究，构成了管理学的实际研究内容，主要包括：

（1）对管理中人的研究。管理的主体和客体都是由人构成的，就此而言，管理的对象主要是指人与人之间的关系和活动，因此，对管理中的人，包括管理者和被管理者特性的把握，是管理学研究的第一课题。

（2）对管理资源的研究。这是指对人力、物力、财力、信息、机会、时间、组织、制度等管理资源的研究，包括研究这些资源的实际状况及其对管理的影响和意义，研究这些资源的发展变化等。

（3）管理的行为和职能。这包括：研究管理行为的性质和基础、管理行为的凭借和制约因素、具体的管理行为和职能，如管理的计划和决策、实施和执行、组织和人事、领导和指挥、控制和监督、评价和调整等；同时，研究管理行为的基本模式、行为过程、行为途径、行为规则，以及管理行为的影响因素和发展变化等。

（4）管理的组织和制度。这包括研究组织的产生和性质、组织的环境、组织的基本特性、组织的原则、组织行为、组织的设计、组织的结构、组织的基本功能、组织文化、正式组织与非正式组织、组织的制度、组织的变革发展等方面的内容。

（5）管理中的若干关系。这包括：研究管理中关系的形成原因、性质和功能；研究这些管理关系的具体形态，如权威与服从、分权与集权、激励与处罚、个人与组织、自由与纪律、冲突与合作、协调与强制、稳定与变革等；同时，研究管理中组织与组织之间、不同管理层级之间、不同部门之间的关系。

（6）管理的文化和价值。这包括：研究管理的文化环境、管理的价值取向及具体价值含义，如公共管理中的安全、秩序、效率、公平等；研究管理价值的实现途径；同时，研究管理的道德和伦理规范及其在管理中的功能等。

（7）对管理的评价。这包括对管理评价的标准、评价的参数和原则、评价的指标体系、评价的程序、评价的步骤和方法的研究，还包括对评价的基本规则的研究等。

1.3.2 管理学的特点

在管理实践的推动下，管理学在不断的理论创新与方法创新的基础上，已经成为一门独立的学科，并形成了自己的学科特征。管理学作为一门学科具有如下特性：

1）实践性

管理学的理论与方法是人们通过对各种管理实践活动的深入分析、概括、总结、升华而得到的，反过来它又被用来指导人们的管理实践活动。管理学是应用性学科，是实践性科学，它一刻都不能脱离管理实践。要真正掌握管理学，必须通过大量的管理实践活动去体会，理论联系实际。

2）发展性

随着社会进步和科学技术的发展，计算机和网络技术的广泛应用对各级各类组织的组织形式、运行方式和管理手段产生了巨大的影响，由此产生了许多新的管理问题，需要人们去研究、去解决，为此所产生的新的管理理论和方法将会大大推动管理学理论体系的丰富和扩展。因此，管理学是一门在实践中每时每刻都在发展的学科。

3）不精确性

管理学与数学、物理学等学科不一样。数学、物理学等是精确的科学，根据规律（一般都可以用数学公式表示）和所给定的初始条件就可以得出问题的解。管理工作中有许多因素是不能用数据来表示的，呈现出一种错综复杂的关系，有的甚至是演绎推理也无法表达清楚的。例如，某种激励政策在这个单位非常见效，到了别的单位就不怎么见效；或是对同一组织内的这部分成员起作用，对另一部分成员不太起作用。这种激励政策和所达到的效果之间就很难用精确的数据来反映。

4）软科学性

若将组织中的人力、财力、物力、技术等看成客观的实实在在的硬件，则管理可看成软件。我们知道，管理的主要任务是充分调动人的积极性，发挥人员的内在潜力，有效地利用财力、物力和技术，用最少的消耗达到组织目标，这是将管理学视为软科学的第一层含义。此外，管理者必须借助被管理者及其他各种要素来创造社会价值，在这种价值中很难区分出有多少是由管理而得到的，这是将管理学视为软科学的第二层含义。某些管理措施是否有效往往需要较长时间的实践才能看出来，很难在事前准确地评价，这是将管理学视为软科学的第三层含义。

5）科学性与艺术性

管理学发展到今天，已经形成了比较系统的理论体系，揭示了一系列具有普遍应用价值的管理规律，总结出许多科学的管理原则，这是人类管理活动的高度概括，是理论与实践结合的产物，不会因地域、文化、社会制度的差异而改变，体现了管理的科学性。同时，管理又是一门艺术。面对管理工作中所遇到的问题，往往因为个人对复杂的环境的认识程度不同、对管理学基本原理理解的深度不同、个人的社会经历和经验的不同，而提出不同的解决方法。这种不同或多或少地体现出一种艺术性。没有一成不变的僵硬模式，应变、适应、灵活和具体运用，是管理艺术的真谛。

6）一般性与特殊性

随着人类的进步和经济的发展，管理的重要性愈发突出，正像孔茨等人所说："管理适合任何一个组织机构。管理适用于各级组织的管理人员。管理关系到生产率……"因此，任何组织都需要管理，搞好管理能够提高组织效率。

1.3.3 管理学的研究方法

学习管理学，必须以辩证唯物主义和历史唯物主义作为方法论基础，并科学地运用一些具体方法。

1）历史研究法

这是运用文献史料进行管理研究的方法，它通过分析研究人类过去丰富的管理实践和理论，认识管理思想、理论、制度和方法的演变发展规律，继承前人的经验和成就，以古为今用。

2）比较研究法

管理学研究不仅要作纵向的历史考察，还要进行横向的比较研究。通过对世界各国的管理思想、管理理论、管理模式、管理方法和技术的全面比较和分析，寻其异同，权衡优劣，取长补短。比较研究法还可鉴别出哪些管理思想和方法是根植于一国文化之中、不可移植的，哪些是具有共性的、可以移植的。

3）调查研究法

调查研究法即在现实的管理过程中，通过观察、调查、试验、实践，掌握第一手材料，进行归纳、分析、综合，从中找出规律性的东西来。这种方法既适用于从事实际管理的人，也适用于进行理论研究的人。他们可以以调查者、观察者的身份进行实地参观、访问，也可以用问卷等方式进行调查，其研究结论可靠性强。

4）案例研究法

这种方法的前提是要编写出现成的管理案例，这种案例应是现实中的具体事件，有一定的代表性和复杂性。通过案例研究，可以生动、形象、深刻地揭示出管理先要确保做对的事，而且要尽可能做得好。好的管理就是要做好对的事。

管理适用于任何类型的组织，如企业、行政机构、军队、医院、学校等都需要有效的管理。当然，由于组织所在行业性质和目标不同，管理方式、方法和手段会有所差异，但其中有许多共性的东西。一些学者断言，在21世纪，人类社会的发展依赖于两个方面，那就是科学技术的进步和管理水平的提高。总之，人类的管理活动已经从自在的阶段进入自觉的阶段，学习、研究管理学已经成为管理活动的必要条件和进入管理领域的必要准备。

1.3.4 为什么要学习管理学

管理广泛适用于社会的一切领域。从工商企业，到政府机关、事业单位及其他一切组织，无不存在管理，无不需要管理，无不依赖管理。就个人而言，从一定意义上说，每个人都有可能成为管理者，同时又是被管理者。作为管理者，不论管理一个组织或组织中的一个单位，管理一群人或某项工作，都需要了解并掌握一定的管理知识和技能，这是提高工作成效的必然要求。作为被管理者，了解一些管理工作的知识和道理，就会与领导、同事建立友好关系和良好沟通，并能自觉地将自身目标与组织目标有机融合。因此，学习管理学有利于培养独立健全的人格、培养解决现实问题的能力，找到有效管理答案。可以说，现代社会具有发展前途的人，绝不是事事、时时、处处等待他人来指挥的被动者，而应该是具备较强的自我管理能力，积极主动并创造性地开展工作的人，这也是当代大学生应具备的基本素质。

管理定律

木桶法则

木桶原理是由美国管理学家彼得提出的，他认为由多块木板构成的木桶，其价值在于盛水量的多少，但决定木桶盛水量多少的关键因素不是其最长的木板，而是其最短的木板。这就是说，任何一个组织都可能面临一个问题——构成组织的各个部分往往是优劣不齐的，而劣势部分往往决定整个组织的水平。

目前，还有一个“新木桶原理”：如果把木桶放置在一个斜面上的时候，木桶装水的多少就取决于最长的一块木板的长度。当然，这要求长木板的周围要有相应长度的木板作为其辅助。也就是说，当我们比别人在某一块短一大截时，不但要选择合适的斜度，更重要的是把其他木板合理地排列起来，使它们发挥应有的作用，这样才可能最大限度地利用现有的木板。木桶上最长的一块木板往往决定了其特色与优势，在一个小范围内成为制高点；对组织而言，凭借其鲜明的特色，就能跳出大集团的游戏规则，独树一帜建立自己的王国。在扬长避短中，把你的业绩建立在自己的优势资源上更合理一些。

尺有所短，寸有所长。我们比别人短的木板，可能不会很快地在平面上得到弥补，在现在的市场环境下，已经不允许你有充足的时间来弥补自己的不足了，我们就要利用自己的长处，创造一个属于自己的斜面，尽可能发挥我们现在拥有的条件优势。先比别人多蓄水，蓄水之后，在过程中改善我们的短板，实现一个跨越式的发展。

增值阅读

“英雄式”管理≠先进管理

古今中外不少企业家白手起家，逐步建立起庞大的企业，但往往中途衰落。原因之一，就是这些企业家自恃经验丰富，能力过人，喜欢包打天下，什么事都要亲自过问，不相信部下会搞好。这样一来，能干的部下无法发挥才能，无能的部下更加无能，企业焉有不垮之理？

上述这种“英雄式”的管理方式是小农经济意识在作怪，有这样思想的人只能当一个小作坊主。

李嘉诚出生于广东省潮州市潮安县。20岁时，他用自己的7 000港元积蓄在一个破烂的工棚里办起了自己的小塑胶厂。工厂创办伊始，资金少，人才缺，采购、设计、施工、推销，他都“事必躬亲”。用了10年的时间，李嘉诚已成为香港妇孺皆知的“塑胶大王”。下一步该怎么办？这是对李嘉诚的严峻考验。“工厂”变成“公司”，从事无巨细都得他亲自过问的创业者“英雄式”管理，转到依靠管理专家、技术人才的集团管理上来，他靠部下进行管理，实行分级负责。李嘉诚已经意识到，企业在开办之初，企业家的艰苦奋斗是重要的，因为这时资金缺乏，各种关系又没有建立，成功与否在于创业者本身下功夫多少，但当企业站稳了脚跟（注意，有的人误以为是企业的成熟），创业者初期那种“英雄式”管理方式已经不适用了，各部门的工作要靠秘书、高级职员、工程师、技术人员、管理人员的技术和能力配合，就必须建立起由共同的智慧发挥作用的组织机构。李嘉诚的过人之处在于他能及时认识到这一切，他把这一时期称为转折过渡期，就像人有“青春过渡期”一样。美国哈佛商学院的拉瑞·哥瑞奈教授把这一阶段称为由创业者的独裁到引进经营人才的转折。李嘉诚自从挂出“公司”的牌子之后，很快便设置了人事、公关、设计、销售、秘书等机构，同时招收新工人也要进行量化考察，组织培训，提高在职工人和技术人员的素质，而他自己早已自学成才，已不仅仅是个创业者和厂长，而是转变成了一个有组织能力、有组织艺术的“领导”。

资料来源 佚名. 管理学概述实训与练习摘要［EB/OL］.［2021-12-22］. http：//max.book118.com/html/2016/0512/42805066.shtm.

点评：管理是一门艺术，伴随着企业的发展，科学合理的管理方法对企业而言非常重要。

[基础训练]

1. 管理的主要目的是什么？请你给出一个管理的定义，看看和书上的有什么不同。

2. 有人说研究不研究管理的性质对管理本身并没有什么影响，你认为对吗？为什么？

3. 学院的老师是管理者吗？为什么？

4. 管理者应具备哪些基本技能？不同层次的管理者所需要的技能的侧重点有何不同？

5. 现代管理学的研究内容有哪些？

6. 某公司李总经理在听完张教授关于“管理与管理学”的讲授之后，产生了两个困惑：（1）管理有艺术性，我在工作中怎么没发现呢？（2）既然管理学是不精确的，那它对实践还有指导意义吗？

问题：你能帮他解决困惑吗？

[综合应用]

■实训与实践

1. 给定一支铅笔，在团队讨论的基础上充分发挥想象力，尽可能多地给出它的用途，列举在空白处。

规则：（1）不许有任何批评意见，只考虑想法，不考虑可行性。（2）想法越古怪越好，鼓励异想天开。（3）可以寻求各种想法的组合和改进。

评定标准：所想出的主意数量越多，越新奇、疯狂、具有建设性的小组获胜。

2.走访某一个企业或某一位管理者，培养学生关注企业管理和学习管理的兴趣，以及参加社会实践活动的主动性、积极性。

要求学生了解该企业的某一基本业务职能，如计划管理、生产管理、技术管理、营销管理、物资设备管理、财务管理、行政管理、人事管理、后勤管理等。

向管理者了解他的职位、工作职能、胜任该职务所必需的管理技能等情况。

围绕管理的基本内容访问相关管理人员，并做好记录，以团队为单位进行分享交流。

3.以小组为单位，结合本章所学知识谈谈如何才能成为新时代的有为青年。

■案例分析

董事们的不同意见

H电脑公司创办时，董事会破格从地产公司电脑服务部聘任优秀员工A为公司经理。理由是：A在电脑应用及智能化工程实施方面的技术水平较高，很在行。A上任三个月，工作积极、勤奋，带领员工刻苦钻研业务，但他不知道怎么经营和管理，公司经营停滞不前。董事会打算将其撤换另选他人，但处理方法不当会挫伤A的工作积极性，并对其他方面产生负面影响。

对于如何平衡，董事们提出了各自的想法。董事C的看法：把A增选进董事会，然后兼任公司技术负责人。董事Z的看法：让他做分管技术的副经理，享受经理待遇。董事Y的看法：我们需要的是懂管理、能带领员工扩大经营规模、创造效益的经理，既然他不行，那就撤职让他专干技术，那不就行了吗？现在的企业对人的管理不必太顾虑，该咋办就咋办。董事S的看法：把他调回，给他3 000元奖励，开个离职欢送会，大家吃顿欢送饭。

董事H（领导层的权威）的看法：①A是一个有技术的优秀员工，是我们企业的财富，没有给他安排好位置，这是我们的失误；②A正是公司最需要的专业人才，公司需要依靠这样一些技术尖子来发展，调走他会影响到公司的技术工作；③目前我们选定的经理J虽有经营管理经验，但技术业务不太熟，需要A帮助，增选A进董事会不合适，若A作为董事兼技术总负责人，会给不是董事的新任经理J造成工作上的困扰；④若简单地撤换会产生很大的负面影响，这个问题不宜简单化处理；⑤我的意见是总经理由我兼任，设两个总经理助理，对年轻的优秀员工A采取积极培养的方针，通过传、帮、带，使他既在业务上保持高水平，又在经营方面能有所突破。

董事H的意见得到了实施，公司的经营状况有了起色，A依然积极勤奋。半年后，J接替H任总经理，A任副总经理分管技术，公司运转良好。

问题：

结合案例谈谈你的想法。

第2章 管理理论的发展

在人类历史上，还很少有什么事比管理的出现和发展更为迅猛，对人类具有更为重大和更为激烈的影响。

——彼得·德鲁克

把每一件简单的事做好就不简单，把每一件平凡的事做好就不平凡。

——张瑞敏

【学习目标】

知识与能力目标：

◎了解管理理论发展的基本过程。

◎熟悉泰罗的科学管理理论和法约尔的一般管理理论。

◎熟悉行为科学理论。

◎了解管理丛林时期的各个代表理论及当代具有代表性的管理理论。

◎能够用有关理论解释并初步解决实际管理问题。

素养目标：

◎正确认识中国古代管理思想，传承优秀传统文化，增强文化自信。

◎引导学生从国学中学习东方管理智慧，博采众长，学以致用。

本章自学课件

趣味阅读

搬萝卜

音频

几只爱吃萝卜的小兔在草原上开垦了一块土地，种了好多萝卜。到了收获的季节，它们的朋友小羊和小牛用尖尖的角帮小兔子们把萝卜从地里刨了出来，然后小羊和小牛就忙自己的事情去了。几只小兔看着那一大堆红红的萝卜，心里乐开了花。眼看就要下雨了，几只小兔决定自己把萝卜搬到驻地。

小兔甲试了一试，自己一次可以抱两个萝卜，于是便每次抱着两个萝卜往返于菜地与驻地之间。虽然有点儿吃力，但它还是越干越起劲。

小兔乙找来一根绳子，把5个萝卜捆在一起，然后背着向驻地走去。虽然背了5个萝卜，可它的速度一点儿也不比小兔甲慢。

小兔丙找来一根扁担，用绳子把萝卜捆好，前面5个，后面5个，走起来比小兔甲和小兔乙都快。

小兔丁和小兔戊找来一只筐，装了满满一筐萝卜，足有三四十个，然后两只小兔抬着筐向驻地走去。

管理启示：同样都在努力工作，可5只小兔的工作效率和工作成果却有显著的差别。因为工作方式的不同，有人虽然看起来忙忙碌碌，工作却难见成效；有人虽然显得悠闲，成绩却显著。好的工作方法可以有效地提高工作效率和效果。管理理论可以给人们提供有效的指导。

2.1 古典管理理论

古典管理理论形成于19世纪末20世纪初。经过产业革命后，西方资本主义国家的生产力发展已经达到一定的高度，科学技术也有了较大的发展，许多新发明开始出现，但是在管理上仍处于师傅带徒弟的阶段，经验主义和主观臆断盛行，缺乏科学的依据。随着资本主义由自由竞争向垄断过渡，传统的经验管理越来越不适应管理实践的需要。由于企业管理方法落后，美、法、德等西方国家的经济发展和企业的劳动生产率都远远落后于当时的科学技术成就所带来的可能性。例如，美国许多工厂的产品产量都低于其额定的生产能力，能达到60%的都很少。为了适应生产力发展的需要，改变粗放管理和低水平管理的现状，当时在美国出现了以泰罗为代表的科学管理理论，在法国出现了以法约尔为代表的一般管理理论，在德国出现了以韦伯为代表的行政组织理论等。尽管这些管理理论的表现形式各不相同，但实质都是采用当时所掌握的科学方法和科学手段对管理过程、职能和方法进行探讨和试验，于是出现了一些以科学方法为依据的管理理论。

2.1.1 泰罗的科学管理

泰罗被称为“科学管理之父”。他出身于美国费城一个富有的律师家庭，曾在哈佛大学学习，后因眼疾而被迫辍学。1875年，泰罗进入费城的一家机械厂当学徒，7年后转入费城的米德维尔钢铁公司当技工。由于他工作努力，表现突出，很快就升任工长、总技师，1884年升任总工程师。他通过函授及自学，于1883年获得了机械工程学士学位。1898—1901年，他受雇于宾夕法尼亚的伯利恒钢铁公司。1901年后，他把大部分时间用在写作和演讲上。1906年，他担任了美国机械工程师学会主席职务。

微课：泰罗与科学管理

泰罗在工作中发现，许多工人往往故意偷懒、磨洋工，工作效率很低；即使实行了计件工资制，雇主往往在工人提高产量后就降低计件单价，也造成工人不愿多做工作，有意识、有组织地偷懒，生产效率难以进一步提高。根据自己的经验，泰罗认为，谋求提高生产率、生产出较多的产品是完全可能实现的，关键在于要确定一个工作日的合理工作量。从这一点出发，泰罗于1880年在米德维尔钢铁公司的一个车间进行了金属切削的试验，由此研究出了每个金属切削工人一个工作日的合理工作量。通过一系列试验和长期的管理实践，他在其代表作《计件工资制》《车间管理》《科学管理原理》等书中，系统地提出了科学管理的思想和科学管理理论的主要观点。

1）工作定额

通过试验、研究，泰罗把每一项工作都分成尽可能多的简单的基本动作，把其中没用的动作去掉，同时，选择最适用的工具、机器，然后通过对最熟练工人每一个操作动作的观察，选择出每一个基本动作最快和最好的方法，并把时间记录下来，然后再加上必要的休息时间和其他延误时间，得到完成这些操作的标准时间。这就是“合理的日工作量”，它构成了每个工作日工作量标准定额的基础。标准定额是对工作进行管理的依据。

2）差别计件工资制

泰罗认为，工人磨洋工的一个重要原因是报酬制度不合理，所以他提出了一种新的报酬制度——差别计件工资制。其内容包括：①通过时间和动作研究来制定有科学依据的工作定额。②实行差别计件工资制来鼓励工人完成或超额完成工作定额。所谓差别计件工资制，是指计件工资率随完成定额的程度而上下浮动。如果工人完成或超额完成定额，则定额内的部分连同超额部分都按比正常单价高25%计酬；如果工人完不成定额，则按比正常单价低20%计酬。③工资支付的对象是工人而不是职位，即根据工人的实际工作表现而不是根据工作类别来支付工资。它意味着同一岗位甚至同一级别的工人，都将得到不同的工资。泰罗认为，实行差别计件工资制会大大提高工人的积极性，从而大大提高劳动生产率。

3）职能工长制

在泰罗看来，一位“全面”的工长应该具备职能、教养、专门的技术性知识、机智老练、充沛的精力、坚韧刚毅、正直、判断力或常识以及良好的健康状况等素质。但是，一般人很难完全具备这些素质，而只能具备其中的少数几种。因此，为了使工长有效地履行他的职责，就必须把管理工作细分，使所有的工长只承担一种管理职能。泰罗设计出8个职能工长，来代替原来的工长。这8个工长，4个（工作命令工长、工时成本工长、工作程序工长、纪律工长）在计划部门，4个（工作分派工长、速度工长、修理工长、检验工长）在车间。在实际工作中，由于一个工人同时接受几个职能工长的多头领导，容易引起混乱，所以没有得到推广，但是把总经理的部分权力交给低一级的专业管理人员承担这种分权的尝试，为以后职能部门的建立和管理的专业化提供了启发和新思路。

4）计划职能与执行职能相分离

泰罗主张改变原来的经验工作方法，代之以科学工作方法。所谓经验工作方法，是指每个工人采用什么操作方法、使用什么工具等，都根据个人经验来决定。所以，工人工作效率的高低取决于他们的操作方法和使用的工具是否合理，以及个人的熟练程度和努力程度。所谓科学工作方法，是指每个工人采用什么操作方法、使用什么工具等，都根据试验和研究来决定。他认为应把计划职能和执行职能分开，提出管理部门要按科学的规律来制订计划，从事计划职能的人称为管理者，负责执行计划职能的人称为劳动者。

5）例外原则

泰罗认为，规模较大的企业还需要运用例外原则。所谓例外原则，就是指高级管理人员为了减轻处理纷乱烦琐事务的负担，把处理各项文书、报告等一般日常事务的权力下放给下级管理人员，高级管理人员只保留对例外事项的决策权和监督权。

6）大饼原理

泰罗的这种以例外原则为依据的管理控制原理，以后发展成了管理上的分权化和实行事业部的管理体制。这是工人与雇主之间一次彻底的“精神革命”和“思想变革”，双方只有不断地提高劳动效率，才有利可图。因此，需要增强责任观念，用相互协作代替对抗与斗争，只有共同把饼做大，每个人才能分到更多。

2.1.2 法约尔的一般管理

微课：亨利·法约尔介绍

法约尔和泰罗是同一时代的人，是法国最杰出的研究古典管理理论的学者。他长期担任公司的总经理。由于所处地位的关系，他研究的对象和泰罗研究的对象有所不同，泰罗着重于车间、工场的生产管理研究，而法约尔着重于企业全面经营的研究。法约尔认为经营和管理是两个不同的概念，经营并不等于管理。经营是引导一个组织趋向某一既定目标，它的内涵中包括了管理。他的代表作是《一般管理与工业管理》。

法约尔的一般管理理论的主要思想包括：

1）企业经营活动的类别

法约尔认为，企业经营活动可以概括为六大类：

（1）技术活动指生产、制造、加工等；

（2）商业活动指购买、销售、交换等；

（3）财务活动指资金的筹集、运用和控制等；

（4）会计活动指盘点、制作财务报表、成本核算、统计等；

（5）安全活动指维护设备和保护员工的安全等；

（6）管理活动指计划、组织、指挥、协调和控制。

企业内无论是高层领导，还是普通工人，每个人或多或少都要从事这六类活动，只不过是随着职务的高低和企业的大小不同而各有侧重。高层人员工作中管理活动所占比重较大，而在直接的生产工作和事务性活动中管理活动较少。法约尔认为，人的管理能力可以通过教育来获得，所以他很强调管理教育的必要性和可能性。

2）管理的五个基本职能

法约尔首次把管理活动划分为计划、组织、指挥、协调与控制五项职能，揭示了管理的本质，并对这五大职能进行了详细的分析。他认为，计划就是探索未来和制订行动方案；组织就是建立企业的物质和社会双重结构；指挥就是使其人员发挥作用；协调就是连接、联合、调和所有的活动及力量；控制就是注意一切是否按已制定的规章和下达的命令进行。

3）管理的十四项原则

法约尔十分重视管理原则的系统化。他根据长期的管理经验，总结出了管理的十四项原则。

（1）分工。分工可以提高劳动效率。它不仅适用于技术工作，也适用于管理工作，但要有一定的限度，不能分得过粗或过细，否则效果不好。

（2）权力与责任。权力和责任是互为因果的，有权力必定有责任，权力和责任应相一致，不能出现有权无责或有责无权的现象。

（3）纪律。纪律的实质是遵守公司各方达成的协议。没有纪律，企业就难以发展。建立和维持纪律的方法：一是要有好领导；二是企业与员工之间的协议要尽可能明确和公正；三是实施制裁要公正。

（4）统一指挥。组织内的每一个成员都只应接受一个上级的命令。违背这个原则，就会使权力和纪律受到严重的破坏。

（5）统一领导。凡是具有同一目标的活动，只应有一个领导人和一套计划。不要把统一指挥与统一领导相混淆。人们通过建立完善的组织来实现一个社会团体的统一领导，而统一指挥取决于人员如何发挥作用。

（6）个人利益服从集体利益。集体利益大于个人利益的总和。集体目标中应包含员工个人的目标，使企业目标实现的同时满足个人的合理需求。当个人利益与集体利益发生冲突时，优先考虑集体利益。

（7）公平报酬。报酬必须公平合理，尽可能使员工和公司双方满意。对贡献大、活动方向正确的员工要给予奖励，但奖励应以能激起员工的工作热情为限，否则将会起负面作用。

（8）集权。集权就是降低下级的作用，本身无所谓好坏。企业集权的程度应视管理人员的个性、道德品质，下级人员的可靠性以及企业的规模、条件等情况而定。

（9）等级链与跳板。这是由企业的最高领导到最基层之间各级领导人所组成的等级系列，它是一条权力线，用以贯彻执行统一的命令和保证信息传递的秩序。但是为了克服由于指挥的统一性原则而产生的信息传递的延误，法约尔设计了一种“跳板”。利用这种“跳板”可以进行横向的信息交流，但只有在各方面都同意且上级又始终知情的情况下才能这样做。

可以用图2-1来解释跳板原理。

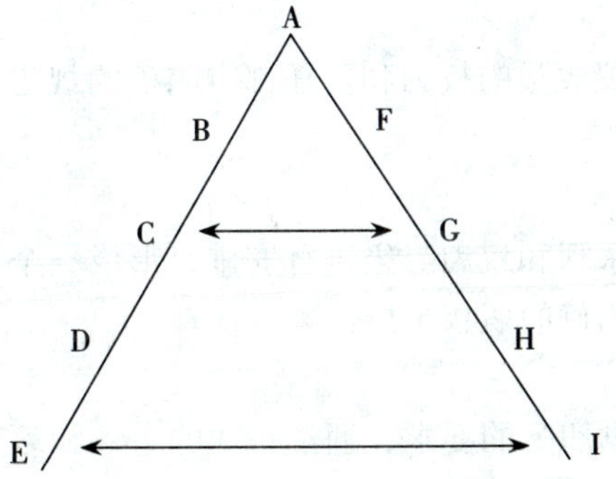

图2-1 跳板原理

在一个等级制度表现为E-A-I双梯结构的企业里，假设E部门与I部门发生联系，以常规的方法就需要沿着等级路线攀登从E到A的阶梯，然后再从A下降到I，这个过程中每一级都要停顿。然后再反向从I经过A回到原出发点E。显然，通过E-I这一“跳板”直接从E到I，问题就简单多了。当领导人D与H允许他们各自的下属E与I直接联系，E与I又能及时地向他们各自的领导人汇报他们所共同商定的事情的，沟通就既快又便捷，而且维持了等级制度的原则。

（10）秩序。秩序即人和物必须各尽所能。管理人员首先要了解每一工作岗位的性质和内容，使每个工作岗位都有称职的员工，每个员工都有合适的岗位。同时还要有条不紊地精心安排物资、设备的合适位置。

（11）平等。平等即以亲切、友好、公正的态度严格执行规章制度。员工们受到平等的对待后，会以忠诚和献身的精神去完成他们的任务。

（12）保持人员稳定。把一个人培养成熟练、有效的员工往往需要很长的时间，因此人员的频繁调动将使工作不能很好地进行。任何组织都要保持稳定的员工队伍，鼓励员工长期为组织服务。

（13）首创精神。发挥个人的聪明才智，提出具有创造性的想法，既会给员工带来极大的快乐，也会成为刺激员工努力工作的最大动力之一。企业的领导者不仅自己要有首创精神，还要鼓励全体成员发挥首创精神。

（14）集体精神。员工的融洽、团结可以使企业产生巨大的力量。实现集体精神最有效的手段是统一命令。在安排工作、实行奖励时不要引起嫉妒，以避免破坏融洽的关系。此外，还应加强企业内部的交流。

法约尔提出的这些原则，经过历史的检验，总的来说是正确的。它们过去曾经给管理人员以巨大的帮助，现在也仍然为人们所推崇。但这些原则是灵活的，要真正用好它们，还需要在实践中积累经验，掌握好尺度。

2.1.3 韦伯的行政组织理论

韦伯与泰罗、法约尔是同一时代的人，是德国的古典管理理论代表人物之一。他在管理思想方面的贡献是提出了理想行政组织体系理论，由此被人们称为“行政组织理论之父”。韦伯管理思想的主要内容有：

1）明确分工

对每个职位上的组织成员的权力和责任都有明确的规定，并作为正式职责使之合法化。

2）权力体系

官员们按职务等级系列和权力等级进行安排，形成一个自上而下的等级严密的指挥体系，每一职务均有明确的职权范围。

3）规范录用

人员的任用完全根据职务的要求，通过正式的考评和教育、训练来实现。每个职位上的人员都必须称职，同时，不能随意免职。

4）管理职业化

管理人员有固定的薪金和明文规定的晋升制度，是一种职业管理人员，而不是组织的所有者。

5）公私有别

管理人员在组织中的职务活动应当与私人事务区别开来，公私事务之间应有明确的界限。管理人员没有组织财产的所有权，并且不能滥用职权。

6）遵守规则和纪律

组织中包括管理人员在内所有成员必须严格遵守组织的规则和纪律，以确保统一性。

韦伯认为，理想的行政组织体系最符合理性原则，效率最高，适用于各种管理工作和各种大型组织，如教会、国家机构、军队和各种团体等。

2.2　行为科学理论

20世纪初，资本主义世界经济发展进入了一个新的时期，生产规模扩大，社会化大生产程度提高，新技术成果广泛应用于生产部门，新兴工业不断出现。同时，社会经济中劳资矛盾进一步加剧，工人不满和对抗的情绪日益严重。在这种情况下，古典管理理论重物轻人、强调严格管理的思想，已不能适应新的形势要求。一些管理学者从进一步提高劳动生产率的角度，把人类学、社会学、心理学等运用到企业管理中去，从20世纪20年代开始逐渐形成了行为科学理论。所谓行为科学，就是对工人在生产中的行为及行为产生的动机进行分析，以便调节人际关系，提高劳动生产率。行为科学理论研究的内容早期被称为人际关系学说，以后发展成行为科学，即组织行为理论。行为科学理论研究的内容主要包括人的本性和需要、行为动机、生产中的人际关系等。

梅奥，原籍澳大利亚，后移居美国，1926年被哈佛大学聘为教授，是人际关系理论及行为科学的代表人物，从事心理学和行为科学研究，他的代表作为《工业文明中人的问题》，该书总结了他亲身参与和指导的霍桑试验及其他几个试验的研究成果，详细地论述了人际关系理论的主要思想。梅奥是继泰罗和法约尔之后，对近代管理思想和理论的发展做出重大贡献的学者之一。

微课：梅奥与霍桑试验

2.2.1　霍桑试验

霍桑试验是从1924年至1932年在美国芝加哥郊外的西方电气公司的霍桑工厂进行的。霍桑工厂当时有25 000名工人，有较完善的娱乐设施、医疗制度和养老金制度，但是工人们仍有很强烈的不满情绪，生产效率很低。为了探明原因，1924年11月，美国国家研究委员会组织了一个包括多方面专家的研究小组进驻霍桑工厂，开始进行试验。当时，许多管理者和学者认为，工作环境的物质条件同工人的健康及生产率之间有明确的因果关系。因此霍桑试验是根据工人对给予的工作条件可能做出相应的反应的假设进行的，其目的是研究工作环境的物质条件与产量的关系，以发现提高劳动生产率的途径。试验分为4个阶段：工作场所照明试验、继电器装配室试验、大规模访谈和接线板接线工作室观察。

（1）工作场所照明试验（1924—1927）。该试验从变换车间的照明开始，打算研究工作条件与生产效率间的关系。研究人员希望通过试验得出照明强度对生产率的影响，但试验结果却发现，照明强度的变化对生产率几乎没有什么影响。该试验以失败告终，但从中可以得出两个结论：①工作场所的照明只是影响工人生产率的微不足道的因素。②由于牵涉因素较多，难以控制，且其中任何一个因素都足以影响试验结果，所以照明对产量的影响无法准确衡量。

（2）继电器装配室试验（1927—1928）。从这一阶段起，梅奥参加了试验。研究人员选择了5名女装配工和1名画线工在单独的1间工作室内工作（1名观察员被指派加入这个工人小组，以记录室内发生的一切），以便对影响工作效果的因素进行控制。在试验中分期改善工作条件，如改进材料供应方式、增加工间休息、供应午餐和茶点、缩短工作时间、实行集体计件工资制等。这些女工们在工作时间可以自由交谈，观察员对她们的态度也很和蔼。这些条件的变化使产量上升。一段时间后，取消了工间休息及供应的午餐和茶点，恢复每周工作6天，但产量仍维持在高水平上。经过研究，发现其他因素对产量无多大影响，而监督和指导方式的改善能促使工人改变工作态度、增加产量。这成为霍桑试验的一个转折点。于是，研究人员决定进一步研究工人的工作态度和可能影响工人工作态度的其他因素。为了掌握更多的信息，管理部门决定通过一个访谈计划，来调查员工的态度。

（3）大规模访谈（1928—1931）。研究人员在上述试验的基础上进一步在全公司范围内进行访问和调查，达2万多人次。刚开始调查人员提出了有关督导管理和工作环境方面的问题，但是他们发现员工的回答往往是带有防卫性的或是千篇一律的陈词滥调。因此，他们决定改变直接提问的方式，允许员工自由选择他们自己的话题，结果得到了大量有关员工态度的第一手资料。他们发现，影响生产力的最重要因素是工作中发展起来的人群关系，而不是待遇和工作环境。每个工人工作效率的高低，不仅取决于他们自身的情况，还与其所在小组中的同事有关，任何一个人的工作效率都要受他的同事们的影响。这一发现又促使其进一步系统研究员工在工作中的群体行为。

（4）接线板接线工作室观察（1931—1932）。该工作室有9名接线工、3名焊接工和2名检查员。在这一阶段有许多重要发现：①大部分成员都自行限制产量。公司规定的工作定额为每天焊接7 312个接点，但工人们只完成了6 000~6 600个接点，原因是怕公司再提高工作定额，怕因此造成一部分人失业，要保护工作速度较慢的同事。②工人对不同级别的上级持不同态度。把小组长看作小组的成员，对于小组长以上的上级，级别越高，越受工人的尊敬，工人对他们的顾忌心理也越强。③成员中存在小派系。工作室中存在派系，每个派系都有自己的一套行为规范。谁要加入这个派系，就必须遵守这些规范。派系中的成员如果违反这些规范，就要受到惩罚。

霍桑工厂进行的试验经历了8年时间，获得了大量的第一手资料，为人际关系理论的形成以及后来行为科学的发展打下了良好基础。梅奥在霍桑试验后，利用获得的大量宝贵资料继续进行研究，最终提出了人际关系理论。

互动课堂2-1

王中是一家冷冻食品厂的厂长，该厂专门生产一种含奶油特别多的冰淇淋。在过去的4年中，每年销售量都稳步增加，但是今年的情况却发生了较大的变化。到8月份，累计销售量比去年同期下降17%，生产量比原来所计划的少15%，缺勤率比去年高20%，迟到早退现象也有所增加。王中认为这种现象的发生可能与管理有关，但他不能确定出现这些问题的原因，也不知道应该怎样去改变这种情况，他决定去请教管理专家。

讨论：信奉不同管理思想，即科学管理思想、行为管理思想的管理专家，会分别认为该厂的问题出在哪里？并提出怎样的解决方法呢？

2.2.2 人际关系学说的主要观点

通过霍桑试验，梅奥等人提出了人际关系学说，其主要论点如下：

1）员工是“社会人”

古典管理理论把人看作“经济人”，他们只是为了追求高工资和良好的物质条件而工作。因此，对员工只能用绝对的、集中的权力来管理。梅奥等人以霍桑试验的成果为根据，提出了与“经济人”观点不同的“社会人”观点。其要点是：人重要的思想行为是同别人合作；个人是为保护其集团的地位而行动的；人的思想行为更多是由感情来引导的。因此，试验表明，小组的合作和小组的情感超过了生产效率，工作条件和工资报酬并不是影响劳动生产率高低的唯一原因。

梅奥等人认为，人是独特的社会动物，只有使自己完全投入集体中，才能实现彻底的“自由”。工厂中的工人不是单纯地追求金钱收入的，还有社会、心理方面的需要，这就是追求人与人之间的友情、安全感、归属感和受人尊重等。因此，不能单纯从技术和物质条件着眼，还必须首先从社会、心理方面来鼓励工人提高生产率。他们尖锐地批评了当时的“工业社会”及其所产生的工业社会环境的某些方面，指出工业化破坏了促使社会团结的文化传统，造成了“社会解体”和“不愉快的个人”。他们认为，人有感情，希望能够感到自己的重要，并让别人承认自己的工作重要。工人们虽然也对自己工资袋的大小感兴趣，但这不是他们关心的唯一事情。有时更为重要的，是上司对待他们的态度。因此，对员工的新的激励重点必须放在社会、心理方面，以使他们之间更好地合作，从而提高生产率。

2）正式组织中存在着“非正式组织”

所谓正式组织，就是古典管理理论所指出的，为了有效地实现企业的目标，规定组织各成员之间相互关系和职责范围的一定组织管理体系，包括组织机构、方针政策、规划、章程等。古典管理理论所注意的只是人群组织这一方面。但是，梅奥等人指出，人是社会的动物，在组织内共同工作的过程中，人们必然会发现相互之间的关系，形成非正式团体。在这种团体里，又形成了共同的感情，进而构成一个体系，这就是所谓的非正式组织。

研究人员认为，非正式组织对人起着两种作用：①它保护工人免受内部成员忽视所造成的损失，如生产得过多或过少。②它保护工人免受外部管理人员的干涉所造成的损失，如降低工资率或提高产量标准。至于非正式组织形成的原因，并不完全取决于经济发展情况，还同更大的社会组织有联系。

梅奥等人认为，不能把这种在正式组织中形成的非正式组织看成是一件坏事，而必须看到它是必需的。它同正式组织相互依存，并对生产率的提高有很大影响。非正式组织同正式组织有重大差别。在正式组织中，以效率的逻辑作为重要标准。所谓效率的逻辑，就是为了提高效率，组织内部成员保持形式上的协作。非正式组织中则以感情的逻辑为重要标准。感情的逻辑是指人群组织中非正式的行为标准，如对非正式团体的忠诚等。单位中的正式组织固然涉及每一个成员，非正式组织也涉及每一个成员，即不仅工人中有非正式组织，管理人员和技术人员中也有非正式组织。效率的逻辑在管理人员和技术人员中比在工人中占更重要的地位，而感情的逻辑则在工人中比在管理人员和技术人员中占更重要的地位。所以，效率的逻辑可以认为是"管理人员的逻辑"，感情的逻辑可以认为是"工人的逻辑"。假如管理人员和技术人员只根据效率的逻辑来管理，而忽视了工人的感情逻辑，就会使"管理人员的逻辑"和"工人的逻辑"发生冲突，从而影响生产率的提高和组织目标的实现。在采用传统管理理论进行管理时，这种冲突是经常发生的。解决这种冲突的办法，梅奥认为，管理者要充分重视非正式组织的作用，注意在正式组织的效率逻辑同非正式组织的感情逻辑之间保持平衡，以便管理人员和技术人员同工人之间、工人相互之间能互相协作，充分发挥每个人的作用，提高效率。非正式组织有助于这种协作，所以总的来讲利多弊少。

3）新的领导能力在于提高员工的满意度，以提高员工的士气，从而提高劳动生产率

梅奥等人从上述关于"社会人"和"非正式组织"的观点出发，认为金钱或经济刺激对促进工人提高劳动生产率只起第二位的作用，起重要作用的是工人的情绪和态度，即士气。而士气又同工人的满足度有关。这个满足度在很大程度上是由社会地位决定的。"一个人是不是全心全意地为一个团体提供他的服务，在很大程度上取决于他对他的工作、对他工作上的同伴和他的领班的感觉。"金钱只是工人所需要满足的一部分。此外，工人所需要满足的还有："被社会承认……在社会上的重要性和证明……安全的感觉，这种感觉更多地来自我为一个团体的公认的成员，而不是来自银行中存款的金额。"所以，所谓员工的满足度，主要是指为获取安全的感觉和归属的感觉这些社会需求的满足度。工人满足度愈高，士气愈高，劳动生产率也就愈高，而工人的满足度又依存于两个因素：①工人的个人情况，即工人由于社会历史、家庭生活和社会生活所形成的个人态度。②工作场所的情况，即工人相互之间或工人与上级之间的人际关系。

梅奥等人认为，管理人员新的领导能力在于要同时具有技术、经济的技能和人际关系技能。管理工作满足效率的能力同满足工人的感情能力是不同的。所以，要对各级管理人员进行训练，使他们学会了解人们的思想行为，学会通过同工人交谈来了解其感情的技能、技巧，并提高在正式组织的经济需求和非正式组织的社会需

求之间保持平衡的能力。平衡是取得高效率的关键。工人通过社会机构来取得别人的承认、安全感和满足感，从而愿意为达到组织的目的而合作并贡献其力量。如果情况变化过于迅速而管理者又不了解工人的感情，就会产生不平衡。所谓新的领导能力，是指能够区分事实和感情，能够在生产效率和员工的感情之间取得平衡。这种新的领导能力可以弥补古典管理理论的不足，解决劳资之间以至工业社会的种种矛盾，提高劳动生产率。新的领导能力既然表现为能通过提高员工的满足度，提高员工的士气，最后达到提高生产率的目的，那就要转变管理方式，应该重视“人的因素”，采用以“人”为中心的管理方式，改变古典管理理论以“物”为中心的管理方式。

管理游戏

游戏简介：有一个正方形水池，水池的四个角上栽着四株柳树。现在要把水池扩大，使它的面积增加一倍，但要求仍然保持正方形，而且不移动柳树的位置。

本游戏鼓励学生从多角度思考，大胆创新，不要局限于常规和固定模式，开阔思路，以促进逻辑思维能力的发展。

道具：无

参加人数：30人

用时：20分钟

场地：教室

游戏要点：要把水池面积扩大一倍，既要保持原来的形状，又不移动四株柳树，是完全可以做到的。让四株柳树恰好位于新扩建的正方形水池四条边的中间，这样挖成的新水池，其面积正好是旧水池的一倍。这是不难验证的：只要在代表旧水池的正方形上画出对角线作为边长就可以了。改造后的水池如图2-2所示：

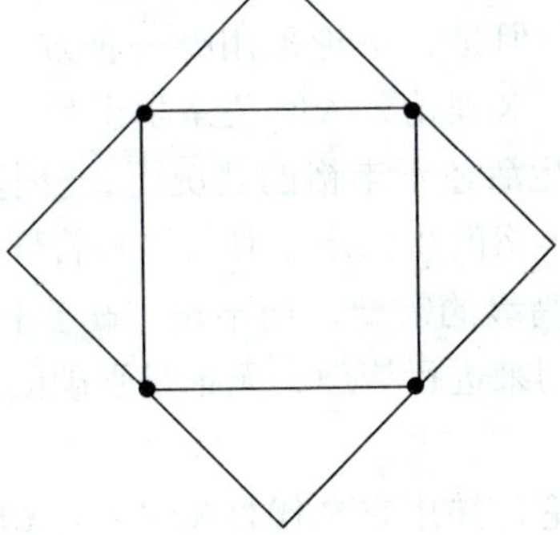

图2-2　水池改造后示意图

2.2.3　其他相关理论简说

人的本性问题，从来都是伦理学研究者争论的一个问题，也是管理学者研究的一个中心课题。早在“科学管理”时期，就有人探讨过这个问题。梅奥等人关于“社会人”、非正式组织的论述同这个问题也有关。到了后期的行为科学，对此更作了较深入的研究。

在人性理论研究方面最突出的是麦格雷戈的X理论和Y理论。麦格雷戈于1935年取得哈佛大学博士学位，1935—1937年期间在哈佛大学教授社会心理学课程，1937年成为麻省理工学院的副教授，并在该学院服务直到去世，其中有6年（1948—1954年）担任安弟奥克学院的院长。在担任安弟奥克学院院长期间，他对当时流行的传统管理观点和对人的本性的看法提出了疑问。其后，他在所著的《企业的人性方面》一书中，提出了有名的“X理论”及“Y理论”的人性假定。

在麦格雷戈看来，每一位管理人员对员工的管理都基于一种对人性看法的哲学，或者都有一套假定。他把传统管理对人的观点和管理方法称为“X理论”，其要点是：①一般人的天性都是好逸恶劳的，只要可能，就会设法逃避工作。②人几乎没有什么进取心，不愿承担责任，而宁愿被别人领导。③人天生就反对变革，把安全看得高于一切。④要使人们真正想干活，那就必须采用严格的控制、威胁和经常不断地施加压力。

麦格雷戈认为，当时涉及人的方面的管理工作以及传统的组织结构、管理政策、实践和规划都是以这种X理论为依据的。所以，管理人员在完成其任务时，或者用“强硬的”管理方法，包括强迫和威胁、严密的监督以及对行为的严格控制；或者用“松弛的”管理方法，包括采取随和态度、顺应员工的要求以及一团和气。麦格雷戈指出，20世纪初以来，从最强硬的到最松弛的各种办法都试用过了，但效果都不太理想。采用强硬的办法引起了各种反抗行为，如磨洋工、敌对行动、组织好斗的工会以及对管理者的目标进行巧妙而有效的破坏。采用松弛的办法也产生了许多问题，它经常导致放弃管理，大家保持一团和气，对工作满不在乎。人们对这种温和的办法钻空子，提出越来越多的要求，而做出的贡献越来越少。于是，较为普遍的倾向是企图吸取软硬两种办法的优点，推行一种“严格而合理”的方法，正如有人说的：“温和地讲话，但手上拿着大棒。”但是，不论采用哪一种方法，其指导思想都是X理论。比如，科学管理是“强硬的”X理论，人际关系学说是“温和的”X理论，但从根本上说都是X理论。在人们的生活还不丰裕的情况下，“胡萝卜加大棒”的管理方法是有效的。但是，当人们达到丰裕的生活水平时，这种管理方法就无效了，因为那时人们的行为动机主要是追求更高级的需要，而不是“胡萝卜”（生理的需要、安全的需要）了。因而，用指导和控制来进行管理，无论是强硬的还是松弛的，都不足以激励人们的行动。

麦格雷戈还提出了Y理论，并用它来代替X理论。Y理论是建立在对人性和人的行为动机更为恰当的认识基础上的新理论。其要点如下：①人并不是天生就厌恶工作，工作对人们来讲，正如娱乐和休息一样自然。②控制和威胁并不是促使人们为实现组织目标而努力的唯一办法。人对自己所参与的目标能实现自我指挥和自我控制。③为目标做出贡献是同获得成就的报酬直接相关的。这些报酬中最重要的是自尊和自我实现的需要的满足，它们能促使人们为实现组织目标而努力。④在适当条件下，人们不但能接受而且主动承担责任。⑤不是少数人，而是多数人在解决组织的问题上，都具有想象力和创造力。但在现代工业社会条件下，一般人的潜能只是部分地得到了发挥。⑥人们并非天生就对组织的要求采取消极的或抵制态度，他们之所以如此，是由于他们在组织内的遭遇所造成的。⑦管理的基本任务是安排好组织工作方面的条件和作业方法，使人们的潜能充分发挥出来，更好地为实现组织目标和个人的具体目标而努力。这个过程主要是一个创造机会、挖掘潜力、排除障碍、鼓励发展和帮助引导的过程。

行为科学家认为Y理论给管理人员提供了一种对人的乐观主义看法，而这种乐观主义看法是争取员工的协作和热情支持所必需的。但是，奉行X理论的管理人员对此表示不同的意见。有人指出，Y理论有些过于理想化了。所谓自我指导和自我控制，并非人人都能做到。人固然不能说生来就是懒惰而不愿负责任的，但是，在实际生活中也的确有些人是这样的，而且坚决不愿改变。对于这些人，采用Y理论进行管理，难免会失败。

互动课堂2-2

钱兵大学毕业后应聘到宜昌某集团公司人力资源部工作。前不久，因总公司下属的某油漆厂出现工人集体闹事问题，钱兵被总公司委派到油漆厂了解情况，并协助油漆厂高厂长理顺管理工作。

到油漆厂上班的第一周，钱兵就深入“民间”，体察“民情”，了解“民怨”。一周后，他不仅清楚地了解到油漆厂的生产流程，还掌握了油漆厂的现状：生产效率极其低下；工人牢骚满腹，他们认为工作场所又脏又吵，条件极其恶劣，冬天室内最低温度竟然达到了-8℃，比外面还冷，而夏天最高可达40℃；他们的报酬也少得可怜，工人不止一次地向厂领导提过改善工作条件、提高工资待遇的要求，但厂里一直未给予足够重视。

钱兵还了解了工人的年龄、学历等情况，该厂以男性职工为主，约占92%。年龄在25～35岁之间的占50%，25岁以下的占36%，35岁以上的占14%。工人们的文化程度普遍偏低，初高中毕业的占32%，中专以上的仅占2%，其余的全是小学文化。钱兵在调查中还发现，工人的流动率非常高，50%的工人仅在厂里工作1年或更短的时间，能工作5年以上的不到20%，这对生产效率的提高和产品质量的提升非常不利。

于是，他向高厂长提出了自己的一些看法：“高厂长，经过调查，我发现工人的某些基本需要没有得到满足，我们厂要想把生产效率搞上去，要想提高产品质量，首先得想办法解决工人提出的一些最基本的要求。”可是高厂长却不这样认为，他恨铁不成钢地说：“他们有什么需要？他们关心的就是能拿多少工资，得多少奖金，除此之外，他们什么也不关心，更别说想办法去提高自我。你也看到了，他们很懒，逃避责任，不好好合作，工作是好是坏他们一点儿也不在乎。”

钱兵不认同高厂长对工人的这种评价，他认为工人不像高厂长所说的那样。为进一步弄清情况，钱兵采取发放调查问卷的方式，确定工人们到底有什么样的需要，希望找到哪些需要还未得到满足。他也希望通过调查结果来说服厂长，重新找到提高士气的办法。于是他设计了包括10多个因素在内的问卷，当然每个因素都与工人的工作有关，包括报酬、员工之间的关系、上下级之间的关系、工作环境条件、工作的安全性、工厂制度、监督体系、工作的挑战性、工作的成就感、个人发展的空间、工作得到认可情况、升职机会等。

调查结果表明，工人并不认为他们懒惰，也不在乎多做额外的工作，他们希望工作内容能丰富一点儿，能让他们多动动脑筋，能有较合理的报酬。他们还希望工作多一点儿挑战性，能有机会发挥自身的潜能。此外，他们还表达了希望多一点儿与其他人交流感情的机会，希望能在友好的氛围中工作，也希望管理者告诉他们怎样才能把工作做得更好。

基于此，钱兵认为，导致油漆厂生产效率低下和工人有不满情绪的主要原因是报酬太低，工作环境恶劣，人与人之间关系的冷淡。

讨论：(1) 高厂长对工人的看法属于X理论吗？钱兵的问卷调查结果又说明了对人的何种假设？

(2) 根据钱兵的问卷调查结果，请你为该油漆厂改善管理出些主意。

2.3 现当代管理理论

第二次世界大战以来，随着现代自然科学和技术的日新月异，生产和组织规模急剧扩大，生产力迅速发展，生产社会化程度不断提高，管理理论引起了人们的普遍重视。许多学者和实际工作者在前人的理论与实践经验的基础上，结合自己的专业知识，去研究现代管理问题。由于研究条件、掌握材料、观察角度以及研究方法等方面的不同，必然产生不同的看法和形成不同的思路，从而形成了多个管理学派。

2.3.1 现代管理理论的丛林

1) 管理过程学派

管理过程学派主要代表人物为哈罗德·孔茨。该学派推崇法约尔的一般管理理论，认为应对管理的职能进行认真的分析，从管理的过程和职能入手，对企业的经营经验加以理性的概括和总结，形成管理理论，指导和改进管理实践。

管理过程学派在西方很有影响力，主要原因有以下两点：

(1) 该学派为管理理论和实践的发展提供了一个广阔的空间，认为管理的本质就是计划、组织、指挥、协调和控制这样一些职能和过程，其内涵既广泛又易于理解，一些新的管理概念和管理技能均可容纳在计划、组织和控制等职能中。

(2) 该学派认为，各个企业和组织所面临的内部条件和管理环境都是不同的，但管理的职能却是相同的。在企业与组织的实践活动中，可以通过对管理过程的研究分析，总结出一些基本的、有规律性的东西，这些有规律性的东西就是管理的理论与原理，反过来又可以指导管理实践。该学派强调管理的基本职能，即管理的共同性，从而使人们在处理复杂的管理问题时得到启发和指导。

2）社会系统学派

社会系统学派最早的代表人物是美国的巴纳德。该学派认为，人与人的相互关系就是一个社会系统，是人们在意见、力量、愿望以及思想等方面的一种合作关系。管理人员的作用就是要围绕物质的、生物的和社会的因素去适应总的合作系统。

社会系统学派的基本观点是：组织是一个复杂的社会系统，应用社会学的观点来分析和研究管理问题。在巴纳德看来，梅奥等人的人际关系学说研究的重点是组织中人与人之间的关系，并没有研究行为个体与组织之间关系的协调问题。而如果将组织看作是一个复杂的社会系统，要使系统运行有效，则必然涉及组织中个人与组织之间的协调问题。正是基于这样的历史背景，社会系统学派得以产生，并将协调组织中个人与集体之间的关系作为其研究的主导方向。

3）决策理论学派

决策理论学派的最主要代表人物是美国的赫伯特·西蒙。该学派认为，由于决策是管理者的主要任务，因而应该集中研究决策问题，而管理又是以决策为特征的，所以应该围绕决策这个核心来形成管理理论。决策理论学派的主要论点有：

（1）强调了决策的重要性，认为管理就是决策，决策贯穿于管理的全过程。

（2）分析了决策过程中的组织影响。在各级都参与决策的情况下，为保证组织目标的统一，要发挥“组织影响”。上级不是代替下级决策，而是给下级决策提供前提。

（3）提出了决策应遵循的准则。他们主张用“令人满意的准则”去代替传统的“最优化原则”。

（4）分析了决策的条件。管理者决策时，必须利用并凭借组织的作用，尽量创造条件，以解决知识的不全面性、价值体系的不稳定性及竞争中环境的变化性问题。

（5）归纳了决策的类型和过程。根据给定条件的不同，他们把决策分成程序化决策和非程序化决策两类。程序化决策是指反复出现和例行的决策，非程序化决策是指那种从未出现过的，或者其确切的性质和结构还不很清楚或相当复杂的决策。

互动课堂2-3

众所周知，诸葛亮是一位享誉中国的大谋略家。他初出茅庐辅佐刘备，便火烧新野、鏖战赤壁、三气周瑜、智取西川……后又辅佐后主刘禅，七擒孟获、六出祁山……《三国演义》全书都贯穿着他传奇般的功绩，他是我们中华民族智慧的化身和骄傲。但是，“金无足赤，人无完人”，诸葛亮也不例外。

以痛失街亭为例，楚蜀一带有很多优秀人才服务于刘备政权，问题在于刘备死后这些人未能得到诸葛亮的任用，没有更好地发挥他们的作用，魏延就是其中的代表人物之一。魏延跟随刘备屡建战功，既有同曹操多年作战的实战经验，又很有谋略，是一个难得的军事人才，刘备很器重他。刘备在称汉中王迁成都时，破格提拔他为“督汉中镇远将军，领汉中太守”。刘备死后，在诸葛亮苦心经营北伐过程中，魏延受到了诸葛亮的压制，这主要表现为对魏延出奇兵攻打长安的建议不予理睬，也不让他做先锋。诸葛亮不用既有实战经验又有谋略的魏延，反而“违众拔谡”，派只会夸夸其谈、缺乏实战经验的马谡当了先锋，结果马谡一遇强敌便慌了手脚，以痛失街亭的失败而告终。

讨论：诸葛亮痛失街亭的原因是什么？你对此有何建议？

4）系统管理学派

系统管理学派的代表人物是理查德·约翰逊、卡斯特和罗森茨韦克。该学派强调管理的系统观点，要求管理人员树立全局观念、协作观念和动态适应观念，既不能局限于特定领域的专门职能，也不能忽视各自在系统中的地位和作用。其基本论点有：

（1）把企业等各种组织作为一种开放系统来看待。

（2）企业是由各种子系统组成的整体。企业这个开放的系统是由五种不同的子系统构成的，它们分别是目标与价值子系统、技术理性子系统、社会心理子系统、结构子系统、管理子系统。

（3）企业管理必须坚持系统观点，要用系统观点来考察企业及其管理活动。

5）经验主义学派

经验主义学派又称案例学派，主要代表人物有彼得·F.德鲁克、欧内斯特·戴尔等。这个学派的基本观点是，否认管理理论的普遍价值，主张从“实例研究”“比较研究”中导出通用规范，由经验研究来分析管理。他们通过对大量管理实例和案例的研究，来分析管理人员在个别情况下成功或失败的管理经验，从中提炼和总结出带有规律性的结论，这样，可以使管理人员学习到更多的管理知识和技能。该学派重点分析了许多组织管理人员的经验同时加以概括，找出他们成功经验中共性的东西，然后使其系统化、理论化，并据此向管理人员提供实际的建议。很多学者认为，该学派的主张实质上是传授管理学知识的一种方法，因此被称为“案例教学”。实践证明，这是培养学生分析问题和解决问题能力的一种有效途径。

6）权变理论学派

权变理论是一种较新的管理思想。权变的意思，通俗地讲，就是权宜应变。该学派认为，在企业管理中，由于企业内外部环境复杂多变，因此管理者必须根据企业环境的变化而随机应变，没有什么一成不变、普遍适用的“最佳”管理理论和方法。为了使问题得到很好的解决，要进行大量调查和研究，然后对企业的情况进行分类，建立模式，据此选择适当的管理方法。建立模式时应考虑下列因素：

（1）企业规模的大小。组织中人数越多，所需要协调的工作量就越大。当一个组织的规模发展了以后，就应发展更加正规的、高级的协调技术。

（2）工艺技术的模糊性和复杂性。为了达到组织目标，就要采用一些技术，把资源投入转换成用户满意的产品或服务。

（3）管理者职位的高低。管理者职位的高低直接影响到他应该采用的管理方式。比如，所有的管理者都要制订计划，但高层和基层管理者所制订的计划种类就不同。

(4) 管理者的职权大小。所有管理者都需要有职权，但不同的职位所需要的权力有所差别。

(5) 下属个人之间的差别。所受教育、家庭环境、个人态度和性格等方面的不同，造成了人们之间的差别。这些差别直接关系到管理者对他们的影响。

(6) 环境的不确定程度。管理者要受到组织外部因素的影响，由政治、技术、社会、经济等方面变化所引起的不确定性将对管理者的管理方式产生冲击，有的管理方法可能适用于具有稳定的外部环境的组织，而不适用于外部环境变化剧烈的组织。

总之，权变理论要求管理者根据组织的实际情况来选择最适合的管理方式。

思享园地

我国古代系统管理思想

我国古代体现系统管理思想的言论和实例很多。春秋末期大思想家老子就曾阐明自然界的统一性，把宇宙作为一个整体系统来研究，把“道”作为宇宙万物本原的最高实体。道，简单讲就是一种宇宙法则和客观规律。“道生一，一生二，二生三，三生万物”“人法地，地法天，天法道，道法自然”，认为万物相连，人们如果尊重道，就会天下太平，如果背离道，就会遭殃。我国古代天文学家很早就认识到人类赖以生存的地球所处的位置和气候变化规律对人类生产和生活的影响，揭示了天体运行与季节变化的关系，从而制定了指导农事活动的24个节气。西周时期，人们用阴阳二气的矛盾来解释自然现象，产生了“五行”观念，认为金、木、水、火、土是构成世界大系统的五种基本物质要素。我国古医书《黄帝内经》强调人体各器官的有机联系，指出身体健康与自然环境的联系、心理与生理现象的关联等，诊断疾病强调综合分析，强调因人、因时、因地制宜，并把治疗与调养，治疗与预防结合起来。

资料来源　编者根据相关资料整理。

管理大师档案

（扫一扫了解更多）

科学管理之父：弗雷德里克·泰罗

弗雷德里克·泰罗（Frederick W.Taylor）是西方古典管理理论的主要代表、科学管理理论的创始人。由于在科学管理方面所做出的突出贡献，他被人们誉为“科学管理之父”。

泰罗的科学管理，根本目的是谋求最高效率，而最高的工作效率是雇主和雇员实现共赢的基础，使较高工资和较低的劳动成本统一起来，从而扩大再生产，促进生产的发展。要达到最高的工作效率，重要手段是用科学化的、标准化的管理方法代替旧的经验管理。

为此，泰罗提出了一些基本的管理制度，如制定科学的操作规程；对工人进行科学的选择、培训和晋升；实行具有激励性的计件工资报酬制度；

管理和劳动分离等。这些措施虽然现在已成为管理常识，但在当时却是重大的变革，受到了美国和欧洲的极大欢迎。

资料来源　田树生. 科学管理之父：弗雷德里克·泰罗［J］. 施工企业管理，2007（10）.

互动课堂2-4

在一次管理经验交流会上，有两个工厂的厂长分别论述了各自对如何进行有效管理的看法。

A厂长认为，只有实行严格的管理，采用某些命令式、强制性手段，才能保证实现企业目标。因此，企业要制定严格的规章制度和岗位责任制，建立严密的控制体系，注重上岗培训，实行计件工资制等。员工们都非常注重遵守劳动纪律和规章制度，努力工作以完成任务，工厂发展迅速。

B厂长则认为，企业管理的资产之一是员工，只有员工把企业当成自己的家，把个人的命运与企业的命运紧密联系在一起，才能充分发挥他们的科研成果和力量为企业服务。因此，管理者在执行管理的决策、组织、领导、控制等职能时，应充分提高透明度，在需要员工参与时，与员工商量解决；平时十分注重对员工需求的分析，有针对性地给员工提供学习、娱乐的机会和条件；在每月的黑板上公布当月过生日的员工姓名，祝他们生日快乐；如果哪位员工生儿育女，厂里派专车接送，厂长亲自送上贺礼等。员工普遍把企业当作自己的家，全心全意为企业服务，工厂日益兴旺发达。

讨论：这两位厂长的观点分别代表什么管理思想？你认为哪一种更具有优越性？为什么？

2.3.2 当代管理理论的进展

1）Z理论

Z理论是由日裔美国学者威廉·大内在1981年出版的《Z理论》一书中提出来的，其研究的内容为人与企业、人与工作的关系。

Z理论认为，一切企业的成功都离不开信任、敏感与亲密，因此主张以坦白、开放、沟通作为基本原则来实现“民主管理”。Z理论的基本内容可概括如下：

（1）畅通的管理体制。管理体制应保证下情充分上达；应让职工参与决策，及时反馈信息。特别是在制定重大决策时，应鼓励一线的职工提出建议，然后再由上级集中判断。

（2）基层管理者享有充分的权力。基层管理者对基层问题要有充分的处理权，要有能力协调各方面的关系，调动职工的积极性、主动性、创造性，集思广益，群策群力。

（3）中层管理者起到承上启下的作用。中层管理者要起到统一思想的作用，统一向上报告有关情况，提出自己的建议。

（4）长期雇佣职工，及时整理和改进来自基层的意见。企业要长期雇佣职工，使职工增加安全感和责任心，与企业共荣辱、同命运。

（5）关心职工的福利。管理者要处处关心职工的福利，设法让职工心情舒畅，形成上下级关系融洽、亲密无间的局面。

（6）创造生动的工作环境。管理者不能仅仅关心工作任务，还必须设法让职工感到工作不枯燥、不单调。

（7）重视职工的培训。要重视职工的培训工作，注意从多方面强化他们的工作能力。

（8）职工的考核。考核职工表现的指标不能过于单一，应当全面评定职工各方面的表现，长期坚持下去，作为晋级的依据。

2）企业再造

企业再造的概念来源于美国著名管理专家迈克尔·哈默和詹姆斯·钱皮合著并于1993年出版的《再造公司——企业革命宣言》一书。所谓企业再造，是指为了获取可以用诸如成本、质量、服务和速度等方面的绩效进行衡量的显著的成就，对企业的经营过程进行根本性的再思考和关键性的再设计。这一定义揭示了企业流程再造的核心。

（1）企业再造的起源与发展。“再造”一词出现于1987年前后，当时迈克尔·哈默是信息技术方面的顾问，那时候“再造”之说仅在一个很小的知识分子圈内流传。1993年哈默和钱皮合著的《再造公司——企业革命宣言》正式把“再造”学说介绍给全世界。有人认为“再造”的种子是约瑟夫·朱兰和爱德华·戴明在倡导全面质量管理时播下的。朱兰和戴明在全面质量管理学说中明确地以流程为导向，主张从整体看待工作场所的所有活动。他们的学说主张并未受到西方企业的重视，结果美国人的主张在日本开花结果，一直到20世纪70年代末80年代初，才由日本传入美国并在美国企业界广泛应用。

有学者认为，世界上最先注重“流程”的是日本人，现在讲“再造”，着眼点还是在流程，源头自然在日本。早在20世纪60年代，一些日本公司就开始追求流程方面的卓越，意在提高产品质量和降低成本。当时在这方面处于领先地位的是日本丰田汽车公司。我们现在所说的“准时生产制”就是起源于丰田汽车公司的一种生产管理方式。丰田汽车公司认为，只要把生产系统理顺，提高质量并大幅度降低成本，就会赢得市场。1973年以后，日本其他公司学习了丰田汽车公司注重流程的观念，也开始转向以流程为推动力来组织生产。由于日本企业获得了质量和成本优势，其产品从20世纪70年代初开始大举占领欧美市场。美国公司这时候虽然面临内部机构膨胀复杂、管理难度加大的威胁以及日益严峻的外部环境的挑战，但仍然把工作重点放在“市场营销”上，而其市场情况却每况愈下，竞争力下降。这一形势迫使美国企业反思，进而认识到进行企业再造是企业走出困境、奋发自救的根本途径。

不少企业通过再造，重新激发了企业活力，并取得明显的绩效。这些公司包括福特汽车、IBM、克莱斯勒汽车、强生、AT&T、百事可乐、惠普、哈尔马克卡片公司、塔果贝尔快餐公司、大西洋贝尔公司等。到了20世纪90年代中期，约有80%的美国大型企业已经或正在进行再造。甚至有人认为，美国的国际竞争力自20世纪90年代以来超过日本，其主要原因之一就是美国企业再造的成功。

从美国现有的经验看，进行再造的企业大体可分为三类：第一类为身陷困境，走投无路，试图通过再造获得新生的企业；第二类是当前情况尚可，但未雨绸缪，在走下坡路之前进行再造的企业；第三类是正处于巅峰时期，领导者不安于现状，勇于进取的企业。由此可见，企业再造并不一定要等到企业走投无路的时候才做，处于不同境况下的企业都可以做，关键是企业要认清形势，把握机会，下决心去做。

（2）企业再造的原则与方法。企业再造的原则和方法很多，但重点有以下几条：

第一，要紧密配合市场需求确定企业的业务流程。

第二，要根据企业的业务流程确定企业的组织结构。

第三，以新的、柔性的、扁平化的和以团队为基础的企业组织结构取代传统的企业组织结构。

第四，强调信息技术与信息的及时获取，加强企业与顾客、企业内部经营部门与职能部门的沟通与联系。

企业再造是围绕业务流程展开的。通俗地说，所有的企业首先都要问一问“我们做事情要达到什么目的”和“我们怎样做好我们所做的事情”，业务流程再造的关键是重新设计业务流程。

再造的目的不是略有改善，稍有好转，而是要使业绩有显著的长进、有大的飞跃。再造不是修修补补，不是对现有的东西稍作改良。再造就是要治本，要割舍旧的东西，重新做，从头做，要脱胎换骨。要做到脱胎换骨，就要从根本上改变思路。

3）核心竞争力理论

1990年，美国著名管理学者普拉哈德和哈默提出了核心竞争力的概念。他们认为，随着世界的发展变化，竞争加剧，产品生命周期缩短以及全球经济一体化步伐的加快，企业的成功不再归功于短暂的、偶然的产品开发或灵机一动式的市场战略，而是企业核心竞争力的外在表现。

企业核心竞争力是指企业独具的、支撑企业可持续性竞争优势的核心能力。它可以更详细地表述为：企业核心竞争力是企业长时期形成的，蕴含于企业内质的，企业独具的，支撑企业过去、现在和未来竞争优势，并使企业长时间内在竞争环境中能取得主动的核心能力。核心竞争力具有以下几个特点：

（1）价值性。核心竞争力能很好地实现顾客所看重的价值。如通过提高产品质量，提高服务效率，增加顾客的效用，从而给企业带来竞争优势。索尼公司的核心能力是“迷你化”，它给顾客的核心利益是好携带；联邦快递的核心能力是极高水准的后勤管理，它给顾客的核心利益是即时运送。

（2）独特性。核心竞争力还必须是企业所特有的，并且是竞争对手难以模仿的，也就是说它不像材料、机器设备那样能在市场上购买到，而是难以转移或复制的。这种难以模仿的能力能为企业带来超过平均水平的利润。

（3）延展性。核心竞争力还具有延展性，能够同时应用于多项不同的任务，使企业能在较大范围内满足顾客的需要。如佳能公司利用其光学镜片成像技术和微处理技术方面的核心竞争力，成功地进入了复印机、激光打印机、照相机、扫描仪以及传真机等二十多个产品领域；本田公司的核心专长是引擎设计和制造，这支撑了汽车、摩托车、割草机和方程式赛车的制造。

核心竞争力还可以表现在生产经营、营销和财务上。如苹果电脑的产品设计创新能力，它首开使用鼠标操作电脑的先河；宝洁、百事可乐等优秀的品牌管理及促销能力；丰田的精益生产能力等。正是由于具有这种独特的核心竞争力，这些公司才取得了成功。

4）学习型组织

美国著名管理学教授罗宾斯在其经典著作《组织行为学》中指出："全面质量管理是20世纪80年代的潮流，企业再造是90年代初的潮流，学习型组织已成为跨世纪的最新潮流。"

学习型组织是指通过营造整个组织的学习气氛充分发挥员工的创造性思维能力而建立起来的一种有机的、高度柔性的、横向网络式的、符合人性的、能持续发展的组织。美国管理学家彼得·圣吉于1990年出版了《第五项修炼——学习型组织的艺术与实践》一书，指出未来组织所应具备的最根本的品质是学习。该书把研究带出了纯理论性与概念性的探索，进入了可操作的实践领域，试图推动人们刻苦修炼，学习和掌握新的系统思维方法。他认为，要使组织变成一个学习型组织，必须具有以下五项修炼的扎实基础：

（1）系统思考。系统思考是五项修炼的核心，是整体、动态、本质地看待事物的修炼。这项修炼最为重要，员工个人、管理者自己或一个组织的事业成败都与能否进行系统思考有关。管理者可在拓宽思维的广度、挖掘思维的深度、掌握动态思维方法上加以努力，以提高系统思考水平。

（2）自我超越。自我超越是五项修炼的基础，强调要认识真实世界，关注于创造自己的最理想境界，并由这两者之间的差距产生不断学习的意愿，不断地自我创造和自我超越。在这个过程中，并非降低期望来与现实相符，而是提升自我以实现理想，由此培养出创意与能力，并以开阔的胸襟来学习、成长和不断超越自我。

（3）改善心智模式。员工和管理者都有根植于脑海的心智模式。心智模式即思维定式，以及由思维定式所决定的思想、心理和行为方式。人无完人，每个人的心智模式都有缺陷之处。改善心智模式的修炼主要落实在对自己心智模式的反思和对他人心智模式的探寻上。员工的心智模式也应成为管理的对象。相同或相近的心智模式以及下面要谈及的建立在个人愿景基础上的组织愿景，会使组织产生更强的亲和力、凝聚力，从而增强组织对内的活动效率和对外的适应、发展能力。人们要学习如何改变自己多年来养成的思维习惯，摒弃陋习，下力气强制和约束自己进入新的心智模式，破旧立新。

（4）建立共同愿景。所谓共同愿景，是指能鼓舞组织成员共同努力的愿望和远景，或者说是共同的目标和理想。共同愿景主要包括三个要素：共同的目标、价值观与使命感。"愿景"强调的是大家共同愿意去实现的远景，因此与纯粹只是告诉大家什么是“远景”不同。有了衷心渴望实现的共同目标，大家才会努力学习，才会追求卓越，不是因为他们被要求这样做，而是由衷地想要如此。因此组织需要建立共同的理想、共同的文化、共同的使命，能使员工看到组织近期、中期和远期的发展目标和方向，从而使员工心往一处想、劲往一处使，使每个人的聪明才智得以充分发挥，使组织形成一种合力。

(5) 团队学习。团队学习就是通过开放式交流，集思广益，互相学习，取长补短，以达到共同进步，使团队的力量得以充分发挥的目的。团队学习的修炼包含深度会谈和讨论。在深度会谈时，团队成员自由交流想法，在一种无拘无束的气氛中，把各自深藏的经验与想法完全展现出来。要做到成功的深度会谈和讨论，所有成员都必须在不本位、不自我防卫、不预设立场、不敬畏的情况下共同学习，以发挥协同作用，充分发挥集体智慧的力量。

学习力、快乐工作和创新是学习型组织的三个真谛。学习型组织有着它不同凡响的作用和意义，主要体现为：一方面学习是为了保证组织的生存，使组织具备不断改进的能力，提高组织的竞争力；另一方面，学习更是为了实现个人与工作的真正融合，使人们在工作中悟出生命的意义。

动画：管理理论

互动课堂 2-5

得利斯集团原总裁郑和平酷爱读书，每每看到精彩的文章，总要推荐给员工阅读。一次，某杂志“名牌列传”专栏刊载的一篇文章《“同仁”最是真》引起了他的共鸣，他一连在15处文字下标注了着重号。这些内容集中反映在：做精品要严格规范，精益求精；做事要兢兢业业，埋头苦干；做人要认认真真，实实在在……他认为同仁堂造药，得利斯造食品都是吃的东西，是关系到人的身体健康的东西，两者具有很多相似之处。

下面是他对此文章画重点号的部分内容以及他的批示：

《“同仁”最是真》成药配方独具特色，炮制过程可谓一丝不苟。一次，老板服用本堂生产的银翘解毒丸时，口感有渣滓，便一追到底，发现是箩底的细绢并丝，造成箩目过大，他当场用水果刀划破所有箩底，令工人更换……

俗话说：字要习，马要骑，拳脚要踢打，算盘要拨拉，久练即熟，熟能生巧……同仁堂选料时非上乘不买，非道地不购……火候不济，功效难求，火小了，香出不来，香入脾；如果火大，炒焦了，焦气入心经，所以又有“火候太过，气味反失”一说。一颗牛黄上清丸就有100多道工序，药真工细，同仁堂一等品出厂达标率达100%。

“炮制虽繁必不敢省人工，品味虽贵必不敢减物力。”……同仁堂人也琢磨同仁堂老而不衰的谜，说法不一，却有一点共识：传统也罢，现代也罢，兢兢业业，一丝不苟的敬业精神，啥时都重要。一位女工出远门回来后写道：“我深深懂得，踏踏实实工作，认认真真做人，才是最根本的，因为我的根基在同仁堂！”

批语：同仁堂造药，得利斯造食品，都是入口的东西，但愿《“同仁”最是真》这篇文章能给我们的员工一点启示！

讨论：(1) 你对总裁推荐这篇文章的做法是否赞成？

(2) 构建学习型组织对企业的领导者提出了什么要求?
(3) 学习型组织中员工的角色发生了什么样的变化?

5) 自我管理

自我管理有广义和狭义之分。狭义的自我管理是指个人通过不断地自我认识、自我设计、自我教育、自我激励、自我控制、自我完善的动态过程，以实现个人理想和目标。而广义的自我管理的对象则扩大到组织，是指为实现目标、取得最大效益而进行的组织内部的自我调节、自我控制的过程。在组织管理中，自主性和平等民主参与性是自我管理活动的两大显著特征。因此，自我管理的原则包括自识、系统、统一、自愿、效率等。

(1) 自我管理的特点。它包括：

其一，管理范围的普遍性。自我管理虽然只是管自己，但是它却几乎适用于所有人。生活在社会上的每个人，除了精神障碍者以外，无人不在进行着自我管理，不管你是否意识到，是否承认它。

其二，管理时域的全程性。自我管理不是权宜之计，它贯穿于人生的全过程，从儿童、少年、青年、壮年到老年，都要进行不同内容、不同方式的自我管理。

其三，管理内容的复杂性。自我管理时多重指标的综合效应，具有十分广泛的内容，主要包括目标的确定、行为的控制、情感的调节、才智的发挥、时间的利用、信息的处理等。

其四，管理方法的差异性。人的个性、素质、能力及经历、处境是千差万别的，因此，人自身的管理方式也是各不相同、因人而异的。只有一般的规律可依，没有万能的灵药可用。

其五，管理理论的广延性。人的生命运动是人的思维运动的物质基础，而人的思维运动对人的生命运动产生着强大的能动作用。此外，人生活在世上，每天都要和自然界、社会接触，收到大量的自然信息和社会信息，这些信息要靠人的身心自动调解功能来处理。这些都给研究人的自我管理理论带来了广延性。

(2) 自我管理的形式。自我管理在现代组织中有两种表现形式，这就是个人的自我管理与团队的自我管理。

其一，个人的自我管理。所谓个人的自我管理，就是指个人可以在组织共同愿景或共同的价值观指引下，在所授权的范围内自我决定工作内容、工作方式，实施自我激励，并不断地用共同愿景来修正自己的行为，以使个人能够更出色地完成既定目标。也就是在这样一个过程中，个人使自己得到了充分的发展，使自己在工作中得到了最大的享受。

其二，团队的自我管理。所谓团队的自我管理，是指组织中的小工作团队的成员在没有特定的团队领导人条件下自己管理团队的工作，进行自我协调，共同决定团队的工作方向，大家均尽自己所能为完成团队任务而努力。团队自我管理在某种条件下比个人自我管理更为困难一些，因为团队中有许多人，如果有一两个人希望"搭便车"的话，就会在团队中造成很大的冲突与麻烦。所以，成功的团队自我管理不仅需要每个团队成员具有良好的素质和责任，还需要有团队精神，以此凝聚众人。

自我管理已成为现代组织广泛采用的一种组织机制，它以重视人为基础，通过民主参与管理，在成就人的同时推进组织的有效运行。自我管理相对于之前的组织管理，它把管理带入了一个全新的境界，更加符合人性特征。

动画：团队精神

互动课堂 2-6

结合自身实践，谈谈你是如何进行自我管理的？

6）知识管理

对知识管理的研究最早始于美国。20世纪90年代中期，信息技术广泛应用于企业的生产经营过程，网络化成为企业组织结构调整的突出原因，全球化成为影响和制约企业发展的一个重要环境变量。知识正在成为企业管理的主要资源。无论是以物为核心的管理、以人为核心的管理，还是以文化为核心的管理，它们都是管理学上的一次升级。到了知识经济初见端倪的当今时代，管理的根本性变革不是以机器和分工为基础，而是以人的知识和能力为基础；不是以占有自然资源（物质资源和能源）为基础，而是以占有人力资源为基础，知识成了管理的核心。

我们认为，知识管理就是对一个企业集体的知识与技能的捕获，并把这些知识与技能分布到能够帮助企业实现最大产出的任何地方的过程。具体地说，知识管理就是通过对组织知识资源的开发和有效利用以提高组织创新能力，从而提高组织创造价值能力的管理活动。可见，以知识为核心的知识管理包括两个不可分割、紧密联系的方面：其一是对知识进行管理，知识是管理的主要对象；其二是运用知识进行管理，知识是管理的主要手段。

（1）知识管理的内容。知识管理可分为人力资源管理和信息管理两个方面。人力资源管理是知识管理的核心内容，人力资源管理就是一种以“人”为中心、将人看作最重要资源的现代管理思想。

在知识经济时代，智力资本成为促进生产力发展的第一要素。管理者需要充分认识到，人作为智力资本的拥有者，与生产力的其他要素存在明显的差别：人追求自我实现、自我发展。智力资本的拥有者逐渐发展成为管理的主体，管理者的角色应从管理控制逐渐转向引导和帮助。它包括对企业人力资源个体、团队甚至整个企业组织的知识、技能、智商与情商的管理。

良好的信息管理是实现有效的知识管理的基础。信息管理可分为三个层面：最底层（第一层）是通信网络，用来支持信息的传播；第二层是高性能计算机服务器，这是存取信息、数据的关键环节之一；第三层是信息库、数据库系统层，它是信息管理系统的关键层。对于组织来说，知识管理的实施关键在于建立激励员工参与知识共享的机制，培养组织创新和集体创造力。

（2）知识管理的特点。

① 知识管理重视对组织成员进行精神激励。组织成员拥有不断创新和创造新的有用知识的能力，他们是组织知识创新的主体。因此，采取恰当的激励机制就显得尤其重要，它不仅注重物质激励，更注重精神激励——一种新型的精神激励，即赋予组

织成员更大的权利和责任，使其更好地发挥自觉性、能动性和创造性。

② 知识管理重视知识的共享和创新。未来组织间的竞争取决于其整体创新能力，所以，有效的知识管理要求把集体知识共享和创新视为赢得竞争优势的支柱，创造一种组织知识资源能够得到共享和创新的环境。其目的是通过知识的更有效利用来提高个人或组织创造价值的能力。

③ 知识管理强调运用知识进行管理。传统管理是经验管理，而经验只是知识中的一个层次。管理科学产生后，管理的知识也是不完整、有失偏颇的。在知识管理中，管理的知识应当是完整的、全面的、有机统一的，它要求管理者能够掌握并在管理过程中综合地运用各种相关知识，使得管理活动卓有成效；将知识视为组织最重要的战略资源，把最大限度地掌握和利用知识作为提高竞争力的关键。

管理定律

鲇鱼效应

西班牙人爱吃沙丁鱼，但沙丁鱼非常娇贵，极不适应离开大海后的环境。在渔民把刚捕捞上来的沙丁鱼放入鱼槽运回码头的过程中，许多沙丁鱼用不了多久就会死去，而死掉的沙丁鱼味道不好，销量也差。倘若抵港时沙丁鱼还活着，鱼的卖价就要比死鱼高出若干倍。为延长沙丁鱼的存活期，渔民想方设法让鱼活着到达港口。后来渔民想出一个法子，将几条沙丁鱼的天敌鲇鱼放在运输容器里。因为鲇鱼是食肉鱼，放进鱼槽后，鲇鱼便会四处游动寻找小鱼吃。为了躲避天敌的吞食，沙丁鱼自然加速游动，从而保持了旺盛的生命力。如此一来，沙丁鱼就能一条条活蹦乱跳地运到码头。

音频

其实用人亦然。一个公司，如果人员长期固定，就缺乏活力和新鲜感，容易产生惰性，尤其是一些老员工，工作时间长了就容易厌倦。因此有必要找些外来的“鲇鱼”加入公司，制造一些紧张气氛。当员工们看见自己的位置多了些“职业杀手”时，便会有种紧迫感，知道该加快步伐了，否则就会被炒掉。这样一来，企业自然而然就会生机勃勃了。

当压力存在时，为了更好地生存、发展下去，惧者必然会比其他人更用功，而越用功，跑得就越快。

增值阅读

法约尔VS泰罗：两位互补的大师

在管理理论发展史上，法约尔是与泰罗并驾齐驱的古典管理理论创始人之一，二人处于同一时代，且都有工程师背景。所不同的是，泰罗开始是作为普通工人进入工厂的，其后主要从事工程技术工作，把工作的重点放在作业现场上，从工业等级制的底层向上研究。法约尔则从开始就进入了企业的管理层，以后又担任了大公司的最高领导，并在法国的多种机构从事过管理方面的调查和教学工作，他关注管理人员并自上而下开展研究。由于个人的经历不同，泰罗对管理的研究是从工业等级的一端——

车床旁边的车工开始的，而法约尔则是从另一端——办公桌旁边的总经理开始的，因而也就决定了他的管理理论具有与泰罗的科学管理理论明显不同的特色。正如日本学者占部都美所说："泰罗是以工厂管理合理化这一具体目标为出发点的。因此，他的科学管理法是非常富有实践性的，但缺乏一般科学性。而法约尔是从实施管理教育的目的出发的，因此他的管理理论是概括性的，也非常富有原则性。"法约尔的管理理论从一开始就是以大企业的整体为研究对象，不仅适用于企业，也适用于军政机关和宗教组织。法约尔认为科学管理理论与一般管理理论是相互补充的，其目的是改进管理，只不过采取的分析途径不同。

在法约尔与泰罗之间进行比较，可以得出一些有用的结论：第一，法约尔与泰罗都曾长期任职于重工业部门，在集中研究管理理论之前，两人都因技术研究和实验而出名。第二，两人都被看作对组织管理采取机械方法的代表，尽管这种看法是对他们理论分析和政策建立的一种简化。第三，法约尔与泰罗的管理思想渊源在许多方面都有明显的差别。虽然他们都出生在相当富裕的家庭，而且都受过工程师教育，但是法约尔是在一个强调以传统为基础的法国文化环境中成长为管理雄才的。泰罗则是在新教徒的伦理和美国开放式文化环境中，从最底层开始通过自己的艰苦努力而取得成功的。第四，法约尔没有遭到有组织的工人的敌视，他把自己的方法介绍给工厂，实施时从未遭到过反对，而且也从未在任何调查委员会上作证。第五，泰罗开始是一名工人，是通过自己不懈努力发迹的，而法约尔一开始就当上了副经理并参与到管理人员行列。泰罗首先在工厂实施他的方法，然后从中归纳出一般性的结论；而法约尔是从经理的观点创立他的一般管理体系，然后将其应用于下一级的组织机构。第六，法约尔与泰罗之间的重要区别在于分析层次上。法约尔主要关注上级指令的有效性，以及指令如何影响整体组织功能，而泰罗主要关注劳动生产率和个人任务。第七，泰罗比较年轻时就去世了，而且他的理论引起了人们颇多的议论和争议。法约尔在世时间很长，直到75岁才发表他的主要著作，并没引起强烈的争论，他的理论比泰罗的理论更有吸引力，因为他的理论更加形象和更加容易接受。近年来，有的管理理论学家把法约尔和泰罗概括为同样是对管理运用过分理性化、机械化方法的学者，尽管这种观点发扬了继承者对他们观点的精确理解，但就法约尔的著作来说，这种认识是不完全正确的。法约尔把组织看成是一个类似于生物学术里的"团体社会"，而不只是一台平稳运作的机器。他所提出来的原则是在不确定性存在的条件下有效限制的指导方针，而非完全消除这种不确定性的存在。

法约尔与泰罗处于同一时代，但在当时，泰罗所受到的礼遇是法约尔所不及的，这主要是因为：一是泰罗的科学管理理论标志着古典管理理论的诞生，其划时代的意义是十分巨大的。虽然法约尔于1908年在泰罗的代表作《科学管理原理》出版之前就曾发表过演讲，但是第一次世界大战的爆发影响了其理论的总结。二是泰罗所处的美国在新技术革命中逐步占据上风，并成为新思想、新理论的策源地。这对泰罗制的推广应用和宣传是极为有利的。三是美国对法约尔的理论一开始存在偏见，迟迟没有出版英译本，直到1937年才在厄威克和古利克编纂的《管理科学论文集》中收录法约尔的一篇文章。

1961年，孔茨发表著名的《管理理论的丛林》一文，指出从泰罗和法约尔到20世纪60年代，各种管理理论和管理学派已发展成盘根错节的一片丛林，必须对此进行一番梳理，梳理的结果是6个管理理论的主要学派。到了1980年，20年过去了，孔茨认为有必要对管理理论再来一次梳理，又发表了《再论管理理论的丛林》，梳理的结果是有11个管理流派了。但是，无论有多少个流派，在孔茨看来，真正正统的、完善的、有效的管理理论却只有"管理过程学派"一家，并指出这个学派的创始人是法约尔。在他看来，这种管理理论不像其他理论将社会学、经济学、生物学、心理学、物理学、化学等学科全部包括进来，而是把管理看作在组织中通过别人或同别人一起完成工作的过程。对这个过程从理论上加以概括，确定一些基础性的原理，并由此形成一种管理理论。再通过对原理的研究、实验和传授，来改进管理的实践。相对于管理过程理论，其他学派都有这样或那样的缺陷。

法约尔认为，良好的管理不仅体现在高产出、组织各部门的计划得到强化上，还应表现为组织最高管理层进行更深入研究和组织更多管理培训。这些论述无疑是泰罗本人所赞同而其继承者没能继承和发展的。在历史上，这种从事相同领域研究的两个人，在研究方法和研究细节上存在如此巨大差异的同时，又存在如此巨大的互补性的情况是很少见的。

资料来源 孙国强．法约尔VS泰罗：两位互补的大师［J］．管理学家，2006（4）．

点评：法约尔和泰罗之所以在同一时期提出了不同的管理理论，就是因为他们的立足点不同，一个是从基层管理的角度出发，另一个是从高层管理的角度出发。有效的管理过程既要具有宏观控制性，又要具有实践指导性，二者缺一不可。

[基础训练]

1.泰罗科学管理理论的主要内容有哪些？

2.法约尔提出了哪些管理职能和哪14条管理法则？

3.人际关系学说的主要观点有哪些？

4.列表说明现当代管理理论的主要观点。

5.你认为古典管理理论在现代社会中还具有实践价值吗？

6.王东同学在学完本章内容后认为：泰罗和法约尔给了我们一些明确的管理原则，而权变理论却说一切取决于当时的情境，一下倒退了七八十年，从一套明确的原则又回到一套不明确的和模糊的指导方针上去了。你是否同意这种说法，为什么？

7.心智模式可以改变吗？你愿意改变吗？

8.自我管理在实际工作中行得通吗？你认为应具备什么样的条件才可行？

[综合应用]

■实训与实践

1.以团队为单位，组织一次关于管理理论与管理思想的沙龙。除了课本上的理论外，接触过的其他管理理论也可分享出来，每个团队通过PPT等形式向大家作介绍，谈体会，放开思路，自由畅想。

要求：(1) 展示方式不限，各组进行互评；

(2) 限时3分钟。

2.以团队为单位，搜集一个或几个国内的管理案例，应用所学知识，分析其中包含的管理思想。每队写出一份1 000字左右的分析报告。

3.中国古代涌现了许多优秀管理思想和管理智慧，请同学们以小组为单位，选择一个合适的切入点（如古代先贤著作、成语故事等）进行分享。

■案例分析

克莱斯勒公司面临的新挑战

克莱斯勒公司（以下简称“克莱斯勒”）是美国汽车巨头之一，今天，它又面临着一场严峻的挑战：在过热的竞争和可预测的世界汽车产业生产能力过剩的环境中求生存。为了度过这场危机并再次成功地进行竞争，克莱斯勒不得不先解决以下问题：

首先，世界汽车产业的生产能力过剩，意味着所有汽车制造商都将竭尽全力保持或增加它们的市场份额。美国的汽车公司要靠增加投资来提高效率，日本的汽车制造商也不断地在美国建厂。欧洲和韩国的厂商也想增加他们在美国的市场份额。艾珂卡承认，需要对某些车型削价销售，为此，他运用打折和其他激励手段来吸引消费者进入克莱斯勒的汽车陈列室。艾珂卡承认，价格是唯一争取更多买主的方法。但从长期来看，这不是最好的方法。

克莱斯勒必须解决的第二个问题是改进它所生产汽车的质量和性能。艾珂卡承认，把注意力过分集中在市场营销和财务方面，而把产品开发拱手让给了其他厂家是不好的。此外，克莱斯勒必须确保向消费者提供的售后服务具有高质量特征。

艾珂卡的第三个问题是如何把美国汽车公司（AMC）和克莱斯勒整合到一起。兼并美国汽车公司意味着克莱斯勒要解雇许多员工，这包括蓝领工人和白领员工。剩余的员工对这种解雇的态度从愤怒到担心，这给克莱斯勒的管理造成巨大的压力：难以和劳工方面密切合作、避免骚乱，确保汽车质量和劳动生产率。

为了生存，艾珂卡承认，公司各级管理人员和设计、营销、工程及生产各方面员工应通力协作，以团队形式开发和制造与消费者的需求相匹配的产品。克莱斯勒的未来还要以提高效率为基础。今天，克莱斯勒一直注重降低成本、提高质量并靠团队合作的方式加快产品开发的速度，发展与供应商、消费者的关系。

在其他方面，艾珂卡要求供应商提供降低成本的建议——他已收到上千条这样的提议。艾珂卡认为，降低成本的关键是“让全部员工都谈降低成本”。

艾珂卡现已从克莱斯勒公司总裁的职位退休。有些分析家开始预见克莱斯勒的艰难时光。但一位现任主管却说，克莱斯勒有一项巨大优势：它从前有过一次危机，却安然渡过并生存下来，所以，克莱斯勒能够从过去学到宝贵的经验。

问题：

（1）如何用当代管理学方法解决克莱斯勒面临的问题？

（2）如何用权变管理的思想解决克莱斯勒面临的问题？

（3）克莱斯勒在今天该怎么做？

第3章 计划

长期计划处理的不是未来的决定，而是现在的决定会带来的未来结果。

——彼得·德鲁克

夫未战而庙算胜者，得算多也；未战而庙算不胜者，得算少也。多算胜，少算不胜，而况于无算乎！吾以此观之，胜负见矣。

——《孙子兵法·计篇》

【学习目标】

知识与能力目标：

◎了解计划及目标的含义。
◎了解计划工作的特征和作用。
◎了解决策的含义、分类、方法。
◎熟悉计划、决策的程序。
◎了解目标管理。
◎掌握编制计划技能。
◎了解如何分析、判断、确定管理问题。
◎明确如何提高决策能力。
◎能够提出有效的目标。

素养目标：

◎正确认识“国之大者”，增强政治意识，引导学生站高看远，将小我融入大我。
◎做好奉献国家奉献社会的长远规划，树立社会责任感。

本章自学课件

趣味阅读

父子打猎

有一位父亲带着三个孩子到沙漠去猎杀骆驼。他们到达目的地，父亲问老大：“你看到了什么？”老大回答：“我看到了猎枪，还有骆驼，还有一望无际的沙漠。”父亲摇摇头说：“不对。”父亲以同样的问题问老二。老二回答说：“我看见了爸爸、大哥、弟弟、猎枪，还有沙漠。”父亲又摇摇头说：“不对。”父亲又以同样的问题问老三。老三回答：“我只看到了骆驼。”父亲高兴地说：“你答对了。”

资料来源　佚名. 管理寓言故事集锦——猎杀骆驼［EB/OL］.［2020-01-06］. http：//www.edulife.com.cn/Infos/200509/0995511607.html.

管理启示：一个人若想走上成功之路，首先必须要有明确的目标。目标一经确立，就要心无旁骛，集中全部精力，勇往直前。

音频

计划是管理的首要职能，是管理职能中一个最基本的职能。计划是任何一个组织成功的核心，它存在于组织各个层次的管理活动中。管理者的首要职责就是做计划，而在实施具体计划之前首先要完成的就是决策过程。

3.1 计划与计划工作

3.1.1 计划与计划工作的概念

“计划”一词可以从两个方面来理解：从名词意义上说，计划是指用文字和指标等形式表达的、在制订计划工作中所形成的各种管理性文件；从动词意义上说，计划是指为实现决策目标而制订计划工作的过程。我们认为，计划是为实现组织目标而对未来行动所做出的综合的统筹安排，是未来组织活动的指导性文件。

计划工作有广义和狭义之分。广义的计划工作是指制订计划、执行计划和检查计划的执行情况三个阶段的工作过程。狭义的计划工作则是指制订计划。

本章主要介绍狭义上的计划工作，是指根据环境的需要和组织自身的实际情况，通过科学的预测，确定在未来一定时期内组织所要达到的目标以及实现目标的方法。计划工作就像一座桥梁，它是组织各个层次管理人员工作效率的根本保证，能够帮助我们实现预期的目标。

我们常用5个“W”和1个“H”来表示计划的内容：

Why——为什么做？原因与目的。

What——做什么？目标与内容。

Who——谁去做？具体的执行者。

Where——在什么地方做？执行地点。

When——在什么时间做？执行时间。

How——怎样做？执行手段和安排。

一般情况下，计划一旦制订，就应保持其相对稳定性，这样有利于执行者充分利用所掌握的有限资源，富有成效地开展工作并且顺利完成组织目标。但是应当注意，计划也不是一成不变的，在计划期内，与计划目标有关的一些因素可能发生巨大的变化，这足以使计划本身失去效用。因此对于已制订的计划应随时根据已发生变化的实际情况进行调整和修订，使计划保持有效性。

计划工作是各级管理者所要完成的一项工作。严格来讲，“计划工作就是根据社会需要和组织的自身能力，在科学预测未来的基础上确定组织在一定时期内的奋斗目标，通过计划的编制、执行和检查，协调和合理安排组织中各方面的经营和管理活动，有效地利用组织的人力、物力和财力资源，取得最佳的经济效益和社会效益的组织活动过程”。计划工作与未来密切相关，要想取得预期的效果，就必须正确地预测未来。因此也就要求管理者要对过去的信息情报加以科学分析，根据分析结果和现实条件设立组织的未来目标，确定达到目标的一系列政策和方法，最后才能形成一个完整的计划。

小看板-3-1

哈佛大学有一个非常著名的关于目标对人生影响的跟踪调查。调查的对象是一群智力、学历、环境等条件差不多的年轻人。

调查结果发现：27%的人没有目标；60%的人目标模糊；10%的人有清晰但比较短期的目标；3%的人有清晰且长期的目标。

25年的跟踪研究结果显示，他们的状况及现象分布十分有意思。

那些3%有清晰且长期目标者，25年来他们都朝着同一方向不懈地努力，25年后，他们几乎都成了社会各界的顶尖成功人士。他们中不乏白手创业者、行业领袖、社会精英。

那些10%有清晰但短期目标者，大都在社会的中上层。他们的共同特点：短期目标不断达成，状态稳步上升，成为各行各业的不可或缺的专业人士，如医生、律师、工程师、高级主管等。

而那些60%的模糊目标者，几乎都在社会的中下层，他们能安稳地工作，但都没有什么特别的成绩。

剩下的27%是那些没有目标的人，他们中的很多人都是失败者。

资料来源 佚名. 哈佛大学一个非常著名的关于目标对人生影响的跟踪调查［EB/OL］.［2021-12-17］. http：//www.docin.com/p-55516524.html.

音频

3.1.2 计划工作的特点

组织的计划作为管理的基本职能之一，具有首位性、普遍性、目的性、实践性、明确性、效率性等特点。

1）首位性

在组织的管理中，计划是进行其他管理职能的基础或前提条件。计划在前，行动在后。组织的管理过程首先应当明确管理目标、筹划实现目标的方式和途径，而这些恰恰是计划工作的任务。因此，计划位于其他管理职能的首位。

2）普遍性

在一般组织中，实际的计划工作涉及组织中的每一位管理者及员工，一个组织的总目标确定之后，各级管理人员为了实现组织目标，使本层次的组织工作得以顺利进行，都需要制订相应的分目标及分计划。这些具有不同广度和深度的计划有机地结合在一起，便形成了一个多层次的计划系统。同时，所有组织成员的活动都受计划的影响或约束，因此计划具有普遍性。

3）目的性

计划的目的性是非常明显的。任何组织或个人制订的各种计划，都是为了促使组织的总目标和一定时期的目标的实现。确切地说，计划可以使组织有限的资源得到合理的配置，可以减少浪费，提高效率，规范组织人员行为，提高成员工作的目的性，以维持组织的生存和发展。

4）实践性

计划的实践性主要是指计划的可操作性，并且最终是为了实施。符合实际、易于操作、目标适宜，是衡量一个计划好坏的重要标准。计划是未来行动的蓝图，计划一经以指令的形式下达，就会变成具体的行动。不切实际的计划在实践中是很难操作的，漏洞百出的计划将会给组织造成重大损失。为了使组织计划具有可操作性并获得理想的效果，在制订计划之前必须进行充分的调查研究，准确把握环境和组织自身的状况，努力做到目标合理，时机把握准确，实施方法和措施具体、明确、有效。另外，为了适应环境的变化，克服不确定因素的干扰，应适当增加计划的弹性。

5）明确性

计划包括实施的指令、规则、程序与方法，直接指引行动，所以它不仅需要明确的定性解释，而且应具有定量的标准和时间界限。具体来讲，计划应明确表达出组织的目标与任务，明确表达出实现目标所需要的资源（人力、物力、财力及信息等），以及所采取行动的程序、方法和手段，明确表达出各级管理人员在执行计划过程中的权力和职责。

6）效率性

计划的好坏在于效率性的评价。一个好的计划必须能实现组织的高效率。计划的效率性主要是指时效性和经济性两个方面。任何计划都有计划期的限制，也有实施计划时机的选择。计划的时效性表现在两个方面：一是必须在计划期开始之前完成计划的制订工作；二是任何计划必须慎重选择计划期的开始和截止时间。经济性是指组织计划应该是以最小的资源投入获得尽可能多的产出。

互动课堂3-1

一举三得

宋真宗大中祥符年间，有一次皇宫中发生火灾，烧毁了很多宫室。当时，丁谓主管修复工程。在修复宫室时，民工们往来取土的地方很远，丁谓就让他们挖路取土，没过几天，就把大路挖成了大壕沟。随后，他又下令挖开汴河，把河水引入壕沟。这样，各地送来的竹木料被编成了竹排木筏，连同用船运来的各种建材，全部通过这道水沟运进宫来。等到修缮工程全部完工后，丁谓便让人们把余下的碎砖瓦和灰土全都填入这道沟中，把它重新修复成大路。这一来，可谓一举三得——挖路，解决了取土的困难；形成了水沟，解决了建筑材料的运送问题；修复道路，解决了残砖断瓦等废弃物的堆放问题。而这个办法，估计为国家节省了巨额费用。

讨论：你从“一举三得”中得到了什么启示？

3.1.3 计划的作用

早在泰罗时代，许多管理学家和实际的管理工作者就已经认识到计划在管理中的重要作用。特别是最近几十年来，生产技术日新月异，生产规模不断扩大，分工与协作的程度空前提高，每一个社会组织的活动不仅受到组织内部环境的影响，还要受到许多来自外部的因素的影响和制约。组织要不断地适应这种复杂的环境变化，科学地制订计划才可能协调许多方面的活动，求得本组织的生存和发展。美国人豪斯（R.T.House）和他的同事曾经对计划的重要性进行了较为深入的研究，他们调查了92家企业，其中17家有正式的长期计划，其他企业或仅有非正式的长期计划，或完全没有长期计划。然后，他们给出评价企业经营好坏的几个主要指标：销售额、股票价格、每张股票的收益、税后的纯报酬等，在这几个方面，有正式长期计划的公司几乎都优于没有长期计划的公司。由此不难看出，计划是企业管理不可缺少的环节。

计划的重要性表现在其结果对组织工作可以起积极作用，也可以起消极作用，甚至使组织陷入严重的困境。只有科学的计划才会有利于组织的发展壮大。具体来讲，计划的重要作用主要体现在以下几个方面：

1）计划是管理者指挥的依据

管理者在计划工作完成之后，还要根据计划进行指挥，他们要向下级分派任务，并依据任务确定下级的权利与责任，要促使组织中全体人员的活动方向趋向一致，从而形成一种复合的、巨大的组织化行为，以保证达到计划所设定的目标。如一个国家要根据自己的中长期计划安排投资，企业要根据年度生产经营计划安排各月的生产任务、新产品的开发和技术改造。管理者正是基于计划来进行有效的指挥。

2）计划是降低风险、掌握主动权的手段

未来的情况是千变万化的，社会在变革，技术在进步，人们的价值观念也在不断地变化。计划是预期这种变化并且设法消除变化对组织造成不良影响的一种有效手段。计划是面向未来的，而未来在空间和时间上都具有不确定性。如未来可能会出现资源价格的变化，竞争者会不断推出其新产品和服务，顾客的消费观念会产生变化，国家的方针政策也可能变化。如果没有预先估计到这些变化，就可能导致组织活动的失败。计划工作的意义首先就在于它能够尽可能将未来的不确定性和变化转化为确定性和不变化。组织可以用科学细致的预测，在尽可能充分地把握未来的各种可能性和变动趋势的基础上制定相应的补救措施，并在需要的时候对计划做出必要的修正，最大限度地提高计划的科学性。

3）计划是减少浪费、提高效益的方法

一项好的计划通过以共同的目标、明确的方向来代替不协调、分散的活动，用均匀的工作流程代替不均匀的工作流程，用深思熟虑的决策代替仓促草率的判断，从而使组织的各项有限资源被充分利用，产生巨大的协同效应，极大地提高组织的运行效率，减少许多不必要的浪费。

4）计划是管理者进行控制的标准

计划工作就是要建立目标，并以各种指标进行明确的表达。这些目标和指标将用来进行工作过程的控制。管理人员如果没有既定的目标和具体的指标作为衡量的尺度，就无法检查下属任务的完成情况，如果没有计划作为标准，就无法开展控制工作，也不能及时地根据生产过程中出现的各种变化来随时调整计划以适应已变化的实际，也就无法实现组织与环境的动态平衡。

互动课堂3-2

从前，有两个饥饿的人得到了一位长者的恩赐：一根鱼竿和一篓鲜活硕大的鱼。一个人要了一篓鱼，另一个人要了一根鱼竿，他们就分道扬镳了。得到鱼的人原地用干柴燃起篝火煮起了鱼，他狼吞虎咽，还没有品出鲜鱼的肉香，转瞬间就吃了个精光。没过多久，他便饿死在空空的鱼篓旁。另一个人则继续忍受饥饿，提着鱼竿一步步艰难地向海边走去，可当他已经看到不远处那片蔚蓝色的海洋时，身上最后一点力气都用完了，只能眼巴巴地带着无尽的遗憾死去。

又有两个饥饿的人，他们同样得到了长者恩赐的一根鱼竿和一篓鱼，只是他们并没有各奔东西，而是商定共同去寻找大海。两人每次只煮一条鱼来解决吃饭问题。经过长时间的跋涉，两人来到了海边。从此，两人过上了以捕鱼为生的日子。几年后，他们盖起了房子，有了各自的家庭、子女，有了自己建造的渔船，过上了幸福安康的生活。

资料来源　佚名. 从前，两个饥饿的人得到了……［EB/OL］.［2019-11-05］. http：//www.docin.com/p-637878.html.

讨论：为什么前后两组人拥有相同的资源却走向不同的结局？

3.1.4　计划的类型

由于人类及组织活动的复杂和多元性，计划的种类也变得十分复杂和多样。在现实生活当中，人们根据不同的背景、不同的需要制订各种各样的计划。对于形形色色的计划，人们可以根据不同的分类标准和分类原则对其进行分类。

1）长期、中期和短期计划

按计划期的时间长短可以把计划分为长期计划、中期计划和短期计划。一般来说，人们习惯把五年以上的计划称为长期计划，把一年以上五年以下的计划称为中期计划，把一年以下的计划称为短期计划。但应注意，这样的划分也不是绝对的，组织规模的大小不同、所生产产品的性能各异，计划期的时间间隔就会不同。比如，航天企业一个项目短期计划可能需要五年。而对于一个小型服装厂来说，由于市场变化非常快，它的短期计划仅能适应两个月。按时间长短对计划进行进一步分类至少存在三种情况：第一种情况，长期计划和短期计划的区别仅仅表现为时间上的区别。长期计划是短期计划时间上的汇总，而短期计划则是长期计划在时间上的分解。第二种情况，长期计划与短期计划的区分是出于对计划本身进行控制的需要。计划作为对环境认识的一种假设，无论怎样合理，毕竟还是主观的东西，需要在实施过程中不断进行小心求证。这时，长期计划与短期计划的结合往往表现为大胆假设与小心求证相结合。第三种情况，长期计划与短期计划的区分是出于组织动态地适应环境的需要，在这种情况下，两者的区别更多地表现为计划所涉及的组织活动内容的区别。对任何社会组织来说，以上三个方面的考虑都是十分必要的。

2）战略计划、管理计划及作业计划

按计划制订者的层次可把计划分为战略计划、管理计划和作业计划。

（1）战略计划。战略计划是由高层管理者制订的。战略计划着眼于组织整体的、长远的安排，它的作用是决定或变动组织的基本目标以及基本政策，注重组织在环境中的定位和确定与环境的能量互换关系。战略计划的特点是长期性、涉及面广、相关因素多、各因素之间关系复杂且不明确，因此战略计划要有较大弹性。这种特点决定了其对管理计划和作业计划的指导作用。

（2）管理计划。管理计划是由中层管理者制订的，也叫施政计划，它将战略计划中具有广泛性的目标和政策转变为确定的目标和政策，并且规定了达到各种目标的确切时间，管理计划中的目标和政策比战略计划具体、详细，并具有相互协调的作用。此外，战略计划以问题为中心，而管理计划是以时间为中心。一般情况下，管理计划按年度分别拟订。

（3）作业计划。作业计划是由基层管理者制订的。管理计划已经很详细，但其在时间、预算和工作程序方面还不能满足实际实施的需要，还必须制订作业计划。作业计划依据管理计划确定预算、利润、销售量、产量以及其他更为具体的目标，确定工作流程，划分合理的工作单位，合理地分配任务和资源，以及确定各项人员的权利和责任。

3）综合计划、局部计划和项目计划

按计划对象可把计划分为综合计划、局部计划和项目计划。

（1）综合计划。综合计划一般是具有多个目标和多方面内容的计划。就其设计对象而言，它关系到整个组织或组织的多个方面。日常工作中人们习惯上把预算年度的计划称为综合计划，企业中多指年度的生产经营计划。它主要包括销售计划、生产计划、人力资源储备计划、劳动工资计划、物资供应计划、成本计划、财务计划、技术更新计划等。这些计划都有各自独立的内容，但它们又相互联系、相互影响、相互制约，形成一个有机整体。在目前的情况下，处于信息社会的各企业无不是一个对外开放的系统，外部的多变环境对企业的影响越来越大。为此，就要使资源在各部门合理分配，以有限投入获得更大产出，产生更大的组织效应，因而应把制订综合计划放在首要位置，要自上而下地编制计划。

（2）局部计划。局部计划是指局限于指定范围的计划。它包括各种职能部门的职能计划，如技术改造计划、设备维修计划等，还包括执行计划部门的部门计划。局部计划是在综合计划的基础上制订的，它的内容专一性强，是综合计划的一个子计划，是为了达到整个组织的分目标而确立的。如一个电信公司的业务经营计划，是在响应国家政策、预测市场前景的基础上，确定年度营收目标的经营性安排。应该注意，各种局部计划也有相互制约的关系。

（3）项目计划。项目计划是针对组织的特定课题制订的计划。例如，某种新产品的开发计划、企业的扩建计划、与其他企业的联合计划等都是项目计划。项目计划在某些方面类似于企业的综合计划，它的特殊性在于其目的是企业的结构变革。

思享园地

党的二十大擘画了全面建设社会主义现代化国家、以中国式现代化全面推进中华

民族伟大复兴的宏伟蓝图。党的二十大报告指出，全面建成社会主义现代化强国，总的战略安排是分两步走：从二〇二〇年到二〇三五年基本实现社会主义现代化；从二〇三五年到本世纪中叶把我国建成富强民主文明和谐美丽的社会主义现代化强国。

到二〇三五年，我国发展的总体目标有八个：一是经济实力、科技实力、综合国力大幅跃升，人均国内生产总值迈上新的大台阶，达到中等发达国家水平；二是实现高水平科技自立自强，进入创新型国家前列；三是建成现代化经济体系，形成新发展格局，基本实现新型工业化、信息化、城镇化、农业现代化；四是基本实现国家治理体系和治理能力现代化，全过程人民民主制度更加健全，基本建成法治国家、法治政府、法治社会；五是建成教育强国、科技强国、人才强国、文化强国、体育强国、健康中国，国家文化软实力显著增强；六是人民生活更加幸福美好，居民人均可支配收入再上新台阶，中等收入群体比重明显提高，基本公共服务实现均等化，农村基本具备现代生活条件，社会保持长期稳定，人的全面发展、全体人民共同富裕取得更为明显的实质性进展；七是广泛形成绿色生产生活方式，碳排放达峰后稳中有降，生态环境根本好转，美丽中国目标基本实现；八是国家安全体系和能力全面加强，基本实现国防和军队现代化。

未来五年主要目标任务也是八个：一是经济高质量发展取得新突破，科技自立自强能力显著提升，构建新发展格局和建设现代化经济体系取得重大进展；二是改革开放迈出新步伐，国家治理体系和治理能力现代化深入推进，社会主义市场经济体制更加完善，更高水平开放型经济新体制基本形成；三是全过程人民民主制度化、规范化、程序化水平进一步提高，中国特色社会主义法治体系更加完善；四是人民精神文化生活更加丰富，中华民族凝聚力和中华文化影响力不断增强；五是居民收入增长和经济增长基本同步，劳动报酬提高与劳动生产率提高基本同步，基本公共服务均等化水平明显提升，多层次社会保障体系更加健全；六是城乡人居环境明显改善，美丽中国建设成效显著；七是国家安全更为巩固，建军一百年奋斗目标如期实现，平安中国建设扎实推进；八是中国国际地位和影响进一步提高，在全球治理中发挥更大作用。

资料来源　编者摘自党的二十大报告。

管理大师档案

（扫一扫了解更多）

管理决策理论的创始人：赫伯特·西蒙

赫伯特·西蒙（Harbert A.Simen）（1916—2001）是美国著名的管理学家和社会科学家。他学识渊博、兴趣广泛，在管理学、经济学、组织行为学、心理学、政治学、社会学、计算机科学等方面都有很深的造诣，堪称社会学科的通才。

赫伯特·西蒙在诸多领域的卓著成绩，一定程度上掩盖了其在管理学界的光芒，但他却成为管理学界的诺贝尔经济学奖获得者。瑞典皇家科学院对西蒙的学术贡献做出这样的评价："现代企业经济学和管理研究大部分都基于西蒙的思想。"如此的评价，足见西蒙在管理学界有着举足轻重的地位。

西蒙是"管理决策理论"的创始人。他提出了管理的决策职能，并建立了系统的决策理论。这一理论被公认为关于公司企业实际决策的独创见解。

资料来源　赵娟. 管理决策理论的创始人：赫伯特·西蒙［J］. 施工企业管理，2007（11）.

互动课堂3-3

提前完工的奥秘

铁道部某工程局是一支特别能战斗、特别能吃苦的队伍。该局在20世纪90年代承建的西南某铁路隧道工程，所遇到的地质状况之复杂被称为“地质博物馆”。各种不同的地质状况出现在不到10公里的地段。施工难度之大，工期要求之短，质量要求之高，前所未有。在竞标中很多施工队都知难而退了，只有该局逆流而上，一举夺标，并且提前20天完成了任务。他们是怎样实现提前完工的呢？首先，在招标前他们详细地阅读了有关地质资料，找出了施工的主要隐患是瓦斯爆炸和涌水，为此采取了相应的技术措施；其次，在制订计划时，从人员、设备、材料、时间上都留有余地，用十二分措施保证十分指标的实现；最后，针对各种突发情况，制订了各种应急计划，从而做到有条不紊，忙而不乱。周密的计划、科学的管理，终于使计划得以提前实现。

讨论：该局的工作体现了哪些计划工作原理？

3.1.5　计划的程序

计划是计划工作的结果，计划工作则是计划的制订过程。计划的编制一般遵循如下原则及工作步骤：

1）计划编制的原则

（1）统筹原则，即统一规划，统筹安排。计划的影响因素成千上万，如不全面统筹，适当兼顾，就会造成在执行过程中的混乱和片面发展。计划的目的在于通过系统整体的最优化来实现决策的目标，而整体优化的关键在于通过计划，使系统内部的结构有序且合理，使系统内部同外部关系协调。

（2）重点原则，即在编制计划时，要分清主次，确保重点，着力解决好影响全局的问题。

（3）连锁原则。在编制计划时，一定要把握好因果关系，注意连锁反应。因为在编制计划时一种因素的变化往往影响到本组织的发展，而且这种连锁反应一般都是复杂、多向、多变的。如果管理者缺乏科学的预见性，计划内容就难以符合实际。

微课：编制计划

（4）发展原则。在编制计划时，要有远见，要能预见未来的发展，由近及远，以远带近，远近结合。既要把可能的发展反映在计划中，又不能把计划看作“一劳永逸”的事情。任何计划都要随实际情况及人们认识的新发展作必要的调整，成为一个“滚动前进”的计划。

（5）经济原则。这主要体现在两个方面：一是计划的编制过程是最经济的，即在制订计划的过程中应少花钱，多办事；二是计划的执行结果应能获得最大的经济效益和社会效益。

互动课堂3-4

有一天，动物园管理员们发现袋鼠从笼子里跑出来了，于是开会讨论，一致认为是笼子的高度过低所造成的，所以他们决定将笼子的高度由原来的5米加高到10米。第二天，他们发现袋鼠还是跑到外面来，所以他们又决定将高度加高到15米。

没想到隔天居然看到袋鼠全跑到外面，于是管理员们大为紧张，一不做二不休，决定将笼子的高度加高到30米。

音频

一天，长颈鹿和几只袋鼠在闲聊。

“你们看，这些人会不会再继续加高你们的笼子？”长颈鹿问。

“很难说，”袋鼠说，“如果他们再继续忘记关门的话！”

资料来源　爱宝宝. 有一天动物园管理员们发现袋鼠从笼子里跑出来了……[EB/OL].[2020-01-05]. http：//www.docin.com/p-5323099.html.

讨论：动物园的管理人员所制订的计划和目标是什么关系？

2）编制计划的程序

编制计划一般经过下面几个步骤：

（1）估量机会。对机会进行估量，要在实际的计划工作开始之前去做。其主要内容包括：在大量调查研究获取信息的基础上，初步考察未来可能出现的机会，并且尽可能清楚全面地了解这些机会；根据组织本身的优劣势确定组织所处的地位，明确解决这些不确定问题的原因，以及期望得到什么结果等。管理者能否把现实可行的目标确定下来，取决于这一估量。

（2）确定目标。行程得有站，出箭得有靶，赛跑得有终点，计划过程则首先要有目标。目标是组织行动的出发点和归宿，所以计划工作的第一步就是在明确计划前提条件的基础上为整个组织确定计划工作的目标，然后再为组织各下属部门选定目标。组织整体目标具有支配组织内所有计划的性质。

（3）确定计划前提。计划的第二步是确定计划的前提，即计划是以什么样的预期环境为前提，为此必须对环境进行正确预测。但计划执行时将要面对的环境是非常复杂的，影响因素很多，对组织而言，有些因素是可控的，有些是不可控的。因此要想对它的每一个细节都进行预测是不现实的，也是不经济的。我们只能是对与计划有重大影响的关键项目做出预测。如一般组织的经营计划常做出以下几方面预测：经济形势预测、政府政策预测、销售预测、资源预测、技术预测等。

（4）发掘可行性方案。计划的第三步就是探索和考察可供选择的行动方案。任何计划只有一种可行性方案是极少见的，完成某一项任务总是有许多方法，即每一行动均有异途存在，这称为“异途原理”。如果只有一种方案，就无所谓选择。因此，管理者在制订计划时就要对现有条件和未来的各种可能出现的变化进行充分考虑，群策群力、集思广益、开阔思路、大胆创新，尽量找出可能实现目标的各种可行方案。

（5）评估方案。在找出各种备选方案并考察了它们各自的优缺点后，计划工作的第四步就是按目标来权衡各种因素，并以此对各个备选方案进行评价。在进行方案比较时，应充分考虑以下几点：一是要特别注意发现每一个方案的制约因素或隐患。所谓制约因素，就是指那些妨碍目标完成的因素。对其认识越深刻，选择方案的效率越高。二是对方案的预测结果和原有目标进行比较，既要考虑有形的数量因素，也要考虑许多无法用数量表示的无形因素，如企业形象和人际关系。三是要用总体的效益观点来衡量，要以全局为出发点和归宿来衡量其效益。

（6）选定方案。在对计划方案评价后，计划工作的第五步是选定方案，这是做出决策的实质性一步。选择通常是在经验、实验和研究分析（借助于数学模型）的基础上进行的。在选择最佳方案时，应考虑这样两个方面：一是应选出可行性、满意性和可能性三结合的方案；二是应选出投入产出比率尽可能佳的方案。此外，由于环境的复杂和多变，管理者在选择方案时应多选出一个或两个方案，甚至若干个方案，以备选用，以此增强计划的弹性。

（7）拟定政策。计划的第六步是拟定政策。政策是贯彻和达成目标的保证，它为整个组织采取行动规定了指导方针，保证行动符合目标，并指导人们去实现目标。一个组织所涉及的政策是很多的，如选择与开发产品政策、投资政策、销售政策、人事和奖励政策等，这些政策不都是由国家制定的，许多都要由企业自己来制定。

小看板3-2

有效政策应具备的特点：①一切政策都应来自基层、来自实践，即政策的制定应立足于组织本身的实际情况，从实际出发，实事求是。②稳定性和灵活性。没有稳定就没有方向和秩序，朝令夕改会导致人们无所适从。要使政策能够很好地指导实践，它就必须随着时间的变化而变化，这就是稳定性和灵活性的辩证关系。③全面性、协调性和一致性。政策的作用是保证实现计划目标，而计划目标往往是多方面的，因此政策也应包括多方面的内容，以便应对各种可能出现的情况。政策必须能够协调下级的活动，否则就会出现因小失大，为追求局部利益而不顾全局的情况。此外，政策还必须保持和其他政策的一致性，以便于贯彻和评价。

资料来源　编者根据相关资料整理。

音频

（8）拟订引申计划。虽然选定了方案，也拟定了政策，但计划仍是不完整的，还必须拟订引申计划，即在制订基本计划后还需要制订一些辅助计划扶持基本计划的完成。在企业中表现为各个业务部门和下属单位要为保证总计划完成制订细节计划，如生产计划、销售计划和财务计划。

（9）用预算使计划数字化。计划工作的最后一步就是预算。组织的综合预算表明其收入、支出和盈利的预算总额。组织中的每一个重要部门都要制定预算，协调资金的使用，保证经济目标的实现。预算是数字化了的计划，是企业各种计划的综合反映，也是一个单位的经济目标。它既是评估计划的重要标准，也是协调下属部门活动的主要手段。

互动课堂3-5

在桌子上放一个装水的罐子，然后从桌子下面拿出一些正好可以从罐口放进罐子里的"鹅卵石"，装满。再从桌子底下拿出一袋石子，把碎石子从罐口倒下去，摇一摇，再加一些碎石子，装满。又从桌下拿出一袋沙子，慢慢地倒进罐子里，装满。最后从桌底下拿出一大瓶水，把水倒在看起来已经被鹅卵石、碎石子、沙子填满了的罐子里，装满。

讨论：当这些事情都做完之后，同学们从这些事情中得到什么重要启示？

3.2 决策

3.2.1 决策的概念

管理活动，从确定目标到组织实施，都面临着大量的决策问题。科学的决策对管理活动的顺利开展起着重要的作用。

决策是指人们为实现一定的目标，从多种可以相互替代的方案中，选择一个合理方案的分析判断过程。从这一概念中，可以看出决策的4个基本要点：

（1）决策必须有明确的目标。决策是理性行动的基础，行动是决策的延续，目标选择不准和无目标的决策是盲目的行动，会导致危机。

（2）决策必须有两个或两个以上可供选择的可行方案，如果只有一个方案就不存在决策。所谓可行方案，一般应是能够实现预定的目标，各种影响因素均能进行定性和定量的比较，在现行的技术经济条件下能顺利实施的方案。

（3）选择方案遵循的原则是"满意"或"合理"。由于决策者在认知能力和时间、经营、信息来源、未来状况等方面的限制，不能坚持要求最理想的状态，而决策的准则只能是"令人满意的"。

（4）决策要通过科学的分析、评价进行选优。一般来说，每一个行动方案都会存在利弊，必须通过科学的、全面的、综合的分析判断，才能在多种可行方案中选择一个较为理想的合理方案。

3.2.2 决策的类型

1）按决策层次划分

按决策层次划分，决策可分成以下3种类型：

（1）战略决策，指事关企业未来发展的全局性、长远性的重大决策。这类决策旨在提高企业的经营效能，使企业的经营活动与外部环境的变化保持协调。战略决策一般由企业高层管理者做出，具有全局性、长期性和竞争性的特点。

（2）管理决策，指为实施战略决策，在人、财、物等方面做出的战术性决策。这类决策旨在提高企业的管理效能。管理决策一般由企业中层管理者做出，具有局部性、中期性和战术性的特点。

（3）业务决策，指在日常生产经营活动中旨在提高效率的决策。这类决策一般由企业基层管理者做出，具有操作性、短期性和日常性的特点。

2）按决策问题出现的重复程度划分

按决策问题出现的重复程度划分，决策可分为以下两种类型：

（1）程序性决策，即所解决的是经常出现的问题，已有处理经验、程序和方法，可按常规或惯例来解决。企业中的订货决策、库存决策等就属此类。

（2）非程序决策，即所解决的问题不是经常出现的，还没有取得处理的经验，完全要靠决策者的判断和信念来解决。企业中的改扩建决策、新产品开发决策、合资经营决策等就属此类。

3）按决策分析的方法划分

按决策分析的方法划分，决策可分为以下3种类型：

（1）确定型决策，指决策的条件或自然状态是明确的，一个方案只有一种结果，从而易于凭结果来判断方案的优劣而进行新决策。例如，某企业为增加产量而设计了3种可行方案：一是扩大现有工厂；二是再新建一个工厂；三是把增产部分的产品转包给别的工厂生产。究竟应采用哪一种方案，要看未来一段时期内市场对该产品的需求量如何，这就是自然状态。这3种方案预计实施后在5年内给企业造成的损益情况见表3-1。

表3-1 **方案评价（5年内损益）** 单位：万元

自然状态 / 方案	对产品的需求		
	高	中	低
1.扩大	50	25	-25
2.新建	70	30	-40
3.转包	30	15	-1

这样，当决策者肯定未来5年内对该产品的需求是高或中，他就会采用新建方案，因为它可能带来最大的效益，即70万元或30万元；而当他肯定需求将是低的，就会采用转包方案，因为亏损额最小，只有1万元。

（2）风险型决策，指当存在着两种以上可能的自然状态，而且对将来会出现哪一种状态不能肯定，但对各种自然状态将来出现的可能性或概率则能根据历史统计资料估计出来时的决策。在这种情况下，因存在不可控因素，一种方案会出现几个不同的结果，而每个结果可按客观的概率来确定。

（3）非确定型决策，指同样存在着两种以上可能的自然状态，也不能肯定将来会出现哪一种状态，而且各种自然状态出现的概率也不清楚时的决策。这就是说，每一种决策方案的结果都是不确定的。决策就只能靠决策者的个人经验并结合某些计算来定。

3.2.3 决策的程序

管理决策是一个动态的系统反馈过程。它大致可以分为问题分析、目标确定、方案提出、方案评价分析、方案抉择、决策实施和反馈6个基本步骤。

1）问题分析

决策是为了解决一定问题而制定的。所谓问题，就是研究对象的现在状态与期望状态之间的差距。深入地调查研究，及时地发现问题、分析问题、确认问题和适时地提出问题，是决策者的主要问题之一。

2）目标确定

决策目标是指决策实施后在一定时期内所期望达到的成果，是决策的出发点和归宿点。它是根据所要解决的问题而确定的，所以需要先分析问题的性质及产生的原因，然后确定目标。

3）方案提出

根据问题的性质和目标要求，搜集情报资料，并进行有关的预测工作，提出多个可行方案。提出方案的过程既要大胆探索又要精心设计，同时还必须充分发扬民主，集思广益，群策群力，尽可能多地提出各种可行方案。

4）方案评价分析

对提出的若干方案，运用各种科学方法进行分析、评价、审查和择优讨论，选出一两个优化方案供最后决策。在评价分析中，要根据预定的决策目标和所建立的价值标准，确定方案的评价要素、评价标准和评价方法，有时还要做一些灵敏度分析工作。

5）方案抉择

方案抉择在很大程度上取决于决策者的经验和领导艺术。这一阶段要求决策者需要具备良好的思维分析能力、敏锐的洞察力和判断决策能力等。

6）决策实施和反馈

做出了决策，并不等于决策过程的结束，更重要的是决策方案的实施，而且要判断一项决策正确与否，只有通过实施结果才能做出正确的判断。因此，在决策执行过程中要建立信息反馈系统，及时地将实施结果与规划目标进行分析比较，如有差异，查明原因，采取必要的措施进行调整，从而保证决策目标的实现。

小看板-3-3

田忌赛马

齐国使者到大梁去，孙膑以刑徒的身份秘密拜见，用言辞打动了齐国使者。齐国使者觉得此人不同凡响，就偷偷地用车把他载回齐国。齐国将军田忌赏识他并以宾客之礼对待他。田忌经常与齐国诸公子赛马，设重金作赌注。孙膑发现他们的马脚力都差不多，可分为上、中、下三等。于是孙膑对田忌说："您只管下大赌注，我能让您取胜。"田忌相信并答应了他，与齐王和诸公子用千金来赌胜。比赛即将开始，孙膑说："现在拿您的下等马对付他们的上等马，拿您的上等马对付他们的中等马，拿您的中等马对付他们的下等马。"三场比赛结束后，田忌一场不胜而两场胜，最终赢得千金赌注。后来，田忌把孙膑推荐给齐威王。齐威王向他请教兵法，并把他当作老师。

这是我们大家都非常熟悉的田忌赛马的故事，孙膑使用同样的马匹，调换一下比同等级马匹比赛的出场顺序，就得到转败为胜的结果。因此，我们可以看出，所谓“成败在于决断”，“定计才能必胜”，决策的正确与否关系到整个事件的成功与否，如何做决策、如何做正确的决策是值得我们探讨的问题。

3.2.4　决策的方法

决策的方法很多，但基本上可分为两类，即主观决策法和计量决策法。

1）主观决策法

主观决策法也叫经验判断法或非计量决策法。这类方法就是在经营决策中充分发挥人的智慧的方法。它的核心是直接利用人们（主要是一些专家）的知识、经验和能力，在决策的各个阶段，根据已知情况和现有资料，提出决策目标、方案、参数，并做出相应的评价和选择。它最适用于受社会经济因素影响大、所含因素错综复杂的综合性经营决策。这类方法灵活简便，但主观成分大，论证不严密。所以，最好把它和计量决策法结合起来加以运用，才能做到决策准确而科学。

互动课堂3-6

一位农民和他的儿子到村附近的城镇赶集。开始农民骑着骡子，儿子跟在后面。没有多久，碰到一位年轻母亲，她指责农民不善待儿子。农民不好意思地下来，让给儿子骑。走了一段路，又遇到一个和尚，见到年轻人骑骡子，而让老者走路，就说年轻人不孝顺。儿子马上跳下来，两人就都走着。又走了一段路，碰到一位学者，看到两个人放着骡子不骑，走得气喘吁吁，就笑话他们自找苦吃。农民一听，就与儿子一起骑上了骡子。又走了一段路，碰到一位外国人，看见两人骑一头骡子，就指责他们虐待牲口。

资料来源　编者根据相关资料整理。

讨论：如果你是这位农民，你应该怎样决策呢？按什么原则决策？

音频

2）计量决策法

计量决策法是运用数学的决策方法。它主要是把与决策有关的变量与变量之间、变量与目标之间的关系用数学表达式表示出来，即建立数学模型，然后根据决策条件，通过计算求得决策答案。这类方法一般适用于重复性的程序性决策，针对不同的决策条件，可采用相应的计量决策法。

（1）适用于风险型决策的决策树法。对风险型决策，主要是考虑如何根据决策事件的各种自然状态及其概率，做出合理决策的问题。它的决策方法比确定型决策要复杂一些，但比非确定型决策则要好计算一些，因为已经掌握了各种自然状态发生的概率。还拿前面提到的表3-1例子来说，如果决策者预测到未来5年内对产品出现高需求的概率为0.6，中需求的概率为0.3，低需求的概率为0.1，就可按风险型决策来计算了。

在这种情况下，需要对每一个方案按照已知的收益值和概率计算出综合损益值，然后选择收益值最大或损失值最小的方案，则为最优方案。

利用表3-1中的收益值和上面提出的概率，可算出各个方案的综合损益值，结果如下：

第一方案的综合损益值：（50×0.6）+（25×0.3）+（−25×0.1）=35（万元）。

第二方案的综合损益值：（70×0.6）+（30×0.3）+（−40×0.1）=47（万元）。

第三方案的综合损益值：（30×0.6）+（15×0.3）+（−1×0.1）=22.4（万元）。

计算综合损益值时，还应扣除实施各个方案所花费的投资。假设实施上述第一方案的投资为5万元，第二方案的投资为10万元，而第三方案转包则不用投资。这样算下来，第一方案的综合损益值是30万元（35−5），第二方案是37万元（47−10），第三方案仍为22.4万元。对比这3个方案，第二方案的综合损益值最大，应为最优方案。

以上这种计算方法也可用决策树的形式表现出来，称为决策树法。

决策树法就是以图解方式分别计算各个方案在不同自然状态下的损益值，通过综合损益值的比较，做出决策。采用决策树的形式，比较直观、形象化，能把各个方案遇到的问题一步一步清晰地展开，便于决策者考虑和权衡各种方案的得失，做出正确的决策。它对分析较为复杂的问题尤为适用。

决策树的要素包括决策点、自然状态点、方案枝和概率枝。绘制决策树时，首先，绘出决策点，用方块表示；其次，按照不同方案数从决策点绘出数根方案枝；再次，在各根方案枝末梢绘出自然状态点，用圆圈表示；最后，由各个自然状态点绘出若干概率枝，每一根概率枝代表一种自然状态。

决策树绘成后，就要计算损益期望值。期望值的计算要从右到左依次进行。先是根据不同方案在不同自然状态下的损益值计算方案的综合损益值，记在该方案的自然状态点上。然后再比较各个方案的综合损益值，选出综合损益值最大的方案为最优方案，其余方案可记上“不用”的符号，这叫“剪枝”。当然，在比较综合损益值时，应把实施方案所花的投资费用扣除。最后可把最优方案扣除实施费用后的综合损益值记在决策点上。

按上述3个方案的有关资料绘成的决策树如图3−1所示。

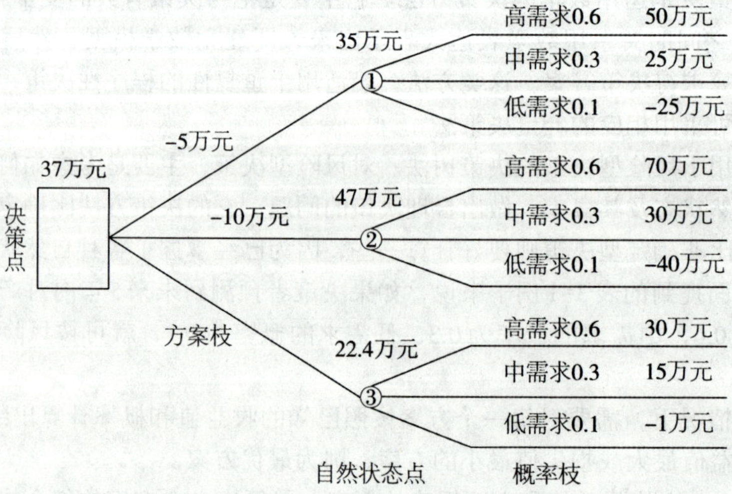

图3−1 绘制决策树示例

由图3-1可见，通过绘制决策树而得出的决策点37万元和前面的计算结果完全相同，第二方案由于其综合损益期望值最大而成为最优方案。

（2）适用于确定型决策的量本利分析法。量本利分析法又叫盈亏平衡分析法，适用于确定型决策。它是根据对业务量（产量、销售量、销售额）、成本、利润三者之间的相互依存关系进行综合分析，用以预测利润、控制成本的一种数学分析方法。

量本利分析法的核心是找出盈亏平衡点或保本点。所谓盈亏平衡点，是指企业不盈不亏时的销售额或总成本额，它是总成本线和总销售额线相交之点。盈亏平衡图如图3-2所示。

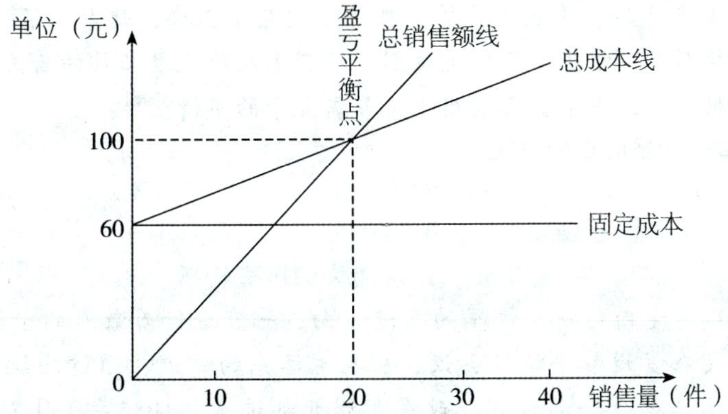

图3-2　盈亏平衡图

固定成本是指不随产量变化而变化的费用，如固定资产折旧、企业管理费等，但是摊入单位产品成本中的固定成本都是随着产量的增加而减少的。变动成本是指随产量变化而变化的费用，如原材料、生产工人工资等。由此，在画图时，总销售额线自0点起画，总成本线则自固定成本为60元时的点起画。这样，两线相交之点就是盈亏平衡点。此时，总销售额等于总成本，都是100元。产量或销售量如能超过其对应点即20件，企业即可获利；相反，如小于20件，则企业将赔本。

至此，我们归结出盈亏平衡点业务量的计算方法如下：

盈亏平衡点销售量=固定成本÷（单价-单位变动成本）　　（公式1）

盈亏平衡点销售额=固定成本÷（1-变动成本率）　　（公式2）

公式中，单价是指单位产品的售价，变动成本率是指单位变动成本与单价之比。设固定成本为60元，单价为5元，单位变动成本为2元。代入以上公式，即可求出：

盈亏平衡点销售量=60÷（5-2）=20（件）

盈亏平衡点销售额=60÷（1-2÷5）=100（元）

在上述盈亏平衡点或保本点业务量计算公式的基础上，还可以推算出实现目标利润的业务量，具体如下：

实现目标利润的销售量=（固定成本+目标利润）÷（单价-单位变动成本）　　（公式3）

实现目标利润的销售额=（固定成本+目标利润）÷（1-变动成本率）　　（公式4）

另外，为了计算一定销售量下的利润水平，可总结出：

利润=销售量×（单价-单位变动成本）-固定成本　　（公式5）

小看板 3-4

马特莱法则又称80：20法则，主张企业经营者管理企业不必面面俱到，而应侧重抓住关键的20%。从人力资源管理的角度来看，企业经营者应把主要精力放在占员工总数20%的业务骨干身上，抓企业发展的骨干力量，再以这20%的少数带动占80%的多数，以提高企业效率。从决策的角度来看，马特莱法则就是要抓住企业中存在的关键问题进行决策。从营销的角度来看，企业经营者应抓住占总数20%的重点商品、重点用户，渗透经营，以达到牵一发而动全身的效果。

音频

马特莱法则的神奇之处，就在于它确定了经营者的大视野：侧重抓各占总数20%的骨干力量、重点产品、重点用户等。抓住了这几个20%，就牵住了"牛鼻子"，整个工作就会顺势而上。掌握了马特莱法则，管理者就能找准工作的着力点，就能从繁忙的事务中解脱出来，去干自己最想干又最需要干的事情。

资料来源　编者根据相关资料整理。

互动课堂 3-7

遵义会议实现伟大的历史转折

湘江战役后，党内对中央红军的前进方向，一直进行着激烈的争论。1934年12月，中央政治局在贵州黎平举行会议，根据毛泽东的建议，通过决议，放弃到湘西北同红二、红六军团会合的计划，改向贵州北部进军。1935年1月7日，红军攻克黔北重镇遵义，一个决定党和红军命运的转折点正在到来。1935年1月，党中央在贵州遵义召开政治局扩大会议，集中解决当时具有决定意义的军事和组织问题。会议增选毛泽东为中央政治局常委，委托张闻天起草《中央关于反对敌人五次"围剿"的总结的决议》，取消长征前成立的"三人团"。会后不久，在向云南扎西地区进军途中，中央政治局常委决定由张闻天代替博古负总的责任，毛泽东为周恩来在军事指挥上的帮助者，后成立由毛泽东、周恩来、王稼祥组成的三人小组，负责全军的军事行动。

遵义会议是党的历史上一个生死攸关的转折点。这次会议在红军第五次反"围剿"失败和长征初期严重受挫的历史关头召开，事实上确立了毛泽东在党中央和红军的领导地位，开始确立了以毛泽东为主要代表的马克思主义正确路线在党中央的领导地位，开始形成以毛泽东为核心的第一代中央领导集体，开启了党独立自主解决中国革命实际问题的新阶段，在最危急关头挽救了党、挽救了红军、挽救了中国革命。遵义会议的鲜明特点是坚持真理、修正错误，确立党中央的正确领导，创造性地制定和实施符合中国革命特点的战略策略。

遵义会议后，中央红军在毛泽东等指挥下，根据实际情况的变化，灵活变换作战方向，迂回穿插于敌人重兵之间。从1935年1月末到3月下旬，红军四渡赤水。3月下旬，南渡乌江，佯攻贵阳。正在贵阳督战的蒋介石急调滇军前来增援。滇军一被调出，红军立刻大踏步奔袭云南，兵锋直逼昆明。云南当局急调兵力固守昆明，削弱了金沙江防务。红军又突然掉头向北，于5月上旬渡过金沙江。至此，中央红军摆脱几十万国民党军队的围追堵截，粉碎了蒋介石围歼红军于川黔滇边境的计划，取得了战略转移中具有决定意义的胜利。这一胜利，是在改换了中央军事领导之后取得的，充分显示了毛泽东高超的军事指挥艺术。

资料来源 本书编写组. 中国共产党简史［M］. 北京：人民出版社，2021.

讨论：以此为例，谈谈你对科学决策的认识。

3.3 目标与目标管理

3.3.1 目标的概念

1）目标的含义

目标是人们预期活动的方向和要达到的结果。这里讲的“预期”，既包括一定“时期”的意思，如确定1年、10年的目标等，又包括期待、期望的意思。这里讲的“活动的方向和要达到的结果”，不仅规定着未来活动要达到的目的，具有指向性，而且规定着实现的境况、水平、程度等要求。

目标一般要具备四要素。

（1）质量要素：一种要被实现的成果，在多数情况下会用一个表示行为的动词来表达这种成果，例如“希望公司今年的营业费用率降至18%”。

（2）数量要素。目标的结果是可衡量的，是数量化的结果。通过制定的目标，可以判断组织是否实现了预期的结果，例如：“公司8月份的营业费用率为23%，9月份的营业费用率为21%，现在10月份的营业费用率则是19%。”由此我们可以看出该公司的经营发展是否朝着正确的方向发展。

（3）时间要素。实现目标的特定时期和时间，比如“公司希望到2023年12月31日时实现营业费用率降至18%的目标”。

（4）成本要素。制定目标时，通常应该明确为了实现该目标组织需要耗费多大的成本。成本和资源的约束将使投入产出更为科学合理，也有利于进行有效的财务评价。例如“在减少5%员工数目和维持现有服务标准的前提下，实现营业费用率降至18%的目标”。

2）目标的特征

（1）目标的层次性。管理组织是分等级、分层次的，因而管理的目标也是分等级、分层次的，目标的层次性与组织的层次性密切相关。一个组织的总目标确定之后，就要围绕着总目标依次确定下级各个分目标、子目标，从而形成一个有层次的目标管理体系。

（2）目标的网络性。如果说目标的层次性是从组织的整体观来考察组织目标的话，那么目标的网络性则是从某一具体目标的实施规划的整体协调方面来进行工作。网络表示研究对象之间的相互关系，组织中各类、各级目标不是相互孤立的，而是相互联结、相互支持的。一个组织的目标通常是通过各种活动的相互联系、相互促进来实现的，各等级、各层次的目标之间彼此左右关联、上下贯通，形成一个整体的目标网络。组织内各目标之间只有彼此相互协调，才能保证组织目标的实现。

（3）目标的多样性。组织的主要目标是多种多样的，同时在目标层次体系中的每个层次的具体目标也可能是多种多样的。目标的多样性是组织为更好地适应环境变化所必需的。但值得注意的是，目标并非越多越好，过多的目标会使管理人员应接不暇而顾此失彼。因此，应该尽量减少目标的数量，必须对各目标的相对重要程度进行区分，突出主要目标，以免因过于注重小目标而有损于主要目标的实现。

（4）目标的时间性。目标是一定时期内所要达到的预期结果，因而目标是有时间性的。从时间上可以将目标划分为长期目标、中期目标和短期目标。组织内层次越高，目标越抽象，目标的时间跨度就越长。有时短期目标的实现并不能保证长期目标的实现，有时为了长远利益又不得不牺牲眼前利益。因此，管理者要注意目标在时间上的衔接，使各时期的目标协调一致。

（5）目标的可考核性。组织完成业绩的好坏是通过目标的实现来衡量的，因而目标是能够考核的。目标考核的途径是将目标量化，但不是所有的目标都适宜定量考核，主管人员在组织中的地位越高，定性目标就可能越多。总之，目标必须具体，便于考核，否则就失去了存在的意义。

小看板 3-5

2019福布斯中国400富豪榜，史玉柱排名第255位，财富值103.2亿元。仅凭借4 000元起家，1995年就登上了福布斯中国内地富豪榜第8位，当时的史玉柱迎来了他的第一个事业高峰。接着，他乘势而上，扩大巨人集团的发展规模，以为在电脑业的经营经验适用于所有行业，于是涉足服装业、保健品业、房地产业，由单一的产品线转向多元化路线。当时，史玉柱冒险、激进且难以抵制诱惑，表现出来的就是豪赌。斥资5亿元开发全新产品“脑黄金”，他成功了；出台“百亿计划”，建设预算10亿元的巨人大厦，结果巨人遭到打击，倒下了还不知道怎么回事。这一把赌得有点儿“晕”，让他血本无归，顷刻间沦为负债2.5亿元的“中国巨负”。

巨人的发展显然想走多元化的道路，但它忽视了多元化经营的基本要求：资金充足并且每个事业达到行业的平均利润。从生物工程行业可以看出，尽管巨人在生物保健方面异军突起，整个生物工程行业却是亏损的。实行多元化战略并不意味着每个行业的细分市场都要进入，应该按照企业的特长和现有资源进行取舍。他想做市场的全覆盖，但忽视了生物工程行业的特殊性：资金需求巨大。该行业的亏损就是没有做到细分市场的取舍，没有做到每个细分市场达到行业平均利润水平。

资料来源　编者根据相关资料整理。

3.3.2 目标管理的概念

目标管理是指上级和下级共同制定目标，通过上下级协调、员工参与来达成这些目标，并实现员工的自我评价、自我控制。它是调动下属积极性、鼓励下属创新、防止内部出现互相矛盾的目标和看似有目标却根本没有目标的一种管理方法。目标管理的中心思想是让具体展开的组织目标成为组织每个成员、每个部门行动的方向，同时又使其成为评价组织每个成员、每个部门等工作绩效的标准，从而使组织能够有效运作。

动画：目标管理

目标管理的指导思想是以Y理论为基础，即认为在目标明确的条件下，人们能够对自己负责。它的实质有以下两点：

1）重视人的因素

目标管理是一种参与的、民主的、自我控制的管理制度，也是一种把个人需求与组织目标结合起来的管理制度。实行这种制度能使工作人员发现工作的兴趣和价值，享受工作的满足感和成就感，同时组织目标也得以完成。在这种管理制度下，上级对下级是平等尊重、依赖、支持的，下级在承诺目标和被授权之后是自觉、自主和自治的。

2）建立目标锁链与目标体系

德鲁克认为："企业的目的和任务必须转化为目标，一个领域没有特定的目标，则这个领域必然会被忽视。"管理人员必须通过这些目标，对下级进行领导。目标必须有层次，要形成一个目标锁链和目标体系。主要目标与分目标、各部分目标之间要相互配合，方向一致。每个管理人员和员工的分目标，就是企业总目标对其的要求，同时也是其对总目标的贡献。只有每个管理人员和员工都完成了自己的分目标，整个企业的总目标才有完成的希望。

目标管理法提出了一种新的目标设定逻辑，使组织内目标制定过程从单纯的自上而下转变为上下结合，并形成了一个通过协商的目标层级结构，不仅保证了各层管理人员的"承诺意识"，而且也使得目标设定真正成为提高工作绩效的动力。

互动课堂3-8

微课：目标与计划

有人经过一个建筑工地，问那里的石匠们在干什么，三个石匠有三个不同的回答。

第一个石匠回答："我在养家糊口，混口饭吃。"

第二个石匠回答："我在做最棒的石匠工作。"

第三个石匠回答："我在盖一座教堂。"

讨论：如果我们将这三位石匠的回答作为他们人生职业的远景，他们三个人的人生会一样吗？

3.3.3　目标管理的程序

目标管理的基本内容是动员全体员工参与目标制定并保证目标的实现。具体来说，是由本单位主要负责人根据上级要求和本单位的具体情况，在充分听取广大员工意见的基础上制定出整个组织的总目标，然后进行层层展开、层层落实，要求下属各部门负责人以至每个员工根据上级的目标，分别制定个人目标和保证措施，形成一个全单位的、全过程的、多层次的目标管理体系。

1）目标的制定

目标的制定是目标管理的第一个阶段。首先由单位总负责人制定总目标体系，并在充分发动群众的基础上确定组织的总体目标；其次，下属各部门负责人根据本部门具体情况，为完成组织总体目标而提出部门目标；最后，部门下属各小组为完成小组目标而制定个人目标。这样，自上而下与自下而上地把组织总体目标层层展开，落实到每个员工，形成一个完整的目标体系，共同为保证实现总目标而奋斗。

2）目标的实施

目标的实施是目标管理的第二个阶段，也就是进入了完成预定目标值的阶段。这个阶段的工作内容主要包括三个部分：一是通过对下级人员委托权限，使每个人都明确在实现总目标中自己应负的责任，让他们在工作中实行自我管理，独立自主地实现个人目标；二是加强领导和管理，主要是指加强与下级的意见交流以及进行必要的指导等，至于下级以什么方法和手段来完成目标，则由其自行选择，这样就能极大地发挥各级人员的积极性、主动性、创造性和工作才能，从而提高工作效率，保证所有目标的全面实现；三是目标实施者必须严格按照“目标实施计划表”上的要求进行工作，目的是在整个目标实施阶段使每个工作岗位都能有条不紊地、忙而不乱地开展，从而保证完成预期的各项目标值。实践证明，“目标实施计划表”编制得越细，问题分析得越透，保证措施越具体、明确，工作的主动性就越强，实施的过程就越顺利，目标实现的把握就越大，取得的目标效果也就越好。

3）成果的评价

对目标成果的评价是目标管理的最后一个阶段。这个阶段的工作内容是：当目标实施活动已按预定要求结束时，就必须按照定量目标值对实际取得的成果做出评价，并使这种评价与奖励挂钩；同时，还要把评价结果及时反馈给执行者，让其主动地总结经验教训。从实际情况看，搞好成果评价工作的关键是要严格贯彻按劳分配、奖勤罚懒的原则，把评定结果与集体和个人的经济利益真正挂钩。

管理游戏

游戏简介：本游戏讲述了一个很有意思也很有寓意的故事。它告诉我们，一要合理安排时间，二要仔细观察事物。

道具：无

参加人数：30人

用时：30分钟

场地：不限

游戏步骤：

第一步，让学生们坐好，尽量采用让他们舒服和放松的姿势。

第二步，教师给学生讲述如下的故事：

在一次时间管理的课上，教授在桌子上放了一个装水的罐子，然后又从桌子下面拿出一些正好可以从罐口放进罐子里的鹅卵石。当教授把鹅卵石放满后向他的学生问道："你们说这罐子是不是满的？"

"是。"所有的学生异口同声地回答说。

"真的吗？"教授问，然后从桌底下拿出一袋石子，把碎石子从罐口倒下去，摇一摇，再加一些，再问学生："你们说，这罐子现在是不是满的？"这回他的学生不敢回答得太快。最后班上有位学生怯生生地细声回答："也许没满。"

"很好。"教授说完后，又从桌下拿出一袋沙子，慢慢地倒进罐子里。倒完后，再问班上的学生："现在你们再告诉我，这个罐子是满的呢，还是没满？"

"没有满。"全班同学这下学乖了，大家很有信心地回答说。

"好极了！"教授称赞过后，从桌子底下拿出一大瓶水，把水倒在看起来已经被鹅卵石、碎石子、沙子填满了的罐子里。当这些事情都做完之后，教授问他班上的学生："我们能从上面这些事情中得到什么重要的启示？"

班上一阵沉默，然后一位自以为聪明的学生回答说："无论我们的工作多忙，行程排得多满，如果要逼一下自己的话，还是可以多做些事的。"

这位同学回答完后心中很得意地想："这门课原来讲的是时间管理啊！"

教授听到这样的回答后，点了点头，微笑道："答案不错，但并不是我要告诉你们的重要信息。"说到这里，这位教授故意顿住，注视了一下全班同学说："我想告诉各位，最重要的是如果你不先将大的'鹅卵石'放进罐子里，你也许以后永远没有机会把它们再放进去了。"

第三步，讲完故事后，让学生们就此开展讨论，让他们讲讲听完这个故事后得到什么启发。

3.3.4 目标管理的优缺点

1）目标管理的优点

（1）形成激励。当目标成为组织的每个层次、每个部门和每个成员未来时期内欲达到的一种结果，且实现的可能性相当大时，目标就成为组织成员的内在激励。特别是当这种结果实现时，组织还有相应的报酬，目标的激励效用就更大。

（2）有效管理。目标管理方式的实施可以切切实实地提高组织管理的效率。目标管理方式比计划管理方式在推进组织工作进展、保证实现组织最终目标方面更胜一筹，因为目标管理是一种结果导向式管理，这种管理迫使组织的每个层次、每个部门及每个成员首先考虑努力实现目标，尽力完成目标。因为这些目标是组织总目标的分解，所以组织每个层次、每个部门及每个成员目标的实现，就构成组织总目标的实现。在目标管理中，一旦分解目标确定，且不规定各个层次、各个部门及组织各个成员完成各自目标的方式、手段，就会给大家在完成目标方面留一个灵活的、创新的空间，这就有效地提高了组织管理的效率。

（3）明确任务。目标管理可以使组织各级管理者及员工都对组织的总目标、组织的结构体系、组织的分工与合作及各自的任务有明确的了解，便于授权。另外，许多实施目标管理的企业或其他组织，通常在目标管理实施的过程中会发现组织体系存在的缺陷，从而帮助组织进行改造。

（4）自我管理。目标管理实际上也是一种自我管理的方式，或者说是一种引导组织成员自我管理的方式。在实施目标管理过程中，组织成员不再只是做工作、执行指示、等待指导和决策，他们是有明确目标，承担相应任务的单位或个人。对员工而言，目标已定，如何实现目标则由他们自己决定。从这个意义上看，目标管理体现了自我管理的方式，是以人为本的管理思想的一种过渡性试验。

（5）有效控制。目标管理方式本身也是一种控制方式，即通过分解后的每一个子目标的实现最终保证组织总目标实现，这一过程就是一种结果控制的方式。目标管理并不是目标分解下去便没有事了，事实上组织高层在目标管理过程中要经常检查、对比目标，进行评比，看谁做得好，如果有偏差就及时纠正。从另一个方面来看，一个组织如果有一套明确的可考核的目标体系，那么其本身就是进行监督控制的最好依据。

2）目标管理的缺点

（1）强调短期目标。大多数的目标管理中所指的目标通常是一些短期目标（年度目标、季度目标、月度目标），短期目标比较具体，易于分解，而长期目标比较抽象，难以分解。此外，短期目标易迅速见效，长期目标则不然。所以，在目标管理中，若常常强调短期目标的实现而轻视长期目标，将对组织的发展产生不利影响。

（2）目标设置困难。真正可用于考核的目标很难设定，组织实际上是一个产出联合体，它的产出是一种联合的、不易分解出谁的贡献大小的产出，即目标的实现是大家共同合作的成果。这种合作中很难确定你已做多少，他应做多少，因此，确定可度量的目标也就十分困难。一个组织的目标有时只能定性地描述，尽管我们希望目标可度量，但实际上度量是困难的。例如，组织后勤部门有效服务于组织成员，虽然可以采取一些量化指标来度量，但即使完成了这些指标，也可以肯定地说未必达成了“有效服务于组织成员”这一目标。

（3）目标管理的哲学假设不一定都存在。目标管理对人类的动机做出了过分乐观的假设，认为多数人都有发挥潜力、承担责任、实行自治和富有成就感的需要，都有事业心和上进心，而且只要有机会，他们会通过努力工作来满足这些需要，把工作中取得成就看得比金钱更重要。而现实中并不完全是这样，特别是将目标的考核和奖励联系在一起以后，人们的思想往往是“指标要低，出力要少，奖励要多”。

管理定律

比伦定律

美国考皮尔公司前总裁F.比伦提出：失败也是一种机会。若是你在一年中不曾有过失败的记载，你就未曾勇于尝试各种应该把握的机会。这就是比伦定律。

在我们的人生旅途中，机会无处不在。但机会又是稍纵即逝的，你不可能在做好所有的准备后再去把握。这就要求我们有一种试错精神。即使最后证明自己错了，也不会后悔。因为你把握了机会，而且至少知道了你先前把握机会的方式是行不通的。人们常说的失败是成功之母、失败是一笔财富，含义也大致在此。

宝洁公司有这样一个不成文的规定：如果员工三个月没有犯错误，就会被视为不合格员工。对此，宝洁公司前董事长白波先生的解释是：那说明他什么都没干。

汽车工业是个全球性的业态，20世纪60年代末，日本企业大规模向外发展，就是从汽车工业开始的。但日本汽车第一次尝试进军美国市场，却以失败告终。面对失败，它们不埋怨、不相互指责，而是举国一致、重新部署，反复斟酌、查找失败的原因，在总结经验教训的基础上重新确定了向美国提供油耗低、质量好、符合美国人的操作习惯、具有美国风格的美式汽车的战略。实践证明，他们的新战略是可行的。

IBM公司在1914年几乎破产，1921年又险遭厄运，20世纪90年代初再次遭遇低谷。但是，在一次次纠错中，他们最终都战胜了暂时的困难。有一次，IBM公司的一位高级负责人由于工作严重失误，造成了1 000万美元的损失，他为此异常紧张，以为要被开除或至少受到重大处分。后来，董事长把他叫去，通知他调任，职位还有所提升。他惊讶地问董事长为什么没把他开除，得到的回答却是：要是我开除你，那又何必在你身上花1 000万美元的学费？

多年来，微软一路坦途，但比尔·盖茨认为习惯于失败是成功的基础。因此，盖茨常常雇用在其他公司有失败经验的人做其助手，借用他们的经验避免重蹈覆辙。盖茨最为欣赏的人是福特汽车创始人福特和通用汽车创始人斯隆。盖茨的办公室里有一张福特的照片，作为激励，也作为警惕——福特梦想做出便宜好用的交通工具，创造出汽车世纪，但最后固执地坚持原来的信念而不能持续进步，20年后霸主地位被后起的通用取代。悬挂一张福特照片，既是对他普及汽车全民化的崇敬，又是对他失败的一种反思。

音频

增值阅读

商业计划书格式样例

［公司或项目名称］

商业计划书

主联系人：

职务：

电话号码：

传真号码：

电子邮件：

地址：

邮政编码：

本商业计划书属商业机密，所有权属于［公司或项目名称］。其所涉及的内容和资料只限于本公司的投资者使用。

收到本计划书后，________应在7个工作日内予以回复确认立项与否，并遵守以下的规定：

1. 若________不希望涉足本计划书所述项目，请按上述地址尽快将本计划书完整退回。

2. 在没有取得［公司或项目名称］的许可，________不得将本计划书全部或部分传递给他人。

3. 应该像对待贵公司的机密资料一样对待本计划书所提供的所有机密资料。

本商业计划书所涉及项目投资与管理内容均可具体协商。

申请人/公司（签章）：

项目负责人签字：

申请日期：

一、摘要

（略）

二、公司介绍

1. 公司历史沿革。

2. 公司宗旨。

3. 组织及管理（公司位置、组织结构、人员构成和管理模式）。

4. 公司历史业绩。

5. 公司的外部公共关系。

三、管理团队

1. 管理团队：主要管理人员（总经理，销售、生产、研发、财务等重要部门领导）的资料，包括姓名、职位、性别、学历、以往业绩、毕业院校、所持有公司股份或期权等重要资料。

2. 管理体制和激励机制：公司组织结构、经营决策程序、运行管理机制、员工激励制度等。

3. 外部支持（顾问关系）：公司聘请的法律顾问、投资顾问、会计师事务所等中介机构的名称。

4. 股份分配：在公司的股本中重要股东的情况，列表说明重要股东的名称、持股量、股份单价、占总股份的比例等资料。若有自然人、持股会为股东，要详细介绍其背景。

5. 董事会：简略概括一下董事会的背景、组成和董事会成员的简历。

四、产品和服务

该部分主要介绍风险项目下的核心产品，内容包括：

1.公司目前所有产品清单及其适用领域，简要介绍主导产品。

2.风险项目的简要介绍，包括：

——项目名称、产品方案；

——产品应用领域。

3.产品前期开发研究进展情况和现实物质基础，包括：

——产品开发处于何种阶段；

——产品的创新之处，在国内外领先程度（提供相关证明材料）；

——开发和研究的设备、条件；

——生产线建设程度。

4.产品的市场优势，包括：

——专利技术；

——产品上市的周期；

——产品自身的影响力或依托单位的品牌形象等。

5.该产品是否申请过国家有关基金资助，有无最后验收、鉴定的结论、评奖等。

6.就风险项目而言，详细介绍有关开发资源与条件情况，包括：

——产品开发能力的保障，包括：(1)资金筹措；(2)开发队伍（技术专家、协作开发人员）；(3)设备场地；(4)政府许可；(5)外协外委单位；(6)外部技术专家等资源。

……

7.资金筹措到位后，对于上述资源的满足程度。

五、技术来源

该部分详细描述风险项目产品所依赖的关键技术、相关技术的情况。

1.公司近年来主要研究的技术领域和相关的技术成果。

2.风险项目产品开发、生产业务流程图，要具体画出从原材料到中间试验、到规模生产各阶段的工作流程和业务内容。

3.简要介绍产品开发、生产所采用的共性技术、专有技术，以及标明上述技术中的关键技术（即限制其他竞争者的技术“瓶颈”）。

4.具体描述现实的、潜在的国内外竞争单位（科研机构、生产商等）的名称及其产品（或类似功能产品）开发工艺路线、技术状况；公司与竞争单位的技术、工艺的判别以及创新之处和显著优点、领先程度与存在的差距（要有相关文献资料支持），导致的产品功效的差异。

5.专利技术：

——专利技术的获得情况、专利技术保护范围和相关证明文件；

——与国内外其他类似专利技术的关系，尤其是否可能造成侵权行为。

6.相关技术的使用情况（技术间的关系）：

若应用的其他非专利技术存在技术共享、协议或授权使用情况，特别列出相关单位和其他共享者的确认使用文件。

7. 风险项目的技术团队情况介绍，包括技术负责人、关键技术骨干的学历、专业、工作背景等情况。

六、市场分析

1. 整个行业的市场需求状况是什么？

2. 产品特定的细分市场，包括回答以下问题：

——你有哪些类型的顾客？

——现在及将来有多少顾客？

——这些顾客都分布在什么地方？

——使顾客接受产品有何障碍？顾客的购买（使用）标准是什么？

——你计划采取什么策略使顾客使用、购买你的产品？

3. 市场的定位以及产品的价格。

4. 销售渠道、销售战略和市场计划。

七、竞争分析

1. 国内主要竞争对手情况分析，包括：

——对手的名称，地域分布；

——其目前开发的同类功能产品所处的研发阶段，或产品在市场上的销售情况；

——其未来可能对本项目产品造成的威胁分析。

2. 国外主要竞争对手产品开发或销售情况，与其相比公司的优势或劣势，包括：

——技术创新性、专利权、工艺水平及领先程度；

——产品价格及生产成本；

——财务方面；

——规模大小及营业额；

——市场促销策略。

八、财务与成本分析

1. 融资需求（含权益资本和债务需要）。

2. 资金使用计划。

3. 预计未来三年产品销量、利润表和资产负债表，并提供预测依据。

九、战略分析

1. 公司战略的拟定。

2. 公司战略的具体实施步骤。

十、公司的核心竞争力

（略）

十一、风险分析

1. 技术。

2. 市场。

3. 政策。

4. 管理体制。

5. 其他。

十二、附件

1. 公司客户名单（目前和正在接洽）。

2. 有关媒体对于产品的介绍、宣传等资料，公司需要附录的其他文件。

资料来源 编者根据相关资料整理。

点评：商业计划书是企业为了达到招商融资和其他发展目标，根据一定的格式和内容要求编辑整理而成的向受众全面展示公司和项目目前状况、未来发展潜力的书面材料。它是一份全方位的项目计划，有相对固定的格式。一份高质量的商业计划书对于企业的项目发展至关重要。

[基础训练]

1. 什么是计划和计划工作？

2. 计划工作有哪些特点？

3. 为什么说计划是管理者指挥的依据？

4. 什么是决策？决策的程序是什么？

5. 什么是目标管理？目标管理的程序是什么？

6. 目标管理有哪些优缺点？

7. 《孙子兵法》中指出："多算胜，少算不胜。"从管理者角度看，"算"意味着什么？主要包括哪些内容？

8. 某企业准备生产某种产品，预计该产品的销售有两种可能：销路好和销路差，销路好的概率为0.7，销路差的概率为0.3。其设计了两种方案：新建一条生产线和改造原有生产线，使用期均为10年。损益值资料见表3-2，试用决策树法进行决策。

表3-2 某企业损益值资料 金额单位：万元

方案	投资	年收益		使用期（年）	损益期望值
		销路好	销路差		
新建生产线	220	80	-30	10	
改造生产线	80	40	10	10	

[综合应用]

■实训与实践

1.辩论。

题目：目标管理与计划编制哪个更加重要？

正方：目标管理比计划编制更重要。

反方：计划编制比目标管理更重要。

要求：以团队为单位讨论，首先确定本队所坚持的观点（正方/反方），然后在课堂实训中进行分组辩论。

2.以个人为单位，拟一份个人职业成长规划书。

要求：规划书内容完整，格式规范。

3. 学习《中华人民共和国国民经济和社会发展第十四个五年规划和2035年远景目标纲要》，深入了解“十四五”时期经济社会发展主要目标与2035年远景目标。

结合实际，谈谈国家发展目标和个人目标之间的关系。

■案例分析

奔驰公司的理性决策

一个年轻人来到奔驰公司。“我想要买一辆小轿车。”他说得很简单。销售员领着年轻人参观了陈列厅里的100多种型号的小轿车，然后征求他的意见。年轻人问：“还有没有其他颜色的车？”销售员吃了一惊：“先生，这几十种颜色都没有您中意的吗？”年轻人失望地点了点头：“我想要一辆灰底黑边的轿车。”销售员不得不失望地告诉他，现在没有这种车，心里想：这个年轻人也太挑剔了！没想到，这件事被老板卡尔·本茨知道了，他生气地说：“像你这样做生意，只会让公司关门停业。”他要求必须找到那个年轻人，让他两天以后再来取车。年轻人再次来到奔驰公司时，果然见到了他希望见到的那种颜色的车，不过，他还是不满意：“这辆车不是我想要的规格。”这次接待他的是公司销售部主任，他的阅历要比上次那位销售员丰富得多，但也没见过如此挑剔的顾客，暗想，这人怎么这么不近人情，偌大的一个奔驰公司，专门为他生产出一辆车来，他竟然还不满意！不过，他没有将心里的不快表露出来，而是耐心地问：“先生想要什么规格的，我们一定满足您的要求。”年轻人说出了他想要的规格，还把车型、式样都详细描述了一遍。销售部主任一一记录下来，然后告诉年轻人，三天之后到公司取车。三天之后，年轻人来了，看到自己想要的车已经摆在眼前，自然十分高兴，开着车试跑了一圈后，他对销售部主任说：“要是给汽车安装个收音机就好了，那样一边开车一边还能欣赏到动听的音乐。”销售部主任十分吃惊，因为当时汽车收音机刚刚问世，应用不多，而且很多人反对在车内安装收音机，认为那会分散司机的注意力，导致车祸发生。不过销售部主任还是没有发作，问：“先生您想安一个吗？”年轻人点头，销售部主任犹豫了一下立刻说：“那你下午来取吧。”这时年轻人显得有些不安了，毕竟要求太过分了。但是奔驰公司果真为他的轿车安了收音机，使他十分满意。自此之后，奔驰公司构建了定制体系，顾客需要什么色彩、规格、座椅、音响、空调等，都可以提出来。这些要求由电子计算机向生产线发出指令，进行生产，很快一辆完全按顾客要求生产的车就会出现在顾客面前。

问题：

奔驰公司应如何制订它的决策方案？应采用哪种决策方法？

第4章 组织

若拿走我的财产——但留给我这个组织，五年之内，我就能卷土重来。

——小阿尔弗雷德·P. 斯隆

五人团结是只虎，十人团结是条龙，百人团结像泰山。

——邓中夏

【学习目标】

知识与能力目标：

◎了解组织与组织工作的含义。

◎熟悉各种类型组织结构的优缺点及适用情况。

◎了解组织文化的含义及内容。

◎能够分析组织结构优劣并加以选择。

◎掌握组织文化如何建设。

◎明确自己如何融入组织。

素养目标：

◎弘扬社会主义核心价值观，引导学生学史明理、学史增信。

◎从中国共产党作为百年大党的组织建设中汲取管理智慧和经验。

本章自学课件

趣味阅读

差别

两个同龄的年轻人同时受雇于一家店铺，并且拿同样的薪水。可是，一段时间以后，叫阿诺德的那个小伙子青云直上得到提拔，而叫布鲁诺的小伙子却在原地踏步。布鲁诺很不满意老板的不公正待遇，终于有一天，他到老板那儿发牢骚了。老板一边耐心地听着他的抱怨，一边在心里盘算着怎么向他解释清楚他和阿诺德之间的差距。"布鲁诺先生，"老板开口说话了，"您现在到集市上去看一下，看看今天早上有什么卖的。"布鲁诺从集市上回来后向老板汇报说，今早集市上只有一个农民拉了一车土豆在卖。"有多少？"老板问。布鲁诺赶紧戴上帽子又跑到集市上，然后回来告诉老板一共40袋土豆。"价格是多少？"布鲁诺又第三次跑到集市上问来了价格。

音频

"好吧，"老板对他说，"现在请您坐在这把椅子上一句话也不要说，看看别人怎么说。"然后老板让阿诺德去集市上看看今天早上有什么卖的。

阿诺德很快就从集市上回来了，不仅向老板汇报了到现在为止只有一个农民在卖土豆，一共40袋，价格是多少，土豆的质量很不错，他还带回来一个让老板看看，另外还汇报了这个农民一个小时后还会弄来几箱西红柿，据他看价格非常公道。昨天铺子的西红柿卖得很快，库存已经不多了。他想这么便宜的西红柿老板肯定会要进一些的，所以他不仅带回了一个西红柿做样品，而且把那个农民也带来了，现在正在外面等着回话呢。

此时，老板转向了布鲁诺，说："现在您肯定知道为什么阿诺德的薪水比您高了吧？"

资料来源 佚名. 两名同龄的年轻人同时受雇于一家店铺［EB/OL］.［2021-12-05］. http://wenku.baidu.com/view/72430aa1284ac850ad024281.html.

管理启示：组织内的分工是因人而异的，成员的重要性由能力和贡献来决定。能力有区别，贡献有大小，好的组织能让恰当的人在恰当的位置发挥恰当的作用。

4.1 组织与组织工作

管理是要在组织中进行的，如果不存在组织，也就不需要我们来研究管理活动了，没有组织工作，管理活动也无法开展。

4.1.1 组织的含义

微课：什么是组织

组织是人类社会的普遍现象，虽然人们经常使用这个词，但管理学家提出过众多的关于组织的理论，这些理论对组织概念各有解释。一般来说，组织有两种含义：一种是把组织理解为一个单位或团体，是名词，如在进行某项调查过程中征求组织意见，这里的"组织"就是指有资格提供这种意见的某一单位或团体；另一种是把组织理解为使某项活动正常进行下去所做的一切工作或安排，是动词，如我们常说这项活动组织得很好，这里的"组织"就是此种含义。

名词意义上的组织有广义和狭义之分。从广义上说，组织是指由诸多要素按照一定方式相互联系起来的系统；从狭义上说，组织就是指人们为了实现一定的目标，互相协作结合而成的集体或团体，如党团组织、工会组织、企业组织、军事组织等。狭义的组织专指人群，适用于社会管理。在现代社会生活中，人们已普遍认识到，组织是人们按照一定的目的、任务和形式编制起来的社会集团，组织不仅是社会的细胞、社会的基本单元，而且可以说是社会的基础。本书所要研究的组织是指狭义的组织。

音频

互动课堂 4-1

一位哲学家与一个船夫之间正在进行一场对话。

"你懂哲学吗？"

"不懂。"

"那你失去了80%的生命。"

突然，一个巨浪把船打翻了，哲学家和船夫都掉到了水里。

看着哲学家在水中胡乱挣扎，船夫问哲学家："你会游泳吗？"

"不……会……"

"那你就失去了100%的生命。"

讨论：你认为哲学家和船夫在组织中可以担任什么职务？

4.1.2　正式组织与非正式组织

哈佛大学心理学教授梅奥在其“人际关系学说”中提出了非正式组织的概念，非正式组织是针对正式组织而言的。

1）正式组织

正式组织是指在组织设计中，为了实现组织的总目标而设立的功能结构或部门，这种功能结构或部门是组织的组成部分，并有明确的职能。例如，学校、医院、部队和企业中的销售部门、生产部门、财务部门等都是正式组织。组织设计的主要任务就是规划设计正式组织，确定这些部门的功能及相互关系。正式组织的基本特征是设立的程序化、解散的程序化和运作的程序化。

2）非正式组织

非正式组织是指由于地理位置关系、兴趣爱好关系、工作关系、亲朋好友关系而自然形成的群体，这种群体不是经过特定程序而设立的。例如，学校、医院、机关和企业中的业余足球队、业余合唱团、同乡会、同学联谊会等都是非正式组织。非正式组织的作用具有两面性，它是现实中不可忽视的群体，其优点是参加非正式组织的个人有表达思想的机会，能提高士气，还可以促进人员的稳定，有利于沟通，有利于提高人员的自信心，能减少紧张感。如果利用得好，它可以为组织目标的实现发挥重要作用。但是，当组织中非正式组织的目标与组织的总目标不一致或冲突时，非正式组织又会成为组织目标实现的障碍，甚至出现集体抵制上级的政策或目标的情况。

4.1.3　组织工作的含义

组织工作作为一项管理职能，是指在组织目标已经确定的情况下，将实现组织目标所必需的各项业务活动加以分类组合，并根据管理宽度原理，划分出不同的管理层次和部门，将监督各类活动所必需的职权授予各层次、各部门的主管人员，并规定这些层次和部门间的相互配合关系。也就是说，组织职能决定组织要完成的任务是什么、谁去完成这些任务、这些任务怎么分类组合、谁向谁报告以及各种决策应在哪一级上制定。它的目的就是通过建立一个适于组织成员相互合作并发挥各自才能的良好环境，从而避免由于工作或职责所引起的各种冲突，使组织成员都能在各自的岗位上为组织目标的实现做出应有的贡献。具体地说，组织工作职能的内容包括以下四个方面：

（1）根据组织目标设计和建立一套组织机构与职位系统。

（2）确定职权关系，从而把组织的上下左右联系起来。

（3）与管理的其他职能相结合，以保证所设计和建立的组织结构有效运转。

（4）根据组织内外部要素的变化，适时地调整组织结构。

4.1.4　组织工作的特点

从组织工作的含义及具体内容来看，组织工作职能具有以下一些特点：

1）组织工作是一个过程

设计、建立并维持一种科学的、合理的组织结构，是成功实现组织目标的一个连续的活动过程，这个过程由一系列的逻辑步骤所组成，具体包括：

(1) 确定组织目标。

(2) 对目标进行分解，拟定派生目标。

(3) 明确为了实现目标所必需的各项业务工作或活动。

(4) 根据可利用的人力、物力、财力以及利用它们的最佳途径来划分各类业务工作或活动。

(5) 授予执行有关各项业务工作或活动的各类人员职权和职责。

(6) 通过职权关系和信息系统，把各层次、各部门联结成为一个有机的整体。

2) 组织工作是动态的

通过组织工作建立起来的组织结构不是一成不变的，而是随着组织内外部要素的变化而变化的。由于任何组织都是社会系统中的一个子系统，因此它在不断地与外部环境进行能量、信息、材料等的输入和输出，而这种输入和输出一般都会影响到组织目标。随着时间的推移，原来的目标由于环境变化，可能不太适宜了，那么这时依据计划工作中的改变航道原理，就必须根据环境条件的变化，不断地修正目标。目标的变化自然又会影响随同目标而产生的组织结构，为使组织结构能切实起到促进组织目标实现的作用，就必须对组织结构做出适应性的调整。此外，即使组织的内外部要素的变化对组织目标影响不大，但随着社会的进步和科学技术的发展，当原有的组织结构已不能高效地适应实现目标的要求时，也需要进行组织结构的调整和变革。

3) 组织工作应重视非正式组织

在组织工作职能的实施过程中，随着组织结构的建立，一个正式组织就形成了，但是任何正式组织中都必然伴随着非正式组织。了解一些非正式组织的特点，对管理人员来说则是非常重要的。在组织工作中，应着重考虑非正式组织的这样两个特点：

(1) 非正式组织在满足组织成员个人的心理和感情需要上，比正式组织更有优越性，所以应发挥非正式组织比正式组织具有更强的凝聚力的作用。

(2) 非正式组织形式灵活，稳定性弱，覆盖面广，几乎所有的正式组织的成员都介入某种类型的非正式组织。根据这两个特点，主管人员在组织工作中应有意识、有计划地促进某些具有较多积极意义的非正式组织的形成和发展，如技术钻研、学习互助、业余娱乐等，使其成为正式组织的辅助。在时机成熟和条件许可的情况下，也可将其中一些转化为正式组织，使其成为组织工作所设计和保持的组织结构的有机组成部分。

管理大师档案

现代组织理论的奠基人：巴纳德

切斯特·巴纳德（Chester I·Barnard，1886—1961）是西方现代管理理论社会系统学派的创始人。管理学界几乎一致认为：巴纳德关于组织理论的探讨，至今无人超越，西方管理学界称他是现代管理理论的奠基人。

巴纳德对组织管理工作的极大热情使他在工作之余参与了许多社会组织的活动。在漫长的工作实践中，巴纳德不仅积累了丰富的组织管理经验，还广泛学习了社会科学的各个分支。1938年，巴纳德出版了著名的《经理人员的职能》一书，此书自出版以来一直是“专业经理人员写出的有关组织和管理的最能启发人的思想的著作”，被誉为美国现代管理科学的经典作品。

资料来源　田树生. 现代组织理论的奠基人：巴纳德［J］. 施工企业管理，2007（12）.

（扫一扫了解更多）

互动课堂4–2

小宏明天就要参加小学毕业典礼了，为了留住这段美好的记忆，怎么也得穿精神一点儿，于是他高高兴兴地上街买了条裤子，可惜裤子长了两寸。吃晚饭的时候，趁奶奶、妈妈、嫂子都在场，小宏把裤子长两寸的问题说了一下，饭桌上大家都没有反应。饭后大家都去忙自己的事情，这件事情就没有被再提起。妈妈睡得比较晚，临睡前想起儿子明天要穿的裤子还长两寸，于是就悄悄地一个人把裤子剪好叠整齐放回原处。半夜里，狂风大作，窗户发出“哐”的一声把嫂子惊醒，嫂子猛然想到小叔子裤子长两寸，自己辈分小，怎么也得自己来做，于是披衣起床将裤子处理好才又安然入睡。奶奶觉轻，每天一大早醒来给孙子做早饭，在水未烧开的时候也想起孙子的裤子长两寸，马上快刀斩乱麻。最后，小宏只好穿着短四寸的裤子去参加毕业典礼了。

资料来源　编者根据相关资料整理。

讨论：你从中得到了什么启示？

4.1.5　组织工作的原则

设计、建立和调整合理的组织结构，其目的都是更有效地实现组织目标。那么，怎样才能做好组织工作，使通过组织工作所设计、建立并维持的组织结构及其表现形式更好地促进组织目标的实现呢？长期以来，管理学者及管理工作者进行过许多有益的探索和研究，综合国内外经验，我们认为，进行有效的组织工作应遵循以下基本原则：

1）目标统一性原则

组织结构的设计和组织形式的选择必须有利于组织目标的实现。任何一个组织都与既定的组织目标有密切关系，否则它就没有存在的意义。例如，医院的目标是“治病救人，为人民服务”，那么它的组织机构——内科、外科、妇科、儿科、门诊科室、药房、供应科、财务科等，就是围绕实现医院的目标而设置的。同样的道理，每一机构又有自己的分目标来支持总目标的实现，这些分目标又成为机构进一步细分的依据。为此，目标层层分解，机构层层建立，直到每一个人都了解自己在总目标实现中应完成的任务，这样建立起来的组织机构才是一个有机整体，才能为保证组织目标的实现奠定基础。

这一原则还要求在组织设计中要以事为中心，因事设机构、设职务，做到人与事高度配合，避免出现因人设事、因人设职的现象。

2）分工协作原则

分工与协作是社会化大生产的客观要求。组织工作要坚持分工与协作的原则，是指分工要合理，协作要明确，对于每个部门和每个员工的工作内容、工作范围、相互关系、协作方式都应有明确规定。具体来说，分工就是按照提高管理专业化程度和工作效率的要求，把组织的目标分成各级、各部门以至个人的目标和任务，使组织的各个层次、各个部门、每个人都了解自己在实现组织目标中应承担的工作职责和拥有的职权。有分工就必须有协作，协作包括部门之间的协作和部门内的协作。

3）集权与分权相结合的原则

一般来说，随着社会生产力的发展和分工协作的深化，分权和集权都在发展。首先，技术的进步使协作劳动更加紧密，分工更加细致，协调更加重要，对集中统一指挥与管理的需要也就更为迫切，只有这样才能保证组织中各个部门的协调配合，最合理地利用组织的各种资源。由此看来，集权的必要性不言而喻。另外，技术进步和环境变化也在加强，要求组织具有更大的灵活性与适应性，要求组织的权力适当分散，以增加组织的应变能力。这就是分权的趋势。

究竟是集权还是分权，没有标准答案，因为集权与分权各有利弊。组织设计一定要将集权与分权有机地结合起来。这是一项管理的艺术问题。一般来说，环境变化大，组织生存问题突出，在组织设计时应当多考虑集权；而在环境较为宽松，把组织的发展问题放在首位时，可以较多地考虑分权。

4）责权对等原则

责权对等原则指的是在组织设计中，每一个职位的职权应当与职责相匹配，职权越大，其职责越大。组织中的每一个部门和职位都是为完成一定的工作任务而设计的。完成一定的任务，必须有权支配一定的资源，这就表现为职权。在组织中支配的资源越多，职权也就越大，自然对组织目标实现的影响也就越大。如果要保证资源合理、有效的利用，使每一件事情都能够做得最好，那么每一个拥有职权的人也就必须承担相应的责任，以便对资源的支配形成必要的约束。实践证明，没有责任的权力就是没有约束的权力，最终会导致权力的滥用。

5）管理幅度原则

管理幅度原则指的是在组织设计时，要考虑每一位主管人员有效地监督、指挥其直接下属的人数。主管人员的管理幅度不同会导致管理层次的变化，从而影响组织结构的形状。因此，每一个主管人员都应根据影响自身管理幅度的因素来慎重地确定理想幅度，设置合理的组织结构。

6）命令统一原则

命令统一原则也叫统一指挥原则，指的是在管理工作中实行统一领导，建立起严格的责任制，组织的各级机构以及个人必须服从一个上级的命令和指挥。只有这样，才能保证命令和指挥的统一，避免多头领导和多头指挥，使组织最高管理部门的决策得以贯彻执行。

该原则在实践中可能会出现一些麻烦，例如缺乏横向联系和必要的灵活性等。为弥补这一缺陷，在应用中往往还规定主管人员有必要的临时处置和事后汇报权，其依据的原则是“法约尔桥”。这个原则规定，根据统一指挥的原理，上级可授权下级相互之间进行直接的联系，但必须将行动结果报告各方的上级，这样才不至于削弱统一指挥，甚至有助于统一指挥的实施。

7）稳定性与适应性相结合原则

组织结构是实现组织目标的载体，为实现组织目标服务。组织目标会调整，组织本身也会发展，组织所处的环境也会发生变化，都需要组织结构做出适当的调整，以便组织结构能够与之相适应。实践表明，相对稳定的环境有利于人们形成一个稳定预期，从而安心地工作。变动的环境则容易产生不确定的预期，人们没有安全感，工作的积极性也会受到影响。所以，组织结构的设计要注意稳定性与适应性相结合，既让组织保持一定的灵活性，能够适应组织本身以及环境的变化，又要保持相对稳定。

8）精干高效原则

精干高效既是组织设计的原则，又是组织联系和运转的要求。无论任何一种组织结构形式，都必须将精干高效原则放在重要地位。精干高效原则可表述为：在服从由组织目标所决定的业务活动需要的前提下，力求减少管理层次，精简管理机构和人员，充分发挥组织成员的积极性，提高管理效率，更好地实现组织目标。队伍精干，效能才高。但是精干不等于越少越好，而是一个顶一个，能够保证需要的最少。队伍精干是提高效能的前提。效能包括工作效率和工作质量。一个组织只有机构精简，队伍精干，工作效率才会提高；如果一个组织层次繁多，机构臃肿，人浮于事，则势必导致人力浪费，办事拖拉，效率低下。精干高效原则，要求人人有事干，事事有人管，保质又保量，负荷都饱满。因此，一个组织是否具备精干高效的特点，是衡量其组织工作是否得力、组织结构是否合理的主要标准之一。

互动课堂4-3

阅读“中国共产党的创立”一文，结合所学知识谈一谈你对组织运行的认识。

中国共产党的创立

中国是拥有五千多年绵延不绝文明史的东方大国。中华民族以自己的勤劳和智慧，曾经创造了在世界上领先的古代文明，为人类发展作出过重大贡献。但是，近代以后，由于西方列强的入侵，由于封建统治的腐败，中国逐渐成为半殖民地半封建社会。在中华民族内忧外患、社会危机空前严重的背景下，在马克思列宁主义与中国工人运动相结合的进程中，中国共产党诞生了。这是开天辟地的大事变。党在创建时期，在发动和领导以工人运动为中心的人民革命斗争中，建立和发展党的组织，开展党的活动，进行党的组织建设的初步探索，开启了建设一个勇担民族复兴历史大任、带领中国人民创造人间奇迹的马克思主义政党的历史征程。

1921年7月23日晚，中国共产党第一次全国代表大会在上海法租界望志路106号（现兴业路76号）开幕。大会最后一天转移到浙江嘉兴南湖的一艘游船上举行。参加会议的各地代表是：上海的李达、李汉俊，北京的张国焘、刘仁静，长沙的毛泽东、何叔衡，武汉的董必武、陈潭秋，济南的王尽美、邓恩铭，广州的陈公博，旅日的周佛海；包惠僧受陈独秀派遣，也参加了会议。他们代表着全国50多名党员。在广州的陈独秀和在北京的李大钊因有其他事务未出席会议。共产国际代表马林和尼克尔斯基出席会议。

大会通过了党的第一个纲领，确定党的名称为“中国共产党”，规定党的纲领是：革命军队必须与无产阶级一起推翻资本家阶级的政权；承认无产阶级专政，直到阶级斗争结束，即直到消灭社会的阶级区分；消灭资本家私有制，没收机器、土地、厂房和半成品等生产资料，归社会公有；联合第三国际。纲领明确提出要把工人、农民和士兵组织起来，并确定党的根本政治目的是实行社会革命。这表明中国共产党从建党开始就旗帜鲜明地把实现社会主义、共产主义作为自己的奋斗目标，并坚持用革命的手段来实现这个目标，是一个以马克思列宁主义理论为基础的新型工人阶级革命政党。

大会通过的纲领包含属于党章性质的一些条文，对党员条件、入党手续、党的组织结构、工作制度和党的纪律等作了初步规定。关于党员条件，规定凡承认本党纲领和政策，并愿成为忠实的党员者，经党员一人介绍，均可接收为党员，但在入党前必须与企图反对本党纲领的党派和集团断绝一切联系。为了“把好的可靠的同志吸收进来”，大会决定“接受党员要特别谨慎，严格审查”。新党员入党后为候补党员，要接受所在地委员会的考查，考查期满后，经多数党员同意（如该地区设有执行委员会，应经执行委员会批准），才能转为正式党员。

关于党的组织结构，纲领规定，在全党建立统一的组织，“凡有党员五人以上的地方，应成立委员会”，“凡是党员不超过十人的地方委员会，应设书记一人；超过十人的应设财务委员、组织委员和宣传委员各一人；超过三十人的，应从委员会的委员中选出一个执行委员会”。“委员会的党员人数超过五百，或同一地方设有五个委员会时，应由全国代表会议委派十人组成执行委员会。如上述要求不能实现，应成立临时中央执行委员会”。

关于党的组织工作制度和纪律，纲领规定：“在党处于秘密状态时，党的重要主张和党员身份应保守秘密”。“委员会的成员经当地委员会书记介绍，可转到另一个地方的委员会”。“工人、农民、士兵和学生的地方组织中党员人数多时，可派他们到其他地区去工作，但是一定要受地方执行委员会的严格监督”。“地方委员会的财务、活动和政策，应受中央执行委员会的监督”。“党员除非迫于法律，不经党的特许，不得担任政府官员或国会议员。士兵、警察和职员不受此限”。

大会还通过了党的第一个决议。同纲领规定的奋斗目标相适应，决议要求集中力量领导工人运动，首先是组织工会和教育工人。决议规定：“本党的基本任务是成立产业工会。凡有一个以上产业部门的地方，均应组织工会；在没有大工业而只有一两个工厂的地方，可成立比较适于当地条件的工厂工会”。“党应在工会里灌输阶级斗争的精神”。决议强调，党要加强对工人运动的领导，必须派出党员到工会去工作，不要“使工会成为其他党派的傀儡”，“执行其他的政治路线”。

决议还要求加强对宣传工作的领导，不论中央或地方出版的一切出版物，其出版工作“均应受党员的领导”；任何出版物“均不得刊登违背党的原则、政策和决议的文章”。

党的一大按照列宁的建党学说组建起中国无产阶级的政党，为党的组织建设规定了一系列重要原则和任务，开启了自身建设的伟大实践。

党的一大考虑到党员数量少和地方组织尚不健全的情况，决定暂不成立中央执行委员会，只设立中央局作为中央的临时领导机构。大会选举陈独秀、张国焘、李达组成中央局，选举陈独秀担任书记，张国焘负责组织工作，李达负责宣传工作。

中国共产党的成立，是中华民族发展史上开天辟地的大事变。近代以来，中国人民的斗争之所以屡遭挫折和失败，其最重要的原因，就是没有一个先进的坚强的政党作为凝聚自己力量的领导核心。中国共产党的诞生，从根本上改变了这种局面。从此，中国人民有了可以信赖的组织者和领导者，中国革命有了正确的前进方向，中华民族伟大复兴有了光明的发展前景，任何势力都无法阻挡。

资料来源　中共中央组织部. 中国共产党组织建设一百年［M］. 北京：党建读物出版社，2021.

4.2　组织结构类型

一个组织的结构类型是根据其目标的需要和组织环境特点而选定的。随着社会发展和组织环境的变化，组织结构也在不断更新和发展。下面我们介绍企业中常用的几种组织结构，其实它们在其他组织中也是常见的。

微课：组织的结构类型

4.2.1　直线型组织结构

直线型组织结构是最早出现的，也可以说是最简单的一种组织结构形式（如图4-1所示）。其主要特点是：组织从决策到执行构成一个单线系统，组织最高领导人是组织的决策者，最低一级是执行者，从上至下执行着单一的命令，即“一个人，一个头儿”。

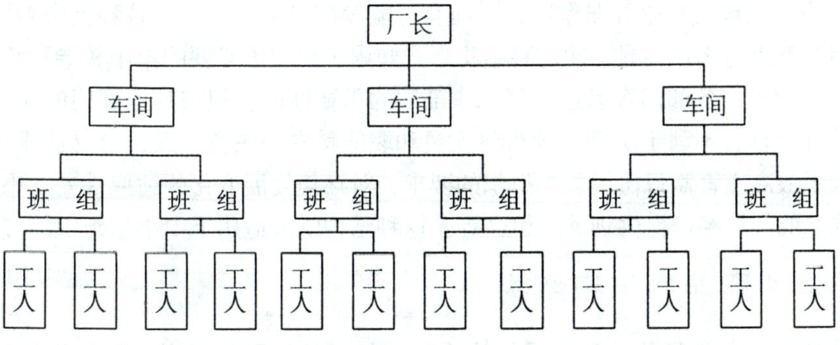

图4-1　直线型组织结构

直线型组织结构的优点是结构简单，管理人员少，职责权力明确，上下级关系清楚；缺点是组织结构缺乏弹性，同一层次之间缺乏必要的联系，主要管理人员独揽大权，任务繁重，一旦决策失误将会给组织造成重大损失。这就要求管理人员了解掌握多种专业管理知识，对组织周围环境有充分的了解，能较好地处理多种业务。因此，一般来说，这种组织结构形式只适用于那些技术较为简单、业务单纯、规模较小没有必要按职能实行专业化管理的组织，或者是现场的作业管理。

4.2.2 职能型组织结构

职能型组织结构又称为多线型组织结构，与直线型组织结构不同，它的特点是：采用按职能分工实行专业化管理的办法来代替直线型管理者的全能管理，也就是把相似或相关职业的专家们组合在一起来组建的结构。在上层主管下面设立职能机构和人员，把相应的管理职责和权力交给这些机构，各职能机构在自己业务范围内可以向下级下达命令和指示，直接指挥下属（如图4-2所示）。

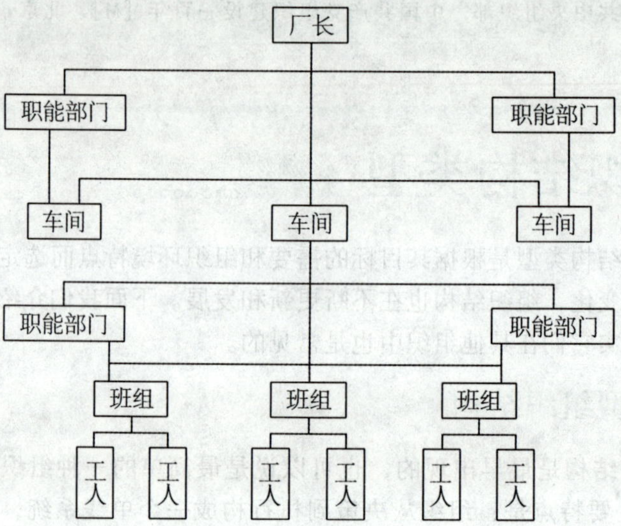

图4-2 职能型组织结构

职能型组织结构的优点是能够适应现代组织技术比较复杂和管理分工较细的特点，能够发挥职能机构的专业管理作用，因而有可能发挥专家的作用，减轻上层主管人员的负担。但其缺点也比较明显，即这种结构形式妨碍了组织中必要的集中领导和统一指挥，形成了多头领导；各部门容易过分强调本部门的重要性而忽视与其他部门的配合、忽视组织的整体目标；不利于明确划分直线人员和职能科室的职责权限，容易造成管理的混乱；加大了最高主管监督协调整个组织的要求；对环境发展变化的适应性差，不够灵活；不能对未来的高层经理提供训练的机会等。这种结构比较适用于中小型组织。

4.2.3 直线职能型组织结构

直线职能型组织结构是综合了上述直线型组织结构和职能型组织结构的优点而设计的一种组织结构。这种结构是当前国内各类组织中最常见的一种组织结构，是各级国家机关、学校、部队、企业、医院等组织最常用的结构形态（如图4-3所示）。

直线职能型组织结构是以直线型组织结构为基础，在各级直线主管之下设置相应的职能部门，即设置了两套系统：一套是按命令统一原则组织的指挥系统，另一套是按专业化原则组织的管理职能系统。其特点是：直线部门和人员在自己的职责范围内有决定权，对其所属下级的工作进行指挥和命令，并负全部责任；而职能部门和人员仅是直线主管的参谋，只能对下级机构提供建议和业务指导，没有指挥和命令的权力。

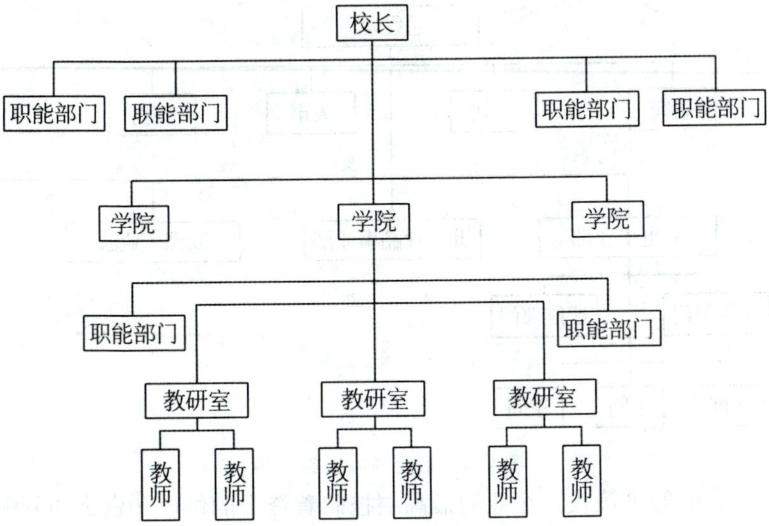

图4-3 直线职能型组织结构

直线职能型组织结构的优点：既保证了集中统一指挥，又能发挥各种专家的业务管理作用，其职能高度集中、职责清楚、秩序井然、工作效率较高，整个组织有较高的稳定性。直线职能型组织结构的缺点：横向部门之间缺乏信息交流；各部门缺乏全局观点；职能机构之间、职能人员与直线指挥人员之间的目标不易统一；最高领导的协调工作量较大；由于分工较细，手续烦琐，当环境变化频繁时，这种结构的反应较为迟钝。这种组织结构形式对中小型组织比较适用，对于规模较大、决策时需要考虑较多因素的组织则不太适用。

4.2.4 事业部制组织结构

事业部制组织结构大多见于企业，在其他领域也有，如一个大都市中统属于公安系统的刑事警察大队、交通警察大队、治安警察大队、巡警大队、经侦大队等，一个大学中有几个分校和许多个独立性较强的学院，一个医院开设许多个相对独立的专科门诊或专科分院。事业部制组织结构是通用汽车公司在20世纪20年代首创的。它是指大型公司按产品的类型、地区、经营部门或顾客类别设计建立若干个自主经营的单位或事业部。这种事业部具有三个特性：第一，具有独立的产品和市场，是产品责任单位或市场责任单位；第二，具有独立的利益，实行独立核算，是一个利润中心；第三，是一个分权单位，拥有足够的权力，能自主经营。所以，事业部制组织结构是一个企业内对具有独立的产品和市场、独立的责任和利益的部门实行分权管理的一种组织形态（如图4-4所示）。

事业部制组织结构形式的基本原则是政策制定与行政管理分开，即集中决策、分散经营。组织的最高层是最高决策管理机构，负责研究与制定组织的总目标、总计划和各项方针政策，并保持三方面的决策权。

（1）战略发展的决策权。例如，在一个企业中，决定企业采用技术的种类、企业的产品类型和发展方向、企业开辟或放弃相关的事业，制定企业的市场战略、价格政策、经营方针、竞争策略等。

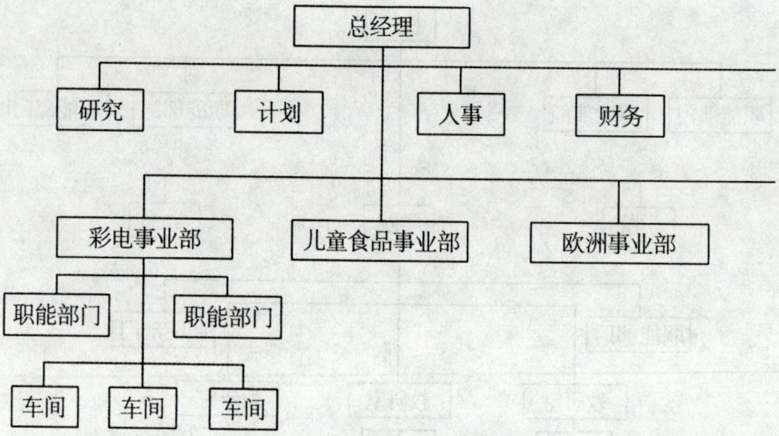

图4-4　事业部制组织结构

（2）资金分配的决策权。企业的最高层控制着资金的供应和资金的分配。

（3）人事安排权的决策权。所有事业部的干部和专业人员都是整个企业的资源，企业的用人政策和重要的人事安排都由总部的最高层决策。为了保持事业部的独立性，最高管理机构的人员一般不兼任事业部的经理。

企业总部控制以上三方面的决策权，既保证了各个事业部的分散经营权，又维护了整个企业的完整性。

以企业为例，事业部制组织结构的优点：它使企业的最高层摆脱了日常的行政事务，集中精力决策和规划企业的战略发展问题；便于组织专业化生产、采用先进的生产组织形式和技术，提高了企业管理的灵活性和适应性，有利于大公司开展多元化经营，从而大大提高企业的竞争力；通过管理各个事业部和在经营实践中锻炼，企业储备了宝贵的高级管理人才。事业部结构的缺点：增加了管理层次，使管理人员和管理费用大大增加；对事业部一级的管理人员的业务和管理水平要求较高，只有熟悉全面的业务并拥有丰富的管理知识才能胜任工作；各事业部之间的相互交流和支援困难，各事业部容易产生本位主义而忽略企业的总体利益，带来总体协调的困难。

采用事业部制组织结构，一个重要的问题是划分事业部的标准。从当今跨国公司的情况来看，制造业类的跨国公司、金融业类的跨国公司一般都趋向于按照地区划分事业部，而贸易型跨国公司则多按照产品划分事业部。这种组织形式主要适用于产品多样化和从事多元化经营的组织，也适用于所面临市场环境复杂多变或所处地理位置分散的大型企业和巨型企业。

互动课堂4-4

这种组织模式合理吗？

某大型企业由于任务不足，允许各分厂自己对外承揽加工业务。这样一来，传统的计划管理模式就不大适应了，突出的问题是管得太死，缺乏灵活性。厂领导决定改革传统的组织结构模式，由直线职能制改为事业部制，为此成立了供应事业部、制造事业部、装配事业部、销售事业部。各事业部都被赋予了相应的人事权和财务权，事业部的领导们无不喝彩，认为厂领导有开拓精神，改革意识强。这种组织模式运行不久就发现了一系列问题：各事业部各行其是，不听调遣，有利的活儿抢，无利的活儿推，连主导产品的配套任务都无法完成，最后导致了主业不兴、副业不旺、人心涣散的局面。不得已，厂部又收回各事业部的权力，恢复到原来的直线职能制。

讨论：(1) 该厂的组织结构模式改革为什么会失败？

(2) 直线职能制和事业部制各适用于什么情况？

音频

4.2.5　矩阵制组织结构

严格来讲，矩阵制组织结构是一种非长期的组织结构，是一种把按职能划分的部门同按产品、服务或工程项目划分的部门结合起来的组织形式（如图4-5所示）。在这种组织结构中，成员在理论上一般要受两位主管的领导。当然，这种双重领导是针对不同的方面而言的，与管理原理所要求的统一指挥并不矛盾。建立矩阵制组织结构的具体方法是：为了完成某一项特别任务，在项目的实施阶段，如研究、设计、试制、开发等过程中，由有关的部门派人参加，组成项目攻关小组，任务完成之后，成员仍然回到原来的部门工作。

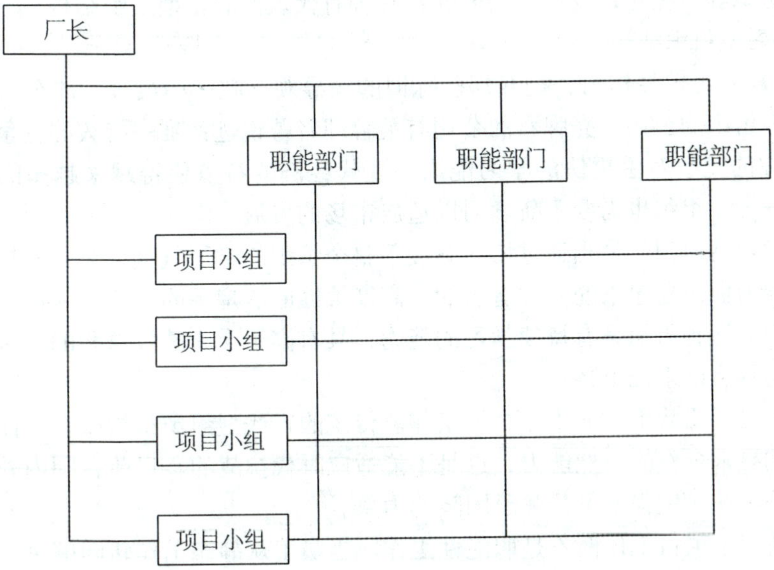

图4-5　矩阵制组织结构

这种结构的主要优点：灵活性和适应性较强，有利于加强各职能部门之间的协作和配合，并且有利于开发新技术、新产品，激发组织成员的创造性。其主要缺点：组织结构稳定性较差；条块发生矛盾时，处于双重领导下的项目组成员会面临两难的困境；同时还可能存在项目过程复杂、机构臃肿的弊端。这种组织主要适用于拥有创新性较强的科研、设计、规划等项目的工作或单位。

4.2.6　多维立体型组织结构

多维立体型组织结构是矩阵型组织结构形式和事业部制组织结构形式的综合发

展。这种结构形式由三方面的管理系统组成：

（1）按产品（项目或服务）划分的部门（事业部），是产品利润中心。

（2）按职能如市场研究、生产、技术、质量管理等划分的专业参谋机构，是职能利润中心。

（3）按地区划分的管理机构，是地区利润中心。

在这种组织结构形式下，每一系统都不能单独做出决策，必须经过三方代表共同商讨后才能采取行动。因此，多维立体型组织结构促使每个部门都能从整个组织的全局来考虑问题，从而减少产品、职能、地区各部门之间的矛盾。即使三者之间有摩擦，也比较容易统一和协调。这种类型的组织结构形式最适用于跨国公司或规模庞大的跨地区公司。

4.2.7 新型组织结构

在人类告别工业经济时代走向知识经济时代之际，企业组织结构调整成为一种必然的趋势。自20世纪80年代初以来，新的组织结构纷纷涌现，如团队型组织、学习型组织、网络型组织、虚拟型组织、女性组织、战略联盟型组织、无边界型组织、交响乐队型组织等。在此，我们将简要介绍几种有代表性的新型组织结构。

1）学习型组织结构

《财富》杂志曾经指出：抛弃那些陈旧的领导观念吧……最成功的公司将是那些建立学习型组织的公司。壳牌石油公司有关管理者曾说过：唯一持久的竞争优势或许是具备比你的竞争对手更快的学习能力。现代经济的特点使得越来越多的组织认识到：和人一样，组织也需要不断学习以适应市场的发展。

所谓学习型组织，是指通过培养弥漫于整个组织的学习气氛，充分发挥员工的创造性思维能力而建立起来的一种有机的、高度柔性的、扁平的、符合人性的、能持续发展的组织。这种组织具有持续学习的能力，具有高于个人绩效总和的综合绩效。这种组织结构具有以下几个特点：

（1）适应于团队工作而不是个人工作。传统的直线型组织结构以自上而下的指挥取代了人们寻求合作的自然能力，这是不能适应时代挑战的。目前，国内外可行的管理创新几乎都在一定程度上依赖于团队的力量。

（2）适应于项目工作而不是职能性工作。当员工从静态工作转向解决一系列问题时，他们将工作组织成项目，每个项目都需要一个跨部门的小组，这些小组随着项目的进展而一起学习。

（3）适应于创新而不是重复性的任务。在电子技术日益发展的今天，重复性工作将越来越多地由计算机处理，人的工作是创新和关心他人，这是计算机所不能做到的。

（4）有利于员工的相互影响、沟通和知识共享。学习型组织都着力于形成一个宽松的、适于员工学习和交流的气氛，以利于员工之间的沟通和知识共享。

（5）有利于企业的知识更新和深化。学习型组织一般都建立一定的学习制度，定期组织教育和培训，鼓励员工学习，不断更新和丰富自己的知识。

(6) 有利于企业集中资源完成知识的商品化。学习型组织有利于将一些在知识和经验上互补的员工集中起来，共同进行研究开发，加快知识的商品化过程。

(7) 有利于企业增强对环境的适应能力。由于不断地吸收新信息和新知识，学习型企业能够站在时代的前端，主动适应所处的大环境，随时调整自己的发展方向和市场适应能力。

2）团队型组织结构

丰田、沃尔沃等公司将团队引入生产过程曾轰动一时，很多媒体追踪报道这些团队的工作过程和事迹。但进入21世纪后的今天，如果世界500强中哪个公司没有采用团队形式，则会成为新闻热点。团队在目前已经如此普及，渗透到众多优秀企业，甚至政府部门都将领导团队作为不可忽略的环节进行建设。当管理人员动用团队作为协调组织活动的主要方式时，其组织结构即为团队结构。这种结构形式的主要特点是：打破部门界限，并把决策权下放到工作团队员工手中，这种结构形式要求员工既是全才又是专才。

工作团队大体上有两种类型：综合性的和自我管理式的。在综合性工作团队中，一系列的任务被分派给一个小组。然后小组决定给每个成员分派哪些具体的任务，并在任务需要时负责在成员之间轮换工作。综合性工作团队经常在诸如楼房建造和维修这类活动中采用。例如，在一幢办公大楼的清洁中，领班确定要完成的任务，然后让清洁工人作为一个团队，决定这些任务如何进行分配。自我管理式工作团队具有更强的纵向一体化特征。与综合性工作团队相比，它拥有更大的自主权。自我管理式工作团队确定了要完成的目标以后，有权自主地决定工作分派、工间休息和质量检验方法等。这种团队甚至常常可以挑选自己的成员，并让成员相互评价工作成绩。其结果是团队主管的职位变得不太重要，有时可能被取消。

团队组织所带来的积极影响包括：提升组织的运行效率（改进程序和方法），增强组织的民主气氛，促进员工参与决策的过程，使决策更科学、更准确。团队成员互补的技能和经验可以应对多方面的挑战。在多变的环境中，团队比传统的组织更灵活，反应更迅速。

在小型公司里，可以把团队结构作为整个组织形式。在大型组织中，团队结构一般作为典型的职能结构的补充，这样组织既能得到职能结构标准化的好处，提高运行效率，又能因团队的存在而增强灵活性。例如，为提高基层员工的生产率，像克莱斯勒公司这样的大型组织都广泛采用自我管理的团队结构。

小看板 4-1

合作才能有业绩

越国人甲父史和公石师各有所长。甲父史善于计谋，但处事不够果断；公石师处事果断，却缺少心计，常常因疏忽大意造成失误。他们经常齐心合力，取长补短，合谋共事，因此做事总是能够成功。

后来，由于一些鸡毛蒜皮的小事，两人产生了矛盾，在一次争吵过后就分道扬镳、形同路人了。他们各行其是，却在事务处理中屡获败绩。

一个叫密须奋的人对此感到十分痛心，他哭着规劝两人说："你们听说过海里的水母没有？它没有眼睛，靠虾来带路，而虾则分享着水母的食物。这二者互相依存，缺一不可。北方有一种肩并肩长在一起的比肩人。他们轮流着吃喝，交替着看东西，死一个则全死，同样是不可分离。现在你们两人与这种比肩人非常相似，只是比肩人是通过形体联系在一起，而你们是通过事业联系在一起。既然你们独自处理事务时都频频失败，为什么还不和好如初呢？"

甲父史和公石师听了密须奋的劝解，很是惭愧。于是，两人言归于好，重新在一起合作共事。两人的事业也在紧密的合作中蒸蒸日上。

启示：只有真挚的合作才能使事情成功，貌合神离只会使事情朝着坏的方向发展，只有坚持团队合作、优势互补，才能赢得一个又一个胜利。

3）网络型组织结构

目前正在流行一种新形式的组织结构，像耐克公司等一些大型企业，自己不拥有或只有少量的制造设施，仅配备几百名员工，每年就可以售出几百万美元的产品，赚取富有竞争力的收益。这些公司所做的就是创设一个关系网络。它们与独立的设计者、制造商、代理销售商等联系，按照合同执行相应的职能。还有些大型组织进一步发展了网络结构，将某些职能活动外包出去。例如，很多美国公司将自己诸如软件设计、生产甚至是财务等职能活动外包给印度或中国等人工比较便宜的国家。这种结构使组织管理者对于新技术、时尚或者来自海外的低成本竞争，具有更强应变能力。网络型组织结构是一种只有很小的中心组织，依靠其他组织以合同为基础进行制造、营销或其他关键业务的经营活动的结构，也把这种组织结构称作虚拟结构（如图4–6所示）。

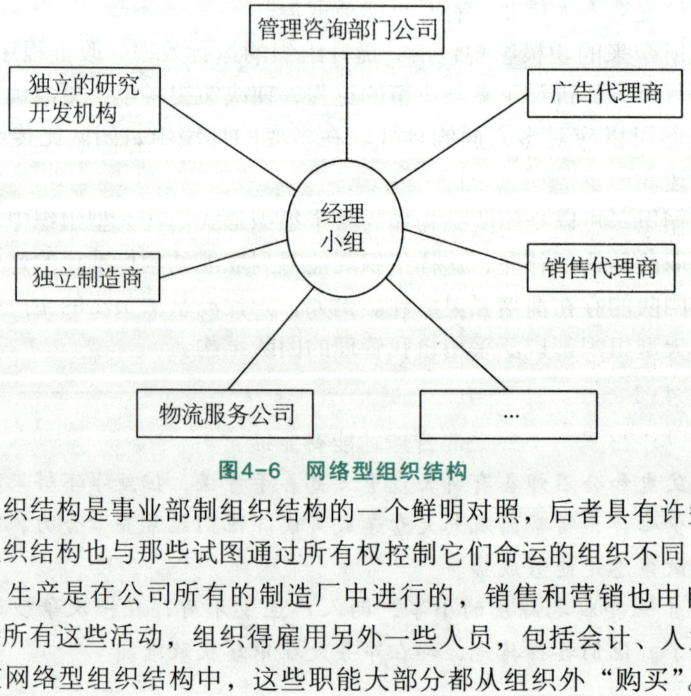

图4–6 网络型组织结构

网络型组织结构是事业部制组织结构的一个鲜明对照，后者具有许多纵向管理层次。网络型组织结构也与那些试图通过所有权控制它们命运的组织不同，后者自己开展研究开发，生产是在公司所有的制造厂中进行的，销售和营销也由自己的员工来做。为了支持所有这些活动，组织得雇用另外一些人员，包括会计、人力资源专家和律师等。而在网络型组织结构中，这些职能大部分都从组织外"购买"。这样做的目的是追求最大的灵活性。管理人员如果认为别的公司在生产、配送、营销、服务方面比自己做得更好，或成本更低，就可以把自己的有关业务外包出去，使自己集中精力做擅长的事。

网络型组织结构既是小型组织的一种可行的选择，也是大型企业在联结集团松散层单位时通常采用的组织结构形式。采用网络型结构的组织，要求创设一个“关系”的网络，与独立的制造商、销售代理商及其他机构达成长期协作协议，使它们按照契约要求执行相应的生产经营功能。由于网络型组织的大部分活动都是外包、外协的，因此公司的管理机构就只是一个精干的经理班子，负责监管公司内部开展的活动，同时协调和控制与外部协作机构之间的关系。网络型组织结构的主要优点是企业可以利用社会上现有的资源使自己快速发展壮大起来。其主要缺点是管理人员对公司的主要职能活动缺乏强有力的控制，供应品的质量也难以预料，另外，网络组织在设计上的创新很容易被窃取，因为创新产品一旦交由其他组织生产，就要对创新技术进行保密，这在操作上是很困难的。

互动课堂4-5

某校后勤部门在多年的改革和发展中通过承包、自主经营、实行公司制等，现在已成为拥有多家子公司的企业集团，经营范围涉及餐饮、食品加工、机械、电子、房地产等多个领域，但在管理组织上还是沿用过去实行的集权的直线职能制，严重制约了公司的发展和员工积极性的提高。最近，公司领导认识到必须改变这一做法以促进公司的进一步发展。

讨论：运用组织结构的有关理论，说明该公司应采取什么类型的组织结构形式。

小看板4-2

美国加利福尼亚大学的学者做了这样一个实验：把6只猴子分别关在3间空房子里，每间2只，房子里分别放置一定数量的食物，但放的位置和高度不一样。第1间房子的食物就放在地上；第2间房子的食物分别从易到难悬挂在不同高度的适当位置上；第3间房子的食物悬挂在房顶。数日后，他们发现第1间房子的猴子一死一伤，伤的缺了耳朵断了腿，奄奄一息，第3间房子的猴子也死了，只有第2间房子的猴子活得好好的。

究其原因，第1间房子的2只猴子一进房间就看到了地上的食物，于是，为了争夺唾手可得的食物而大动干戈，结果伤的伤、死的死。第3间房子的猴子虽做了努力，但因食物挂得太高，难度过大，够不着，被活活饿死了。只有第2间房子的2只猴子先是各自凭借自己的本能蹦跳取食，后来，随着悬挂食物高度的增加，取食难度增大，2只猴子只有协作才能取得食物，于是，一只猴子托起另一只猴子跳起取食。这样，每天都能够取得够吃的食物，很好地活了下来。做的虽是猴子取食的实验，但在一定程度上也说明了人才与岗位的关系。

岗位难度过低，人人能干，体现不出能力与水平，选拔不出人才，反倒成了内耗式的岗位争斗甚至残杀，其结果无异于第1间房子里的2只猴子。岗位的难度太大，

音频

虽努力而不能及，甚至会埋没、抹杀了人才，犹如第3间房子里的2只猴子的命运。岗位的难度要适当、循序渐进，如同第2间房子的食物。这样，才能真正体现出能力与水平，发挥人的能动性和智慧。同时，相互间的依存关系使人才之间相互协作、共渡难关。

资料来源 佚名．骆驼［EB/OL］．［2021-12-03］．http：//zhidao.baidu.com/question/76844368.html.

4.3 组织文化

微课：什么是组织文化

组织具有自己的各种构成要素，把这些要素有机地整合起来除了要有一定的正式组织和非正式组织以及规章制度之外，还要有一种协调力和黏合力，它以无形的"软约束"力量构成组织有效运行的内在驱动力。这种力量就是被称为管理之魂的组织文化。

4.3.1 组织文化的概念

什么是组织文化？中外学者至今还没有一个统一的看法。为了更好地理解这个概念，下面介绍一些有影响的定义。

美国学者希恩认为："组织文化是特定组织在处理适应外部环境和内部整合过程中出现的种种问题时所发明、发现或发展起来的基本假说的规范。这些规范运行良好，相当有效，因此被当作教导新成员观察、思考和感受有关问题的正确方式。"

克拉克·霍恩则认为，组织文化是"主要依靠符号来获得知识与传递思想、感受和反应的方式"，其基本核心是传统意识和价值观。

对中国的企业文化学具有启蒙贡献的哈佛大学学者迪尔与肯尼迪在合著的《企业文化》一书中，以企业为例，对组织的文化下了这样的定义："企业文化是由价值观、神话、英雄和象征凝聚而成，这些价值观、神话、英雄和象征对公司的员工具有重大的意义。"强有力的企业（公司）文化由五个因素组成：①企业环境，它决定着公司文化建设的特色；②价值观，它是公司文化的核心，是一家公司成功哲学的精髓；③英雄人物，通过他们使公司价值观得到人格化的体现，使公司员工具有学习的榜样；④礼仪和范式，这些象征性的事物规范着员工行为，展示着公司文化；⑤文化网络，它是传播公司价值观的非正规的形式和渠道。

国内一些学者从广义和狭义两个方面来理解组织文化：从广义上说，组织文化是组织中物质文化和精神文化的总和，包括了硬文化和软文化两类。硬文化的主体是物，是指组织的物质状态、技术水平和效益水平等；软文化是指在组织发展过程中形成的、具有本组织特色的思想、意识、观念等意识形态和行为模式，以及与之相适应的组织结构和组织制度，软文化的主体是人。从狭义上说，组织文化是指组织所创造的精神财富，它包括组织传统、价值观、组织精神、道德规范、行为准则等，其中价值观是组织文化的核心。

从上述这些定义我们看到，各种定义虽然字面上存在差别，但是基本含义却大致相同，认为组织文化是一种反映组织特色、支配员工行为的价值观念和价值观念体系。据此，我们将组织文化定义为：它是一个组织在长期的生存与发展过程中形成的一种具有特色的、为全体员工所认同，并且对员工的行为产生约束和激励的价值系统。

在组织文化中，核心内容是组织的价值观，它为组织员工提供了一种共同意识，以及日常行为的指导方针。组织文化通过以价值观为核心的文化意识观念，说服、感染、诱导、约束组织成员，把全体成员凝聚在一起，最大限度地调动成员的积极性和创造性，为组织的发展和效率提供源源不断的动力。这就是组织文化的精髓。

4.3.2 组织文化的内容

1）组织哲学

组织哲学是组织领导者为实现组织目标而为其生产、经营、管理等活动所确立的价值观、信念和行为准则，反映了组织领导者对组织长远发展目标、发展战略和策略的哲学思考。

2）组织精神

组织精神是指组织基于自身特定的性质、任务、宗旨、时代要求和发展方向，并经过精心培养而形成的组织成员群体的精神风貌。组织精神要通过组织中全体成员有意识的实践活动体现出来。 组织精神是组织文化的核心，在整个组织文化中处于支配地位。组织精神以价值观念为基础，以价值目标为动力，对组织经营哲学、管理制度、道德风尚、团体意识和组织形象起着决定性的作用。可以说，组织精神是组织的灵魂。

3）价值观

价值观是基于人的一定的思维感官而作出的认知、理解、判断或抉择，是人认识事物、辨定是非的一种思维或取向。如我国社会主义核心价值观是社会主义核心价值体系的内核，体现社会主义核心价值体系的根本性质和基本特征，反映社会主义核心价值体系的丰富内涵和实践要求，是社会主义核心价值体系的高度凝练和集中表达。组织的价值观，是指组织职工对组织存在的意义、组织目的、组织宗旨的价值评价和为之追求的整体化、差异化的群体意识，是组织全体职工共同的价值准则。只有在共同的价值准则基础上，才能产生组织正确的价值目标。有了正确的价值目标，才会有奋力追求价值目标的行为，组织才有希望。因此，组织价值观决定着成员行为的取向，关系组织的生死存亡。

4）组织道德

组织道德是指组织内部调整人与人、单位与单位、个人与集体、个人与社会、组织与社会之间关系的行为准则。就其内容结构来看，主要包含调节成员与成员、成员与组织、组织与社会三方面关系的行为准则和规范。

组织道德与法律规范和制度规范不同，不具有强制性和约束力，但具有积极的示范效应和强烈的感染力，当被人们认可和接受后具有自我约束的力量。因此，它具有更广泛的适应性，是约束组织和员工行为的重要手段。

5）团体意识

团体即组织，团体意识是指组织成员的集体观念。团体意识是组织内部凝聚力形成的重要心理因素。组织团体意识的形成使组织的每个成员把自己的工作和行为都看成是实现组织目标的一个组成部分，使他们对自己作为组织的成员而感到自豪，对组织的成就产生荣誉感，从而把组织看成是自己利益的共同体和归属。因此，他们就会为实现组织的目标而努力奋斗，自觉地克服与实现组织目标不一致的行为。

6）组织形象

组织形象是组织通过外部特征和经营实力表现出来的，被公众所认同的组织总体印象。由外部特征表现出来的企业的形象称表层形象，如招牌、门面、徽标、广告、商标、服饰、营业环境等，这些都给人以直观的感觉，容易形成印象；通过经营实力表现出来的形象称深层形象，它是组织内部要素的集中体现，如人员素质、生产经营能力、管理水平、资本实力、产品质量等。

7）组织制度

组织制度是在生产经营实践活动中所形成的，对人的行为带有强制性，并能保障一定权利的各种规定。它主要包括三个方面：

（1）一般制度，指组织中存在的一些带有普遍意义的工作制度和管理制度，以及各种责任制度。

（2）特殊制度，主要是指组织的非程序化制度。与一般制度相比，特殊制度更能反映一个组织的管理特点和文化特点。

（3）组织风俗，是指组织长期沿袭、约定俗成的典礼、仪式、行为、习惯、节日、活动等。

4.3.3 组织文化的特征

1）组织文化的无形性

组织文化是组织中一种群体的意识现象，作为一种群体心理定式及氛围存在于组织成员之中。在这种文化的熏陶和影响下，成员会自觉按组织的共同价值观和行为准则在工作、学习和生活中约束自己，是一种无法计算的无形资产。信念的力量、道德的力量和心理的力量共同汇集成组织文化这种无形的力量，来支配成员的行为方向，改变和提高成员的整体素质，控制和把握成员的心理状态，从而推动组织达到既定目标。

2）组织文化的软约束性

组织文化对组织和组织成员所起的管理作用，主要不是靠规章制度之类的硬约束，而主要是靠其核心价值观对成员的感染和诱导，使组织成员产生对组织目标、行为准则及价值观念的“认同感”，从而自觉地按照组织的共同价值观念及行为准则去工作。成员的行为如果符合组织文化的要求就会被该组织的群体所认同和接受，反之会受到其他成员的排斥。

3）组织文化的相对稳定性和连续性

组织文化的形成和重塑的过程都需要相对长的时间，具有一定的稳定性和连续性，能长期影响组织成员的行为，不会轻易发生变化。但是当组织的内外环境发生了变化时，组织文化也应及时变革，否则会导致组织失去活力。

4）组织文化的可塑性

组织文化的可塑性指的是组织文化是可变的，受时代、组织内部结构、战略目标等因素的影响。因此，组织文化的塑造必须紧跟时代的步伐，必须适应组织的发展，必须充分发挥组织成员的创造性，不断塑造新型的组织文化。

5）组织文化的实践性

每个组织的文化，都是在组织长期实践的基础上，通过有目的的实践活动有意识地培养起来的。离开了组织的实践，就不可能有组织文化。组织的实践是组织文化的产生发展以及不断丰富的源泉。实践性的含义还在于组织文化不是空洞的口号，而是要付诸实践的价值观和信仰体系。不结合组织实际的文化，只是一种文化形式；不能够指导组织实践的文化，只是一种文化理念；不能够与组织的实际有机结合起来的文化，肯定是没有生命力的文化。这方面，担负着组织文化建设重要使命的管理者特别要注意。为什么我国一些组织文化没有生命力，发挥作用不突出？重要的原因之一是与实践脱离。

6）组织文化的综合性

组织文化包含了价值观念、经营准则、道德规范、传统作风等精神因素，这些因素不仅仅是在组织内发挥作用，而且是经过综合而系统的分析、加工，融合成为一个整体，从而形成一种整体的文化意识。

管理游戏

游戏简介：让学员们体验解决问题的方法，学员们之间面对同样一个问题所表现出来的态度，如何达成共识，并进行配合共同解决问题。

道具：有规律的一套玩具、眼罩

参加人数：11～16个人为一组比较合适

用时：30分钟

场地：教室

游戏步骤：

第一步，介绍游戏规则：我有一套物品，我抽出了一个，而后给了你们一人一个，现在你们通过沟通猜出我拿走的物品的颜色和形状。全过程中每人只能问一个问题“这是什么颜色”，我就会回答你手里拿着的物品是什么颜色，但如果同时很多人问我，我就不会回答。全过程中自己只能摸自己的物品，而不得摸其他人的物品。

第二步，让每位学员都戴上眼罩，开始游戏。

4.3.4 组织文化的功能

组织文化具有许多独特的功能，其中突出的功能有以下几点：

1）凝聚功能

组织文化是连接组织成员的感情纽带，它是组织全体员工共同创造的群体意识，能够把各方面、各层次的人都团结在本组织文化的周围，对组织产生一种凝聚力和向心力，从而使员工将个人的思想感情、利益与组织的荣辱安危结合在一起，对组织产生归属感与认同感，对组织的发展前途充满责任感和自信心。

2）激励功能

优秀组织文化的形成，有助于员工获得较高的心理满足。因为在具有优秀组织文化的组织中工作，员工能够感受到家庭般的温暖，能够进行深度的沟通。优秀的组织文化所树立的良好的组织形象会使员工感到自豪，员工更愿意为这样的集体努力工作，贡献自己的力量。

3）约束功能

组织文化的约束不是制度式的硬约束，而是弥漫于组织的软约束，使组织共同的价值体系、基本理念和行为规范在组织成员心理深层形成一种定式，进而产生一种响应机制，使成员协调和控制自己的行为方式，诱导人们认同和自觉遵守组织的行为规则。

4）辐射功能

组织文化不仅会在组织内部发生作用，对组织的外部环境也会产生影响，通过各种渠道向社会产生辐射作用，从而提高本组织的知名度，使组织文化成为社会文化的一部分。

5）增值功能

组织文化形成以后就成为该组织的无形资产，无形资产也会创造价值，优秀的组织文化可以调动员工的积极性和创造性，挖掘组织的潜能，树立良好的组织形象，得到社会的广泛支持，从而促进有形资产的增值。当有形资产受损时，作为无形资产的组织文化甚至可以补偿和替代有形资产，最大限度地减少组织的损失。

小看板-4-3

海尔文化的核心是创新。它是在海尔多年发展历程中产生和逐渐形成特色的文化体系。海尔文化以观念创新为先导、以战略创新为方向、以组织创新为保障、以技术创新为手段、以市场创新为目标。伴随着海尔从无到有、从小到大、从大到强、从中国走向世界，海尔文化本身也在不断创新、发展。员工的普遍认同、主动参与是海尔文化的最大特色。当前，海尔的目标是创中国的世界名牌，为民族争光。这个目标把海尔的发展与海尔员工个人的价值追求完美地结合在一起，每一位海尔员工将在实现海尔世界名牌大目标的过程中，充分实现个人的价值与追求。

4.3.5 组织文化的结构

从文化的角度认识，可将组织文化的构成分为三部分：一是物化部分；二是制度部分；三是精神部分。这些组成部分之间存在着相互的作用，有一定的层次之分。认识组织文化的构成以及各个部分之间的相互关系，是把握组织文化内在规律、主动建设组织文化的前提。

（1）物质层文化。它是以实体性的文化设施，如带有本组织文化色彩的组织环境、生产经营技巧、图书馆、俱乐部、公园，以及组织其他实体性的物体，如建筑物、产品、组织标志等为载体，赋予或直接加载组织文化所形成的组织文化体系。物质层文化是组织文化中最表层的部分，组织内外的人们都可以通过这些实体性的载体直接感受组织的文化特色，是从直观上把握组织文化的一条基本途径。物质层文化是人们接受与认识组织文化的一种主要方式。

（2）制度层文化。它是通过组织的各种成文的规章制度、工作程序、行为守则，以及在组织长期的实践中所形成的不成文但是对员工行为具有约束作用的道德规范所表现的组织文化。制度层文化是组织文化的第二层或称中介层，它构成了各个组织在管理上的文化个性特征。制度层文化在组织文化的形成中起着十分重要的作用。

（3）精神层文化。它主要表现为组织员工所具有的共同价值观、经营理念。它是组织文化中最深层、最稳定的内容，是组织文化发挥作用的源泉。同时，它是组织文化建设的最终目标，也是最为困难的。精神层次的组织文化一般要通过员工的行为方式分析才可能真正感受与把握。所以，精神层次组织文化的形成，标志着组织员工的基本价值观的统一，它会自觉地在日常的组织行为中发挥作用。

组织文化的这三个层次可以用图4-7来表示。

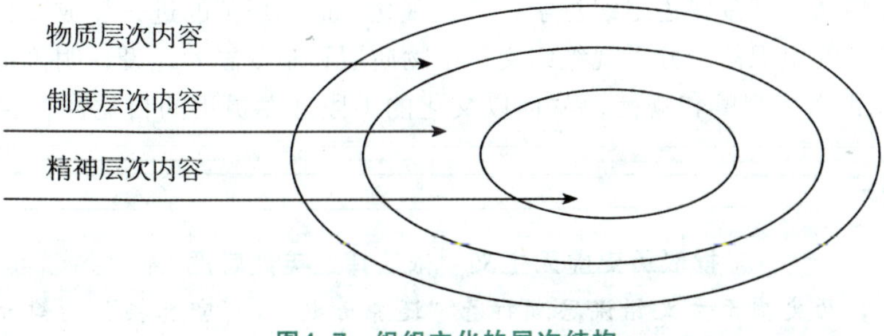

图4-7 组织文化的层次结构

我国学者认为，物质层、制度层、精神层由外到内的分布就形成了组织文化的结构。这种结构不是静止的，三个层次之间存在着相互联系和作用。

（1）精神层决定了制度层和物质层。精神层是组织文化中相对稳定的层次，它的形成是受社会政治、经济、文化以及本组织的实际情况所影响的，如世界经济状况的影响、组织管理理论的影响等。精神层一经形成，就处于比较稳定的状态。精神层是组织文化的决定因素，有什么样的精神层就有什么样的物质层。举例来说，美国的埃克森美孚公司的价值观是高度尊重个人的创造性，绝对相信个人的责任感，但同时默认在做出一项重要决定前要达成一致。这就决定其在制度层方面表现为随便的衣着和沟通方式，没有等级标志，以及相互之间争论等。另一家总部设在欧洲的麦迪公司，它的价值观是尊重资历、常识和经验，注重通过服务时间的长短、整体工作情况和个人的教育背景来评价员工。因此，其在制度层和物质层就表现为：一切都是规范化的、正式的；大楼中各办公室都有正式标志；大厅中的静默气氛；人们在大厅中见面时要有周全的礼节；专门的管理人员餐厅；文件中使用正式的学术语；注意计划、程序和正式的会议文件等。埃克森美孚公司和麦迪公司精神层的不同，使它们的制度层和物质层表现为完全不同的内容。

（2）制度层是精神层和物质层的中介。精神层直接影响到制度层，并通过制度层而影响物质层，因此制度层是精神层和物质层的中介。领导者和员工基于组织哲学、价值观念、道德规范等，制定或形成一系列的规章制度、行为准则来实现他们的目的，来体现他们特有的精神层的内容。可见，精神层对制度层的影响是最直接的。在推行或实施这些规章制度和行为准则的过程中，组织的领导和员工又会创造出一定的工作环境、文化设施等，从而形成独特的物质层。可见，精神层对物质层的影响一定是间接的。制度层的中介作用使得许多卓越的领导者都非常重视制度层的建设，使它成为本组织的重要特色。

（3）物质层和制度层是精神层的体现。精神层虽然决定着物质层和制度层，但它是隐性的体现，隐藏在显性内容的后面，它必须通过一定的表现形式来体现。就领导者和全体员工来说，他们的精神活动也必须付诸实践。因此，组织文化的物质层和制度层就是精神层的体现和实践。物质层和制度层以其外在的形式体现了组织文化的水平、规模和特色，体现了组织特有的组织哲学、价值观念、道德规范等方面的内容。因此，当我们看到一个组织的工作环境、文化设施、规章制度，就可以想象出该组织的文化精髓。组织文化的物质层和制度层除了体现精神层的作用以外，还能直接影响员工的工作情绪，直接促进组织哲学、价值观念、道德规范的进一步成熟和定型。所以，许多成功的组织都十分重视组织文化中物质层和制度层的建设，明确组织的特征和标志，完善组织制度和规范，从而以文化的手段激发员工的自觉性，实现组织的目标。

思享园地

批驳历史虚无主义　依法捍卫英烈尊严

近年来，历史虚无主义错误思潮打着“还原历史”“解密真相”的旗号，肆意解构历史、戏谑崇高。如2013年，先后出现了对“狼牙山五壮士”英雄事迹污蔑攻击、调侃邱少云烈士英勇事迹等丑化英雄人物形象，造成恶劣社会影响的事件。这些做法严重侵蚀主流意识形态的历史根基和理论依据，消解人们的共同理想信念和社会主义核心价值观，对我国意识形态安全和文化安全造成严重危害。

中央宣传部以“狼牙山五壮士”名誉权案、邱少云人格权纠纷案的审判为契机，加大对历史虚无主义错误思潮的辨析批驳力度，坚决遏制丑化英雄形象、侵蚀主流价值观的不良倾向。北京市西城区人民法院、大兴区人民法院先后依法作出宣判，责令被告向原告赔礼道歉、消除影响，运用法律手段维护英烈尊严。全国人大常委会全票表决通过《中华人民共和国英雄烈士保护法》，为捍卫英雄烈士尊严提供了有力的法律武器。

资料来源　中共中央组织部. 贯彻落实习近平新时代中国特色社会主义思想在改革发展稳定中攻坚克难案例提要［M］. 北京：党建读物出版社，2019.

4.3.6　组织文化的建设

组织文化建设是组织发展战略的重要组成部分，是一个组织走向成熟的必由之路，是组织的领导者有意识地培育优良文化、克服不良文化的过程。以企业为例，组织文化建设应抓好以下主要环节：

1）科学地确定组织文化的内容

（1）根据社会发展的趋势和文化的渐进性，结合国家、企业的未来目标和任务考虑文化模式。生产方式、生活方式的变化和进步，必然带来人们心理及行为模式的发展和变异。文化的渐进是客观规律，也是实现民族企业新目标、新任务的必然要求。

（2）根据企业的外部客观环境和内部现实条件，形成企业的共性文化和个性文化。例如，社会化大生产要求协作精神、严格的纪律和雷厉风行的作风；商品经济要求与用户搞好关系，保证产品和服务质量。这些都是不以民族和企业特点为转移的。各企业在自然资源、经济基础、人员构成等方面存在差异，客观上会产生和要求不同的文化特点。

（3）对源远流长的民族文化和现有的组织文化采取批判与继承的态度，取其精华，弃其糟粕，采取辩证分析的方法，不能简单地肯定或否定，特别要善于发扬本企业的优良传统。

（4）博采众长，借鉴、吸收其他民族和企业的优秀文化。要搞清楚哪些文化是优秀的，哪些文化是适合自己的。同时，借鉴别人的长处、精华，还必须进行一番改造才能适用于自己的企业。

（5）重视个性发展。一个企业的文化个性，是这个企业在文化上不同于其他企业的特性。企业的文化个性是企业生存、发展条件及历史延续的反映。企业要认清自己的特点，发挥本企业及其文化的某种优势，在自己的经验基础上发展本企业的文化个性。

（6）着眼于企业发展战略，注重培育企业精神。组织文化要配合企业发展战略的需要，为促进企业发展服务。企业精神是组织文化的核心，是企业的精神支柱。企业精神的内容要与企业发展战略相适应。

2）宣传倡导，贯彻落实

（1）广泛宣传，达成共识。组织要充分利用一切宣传工具和手段，大张旗鼓地宣传组织文化的内容和要求，使之家喻户晓、人人皆知，以创造浓厚的环境氛围。在组织管理过程中，要通过各种手段强化价值观念，使之约定俗成，得到广大成员的接受和认可。

（2）领导带头，身体力行。企业领导者的模范行为是一种无声的号召，对员工起着重要的示范作用。因此，要塑造和维护企业的共同价值观，领导者本身应成为这种价值观的化身，并通过自己的行动向全体成员灌输企业的价值观。领导者要注重对组织文化的总结塑造和宣传倡导，并且领导者要起到表率作用，在每一项具体工作中都体现企业的价值观。

(3) 完善制度，体制保证。组织文化是一种软硬结合的管理技巧。在建设组织文化时，应软硬兼施，相辅相成。在培育企业员工整体价值观的同时，必须建立、健全、完善必要的规章制度，使员工既有价值观的导向，又有制度化的约束、规范。同时，在建设组织文化时，要调整好企业内部的组织机构，建立和形成文化建设所要求的组织体系。

(4) 树立榜样，典型引导。发挥榜样的作用是建设组织文化一种重要而有效的方法。把那些最能体现价值观念的个人和集体树立为典型，大张旗鼓地进行宣传、表彰，并根据客观形势的发展不断调整激励方法，有利于优秀组织文化的形成和发展。

(5) 加强培训，提高素质。一个企业若其员工的基本素质不高或缺乏良好的职业道德，就不可能有生产力的健康持续发展，组织文化建设也只能是纸上谈兵。加强培训，不断提高企业员工的基本素质，是建设组织文化的基础保证。

3）积极强化，持之以恒

企业员工的价值观、信条、口号、作风、习俗、礼仪等文化要素，是不断积极强化的产物。强化指的是人们的某种行为因受到一定刺激而继续或中断的过程。使行为继续下去的强化，叫正强化或积极强化；使行为中断或中止的强化，叫负强化或消极强化。积极强化的刺激使人们获得奖赏性情绪体验，而消极强化的刺激带给人们惩罚性的情绪体验。趋乐避苦、趋利避害，是人类行为的基本法则，在建设组织文化时也应遵循这些法则，对员工行为给予积极强化。

组织文化建设应是企业的长期行为，必须做好长期努力、持之以恒的准备，靠短期突击不仅不能奏效，而且是有害的。

4.3.7 在传承中华优秀传统文化中建设企业文化

企业文化是企业核心竞争力要素之一，培育、创新企业文化是企业管理的重要内容。任何一种文化模式都不是凭空产生的，企业文化的培育、创新也不例外，其形式和内容都体现了一定的历史渊源和路径依赖。世界上大凡有生命力的管理思想，都是基于本土文化而产生的。中国作为一个文明古国，经过几千年的历史积累，形成了博大精深的传统文化思想体系，反映了我们的祖先对政治、经济、军事和文化的认识和实践，是一笔宝贵的精神财富，它的作用正在世界范围内引起越来越多的重视。优秀传统文化是一个国家、一个民族传承和发展的根本，不忘历史才能开辟未来，善于继承才能善于创新。要善于把弘扬中华优秀传统文化和发展现实文化有机统一起来，紧密结合起来，在继承中发展，在发展中继承。传统文化在其形成和发展过程中，不可避免会受到当时人们的认识水平、时代条件、社会制度的局限性的制约和影响，因而也不可避免会存在陈旧过时或已成为糟粕性的东西。这就要求人们在学习、研究、应用传统文化时坚持古为今用、推陈出新，结合新的实践和时代要求进行正确取舍，而不能一股脑儿都拿到今天来照套照用。坚持古为今用、以古鉴今，就要坚持有鉴别的对待、有扬弃的继承，努力实现传统文化的创造性转化、创新性发展，使之与现实文化相融相通，共同服务以文化人的时代任务。中华优秀传统文化源远流长、博大精深，是中华文明的智慧结晶，其中蕴含的天下为公、民为邦本、为政以德、革故鼎新、任人唯贤、天人合一、自强不息、厚德载物、讲信修睦、亲仁善邻等，是中国人民在长期生产生活中积累的宇宙观、天下观、社会观、道德观的重要体现。中华文化既是历史的，也是当代的，既是民族的，也是世界的，所以，要坚定历史自信、文化自信，把中华优秀传统文化精华贯通于企业文化建设，贯通于员工日用而不觉的共同价值观念中，植根本国、本民族历史文化沃土，不断赋予、不断增强企业管理中的中国特色。

中华优秀传统文化与中国特色社会主义市场经济的有效结合，将成为我国企业进行文化创新的坚实基础。

1）儒家思想与企业人本管理

《论语》中的“和为贵”“和而不同”的观点，是儒家思想的重要内容。这种爱人、和谐、互助、团结、合作、谦让的思想是办好事情的要素。企业文化理论的本质特征是倡导以人为中心的人本管理哲学。所以，我们在建设企业文化时儒家“和”的思想应该“古为今用”，继承发扬，树立以人为本的企业文化理念，发挥人的主体地位，认识并利用自然规律，因时制宜、因地制宜，使天地人三者相互统一、和谐发展。注重企业精神、企业价值观的人格化和“人企合一”的境界培养，注重人才培养，提供发展机会，创造施展才华的空间，把人的积极因素调动起来，协调好人际关系，培养员工“以企为家”的团队精神，使企业产生整体力，以转化天时、地利方面的不利因素，使企业的经营理念、机制、目标和谐统一。

2）道家思想与企业权变管理

在企业文化建设中，可以通过企业文化的功能来处理管理者与被管理者、市场与生产、沟通与规矩、激励与机制之间的关系以达到平衡和促进效率的作用。面对外部市场的竞争压力，企业内部以共同的价值观念和经营哲学为凝聚力，增强团结合作精神一致对外，权宜应变，顺应时代的要求适时调整，不断完善企业文化使企业在多变的市场环境中求得生存和发展，这与《周易》之“变易”思想不谋而合。《周易》认为：宇宙万物、人类社会，无时无刻不在发生变化，事物的运动变化就是“变易”。一个企业的文化不是一成不变的，它必将伴随着时代的进步和企业的发展而不断地发展和创新。而“变易”的法则是自然法则、社会法则，也是企业管理的法则。

3）兵家思想与企业战略管理

兵家思想的代表作《孙子兵法》关于寻求和创造战机的思想，以及从兵法中借鉴“造势”与“用势”的理论对企业文化建设具有重要的现实意义。

孙子曰：“兵无常势，水无常形，能因敌变化而取胜者，谓之神”。现代企业经营管理者要适应市场经济的发展就必须明确“势”的概念，掌握造势和用势的方法才能转危为安，立于不败之地。由于企业文化系统与环境的水乳交融，其对环境变化的敏感度要比企业战略及管理系统高，因此企业文化系统要先于战略系统对环境变化作出判断，即对“势”进行分析研究，进而通过自身的变革来促进战略和管理变革，使企业长期处于主动和有利的位置，这是企业持续发展的关键。

4）法家思想与企业文化管理

法家以韩非子为代表，强调要制定一套严密的法规制度，主张以法治国。但法家的思想与儒家有相通之处，因此法家思想强调的是法制与人本思想相结合。

现代企业管理手段也需要软硬结合，在重制度约束和经济、行政手段运用的同时也重思想引导、精神激励以此建立适合本企业具体背景的文化体系。如质量管理制度、财务制度、销售制度、奖惩制度等，这些规章制度是“硬管理”、是必要的，但它是刚性的，无法顾及人的复杂情感及多方面的需要，所以制度的调节范围和功能是有局限性的。因此，企业文化建设最根本的任务还在于培养共有的文化，注重企业精神、价值观、传统等“软因素”，通过协调群体意识、社会舆论、共同礼仪和习俗、英雄形象及其物质文化等，从而形成强大的心理压力、心理约束，进而对企业成员的行为起到自我控制的作用。

总之，企业文化是用文化的氛围和文化价值去管理企业。我国的企业文化应该从自身特色出发，对于具有自身特色的优秀企业文化，企业应当在审视自身的文化系统后作出否定和肯定的抉择，做好企业文化的传承，发扬优秀传统文化并与外来文化的积极因素相结合，取其精华，去其糟粕，将那些真正优秀的文化沉积下来，逐渐形成适应高质量发展和高水平社会主义市场经济体制要求的、具有中国特色的企业文化。

互动课堂4-6

海尔的崛起

海尔集团是在1984年引进德国利勃海尔电冰箱生产技术成立的青岛电冰箱总厂基础上发展起来的国有特大型企业。经过短短15年的时间，海尔集团从一个亏损147万元的集体小厂迅速成长为拥有白色家电、黑色家电和米色家电的中国家电第一品牌，到1999年，海尔产品包括58大门类9 200多个品种，企业销售收入以平均每年81.6%的速度持续、稳定增长，1999年，集团工业销售收入实现215亿元。1997年8月，海尔被国家经贸委确定为中国6家首批技术创新试点企业之一，重点扶持冲击世界500强。海尔长期的成功的企业文化建设，对海尔的崛起具有举足轻重的作用。以下就是海尔文化的具体体现：

A.美国海尔人：当日的工作决不往后拖！

1999年7月中旬，美国洛杉矶地区的气温高达40℃，路上也少有人在这么热的天气里走动。一次，因运输公司驾驶员的原因，运往洛杉矶的洗衣机零部件多放了一箱，这件事本来不影响工作，找机会调回来即可，但美国海尔贸易有限公司零部件经理丹先生不这么认为，他说：当天的日清中就定下了要调回来的内容，哪能把当日该完成的工作往后拖呢？于是丹先生冒着酷暑把这箱零部件及时调换了回来。

B.金昌顺现在工作为何这么“顺”?

金昌顺经过培训上岗，干起了冰箱总装焊接工，他的梦想是当“海尔焊接大王”。光想当不行，更要平日好好练。怎么个练法？因为心急，刚开始金昌顺就碰了“钉子”，在一次焊接比赛中成绩不理想，便一度产生了消极情绪。他的师傅发现这个现象后，便开导他说：“任何能力的提高都有一个过程，不要心急，工作如果日事日毕、日清日高，每天提高1%，长期坚持下来，就会有几何级数的提高。”师傅的话深深触动了金昌顺。从此，他苦练基本功，闲暇时间就寻来些废旧的管子切割，天天晚上进行练习。同事们说：“发现废旧管子就给小金，他这个拼劲真让人佩服！”金昌顺焊接技术天天有提高，他终于实现了自己的梦想，在1998年冰箱事业部举行的焊接比武中，金昌顺连续3次夺得“焊接明星”的称号，并受到公司的嘉奖。

C.这位员工的上级应负什么责任?

1995年7月的一天，洗衣机有限总公司公布了一则处理决定，某质检员由于责任心不强，造成洗衣机选择开关差错和漏检，被罚款50元。这位员工作为最基层的普通员工承担了她所应该承担的工作责任，但是，从这位员工身上所反映出来的是质保体系存在问题——如何防止漏检的不合格品流入市场，这一责任也应该像处理这位员工那样落到实处，找到责任人。这位员工问题的背后，实际上还存在着更大的隐患，毕竟当时的洗衣机有限总公司的产品开箱合格率和社会返修率与第一名牌的要求还有很大的差距，这一切绝不是这位员工一个人的原因造成的，体系上的漏洞使这位员工的“偶然行为”变成了“必然”。既然如此，掌握全局的干部更应该承担责任在前，先检查系统保障的问题，才能使错误越来越少。根据80∶20原则，这位员工的上级——洗衣机有限总公司分管质量的负责人也自罚300元并做出了书面检查。

音频

讨论：请从组织文化角度分析海尔崛起的原因。

管理定律

苛希纳定律

西方管理学中有一条著名的苛希纳定律：如果实际管理人员比最佳人数多两倍，工作时间就要多两倍，工作成本就多四倍；如果实际管理人员比最佳人数多三倍，工作时间就要多三倍，工作成本就多六倍。

苛希纳定律告诉我们：要想铲除“十羊九牧”的现象，必须精兵简政，寻找最佳的人员规模与组织规模。这样的话才能构建高效精干、成本合理的经营管理团队。

管理游戏

麦肯锡7S模型

20世纪七八十年代，美国人饱受经济不景气和失业率居高不下的困扰，同时听够了有关日本企业成功经营的艺术等各种说法，也在努力寻找适合于本国企业发展振兴的法宝。托马斯·J.彼得斯（Thomas J.Peters）和小罗伯特·H.沃特曼（Robert H. Waterman）这两位斯坦福大学的管理硕士、长期服务于美国著名的麦肯锡顾问公司的学者，访问了美国历史悠久、优秀的62家大公司，又以获利能力和成长的速度为准则，挑出了43家杰出的模范公司，其中包括IBM、德州仪器、惠普、麦当劳、柯达、杜邦等各行业中的翘楚。他们对这些企业进行了深入调查并与商学院的教授进行了讨论，以麦肯锡顾问公司研究中心设计的企业组织七要素（简称7S模型）为研究的框架，总结了这些成功企业的一些共同特点，写出了《追求卓越——美国企业成功的秘诀》一书，使众多的美国企业重新找回了信心。

7S模型（如图4-8所示）指出了企业在发展过程中必须全面地考虑各方面的情况，包括结构（structure）、制度（systems）、风格（style）、员工（staff）、技能（skills）、战略（strategy）、共同价值观（shared values）。也就是说，企业仅具有明确的战略和深思熟虑的行动计划是远远不够的，因为企业还可能会在战略执行过程中失误。因此，战略只是其中的一个要素。

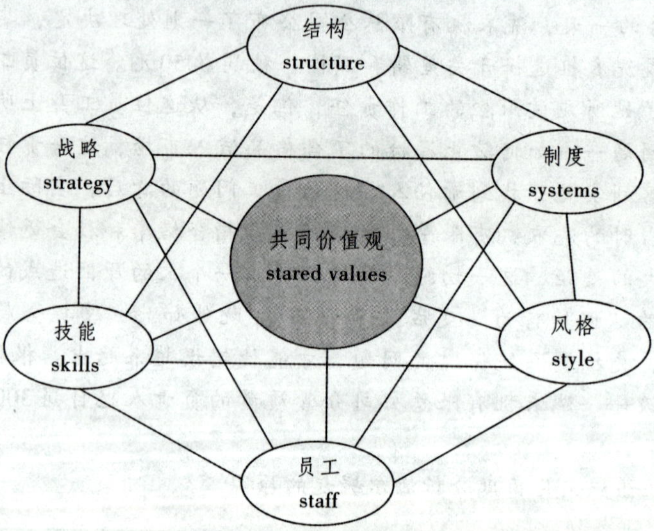

图4-8　7S模型

在模型中，战略、结构和制度被认为是企业成功的“硬件”，风格、人员、技能和共同价值观被认为是企业成功的“软件”。麦肯锡的7S模型提醒世界各国的经理们，软件和硬件同样重要，两位学者指出，各公司长期以来忽略的人性，如非理性、固执、直觉、喜欢非正式的组织等，其实都可以加以管理，这与各公司的成败息息相关，绝不能忽略。

一、硬件要素分析

1.战略

战略是企业根据内外环境及可取得资源的情况，为求得企业生存和长期稳定发展，对企业发展目标、达到目标的途径和手段的总体谋划。它是企业经营思想的集中体现，是一系列战略决策的结果，同时又是制订企业规划和计划的基础。企业战略这一管理理论是20世纪50年代到60年代由发达国家的企业经营者在社会经济、技术、产品和市场竞争的推动下，在总结自己的经营管理实践经验的基础上建立起来的。1947年美国企业制定发展战略的只有20%，而1970年已经达到了100%。日本经济新闻社在1967年曾进行过专门调查，在63家给予回答的日本大公司中，99%有战略规划。在美国进行的一项调查，有90%以上的企业家认为企业经营过程中最占时间、最为重要、最为困难的就是制定战略规划。可见，战略已经成为企业取得成功的重要因素，企业的经营已经进入了“战略制胜”的时代。

2.结构

战略需要健全的组织结构来保证实施。组织结构是企业的组织意义和组织机制赖以生存的基础，是企业组织的构成形式，即企业的目标、协同、人员、职位、相互关系、信息等组织要素的有效排列组合方式，也就是将企业的目标任务分解到职位，再把职位综合到部门，由众多的部门组成垂直的权力系统和水平分工协作系统的一个有机的整体。组织结构是为战略实施服务的，不同的战略需要不同的组织结构与之对应，组织结构必须与战略相协调。如通用电气公司，在20世纪50年代末期，执行的是简单的事业部制，但那时企业已经开始实施大规模经营的战略。到了60年代，该公司的销售额大幅度提高，而行政管理却跟不上，造成多种经营失控，影响了利润的增长。在70年代初，该公司重新设计了组织结构，采用了战略经营单位结构，使行政管理滞后的问题得到了解决，妥善地控制了多种经营，利润也相应地得到了提高。由此看出，企业组织结构一定要适应实施企业战略的需要，它是企业战略贯彻实施的组织保证。另外，两位学者在研究中发现简单明了是美国成功企业的组织特点，这些企业中上层的管理人员尤其少，常常可以见到不到100个管理人员的公司在经营上百亿美元的事业。

3.制度

企业的发展和战略实施需要完善的制度作为保证，而实际上各项制度又是企业精神和战略思想的具体体现。所以，在战略实施过程中，应制定与战略思想相一致的制度体系，要防止制度的不配套、不协调，更要避免背离战略的制度出现。例如，在具有创新精神的3M公司，一个人只要参加新产品创新事业的开发工作，他在公司里的职位和薪酬自然会随着产品的成绩而改变，即使开始他只是一个生产一线的工程师，如果产品打入市场，就可以提升为产品工程师，如果产品的年销售额达到500万美元，他就可以成为产品线经理。这种制度极大地激发了员工创新的积极性，促进了企业发展。

二、软件要素分析

1.风格

彼得斯和沃特曼两位学者研究发现，杰出企业都呈现出既中央集权又地方分权的宽严并济的管理风格，它们一方面让生产部门和产品开发部门极端自主，另一方面又固执地遵守着几项流传久远的价值观。

2.共同价值观

由于战略是企业发展的指导思想，只有企业的所有员工都领会了这种思想并用其指导实际行动，战略才能得到成功实施。因此，战略研究不能只停留在企业高层管理者和战略研究人员这一个层次上，而应该让执行战略的所有人员都能够了解企业的整个战略意图。企业成员共同的价值观念具有导向、约束、凝聚、激励及辐射作用，可以激发全体员工的热情，统一企业成员的意志和欲望，从而齐心协力地为实现企业的战略目标而努力。这就需要企业在准备战略实施时，要通过各种手段进行宣传，使企业的所有成员都能够理解它、掌握它，并用它来指导自己的行动。日本企业在管理方面的一个重要经验就是注重沟通领导层和执行层的思想，使得领导层制定的战略能够顺利、迅速付诸实施。

3. 员工

战略实施还需要充分的人力准备，有时战略实施的成功与否取决于有无适合的人员去实施，实践证明，人力准备是战略实施的关键。IBM的一个重要原则就是尊重个人，并且花很多时间来执行这个原则。因为他们坚信员工不论职位高低，都是产生效能的源泉。所以，企业在做好组织设计的同时，应注意配备符合战略思想需要的员工队伍，将他们培训好，分配给他们适当的工作，并加强宣传教育，使企业各层次人员都树立起与企业的战略相适应的思想观念和工作作风。如麦当劳的员工都十分有礼貌地提供微笑服务；IBM的销售工程师技术水平都很高，可以帮助顾客解决技术上的难题；迪士尼的员工生活态度都十分乐观，他们为顾客带来了欢乐。人力配备与培训是一项庞大、复杂和艰巨的组织工作。

4. 技能

在执行公司战略时，需要员工掌握一定的技能，这有赖于严格、系统的培训。松下幸之助认为，每个人都要经过严格的训练才能成为优秀的人才，譬如在运动场上驰骋的健将们大显身手，他们惊人的体质和技术，不是凭空而来的，而是长期在生理和精神上严格训练的结果。如果不接受训练，一个人即使有非常好的天赋和资质，也可能无从发挥。

因此，在企业发展过程中，要全面考虑企业的整体情况，只有在软硬两方面7个要素都能够很好地沟通和协调的情况下，企业才能获得成功。

资料来源　佚名. 企业管理与麦肯锡7S模型［EB/OL］.［2021-11-28］. http: //www.360doc.com/content/11/0214/14/757006_92948687.shtml.

点评：7S模型由企业在发展过程中必须全面考虑的各方面因素构成，其中既包括“硬件”要素（战略、结构和制度），也包括软件要素（风格、人员、技能和共同价值观），这些因素与企业的成败息息相关，是绝不能忽略的。

［基础训练］

1. 只有两个人的组织是否也会存在非正式组织？

2. 现实中有以下两种似乎相对立的主张：（1）组织应当保持尽可能少的层次以增进协调；（2）组织应当保持窄小的管理幅度以促进控制。在你看来，这两种主张是可以调和的吗？请说明你的理由与办法。

3. 有一天，某公司总经理发现会议室的窗户很脏，好像很久没有打扫过，便打电话将这件事告诉了行政后勤部负责人，该负责人立刻打电话告诉事务科长，事务科长又打电话给公务班长，公务班长便派了两名员工，很快就将会议室的窗户擦干净了。过了一段时间，同样的情况再次出现。这表明该公司在管理方面存在什么问题？

4. 浏览海尔集团官网并收集相关资料，以海尔为例，分析物质层文化、制度层文化与精神层文化之间的关系。

5. 有位大富商定做了一辆豪华的马车，他嫌现有的四匹马跑得太慢，所以就从全国各地挑选了四匹宝马。

为了炫耀，他在城郊向世人展示了他那辆配置堪称完美的马车。刚开始一切都还顺利，可当马车的速度越来越快时，事情发生了变化，车夫逐渐控制不了这些宝马。因为配合时间太短，每匹马都习惯性地向各自家乡的方向跑去。

最后，豪华马车被摔得粉碎，车上的富商也一命呜呼了。

问题：从管理学的角度，分析这则故事带来的启示。

[综合应用]

■实训与实践

1. 以团队为单位，每个团队组建一个模拟公司：

（1）设定本公司的名称和办公地点；

（2）选举产生总经理；

（3）确定本公司的组织结构模式（画图表示）和领导体制，进行组织结构与岗位设置的详细说明；

（4）由总经理任命本公司各成员的职位，并确定分工。

要求：各团队对组建过程进行总结，并与其他团队进行交流。

2. 为所在团队新组建的模拟公司制订一份企业组织文化建设方案。

3. 习近平总书记强调："文化自信，是更基础、更广泛、更深厚的自信。在5 000多年文明发展中孕育的中华优秀传统文化，在党和人民伟大斗争中孕育的革命文化和社会主义先进文化，积淀着中华民族最深层的精神追求，代表着中华民族独特的精神标识。"

请同学们以小组为单位，以"坚定文化自信"为主题，收集整理相关资料，汇编成册，在同学中交流分享。

■案例分析

案例一　厂长的烦恼

得益于我国的对外开放政策，某生产传统工艺品的企业逐渐发展壮大，出口额年均增长15%以上，员工也由原来的不足200人增加到2 000多人。企业目前还是采用过去的类似直线型的组织结构，企业一把手王厂长既管销售，又管生产，是一个全能型的管理者。最近企业发生了一些事情，让王厂长应接不暇：其一，企业基本上是按订单生产，碰到交货期紧张时，往往是由王厂长带领员工一起挑灯夜战。虽然能保证按时交货，但如果质量不过关，产品就会被退回甚至被索赔。其二，以前企业招聘的人数少，所以王厂长一人就可以决定了，现在每年要招收大中专学生近50人，还要涉及人员的培训等，以前的做法就不行了。其三，过去总是王厂长临时抓人去做后勤等工作，现在这方面工作太多，临时抓人去做已经做不了、做不好了。凡此种种，以前有效的管理方法已经失去作用了。

问题：

请从组织工作的角度说明企业存在的问题以及建议措施。

案例二 王教授的建议

H市宇宙冰箱厂近几年来有了很大的发展。该厂厂长周冰是个思维敏捷、有战略眼光的人。早在前几年“冰箱热”的风潮中，他已预见到今后几年“冰箱热”会渐渐降温，变“畅销”为“滞销”，于是安排该厂新产品开发部着手研制新产品，以保证企业能够长久发展。果然，时隔不久，冰箱市场急转直下，各大商场冰箱都存在着不同程度的积压。好在宇宙冰箱厂早已有所准备，立即将新研制的小型冰柜投入市场，这种冰柜物美价廉且很实惠，一面市便立即受到广大消费者的欢迎，宇宙厂不仅保住了原有市场，还开拓了一些新市场。

但是，近几个月来，该厂产品销售出现了一些问题，用户接二连三地退货，要求赔偿，影响了该厂产品的声誉。究其原因，原来问题主要出在生产上。主管生产的副厂长李迎是半年前从H市二轻局调来的，她今年42岁，是个工作勤恳、兢兢业业的女同志，工作认真负责，口才好，有一定的社交能力。但她对冰箱生产技术不太了解，组织生产能力欠缺，因此该厂常因所需零部件供应不上而停产，加之质量检验没有严格把关，尤其是外协件的质量常常不能保证，故产品接连出现问题，既影响了厂里的销售收入，也影响到该厂的产品形象。这种状况如不及时改变，该厂几年来的努力也许会付诸东流。周厂长为此很伤脑筋，有心要把李迎撤换下去，但又为难，因为李迎是市二轻局派来的干部，她和上级联系密切，并且也没有犯什么错误，如硬要撤，搞得不好，也许会弄僵上下级之间的关系(因为该厂隶属于市二轻局主管)。不撤换吧，厂里的生产又抓不上去，长此以往，企业很可能会出现亏损局面。周厂长思来想去不知如何是好，于是就去找该厂的顾问某大学的王教授商量，王教授听罢周厂长的诉说，思考了一阵，对周厂长说：“你何不……”周厂长听后喜上眉梢，连声说：“好办法！好办法！”于是便按王教授的意图回去组织实施。果然，不出两个月，该冰箱厂重新走上了正轨。王教授到底如何给周厂长出谋策划的呢？原来他建议该厂再设一生产指挥部，把李迎升为副指挥长，另任命懂生产、有能力的赵宇为生产指挥长主管生产，而让李迎负责抓零部件、外协件的生产和供应，这样既没有得罪二轻局，又使企业生产指挥的强化得到了保证，同时又充分利用了李、赵两位同志的特长，调动了两人的积极性，解决了一个两难的问题。

小刘是该厂新来的大学生，他看到厂里近来一系列的变化，很不理解，于是就去问周厂长：“厂长，咱们厂已经有了生产科和技术科，为什么还要设置一个生产指挥部呢？这不是机构重复设置吗？我在学校里学过有关组织设置方面的知识，从理论上讲组织设置原则应该是‘因事设人’，咱们怎么‘因人设事’呢？这是违背组织设置原则的呀。”周厂长听完小刘一连串的提问，拍拍他的肩膀说：“小伙子，这你就不懂了，理论是理论，实践中并不见得都有效。”小刘听了，仍不明白，难道是书上讲错了吗？

问题：

结合案例，请从组织结构调整的角度谈谈你的看法。

第5章 人力资源管理

人各有才，才各有大小。大者安其大而无忽于小，小者乐其小而无慕于大。

——苏轼

用人必考其终，授任必求其当。

——张居正

【学习目标】

知识与能力目标：

◎了解人力资源管理的定义、功能。

◎了解人力资源规划的定义；考评的定义、内容。

◎熟悉人力资源管理的基本原理、培训的原则。

◎能够进行招聘计划的实施。

◎掌握员工招聘的程序和方法。

◎掌握考评的方法、培训的方法。

素养目标：

◎提升自我素质，成为德才兼备、仁爱友善、勇于开拓创新的社会主义建设者。

本章自学课件

趣味阅读

“群体增量”现象

蚂蚁是生物界中出名的勤劳者，能够以惊人的力量将超过体重数倍的东西拖回蚁巢。除此之外，蚂蚁的工作潜能也很大。

音频

有人把蚂蚁放在大玻璃瓶内，观察其在独自情况下和三五成群时的活动情形。

结果发现，当蚂蚁的数目增加时，蚂蚁的工作量也随之增加。独自在瓶中的蚂蚁见到新加入了一只蚂蚁，它工作得就会更起劲儿；新加入第二只蚂蚁时，原来的两只活动加速；两只活动率不同的蚂蚁共同活动时，活动率渐趋一致。这说明群体因素提高了工作效率。这样的现象也见于其他动物。动物研究者发现，有同类在旁边时，鸡、鱼、老鼠吃得多些；马、狗、蟑螂跑得快些；小鸡啄食的次数要多些。

资料来源　编者根据相关资料整理。

管理启示：人类活动也是一样，要实现群体增量，必须培育出一个良好的“群体生态系统”。对一个企业来讲，内部的用人机制、管理机制和由此产生的群体氛围，是形成良性群体生态系统的关键要素。

5.1 人力资源管理概述

5.1.1 人力资源的概念与特征

1）人力资源的概念

一般认为，组织活动中的基本资源有四种，即人、财、物、信息。若把这四种要素按其本质加以归类，又可以分为两个大类，即物力资源和人力资源。我们认为，人力资源是指能够推动整个经济和社会发展、具有智力和体力劳动能力的劳动者的总和。

2）人力资源的基本特征

（1）人力资源的双重性。人力资源的双重性——生产性和消费性是人力资源的重要特征，也是其不同于其他非人力资源的重要特征。人力资源的生产性强调其首先是物质财富的创造者，而且是有条件的创造。例如，人力资源必须与自然资源等其他非人力资源相结合，有足够的活动空间与时间，并有相应的条件才能进行物质财富的创造。人力资源的消费性则强调人力资源的维持需要消费一定量的物质财富，并且是无条件的消费。当然，当人力资源的数量过剩，质量结构与现行经济结构以及社会需求相互脱节或不匹配时，就会造成人力资源和物力资源的双重浪费，阻碍社会的发展。

（2）人力资源的能动性。人力资源的能动性是其区别于物力资源的一个重要特征。所谓能动性，就是指人的体力与智力结合在一起，主动地、自觉地、有目的地、有计划地反作用于外部世界。

（3）人力资源开发过程的持续性。所谓人力资源开发过程的持续性，是指人力资源是可以不断开发的资源。它不像物质资源那样，通过一次开发、再次开发、三次开发，直至形成最终产品之后，就不能再继续开发下去了。

互动课堂5-1

从前有一个人遗失了一把斧头，他怀疑被隔壁的小孩偷走了。于是，他就暗中观察小孩，不论是小孩的言语与行动，还是神态与举止，他怎么看，都觉得小孩像偷斧头的人。由于没有证据，所以也就没有办法揭发。隔了几天，他在后山找到了遗失的斧头，原来是自己弄丢的。从此以后，他再去观察隔壁的小孩，却怎么看小孩也不像会偷斧头的人。

讨论：你从中受到了什么启示？

5.1.2 人力资源管理的内涵

“我们的员工是我们最重要的资产。”许多组织都用这种语言来表达员工在组织中的重要作用。人力资源管理能成为一个重要的战略工具吗？它是否有助于组织建立持久的竞争优势？对这些问题的答案都是肯定的。多项研究结果表明，组织的人力资源会成为竞争优势的重要源泉。

1）人力资源管理的含义

人力资源管理是指为了完成组织管理工作和总体目标，影响员工行为、态度和绩效的各种组织管理政策、实践及制度安排。人力资源管理的基本目的就是“吸引、保留、激励与开发”组织所需要的人力资源。

人力资源的主要内容具体包括组织设计与职务分析、制定人力资源规划、招聘与甄选、员工培训与发展、绩效考评与反馈、员工薪酬管理、员工激励、职业生涯设计与管理、人员保护和社会保障、劳动关系和劳动合同、企业文化与团队建设、人力资源管理系统评估与生产力改进等。

2）人力资源管理的基本原理

（1）系统优化。所谓系统，就是由若干个相互联系、相互作用的要素组成的，并同环境发生一定关系的，具有特定目的、任务、功能的有机整体。系统优化原理是指人力资源管理系统经过组织、协调、运行、控制，使组织的整体功能获得最大限度发挥的理论。系统优化原理的基本要点是：

第一，系统的整体功能不等于部分功能的代数和，而必须大于部分功能的代数和。人力资源系统的整体功能可能会出现以下三种情况：

$$1+1>2 \tag{1}$$

$$1+1=2 \tag{2}$$

$$1+1<2 \tag{3}$$

只有第一种情况符合系统优化原理，即整体功能大于部分功能之和。第二种情况是整体功能与部分功能之和相等。第三种情况是人力资源内部内耗、摩擦，使彼此能量抵消出现负效应。

第二，系统的整体功能必须在大于部分功能之和的各值中取最优，系统内各要素即人力资源管理系统各部分必须和谐、和睦和合作，整体奋发向上，使能力达到最强。

第三，系统内部的消耗必须达到最小。

小看板-5-1

从《三国演义》小说中衍生出这样一条俗语：“三个臭皮匠，顶个诸葛亮。”它言简意赅地反映了人才整体匹配的重要性。

《三国演义》中描写了这方面一个出色的例子，那就是张辽、李典、乐进三人同心协力守合淝、张辽威震逍遥津这次战斗。曹操派人把一个木匣送到合淝前线，上面写着“贼来乃发”。当孙权率十万大军来攻合淝时，张辽等人开匣观看。信中写明：若孙权至，张、李二将军出战，乐将军守城。当时曹操远在汉中，为什么要送个木匣，对守卫合淝做出如此具体的安排？这会不会脱离实际？曹操极善用兵，为什么要违背“将在外，君命有所不受”的军事原则？这样会不会影响指挥？其实不然。后面的情节发展说明，曹操这样做，正是从实际出发，目的在于促成张、李、乐三人性格互补，以便团结对敌，谋求最佳的整体效应。因为他清楚三位将军的作战能力、用兵特点、性格修养，并且知道三个人平时有些隔阂，预料到大敌当前，三个人难以形成统一的决策，更无法协同作战，发挥各自的特长。

《三国演义》中主要通过人物语言，逼真地刻画了三个人的性格特征。张辽坚决执行曹操以攻为守的指令，表示自己亲自出击，和敌人“决一死战”，展示了广阔的胸怀和豪迈的气概；李典“素与张辽不睦”，对于张辽提出的建议，起初“默然不答”，后为张辽的行为所感动，立即表示“愿听指挥”，反映了公而忘私、勇于捐弃前嫌、豪爽直率的性格；乐进是个中间人物，态度模棱两可，对张、李二人都不敢得罪，并有些怯战。由于张辽的模范行为，使三个人的隔阂顿时冰消瓦解，在危急关头戮力同心，把不可一世的吴军打得七零八落，一战令“江南人人害怕，闻张辽大名，小儿也不敢夜啼”。

曹操远征汉中，为什么让“素皆不睦”的三位将军孤零零去守合淝呢？孙盛对此做过很好的解释，他认为：“夫兵，诡道也。至于合淝之守，悬弱无援，专任勇者，则好战生患；专任怯者，则惧心难保。”可见，曹操一开始就匠心独运，巧用张、李、乐三人，以使他们性格上取长补短，甚至有意利用他们的不和，防止一人说话，大家通过，贸然决策。到了危急时刻，曹操以一道指令，促成他们团结，形成一个最佳的指挥结构。由此可以看到曹操择人任势的高超艺术。

这一案例告诉我们：合理的人才匹配可以使人才个体在总体协调下释放出最大的能量，从而产生良好的组织效应。一个组织的效能，固然取决于人才因子的素质，更有赖于人才整体结构的合理性。结构的残缺，会影响组织的运转；能力的互不协调会增加内耗。合理的人才结构，不仅可以实现“凑”，即能力的简单相加和集中，造成众志成城的宏伟景象，更重要的是能够使人才因子各扬其长，互补其短，发生质的飞跃，诞生一种“集体力”，一种超过个人能力总和的新的合力。

（2）能级对应。能级是对人的能力大小的分级。能级大表示能力强。能级对应原理是指在人力资源管理中，要根据人的能力安排工作，使能力和职位良好匹配，人尽其才，物尽其用。因此，能级对应原理要求建立一定的秩序、一定的规范和一定的标准。能级对应原理的基本内容有：

第一，承认人具有能力上的差别；

第二，按层次建立和形成稳定的组织形态；

第三，不同能级应表现为不同的权力、物质利益和荣誉；

第四，人的能级必须与其所处的管理级次动态对应；

第五，人的能级不是固定不变的，能级对应原理承认能级本身的动态性、可变性与开放性；

第六，人的能级与管理级次相互之间的对应程度，标志着社会进步和人才使用的状态改变。

能级对应原理揭示了人力资源能级结构必须是一个稳定的结构。这种结构上小下大，呈正三角形。就某一人力资源系统来看，稳定的能级结构如图5-1所示。该图中处于作业层的人数最多，随着层次上升，管理人员逐步减少，最高层必须有顶点，即要有权威的个人或小组，其具有决策权、财权、人事权和权威性，能够负责指挥全系统的高效运行。

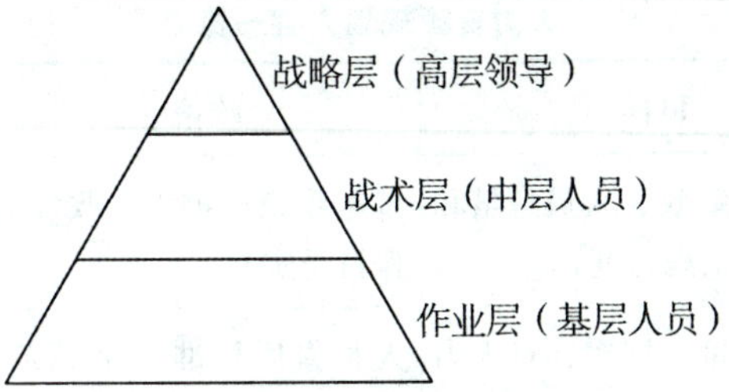

图5-1　稳定的能级结构

（3）利益相容。一个系统内的两个群体或若干个体之间，发生一方利益损害另一方利益的情况时，双方就会产生利益冲突，这时应当寻求一种方案，促使他们修改、让步、补充，并为双方所接受，从而达到相容。这一原理称为利益相容原理。

利益相容原理认为，利益冲突的各方，可能因处理不好而形成对抗性矛盾从而难以调和，也可能因处理得当而获得相容；要实现利益相容必须有一方或多方的让步、谅解和宽容；利益相容的处理方法必须是矛盾的各方经过协商以求得解决；利益相容要求原则性和灵活性相统一。

（4）弹性冗余。人力资源在管理过程中必须留有充分的余地，保持必要的弹性，不能超负荷和带病运行，此为弹性冗余原理。弹性通常有一个“度”，超过这个“度”，弹性就会丧失。人力资源管理应使员工在工作中保持弹性，否则将导致员工身心交瘁、疲惫不堪，造成人力资源的巨大损失。

人力资源管理的弹性冗余原理，坚决反对无所作为、消极怠工、怕苦怕累，甚至贪图安逸的消极弹性，倡导松紧合理、张弛有度、自觉自愿、更有效、更健康的积极弹性。

5.1.3　人力资源规划

1）人力资源规划的含义

任何管理人员都知道，资源来之不易，需要珍惜和合理使用，人力资源尤其如此。尽管不同的人对人力资源规划的认识不同，但对其最终目标的认识是基本一致的，即为了组织和工作者的利益，最有效地利用人才，形成“高效率—高士气—高效率”的良性循环，确保组织战略目标的实现。

人力资源规划是管理者为确保在适当的时候，为适当的职位配备适当数量和类型的工作人员，并使他们能够有效地完成所分派任务的一个过程。

2）人力资源规划的内容

人力资源规划的内容一般包括两个层次，即总体规划与各项业务规划（见表5-1）。人力资源总体规划是有关计划期内人力资源开发利用的总目标、总政策、实施步骤及总预算的安排。人力资源各项业务规划包括人员补充规划、人员分配规划、人员培训规划、薪酬激励规划、劳动关系规划、退休解聘规划等。这些具体规划是总体规划的展开和具体化。

表5-1　人力资源规划内容一览表

规划类别	目标	政策	预算
总体规划	总目标（绩效、人员总量和素质、员工满意度）	基本政策（扩大、收缩、保持稳定）	总预算（××万元）
人员补充规划	类型、数量、层次，对人力资源结构及绩效的改善	人员素质标准、来源范围、起点待遇	招聘、选拔费用
人员分配规划	部门编制、人力资源结构优化及绩效改进	任职条件、职务转换范围及时间	按使用规模及差别决定的工资、福利
人员培训规划	素质及绩效改善、培训类型及数量、转变态度及作风	培训时间的保证、培训效果的保证	培训总投入、脱产培训损失
薪酬激励规划	人才流失减少、士气提高、绩效改进	薪酬政策、激励政策	增加的薪酬额预算
劳动关系规划	减少投诉和不满、降低非期望离职率	参与管理、加强沟通	法律诉讼费和可能的赔偿费
退休解聘规划	劳动成本降低、劳动生产率提高	退休政策、解聘程序	安置费、重置费

小看板 5-2

很久很久以前，人类都还赤着双脚走路。有一个国王到某个偏远的乡间旅行，因为路面崎岖不平，有很多碎石头，让他的双脚又痛又麻。回到王宫后，他下了一道命令，要将国内的所有道路都铺上一层牛皮。他认为这样做不只是为自己，还可以造福他的人民，让大家走路时不再受刺痛之苦。

音频

但即使杀尽国内所有的牛，也筹措不到足够的皮革，而所花费的金钱、动用的人力更是不计其数，这显然是无法做到的。对于国王的命令，大家只能摇头叹息。

一位聪明的仆人大胆向国王进言："国王啊！为什么您要劳师动众，牺牲那么多头牛、花费那么多金钱呢？您为何不只用两小片牛皮包住您的脚呢？"国王听了很惊讶，但也立即领悟，于是立刻收回命令，采用了仆人的建议。据说，这就是"皮鞋"的由来。

想改变世界，很难；要改变自己，则较为容易。

与其改变全世界，不如先改变自己——将自己的双脚包起来。改变自己的某些观念和做法，以抵御外来的侵袭。

当自己改变后，眼中的世界自然也就跟着改变了。

如果你希望看到世界的改变，那么第一个必须改变的就是你自己。

资料来源　编者根据相关资料整理。

5.2　招聘与甄选

一个组织的能力大小，在很大程度上取决于组织所聘用与保有的人员的素质，得到并保有合适的员工，是一个组织能够取得成功的关键因素之一。组织结构的设计为贯彻落实组织目标奠定了基础，但若不能根据各岗位的要求选配到合适的人员，则再好的组织结构也无法有效地发挥作用。因此，在设计合理的组织结构的同时，还需要为所设计的各岗位选配合适的人员。

5.2.1　人员招聘

1）人员招聘的概念

所谓人员招聘，是指通过各种方式，把具有一定技巧、能力和其他特征的申请人吸引到企业空缺岗位上的过程。人员招聘实际上是一个企业与应聘者个人之间双向选择和匹配的动态过程。人员招聘的最终目的是要实现员工个人与岗位的匹配，也就是人与事的匹配。这种匹配包含两层意思：一是岗位的要求与员工个人素质相匹配；二是工作报酬与员工个人的需要相匹配。实现这种双重匹配，才能既保证员工胜任某一岗位，同时也能使岗位对员工保持长久的吸引力。在招聘的过程中要遵循公开、公平、全面考评、择优录取的原则。

动画：岗位分析很重要

2）人员招聘的程序

人员招聘过程由若干个先后衔接的环节所组成，大致分为招募、选拔、录用、评估四个阶段，这四个阶段可用图5-2来表示。

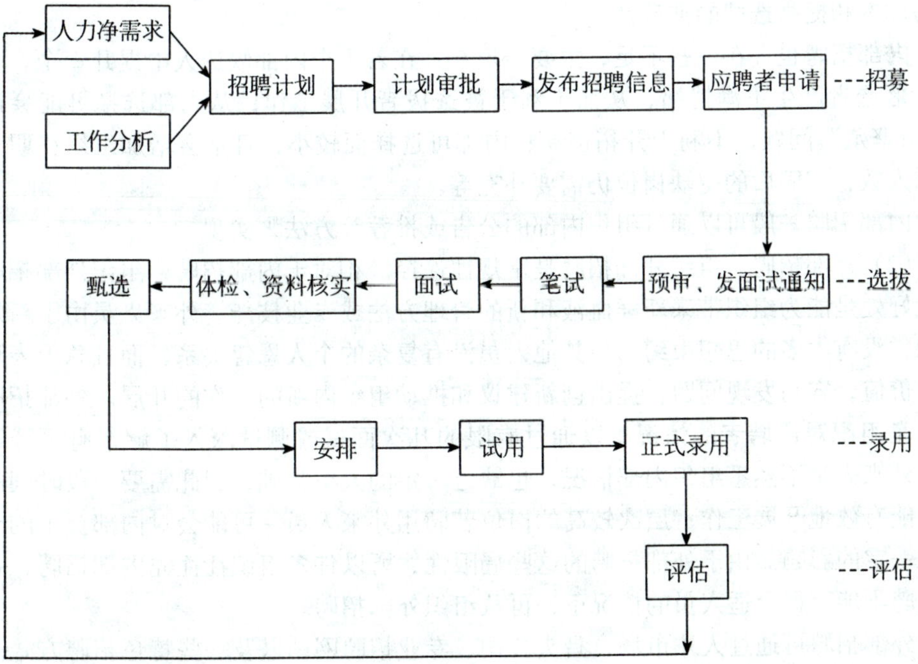

图5-2　员工招聘流程

这里需要说明的是，在招聘过程中，传统的人事管理与现代人力资源开发和管理的工作职责是不同的。在过去，员工招聘的决策与实施完全由人事部门负责，用人部门的职责仅仅是负责接收和安排人事部门招聘的人员，完全处于被动的地位。在现代组织中，起决定性作用的是用人部门，它直接参与整个招聘过程，并在其中拥有计划、初选、面试、录用、人员安置与绩效评估等决策权，完全处于主动地位。人力资源部门只在招聘过程中起组织和服务的功能。

3）人员招聘的方法

微课：内部提拔与外部招聘

招聘方法是指吸引招聘对象所使用的方法。由于招聘岗位的不同、人力需求数量与人员要求的不同、新员工到位时间和招聘费用的限制等原因，人力资源部门在招聘过程中必须因地制宜地选择招聘方法。

根据招聘对象的来源我们可将招聘分为内部招聘与外部招聘，它们各自采用的方法也不同。

（1）内部招聘。现代人力资源管理与传统人事管理的一个重要区别是“内”与“外”的区别。前者注重组织内部人力资源的开发利用，注重从组织内部发现、挖掘人才，而后者则不注重组织内部人力资源的开发利用，往往把重点放在从组织外部寻找人才上。

内部招聘有以下优点：能为组织内现有人员提供变换工作或晋升的机会，有助于提高组织现有人员的士气，促使有发展潜力的员工更积极自觉地工作，从而更好地维持组织成员对组织的忠诚；由于应聘者是组织内部人员，对本组织的文化理念、组织结构及运行特点有较多的了解，有利于被聘者迅速开展工作；候选人都是在本组织中已经工作一段时间的人员，组织对他们比较了解，考察也比较容易，从而有助于降低招聘成本和提高选聘的准确性。

内部招聘也存在一些不足，主要表现在：在若干个内部候选人中提升一个，可能会使落选者产生不满情绪，从而不利于被选拔者开展工作；从内部选择可能会造成“近亲繁殖”问题，不利于开拓创新；内部可选择面较小，且不会增加组织在职人员的总人数，招聘后的空缺岗位仍需要补充等。

内部招聘一般可以通过组织内部的公告或推荐等方法来实现。

（2）外部招聘。组织外部招聘是常规性途径。相对于内部招聘，组织外部招聘的最大好处是能为组织带来新鲜血液和新的管理方法或专业技能。外来人员由于新加入组织，没有太多的思想束缚，与其他人员没有复杂的个人恩怨关系，而且急于表现自己的价值，容易发现问题，提出创新建议和推动组织内新的工作的开展。外部招聘的缺点是组织对应聘者的情况难以通过有限的几次面试或测试深入了解，有可能选错人；外来人员不熟悉组织内部情况，也缺乏一定的人事基础，因此需要一段时间的适应才能有效地开展工作；层次较高的岗位若聘用外来人员，可能会对内部员工的士气造成一定的影响。由于外部招聘的这些局限性，所以许多组织往往先内部招聘，在内部招聘不能获得合适人员的情况下，再从组织外部招聘。

外部招聘可通过人才市场、猎头公司、专业招聘网站以及一些特色招聘方式来完成，如电话热线、接待日等特色招聘形式能吸引更多的人来应聘。

5.2.2　人员甄选

通过招聘吸引来一批申请者后，人力资源管理过程的下一步骤就是要确定谁是该职位最合适的人选。这一步骤称为甄选过程。它是指对申请者进行甄别、筛选，以确保最合适的候选人得到这一职位。

1）什么是甄选

甄选是一种预测行为，它设法预见聘用哪一位申请者能确保工作成功。这里的“成功”是指按照组织评价人员绩效的标准来衡量，能把工作做好。例如，为一个销售职位配备人员，其甄选过程应当能够预见哪位申请者会产生更大的销售额。而对一个网络管理职位而言，甄选过程应当能预见哪位申请者能有效地建立组织的计算机网络，并能排除故障，实施良好管理。

甄选活动的着眼点在于：减少做出错误拒绝和错误录用的可能性，提高做出正确决策的概率。如果我们用应聘者日后的工作表现来评价目前的人员甄选决策，就会得到如图5-3所示的四种可能结果。

		人员甄选决策	
		录用	淘汰
日后的工作表现	好	正确的决策	错误的拒绝
	差	错误的录用	正确的决策

图5-3　甄选决策结果评价

2）人员甄选的方法及其效能比较

（1）笔试。笔试是通过纸笔测验的形式，对应聘者的基本知识、专业知识、管理知识、综合分析能力和文字表达能力进行衡量的一种方式。通过笔试，组织可以对应聘者的知识结构、实践经验和工作熟练程度做出初步判断。

笔试法的优点是一次能够出十几道乃至上百道试题。考试的取样较多，对知识、技能和能力考核的信度和效度都较高，可以大规模地进行分析，因此这种方法占用时间少、效率高，应聘者的心理压力小，较易发挥出应有的水平，成绩评定比较客观。其缺点主要表现在不能全面地考察应聘者的工作态度、品德修养、组织管理能力、口头表达能力和操作技能等。因此，笔试法虽然有效，但还必须结合其他测评方法使用。在企业招聘中，笔试成绩往往作为筛选依据，合格者才能继续参加面试或下一轮测试。

微课：面试

（2）面试。面试是通过主考官与应聘者面对面的信息沟通，考察应聘者是否具备与职位相关的能力和个性品质的一种人员甄选方法。面试具有直观、深入、灵活、互动的特点，不仅能评价出应聘者的学识水平，还能评价出应聘者的能力、才智及个性心理特征等。

①面试的分类。

A. 从面试所达到的效果来分，面试可分为初步面试和诊断面试。初步面试用来增进用人单位与应聘者的相互了解，在这个过程中应聘者对其书面材料进行补充（如对技能、经历等进行说明），组织则对其求职动机进行了解，并向应聘者介绍组织情况，解释职位招募的原因及要求。诊断面试则是对经初步面试筛选合格的应聘者进行实际能力与潜力的测试。它的目的在于招聘单位与应聘者双方补充深层次的信息，如应聘者的表达能力、交际能力、应变能力、思维能力、个人工作兴趣与期望等，组织的发展前景、个人的发展机遇、培训机会。这种面试对组织的录用决策与应聘者做出是否加入组织的决策至关重要。

B. 从参与面试过程的人员来分，面试可分为个别面试、小组面试和成组面试。个别面试是一个面试人员与一个应聘者面对面地交谈，这种方式有利于双方建立亲密的关系，双方能深入了解，但这种面试的结果易受面试人员的主观因素干扰。小组面试是由两三个人组成面试小组对各个应聘者分别进行面试。面试小组由用人部门与人力资源部门的人员共同组成，从多种角度对应聘者进行考察，提高面试结果的准确性，克服个人偏见。成组面试也称为集体面试，它是由面试小组对若干个应聘者同时进行面试。在集体面试过程中，通常是由面试主考官提出一个或几个问题，引导应聘者进行讨论，从中发现、比较应聘者的表达能力、思维能力、组织领导能力、解决问题能力、交际能力等。集体面试的效率比较高，但对面试主考官的要求较高，主考官在面试前要对每个应聘者有大致的了解，在面试时要善于观察，善于控制局面。

C. 从面试的组织形式来分，面试可分为结构化面试、非结构化面试、压力面试。

a. 结构化面试。这种面试是在面试之前，已有一个固定的框架（或问题清单），主考官根据框架控制整个面试的进行，严格按照这个框架对每个应聘者分别作相同的提问。这种面试的优点在于，对所有应聘者均按同一标准进行，可以提供结构与形式相同的信息，便于分析、比较，同时减少了主观性，且对考官的要求较少。研究表明，结构化面试的信度和效度较好。其缺点是过于僵化，难以随机应变，所搜集信息的范围受到限制。

b. 非结构化面试。这种面试无固定的模式，事先无须做太多的准备，主考官只要掌握组织、职位的基本情况即可。在面试中往往提一些开放式的问题，如"谈谈你对某件事情的看法""你有何兴趣与爱好"等。这种面试的主要目的在于给应聘者充分发挥自己能力与潜力的机会，由于这种面试有很大的随意性，主考官所提问题的真实目的往往带有很大的隐蔽性，要求应聘者有较强的理解能力与应变能力。

小看板 5-3

某独资企业欲招聘若干管理人员，通知所有应聘者在某月某日某时整到位于某某大厦的公司总部统一面试。等到面试那天，公司派人提前在该大厦大厅内接待前来应聘的人员，并请大家在大厅内等候，等到所有应聘人员到齐之后，接待人员告诉大家一个不幸的消息：电梯坏了，需要大家由接待人员带领，爬几十层楼梯到公司的办公室参加面试。有些人听后立即就走了，有些人爬到一半后也放弃了，只有少数几个人

坚持到最后。结果，就是这些坚持到最后的应聘者被录用了。这是一个典型的非结构化面试。事实上，电梯根本就没有坏，主考官就是想考一考应聘者是否具有吃苦耐劳和坚韧不拔的精神。

音频

资料来源 佚名. 全国人力资源总监高等教材难点分析与解答［EB/OL］.［2021-12-09］. http: //www.examda.com/hr/gls/fudao/20061014/141151852.html.

c.压力面试。这种面试会向应聘者提出一个意想不到的问题，往往是在面试开始时就给应试者以意想不到的一击，通常是具有敌意的或具有攻击性的，主考官以此观察应聘者的反应。一些应聘者在压力面试前显得从容不迫，而另一些则不知所措。用这种方法可以了解应聘者承受压力、调整情绪的能力，可以测试应聘者的应变能力和解决紧急问题的能力。压力面试一般用于招聘销售人员、公关人员、高级管理人员。

②面试的步骤。理想的面试包括五个步骤：面试准备、营造和谐气氛、提问、结束面试以及回顾面试。

A. 面试准备。主考官应当提前做好面试准备，特别要审查应聘者的申请表和履历表，并注明有疑问或表明应聘者优点或缺点的地方。主考官应当查阅工作规范，这样可以带着理想应聘者特征的清晰图像进入面试。在面试前主考官还要准备合适的面试地点。理想的面试地点应是僻静的房间，电话不能打进来，其他的干扰也要降至最低。

B. 营造和谐气氛。在面试开始时，应该首先营造一个轻松的气氛，可以从一些轻松的话题开始，如谈谈天气或交通状况。花几分钟问这种问题可以极大地降低应聘者的紧张情绪，使得应聘者能够全面、理智地回答主考官的提问。

C. 提问。面试的下一步是提问阶段。在任何情况下，提问时都必须谨记下列事情：首先，避免提以“是”或“否”进行回答的问题，而要提那些需要应聘者更详尽地做出回答的问题。其次，不要将话塞进应聘者嘴里（如询问“你曾经光顾过折扣商店，不是吗?”），不要传递包含所期望的答案的信息，如当应聘者回答正确时点头或微笑。再次，不要像对待囚犯那样审问应聘者，不要采取讽刺或漫不经心的态度。最后，不要让漫谈垄断整个面试，也不要让应聘者支配整个面试，使得主考官无法问所有的问题；相反，一定要问开放性的问题，并倾听应聘者的回答，鼓励他们充分表达自己的想法。

D. 结束面试。在面试结束之际，应留有时间回答应聘者的问题，然后以尽可能诚实礼貌的方式结束面试。如果认为应聘者可以被录用，就告诉他大概什么时间可以得到录用通知；对于不准备录用的应聘者，也告诉他如果录用，会发通知给他。

E. 回顾面试。应聘者离开后，主考官应当检查面试记录，填写结构化面试指导（如果在面试中没有填写的话），并趁面试情景在头脑中尚清晰时回顾面试的场面。在应聘者离开后仔细回顾面试，有助于主考官避免过早下结论和强调应聘者的负面资料。主考官应该根据应聘者现有的技能和兴趣来评价应聘者能够做什么，根据应聘者的兴趣和职业目标来评价应聘者愿意做什么，并在评价表上记录自己的满意程度。

③造成面试偏差的常见因素。

在面试过程中，主考官通常可能出现以下几个方面的问题，从而影响面试工作的效果，因此需要在面试中有意识地加以克服：

A. 第一印象和首因效应。主考官经常在见到应聘者的几分钟之内就已经根据应聘者的申请表和个人仪表做出是否录用的判断，即使延长面试时间也无济于事，主考官在面试之前就已经得到了应聘者的负面资料时尤其如此。人们在交往中经常听到的“先敬罗衣后敬人”就是这个道理。美国前总统林肯也曾因为对外貌的偏见拒绝了朋友所推荐的一个人。当朋友愤怒地责怪林肯以貌取人，说任何人都无法为自己的天生外貌负责时，林肯说：“一个人过了40岁，就应该为自己的外貌负责。”虽然林肯以貌取人值得商榷，我们却不能忽视第一印象的巨大影响，无论外在和内在，我们都应该加以重视。

B. 负面信息扩大化。在面试过程中，不利信息对结果的影响力更大。面试通常也是寻找负面信息的过程。那些表现很优异但有弱点的人会在面试中输给那些平庸但没有纰漏的求职者。负面信息在面试过程中被扩大化，甚至成为被筛除的证据。

C. 主考官不熟悉工作要求。这是指主考官不了解工作内容，不清楚哪一种人才能够胜任工作。在这种情况下，主考官就无法依据与工作岗位要求密切相关的信息做出录用决策。经验表明，在评价标准不明确的情况下，主考官经常会给应聘者一个偏高的评价。

D. 顺序效应。心理学上有一种“顺序效应”，即出场顺序会影响人们的判断。较好的求职者会对随后的求职者会产生掩蔽效果，容易造成对其评价降低。较差的求职者会对随后求职者的评价有所提升。这是因为，面试官们首先对几位“不合适”的求职者进行评价后，接着面试一个“仅仅是一般”的求职者，通过对比，结果他得到了很高的评价，而远远超出其应有的水平。

E. 非言语行为的影响。主考官可能还会受到应聘者非言语行为的影响。例如，几项研究表明，表现出大量眼神接触、微笑，以及其他非言语行为的应聘者得到的评价更高。推荐的做法是：自见到主考官的那一刻，你就必须注意自己的身体语言。微笑并直视对方，如果他回以微笑，表示你有一个好的开端，即便对方面无表情，自己也不要焦虑。注意眼神的接触，回应主考官的身体语言，突破他的防线：他紧绷着脸，你就面露微笑；他姿势僵硬，你就放松，像照镜子一样。记得别交叉手臂，也不要跷起二郎腿；双脚略平行，正对主考官而坐。双手轻松垂下或置于膝上，眼睛平视，不要乱瞄或东张西望。就座时微向前倾可以给人积极的印象，但别太靠近免得造成压迫感，如果注意到主考官不自觉后退，试着放松你的姿势，稍微向后靠。

（3）心理测试。心理测试是通过观察人的少数有代表性的行为，对贯穿于人的全部行为活动的心理特点做出推论或数量化分析的一种科学手段。在人员招聘中较常用的心理测试有能力测验、人格测验、职业兴趣测验等。

①能力测验。能力是直接影响活动效率，使活动、任务得以顺利进行的心理特征。我们通常说的一个人解决问题速度快、任务完成的质量高、活动效果好等，都是指这个人的能力强。能力总是在具体活动中体现出来的。能力测验就是通过纸笔测验的方式鉴别出个体之间的这种差异。通常将能力测验分为一般能力测验和特殊能力测验两类。

A.一般能力测验。一般能力测验也就是我们通常所说的智力（IQ）测验。智力测验是对智力水平的科学测试，它主要测试一个人的思维能力、学习能力和适应环境的能力等。在智力测验中，采用“智商”这一概念表示智力水平的高低。

B.特殊能力测验。特殊能力测验是针对特定目的或者特定职业群体的能力测验。这种能力测验只用于两个目的：测量已有工作经验或受过有关训练的人员在某些职务领域中的熟练程度或水平；选拔那些具有从事某项职业的经验，能够在很少或不经特殊培训的情况下就能从事某种工作的人才。

②人格测验。人格测验用来了解被测试者的情绪、性格、态度、工作动机、品德、价值观等方面。人格是一个人能否施展才能、有效完成工作的基础。一个人如果在人格方面有缺陷，肯定会使其拥有的才能大打折扣。人格测验的方法主要有自陈量表和投射技术两种。自陈量表是让受试者个人提供关于自己人格特征的报告。它采用的是客观测验形式，其题目形式如下：A.是非式（如：我无事时喜欢上街游荡。是□否□）。B.折中是非式（如：你喜欢单独去看电影吗？是□否□不一定□）。C.二择一式（如：a.我经常批评那些有权威和地位的人。□b.在长辈或上级面前，我总是感到胆怯。□）。D.文字量表式（如：你对自己的工作满意吗？非常满意□比较满意□无所谓□不大满意□极不满意□）。E.数字量表式（如：我喜欢唱歌。5□4□3□2□1□，5——经常，4——多次，3——偶尔，2——极少，1——从未）。

投射技术是给被试者呈现一些意义不明确的刺激图形，让被试者根据自己的体验来说明看到了什么，即将自己的人格特点投射到刺激中去。最普遍流行的投射技术是罗夏墨迹测验和主体统觉测验。这些测验只有限地运用于高级管理人员的选用，在大多数情况下运用于临床心理诊断。

③职业兴趣测验。一个人职业上的成功，不仅受到能力的制约，而且与其兴趣和爱好有密切关系。职业兴趣作为职业素质的一个方面，往往是一个人职业成功的重要条件。了解职业兴趣的主要途径就是职业兴趣测验量表或问卷。

管理游戏

游戏简介：这是一个简单的游戏。它能激发人们从多角度思考问题，让整个团队参与到解决问题的过程中来。本游戏可帮助你发挥群体决策优势。

道具：一块边长约45厘米的正方形木板；一卷胶带；气球若干；一支做标记的笔；一张报纸

参加人数：团队完成

用时：10分钟

场地：不限

游戏步骤：

第一步，游戏开始之前，用两段大约长30厘米的胶带在木板上贴一个“十”字。

第二步，把气球吹起来，在气球上面写出“极其珍贵”或者“$$”等字样，将会营造出欢乐气氛；或者在气球里放一些硬糖块，作为志愿者取回气球的奖品（还能防

止气球被风吹走）。

第三步，把木板放在地上（贴胶带那面朝上），让所有学生都能看到。

第四步，让一名志愿者站在“十”字中间，发给他报纸。把气球放在地上，距木板边缘4米远。

第五步，要求志愿者在3分钟之内取回气球，但不能离开“十”字。其余学生只能观看，不能建议志愿者该如何取回气球。

第六步，3分钟之后，如果那个志愿者还没完成任务，询问其他队员该如何取回气球。

第七步，引导大家就解决问题、协同工作和团队合作等展开讨论。

游戏要点：把报纸卷成一个比较紧的纸筒，然后从一端慢慢拉出里面的报纸，使之加长，形成一个纸杆儿。从木板上撕下胶带，粘到纸杆儿的一端，让胶带的粘面露在外面。最后利用纸杆儿上的胶带把气球粘过来。

5.3 员工培训与发展

5.3.1 员工的培训

培训是组织开发现有人力资源和提高员工素质以适应组织发展要求的基本途径。组织发展中所产生的人力资源需求，除以招聘方式从外部吸引人员加以补充外，更主要的是通过开发组织现有的人力资源来加以满足。基本符合岗位要求的员工能否创造出优秀的业绩，也与组织的培训密切相关。了解员工需要何种类型的培训、何时培训、以何种方式培训，是人力资源管理工作中的重要内容。

1）培训的目的和意义

从以上培训的定义中可以看出，培训不仅要有助于组织目标的实现，而且要能满足员工成长和发展的需要。其最终目的是实现组织和员工的共同成长。培训在组织发展和人力资源管理中具有以下几方面的作用和意义：

（1）通过对员工进行知识与技能的培训，增强他们适应岗位的能力。人既不是天生就会做很多事情，也不是天生就知道如何运用自己的潜能。要使员工发挥潜能、胜任岗位工作，就必须对其进行培训。

（2）培训有助于统一思想，强化组织成员对组织价值观的认同。每个组织都有自己的文化、价值观念、行为准则，员工只有了解并接受本组织的文化理念，才能在其中有效地工作。

（3）培训有助于员工自我发展目标的实现，从而有利于员工队伍的稳定。

（4）培训有助于开发员工的潜能，使组织现有的人力资源得到充分的利用。

2）培训的原则

员工培训的原则是组织在培训过程中应遵循的基本指导思想和指导方针，一般包括以下几个方面：

（1）激励原则。培训是一种重要的人力资本投资方式。它不仅可以满足组织发展需要，而且可以使受训者个人的人力资本增值。从个人角度讲，培训可使员工个人受益，增加其自身价值，从而对员工产生一种激励作用。从组织角度讲，要从全局出发，充分运用激励手段来强化培训效果。一般情况下，组织可把培训与员工个人的任职、晋升、奖惩、工资福利等相挂钩。当员工受训完毕达到预期效果后，可通过增加报酬或职务晋升来鼓励员工，让员工充分了解培训对自己的益处，进一步调动员工的积极性、主动性和创造性，最大限度地发挥自身潜能。

（2）因材施教原则。组织内工作岗位众多，不同岗位的内容、性质及要求差别较大，而且员工在知识水平、兴趣、经验、能力等方面也存在明显的个体差异。因此，组织在进行员工培训时，既要掌握集体培训的总原则，同时更要针对员工的个体特点和具体岗位的要求科学地确定培训内容及方法，进行因材施教。

（3）实践原则。培训要想真正实现其目标，就不能仅仅依靠简单传授，应坚持实践原则，为受训者提供实践操作的机会，使他们在实践中体会，在实际操作中提高能力，尤其是一些涉及工作技能的培训，对实施的条件要求更高。通过实践检验，才能够切实提高培训的效果，从而实现组织与个人的双赢。同时，通过员工的亲身参与，能够发现培训过程中存在的偏差及问题，便于提升下一次培训效果。

（4）理论联系实际、学用一致原则。员工培训的直接目的是改变员工态度、提高员工素质和工作技能，使员工更好地与工作相适应，因此培训必须做到理论联系实际，切实做到学用一致。培训要有明确的针对性，要紧紧围绕培训目标，从实际工作需要出发，与岗位要求相联系；同时，要做到培训与使用不脱节，组织发展需要什么，员工缺少什么理论与技术，培训就要及时、准确地跟进，予以体现和实施。

（5）明确培训目标原则。目标管理是管理的有效手段之一。培训作为人力资源管理活动中重要的一环也必须遵守这一原则。为受训人员设置明确的、有一定难度的培训目标，可以有效增强培训效果。培训目标的确定必须合理、适中，太难或太容易都会失去培训的价值。所以，培训目标的设置要与每个人的具体工作相联系，使受训者了解培训的目标源于工作，又高于工作，是自我提高和发展的高层次延续。

音频

小看板5-4

多数人的失败不是因为他们的无能，而是他们的心志不专一。有一个外科医生告诉学生："当个外科医生，需要两项重要的能力：第一，不会反胃；第二，观察力要强。"接着，他伸出一个手指，蘸入一碟看来令人作呕的液体中，然后张口舔舔手指。他要全班学生照着做，大家只好硬着头皮照做一遍。医生颔首一笑说："各位，恭喜你们通过了第一关测验。不幸的是，第二关你们都没通过，因为你们没注意我舔的手指头，不是我蘸入碟中的那根手指。"你有没有仔细而认真地观察现在从事的工作是否有不佳之处？及时调整，永远不晚。一个认真的人也必是一个智慧的人。

资料来源　编者根据相关资料整理。

互动课堂5-2

某大型企业为了更好地参与国内外市场的竞争，确保企业长期健康发展，认识到了要转变观念、加快建立现代企业制度和提高自身管理水平的重要性。过去，企业搞过不少培训，但基本上是临时聘请几个知名专家，采用所有员工参加、上大课的培训方式，在培训过程中也缺乏控制。培训过后，有的人认为在工作中有用，有的人认为没有什么用，也有人反映培训方式太单一，没有结合工作实际。

讨论：如果你是公司负责人力资源管理工作的副总经理，你该如何管理公司的培训工作？

3）培训的方法

(1) 在职培训与脱产培训。

在职培训是指通过聘请有经验的人员或专职教师指导员工边学习边工作的培训方式。它主要包括职前教育、教练法、助理制、工作轮调等。在职培训的优点是：第一，节约训练成本；第二，学员能迅速得到工作绩效的反馈，实践性强。其缺点是：虽然在职培训不发生直接成本，但可能存在一些潜在风险，如可能会损坏机器设备、生产出不合格产品、浪费原材料等。

有选择地让部分员工在一段时间内离开原工作岗位，进行专门的业务学习的培训方式，称为脱产培训。其形式有选送员工到正规院校或国外进修、派员工参加专业机构组织的短期培训、开办业余学校等。这种方式的培训花费较高，但收益也较明显。

(2) 传统培训方法与现代培训方法。

第一，讲授法。讲授法也称课堂教学法，是由培训讲师借助一定形式（以语言为主）向学员传授课程内容的方法。该方法的优点是：在时间、资金、人力上都很经济，成本较低；适于理念性知识的培训。其缺点是：单向信息沟通，学员比较被动，参与程度低；缺少实践机会，反馈效果差；效果在很大程度上取决于培训讲师的演讲水平。

第二，视听教学法。视听教学法是指把要讲授或示范的内容做成幻灯片、电影、录像等声像资料，通过现代视听技术对学员进行培训。这种方法主要运用人的视听感官向学员传授知识或技能。其优点如下：运用视觉与听觉的感知方式，直观鲜明；可形象地说明一些难以用语言或文字描述的特殊情况；可重播。其缺点是：制作和购买的成本高；内容易过时；适合本组织员工特点的教材不易选择；易受教材和场所等硬件资源的制约等。该方法很少单独使用，往往与其他方法结合在一起使用。

第三，讨论法。讨论法是通过学员之间的讨论来解决疑难问题。一般而言，先由讲师介绍一些基本概念与原理，然后由学员根据教师提供的有关材料讨论并回答问题。该方法并不注重知识的传播，其重点在于意识的培养和灵感的激发。这种方法的优点是：学员参与程度高，学习兴趣浓厚；鼓励学员积极思考，促进能力开发；能提高学员口头表达能力和与他人交流的能力。其缺点是：不利于学员系统地掌握知识和技能。

第四，案例法。案例法是通过向培训对象提供相关的背景材料，让其进行分析并提出合适的解决方法。在对特定案例的分析、辩论中，提高学员发现问题、分析问题及解决问题的能力。该方法费用低，反馈效果好，但占用的时间较多，对培训讲师及学员双方的要求都比较高。

第五，角色扮演法。角色扮演法就是给学员创设一个接近真实情况的培训情境，由学员扮演其中的一个角色，以角色的身份去处理各种问题和矛盾，由此增强其对所扮演角色的感受，并培养和训练其解决问题的能力。该方法的优点是：提供机会让学员实践其所学，并通过亲自实际操作加深对技能的理解和掌握，实践性非常突出，效果明显；费用相对较低，多用于人际关系能力的培养。其缺点是：强调个体，不重视集体，不利于学员团队精神、集体意识的培养；操作复杂。

第六，观摩范例法。观摩范例法是指由培训讲师进行现场演示、学员观察并模仿的一种方法。它结合成人学习的特点，经济实用，适用于操作性知识的学习。此方法存在监督性较差的缺点。

第七，网络培训法。网络培训法（又称电子学习，e-learning）是以多媒体和互联网技术为媒介，依靠单机、局域网或互联网提供的交互式环境进行员工培训。这种方法使用灵活，符合分散式学习的新趋势，能节省学员集中培训的时间与费用；信息量大，尤其适用新知识、新理念的传递。其最大的缺点是需要投入大量的成本进行建设，需要技术支撑，中小企业难以承担。

第八，虚拟现实。虚拟现实（virtual reality）指通过使用专业设备和观看计算机屏幕上的虚拟模型，向受训者提供三维学习方式，受训者可以感受模拟的环境并同各种虚拟的要素进行沟通，同时还可利用技术来刺激受训者的多重知觉。例如，可以通过可视界面、可真实传递触觉的手套、踏板或运动平台来创造一个虚拟环境。利用各种装置，将受训者的运动指令输入电脑。这些装置可以让受训者产生身临其境的感觉（即到达某种特定的环境）。受训者获得的知觉信息的数量、对环境传感器的控制力以及受训者对环境的适应能力都会影响到这种身临其境的感觉。

该方法的优点在于它可使员工在安全的环境情况下进行危险性操作。研究表明，当工作任务较为复杂或需要广泛运用视觉提示时，虚拟现实培训最有成效。虚拟现实的另一优点是可以让受训者进行连续性学习。

发展虚拟现实培训的障碍在于劣质设备会影响人们身临其境的真实感（例如触觉反馈不佳，感觉和行动反应的时间间隔不合理）。由于受训者的感觉被歪曲，因此有时他们可能会产生模拟病（如恶心、头痛等）。

互动课堂5-3

小王进入一家小有名气的外企，对这份工作很满意。一方面，公司上上下下很和谐，气氛非常轻松，工作虽累却很舒心；另一方面，薪水也不错，底薪有3 000元，还会有一些奖金。小王一门心思都扑在了工作上，经常加班加点，有时还把工作带回家，而且确实也成绩斐然。同年进入公司的小李却开心不起来，因为他今年的业绩并不好。午饭时两人聊了起来，小李唉声叹气地说："小王，你今年真不错，不像我这么倒霉，薪水都加不了，干来干去还是3 900元。”猛然间，小王才知道原来小李的底薪比自己高900元。他对小李没意见，可他想不通，即使不管业绩，小李的能力、学历都不比他强，公司怎么会这样做呢？他想也没想就往人力资源部跑去。

资料来源　编者根据相关资料整理。

讨论：(1) 小王在谈话后有什么感受？

(2) 你认为小王下一步会怎么做？

(3) 你若为该公司的领导，应该怎么办？

5.3.2　员工职业生涯发展

1）什么是员工职业生涯发展

职业生涯指一个人在一生中从事的各种工作的总称。职业生涯管理是组织通过帮助成员设计职业发展计划，并保证实现这一计划，以满足成员的职业发展愿望，进而实现组织发展目标与个人发展目标的协调，实现组织与员工的共同成长、共同受益。职业生涯管理的前提是：假定人的命运是能够被掌握的，人能够通过谋求职业上的成功获得满足。

员工职业生涯发展首先应体现“以人为本”的理念，即“人是第一要素”、“人是人事管理的核心”、“人应获得利益”及“应对人进行开发”四种观点；其次要体现组织和员工“双赢”的现代雇佣观念；最后要体现组织存在价值的多元化。

2）员工职业生涯设计

员工职业生涯设计也称员工职业生涯规划，是员工对自己一生职业发展总体计划和总轮廓的勾画，具有粗略性、目标性、长期性和全局性的特点，它为一生的职业发展指明了路径和方向。那么，如何设计职业生涯呢？下面是设计职业生涯应考虑的因素和步骤：

(1) 确定志向。志向即一个人为之奋斗的最终目标，是事业成功的基本前提。没有志向，事业的成功就无从谈起。俗话说：“志不立，天下无可成之事。”立志是人生的起跑点，反映了一个人的理想、胸怀、情趣和价值观，对一个人的成就大小有决定性影响。所以，在设计职业生涯时，首先要确立志向，这是设计职业生涯的关键，也是设计职业生涯中最为重要的一步。

思享园地

与量子“纠缠”的青年科学家

1900年，德国。42岁的普朗克首次提出“量子论”，曾经坚不可摧的牛顿力学大厦，被一束来自微观世界的光探出罅隙。100多年后，中国。“墨子号”“九章”“祖冲之号”……站在“第二次量子革命”的新起点，我国量子科技捷报频传，已成为国际量子科研版图上的重要力量。这些成绩背后，是一群心怀“国之大者”的青年科学家，他们用青春砥砺报国之志、勇攀科技高峰，成为我国量子研究领域的“天团”。

“搞科研，失败是家常便饭”“教科书上看到的成功只是偶发事件，失败才是常态。”39岁的中国科学技术大学教授荣星说，如何面对失败，把人分成了不同的样子。22岁前，荣星的人生字典里似乎找不到“失败”二字。

2001年，18岁的他考入中国科学技术大学物理学院，后又被保送本校硕博连读。2005年，读研一的荣星选择科学仪器作为研究方向，开始了和量子的无限“纠缠”。他满怀憧憬地跨入这条赛道，然而，等待他的却是前所未有的挑战。

“仪器功能受限、方案被反复推翻、实验结果不及预期……”荣星说，当时，我国在这一领域的研究远远落后于国际水平，因为缺少实验仪器和实验样品，连做实验都是件奢侈的事情。

十年一瞬，荣星熬过了一个个不眠夜和一次次失败。经过努力，他和同事们利用自主研制的磁共振装备，实现了目前国际最高精度的自旋操控。“科学研究可以取得阶段性成果，但永远没有尽头。”荣星说。作为青年科学家，要继续弘扬科学家精神，努力书写科技自立自强的时代答卷。

资料来源 根据2022年5月3日新华社客户端相关报道整理。

（2）自我评估。自我评估是对自己的各方面进行分析评价，包括对人生观、价值观、受教育水平、兴趣、特长、性格、技能、智商、思维方式等进行分析评价，达到全面认识自己、了解自己的目的。因为只有了解自己，才能选定适合自己发展的职业生涯路线，才能对自己的职业发展做出最佳抉择，增大事业成功的概率。

（3）职业生涯机会评估。职业生涯机会评估，主要是评估各种环境因素对自己职业生涯发展的影响。环境因素包括组织环境、政治环境和经济环境。每一个人都处在一定的环境中，离开了环境便无法生存与成长。所以，在设计个人职业生涯时，应分析环境发展的变化情况、环境条件的特点、自己与环境的关系等。只有充分了解这些环境因素，才能做到在复杂的环境中趋利避害，使设计的职业生涯切实可行，具有实际意义。

（4）职业的选择。职业选择正确与否，直接关系到人生事业的成功与失败。据统计，在选错职业的人当中，有80%的人在事业上是失败者。由此可见，职业选择对人生事业发展是何等重要。

（5）设定职业生涯目标。设定职业生涯目标是指预先设定职业的发展目标，是设计职业生涯的核心步骤。职业生涯目标的设定，是继职业选择后，对人生目标做出的又一次抉择，是以自己的最佳才能、最优性格、最大兴趣、最有利的环境等信息为依据而做出的。目标通常分为短期目标、中期目标、长期目标和人生目标。职业生涯目标的设定，为职业发展指明了奋斗方向，犹如海洋中的灯塔，引导人们避开暗礁，走向成功。

（6）职业生涯路线的选择。在确定职业和职业发展目标后，就面临着职业生涯路线的选择。发展路线不同，对职业发展的要求也会不同。因此，在设计职业生涯时，必须做出抉择，以便为自己的学习、工作及各种行动措施指明方向，使职业沿着预定的路径即预先设计的职业生涯路线发展。职业生涯路线的选择通常要考虑向哪条路线发展、能往哪条路线发展和哪条路线可以发展等三个问题。对这三个问题要进行综合分析，才能确定自己的最佳职业生涯路线。

（7）制订行动计划与措施。无论多么美好的理想，最终都必须落实到行动上才有意义，否则只是空谈。在确定了职业生涯目标和职业生涯路线后，行动便成了关键的环节。这里的行动是指落实目标的具体措施，包括工作、训练、教育、轮岗等方面的措施。这些措施要具体可行，以便于定时检查。

（8）评估与调整。影响职业生涯设计的因素很多，其中环境变化是最为重要的一个因素。俗话说："计划不如变化快。"整个社会每天都在发生纷繁复杂的变化，有的变化是可以预测的，而有的变化却难以预测。在这样的状况下，要使职业生涯设计行之有效，就必须不断地对其进行评估与调整。

小看板 5-5

朗讯科技（中国）的员工职业生涯规划

朗讯科技（中国）有限公司推行了这样的员工职业生涯规划：当一名新员工进入公司后，部门经理必定与他进行一次深入的长谈，包括：来到公司后，你对个人发展有什么打算；一年之内要达到什么目标，三年之内要达到什么目标；为了实现目标，除个人努力之外，需要公司提供什么帮助等。在朗讯，这已成为一项滚动发展制度，每到年末，部门经理都要和员工一起对照上一年的规划进行检查，然后制定下一年的规划。人力资源总监李剑波说，职业生涯规划不仅为员工架起了成长的阶梯，而且使公司的发展获得了永不衰竭的能量。

音频

资料来源　编者根据相关资料整理。

5.4 绩效考评与反馈

通过招聘进入组织的人员在实际工作中不一定能获得令人满意的工作绩效，同时，组织的要求和员工的能力都在不断地变化，当员工能力的变化与其所在岗位的要求不相适应时，组织就需要进行适当调整。因此，在员工上岗以后，如何对其工作表现进行客观考核，是保持人与事最佳组合所必须开展的工作。

5.4.1 考评的含义

考评是指相关部门或人员（考核主体）按照一定的方法和程序（考核方法和程序），对组织中各部门、各岗位（考核对象）在一定时期内（考核期）表现出来的工作绩效或能力素质（考核内容）所给出的评价。

考评按不同的分类标准，有不同的分类结果：按考评的性质分，有定性考评和定量考评；按考评的主体分，有上级考评、自我考评、同级考评、下级考评、顾客考评等；按考评的时间分，有日常考评、定期考评、长期考评、不定期考评；按考评的形式分，有口头考评与书面考评、直接考评与间接考评、个别考评与集体考评；按考评的内容分，有品质基础性考评、行为基础性考评、能力基础性考评、效果基础性考评、综合性考评等。

5.4.2　考评的内容及方法

1）考评的内容

对员工的工作业绩进行考评，需要依据一定的考评标准，遵循一定的考评程序，运用一定的考评方法来进行。有人说，德才兼备是贤臣、圣人，可遇不可求；有才无德是奸臣、小人，要控制使用；有德无才是忠臣、贤人，可交付事情而非事业；无德无才是庸臣、庸人，确无可用之处。因此，组织在进行员工考评时应该从以下几个方面加以考虑：

（1）德，包括思想政治、工作作风、社会道德及职业道德水平等方面。古今中外，德的考核始终是首要因素，尤其对执掌权力的各级领导，更应重视对其“德”的考评。

（2）能，是指员工从事工作的能力，包括体能、学识、智能等内容。能力是考评的重点和难点。

（3）勤，是指员工的积极性和工作中的表现，包括出勤、纪律性、干劲、责任心、主动性等，积极性决定着人的能力发挥的程度。只有将积极性和能力结合起来考评，才能发现员工的潜力。

（4）绩，是指员工的工作效率及效果，包括员工完成工作的数量、质量、成本费用以及为组织做出的其他贡献。绩效是组织对员工的最终期望，当然要作为考评的基本内容。

2）考评的方法

（1）分级法。分级法即按被考评员工每人绩效的优劣程度，通过比较，确定每人的相对等级或名次。它又称为排序法，即排出全体被考评员工的绩效优劣顺序。排列方向由最优排至最劣，或反之由最劣排至最优均可。排序比较可以依据某个单一的特定绩效维度（如产品质量、服务态度等）进行，但更常见的是对每人的整体工作状况进行比较。按照分级程序的不同，分级法又有四种：

① 简单分级法。简单分级法就是在全体被考评员工中挑选出绩效最出色的一个列于序首，再找出次优的列作第二名，依此类推，直到最差的一个列于序尾。

② 交替分级法。与上述分级程序不同，此法先从软处下手，即首先找出最优者，然后跳回去找出对比鲜明的最劣者；下一步则找出次优者，接着找出次劣者。循此程序，由易渐难，绩效中等者较为接近，必须仔细辨别，直至全部排完为止。

③ 范例对比法。此法通常从五个维度进行考评，即品德、智力、领导能力、对职务的贡献和体格。每一维度又分为优、良、中、次、劣五个等级。就每一维度的每一等级，先选出一名适当的员工作为范例。实施考评时，将每位被考评的员工和这些范例逐一对照，按他们与各相应范例的近似程度来给他们评出等级分。最后按各维度分数的总和，判定被考评员工的绩效等级分类。

④ 强制正态分布法。强制正态分布法大多为企业在评估绩效结果时所采用。该方法就是按事物的“两头小、中间大”的正态分布规律，先确定好各等级在被评价员工总数所占的比例，然后按照每个员工绩效的优劣程度，将其强制列入其中的一定等级。

小看板-5-6

音频

通用电气前任首席执行官杰克·韦尔奇凭借事物的“两头小、中间大”的正态分布规律，绘制出了著名的“活力曲线”。他按照业绩以及潜力，将员工分为ABC三类，三类的比例为：A类，20%；B类，70%；C类，10%。对A类这20%的员工，韦尔奇采用的是“奖励奖励再奖励”的方法，提高工资、给予股票期权以及职务晋升。A类员工所得到的奖励，可以达到B类员工的两至三倍。对于B类员工，也根据情况，确认其贡献，并提高工资。对于C类员工，不仅没有奖励，还要将其从企业中淘汰出去。

资料来源　编者根据相关资料整理。

（2）评定量表法。评定量表法是考评中常用的一种方法。它根据工作分析，将被考评岗位的工作内容划分为相互独立的几个模块，在每个模块中用明确的语言描述完成该模块工作需要达到的工作标准。同时，将标准分为几个等级选项，如“优、良、合格、不合格”等，考评人根据被考评人的实际工作表现，对每个模块的完成情况进行评估。总成绩便为该员工的考评成绩。评定量表法使得考评者可以以连续的方式标明员工的表现。由于其简易性，这一方法使用得最为普遍。在确定每项成绩级别的图表中，考评人只需在他认为适当的级别上打上标记，更详细的考核评价可以填写在每个被考评因素旁边的用于书写评价的空格内。评定量表示例见表5-2。

表5-2　**评定量表示例**

评估对象姓名：____________职务：____________评估日期：__________
工作单位：______________________________评估人：__________

评估等级因素	不满意	一般	良好	优秀	杰出
	明显地不适合其岗位工作	勉强可在本岗位工作	符合本岗位工作的基本要求	明显在其岗位标准和基本要求之上	明显且始终表现突出
工作质量：指工作的精确性和彻底性，产品的外观及验收情况					
工作数量：指产量和贡献					
必需的监督和管理：指需要给予劝告、指导和纠正的程度					
出勤：指出勤的经常性、可靠性和随时性					
维护：指保护设备的现实表现					

评估人：________（评语写在背面））
评估对象本人意见：
评估时间：______________________经手人签字：

评定量表法有其明显的缺陷。首先，这一方法常常将不同的特征或要素组合在一起，而考评人只能选择一个选项。其次，在这些等级表中，有时使用的说明性文字容易使不同考评者产生不同的理解。例如，主动性和合作精神这些标准就容易导致不同的理解，特别是与“出色”“一般”“较差”这些考评文字同时出现时，更容易导致五花八门的理解。由于设计起来比较容易，各种各样的考评分级方式在许多考评表中被广泛地采用。但是由于上述原因，对于那些过分依赖这些考评表的考评人来说，这种多样性往往使他们更容易出错。

（3）目标考评法。目标考评法是根据被考评人完成工作目标的情况来进行考评的一种考评方式。在开始工作之前，考评人和被考评人应该对需要完成的工作内容、时间期限、考评的标准达成一致。在时间期限结束时，考评人根据被考评人的工作状况及原先制定的考评标准来进行考评。目标管理考评制度以三个假定为依据：第一，如果在计划与设立各种目标和确定衡量标准的过程中，让员工也参与其中，就可以增强员工对组织的认同感和工作积极性。第二，如果所确定的各种目标十分清楚和准确，那么员工就会更好地工作以实现理想的结果。第三，工作表现的各种目标应该是可衡量的并且应该直接针对各种结果。

（4）情景模拟法。该方法是将识别对象置于一个模拟的工作环境之中，运用多种评价技术，观察候选对象的工作能力，从而判定该人是否适合从事某项工作的一种鉴别、选拔管理人才的方法。运用情景模拟法可以评价的项目有组织与计划能力、决策能力、创造力、抗应激能力、学习能力、口头与文字表达能力等。情景模拟法针对不同层次的管理人员的职务要求和必备能力，设计不同的评价方法，适应了不同组织的状况和管理层次的需要，具有针对性。常用的工作模拟试验有工作表演、无领导的小组讨论等。

（5）关键事件法。此法需要对每一待考评员工建立一本“考评日记”，由考察和知情的人（通常为被考评者直属上级）随时记载。需要说明的是：所记载的事件应该既有好事，也有不好的事；所记载的必须是较突出的、与工作绩效直接相关的事，而不是一般的、琐碎的生活细节方面的事；所记载的应是具体的事件与行为，不是对某种品质的评判（如“此人是认真负责的”）。最后还应指出，事件的记录本身不是评语，只是素材的积累，但有了这些具体事实作根据，经归纳、整理，便可得出可信的考评结论。从这些素材中不难得出被考评者的长处与不足，在对此人进行反馈时，不但因有具体事实作支持而易于被接受，还可以充实那些抽象的评语，并加深被考评者对它们的理解，有利于以后的改进，因而培训功能较强。

（6）行为锚定法。此法实质上是把评定量表法与关键事件法结合起来，兼具两者之长。它为每一职务的各考评维度都设计出一个评分量表，并有一些典型的行为描述性说明词与量表上的一定刻度（评分标准）相对应和联系（即所谓锚定），供操作中为被考评者实际表现评分时作为参考依据。例如，顾客购围巾，原以为是羊毛，实则不是，要求退货。售货员表现出以下的工作行为，每一种工作行为都对应一定的分值：

1——始则不理，继而拒绝、争吵、大骂；

3——谎称过期，无法退换；

5——顾客退换的商品已见损毁，在顾客坚持下退货；

7——用理性的方式接待了顾客，让顾客满意而归；

9——圆满地处理顾客的退换要求，让其深受感动，当即又购买其他商品。

这些典型说明词的数量毕竟有限（一般不会多于10条），不可能涵盖千变万化的员工实际表现，一般很难做到被考评者的实际表现恰好与说明词所描述的完全吻合，但有了量表上的这些典型行为锚定点，考评者给分时便有了分寸感。这些代表从最劣到最典型绩效的、有具体行为描述的锚定说明词，不但使被考评者能较深刻而信服地了解自身的现状，还可找到具体的改进目标。

小看板 5-7

音频

表5-3适用于对各行业一般员工的绩效考核。其考核指标、权重及具体释义非常明确、详细，且涵盖完整的自评、他评，便于实际操作与应用。在使用过程中，可根据不同岗位特征、业务特性，适当调整考核指标内容及其权重。

表5-3　一般员工绩效考核表（通用版）

被考评对象		部门		职务						综合得分	
考评人		考评时间	至	填表时间						等级	
考核项目	细分指标	权重（分）	指标具体内容及定义	评分标准					自我评价得分	考核评价得分	综合得分
				A	B	C	D	E			
				100%	80%	60%	40%	20%			
专业知识与技能（20分）	专业知识	10	掌握从事本职岗位的专业知识（基础知识、业务知识、关联知识）	A	B	C	D	E			
	专业技能	10	掌握从事本职岗位的专业技能	A	B	C	D	E			
业务技能（25分）	分析判断与应变能力	4	能对复杂的问题进行正确判断，处理工作事务机敏灵活，并能在自己的职权范围内迅速而准确地对多种备选行动方案进行评价，做出最终决定	A	B	C	D	E			
	解决问题能力	4	针对突发事件，能够从多角度进行分析，找出原因，从而解决问题	A	B	C	D	E			

续表

考核项目	细分指标	权重（分）	指标具体内容及定义	评分标准					自我评价得分	考核评价得分	综合得分
				A	B	C	D	E			
				100%	80%	60%	40%	20%			
业务技能（25分）	执行能力	5	针对上级的命令、下达的计划、布置的工作能及时贯彻执行，并及时复命	A	B	C	D	E			
	创新能力	4	在处理工作事务时，运用新思维、新方法提高工作效率和效益	A	B	C	D	E			
	表达及沟通能力	4	能清楚、完整地向对方表达自己的想法并获得理解，能聆听及尊重对方的意见	A	B	C	D	E			
	协调及公共关系能力	4	作为组织的一员，能够自觉地与组织内其他成员保持良好合作关系，热情协助他人的工作，积极参加公司及部门内部的各种活动，维护良好的同事关系	A	B	C	D	E			
品质与态度（20分）	道德品质	4	诚实正直、以身作则、克己奉公、乐于助人	A	B	C	D	E			
	忠诚度	2	对企业忠诚，爱护企业	A	B	C	D	E			
	责任感	2	充分理解自己的责任和义务，不回避责任，在期限之内完成上级交付的工作，能够以主人翁的态度去完成工作	A	B	C	D	E			
	进取心	2	努力学习，积极向上，不断提高和完善自己	A	B	C	D	E			
	纪律性	2	理解和遵守公司的各项规章制度，服从上级的指示和命令，出勤率高	A	B	C	D	E			
	自信心	2	对工作目标以及自己的决定充满信心	A	B	C	D	E			

续表

考核项目	细分指标	权重（分）	指标具体内容及定义	评分标准					自我评价得分	考核评价得分	综合得分
				A	B	C	D	E			
				100%	80%	60%	40%	20%			
品质与态度（20分）	工作热情	2	工作积极主动，愿意挑战有难度的工作	A	B	C	D	E			
	吃苦耐劳	2	在工作中不怕苦、不怕累	A	B	C	D	E			
	合作精神	2	在部门内和关联部门间与同事相互配合、协作	A	B	C	D	E			
工作绩效（35分）	目标达成度	15	工作目标达成情况	A	B	C	D	E			
	工作量	10	如期完成工作任务量	A	B	C	D	E			
	工作质量	5	工作效率高且完成质量高	A	B	C	D	E			
	客户满意度	5	根据客户反馈意见填写	A	B	C	D	E			
合计											
评语	签名：　　日期：										

管理大师档案

平衡计分卡创始人：罗伯特·卡普兰

罗伯特·卡普兰（Robert S.Kaplan），是平衡计分卡（Balanced Score Card，BSC）的创始人，现执教于哈佛商学院领导力开发专业。

在工业时代，注重财务指标的管理方法还是有效的，但在信息社会里，传统的业绩管理方法并不全面。组织必须通过在客户、供应商、员工、组织流程、技术和革新等方面的投资，获得持续发展的动力。基于这种认识，平衡计分卡方法认为，组织应从以下四个角度审视自身业绩：客户、业务流程、学习与成长、财务。

1996年，卡普兰关于平衡计分卡的第一本专著《平衡计分卡：化战略为行动》出版，标志着这一理论的成熟。卡普兰把绩效考核的地位上升到组织的战略层面，使之成为组织战略的实施工具。平衡计分卡自问世之日起便打动了许多企业管理人员的心弦，就连美国陆军也在多年前用上了平衡计分卡。平衡计分卡是一个全方位的架构，将企业的策略转换成一套前后连贯的绩效衡量体系，而且重视四个不同的方面对战略执行的影响。它弥补了传统绩效衡量制度只重视财务的不足，平衡了股东及顾客的需求，也平衡了过去结果及未来可能性的衡量。

美国《哈佛商业评论》将平衡计分卡理论评为75年来最具影响力的管理学说。

资料来源　赵娟. 平衡计分卡创始人：罗伯特·卡普兰［J］. 施工企业管理，2007（10）.

（扫一扫了解更多）

5.4.3　绩效考评的反馈

为了让人力资源管理的绩效考评能促进业绩水平的提高，管理者必须向其下属提供业绩的反馈。考评反馈可通过正式评价和非正式评价两种方式来完成。

大多数组织的管理者会在规定的时间里（如每6个月或1年）进行正式的绩效考评。作为正式考评的组成部分，管理者应该与下属进行一次谈话，下属在会谈时获得有关自己绩效的反馈。绩效反馈使下属知道，自己在哪些领域做得不错，在哪些领域需要改进，并且向他们提供改善绩效的指导。

由于认识到正式考评的价值，许多大型组织的管理者都投入了大量的资源来更新绩效考评程序，包括培训较低层级的管理者，使其知道如何使用它们，以及向员工提供正确的反馈等。例如，某公司是一家生产型企业。最近，公司的高层管理者花费了150万元更新和改进绩效考评程序。该公司的人力资源经理认为，这些钱花得值，因为"人们需要确切地知道他们站在哪里，以及他们应做些什么"。该公司在采用新系统之前，管理者参加了一个为期3天的培训和发展研讨会，以提高他们的绩效考评技能。

正式绩效评价为经理和下属提供了有价值的信息，但是下属往往需要更多的反馈，而且经理也希望在需要的时候激励下属。出于这些原因，大多数组织将非正式绩效评价作为正式绩效考评的补充。经理及其下属在需要的时候，进行非正式会谈，讨论正在取得的进展和改善的领域。此外，当工作责任、任务分配和目标变化时，也可以使用非正式评价，及时向员工提供他们在新任务方面做得如何的反馈。

管理者要不断地激发员工的积极性，通过绩效评价和反馈信息，帮助他们做出正确的决策。

互动课堂5-4

美国空军所采用的考评制度是美国许多公共事务机构绩效评价的典型代表。这套考评制度要求，每位官衔在将军以下的军官的直接上级，每年为各位军官撰写一次书面报告。评估报告的格式是统一设计的，适用于不同的军种和级别。表格留出的空白处较小，评估人员只能用精练的语言总结各个军官的业绩。20世纪70年代中期，这套评估制度受到了广泛的批评，因为它对军官的工作指派缺乏专业化的定义，导致了评估的主观性和不合理性，如对参谋人员领导才能的评估，这种方法的作用就不大。

以上原因导致了评估制度的修改。在每个单位内部，对业绩高低的评价比例进行了硬性规定，而且对评估程序也进行了修改，每位军官要接受其主要上司以及一位附加评估人和一位审核人的共同评估。

讨论：（1）考评制度有什么问题？

（2）你能替他们提出较好的评估方法吗？

管理定律

彼得原理

美国学者劳伦斯·彼得在对组织中人员晋升的相关现象进行研究后得出一个结论：在一个等级制度中，每个员工都趋向于上升到他所不能胜任的职位。就是说，有工作成绩的员工将被提升到高一级的职位；如果他们继续胜任，将进一步提升，直至到达他们不能胜任的位置。由此可以推论，每一个职位最终都将被一个不能胜任其工作的员工所占据。这种状况对员工和组织双方都没有好处。对员工来说，由于不胜任工作，找不到工作的乐趣，无法实现自身的价值。对组织来说，一旦相当部分的人员被推到了不胜任的职位，就会造成组织人浮于事、效率低下。因此，必须建立科学、合理的人员选聘机制，客观评价每个员工的能力和水平，做到才职匹配。

增值阅读

人事经理喜欢的履历风格

可能你即将步入人才市场，想在茫茫的职场中寻找一个属于自己的位置。准备一份让招聘官喜欢的履历表，是走向成功的第一步。事实上，除了必需的要件以外，人事经理对于履历风格的追求也可谓“与时俱进”。在制作履历的时候，也不可忽略这一点。

音频

美国西南路易斯安那大学（The University of Southwestern Louisiana）学者斯宾克斯（Nelda Spinks）和威尔士（Barron Wells）用了20年的时间，通过对财富500强企业展开3次调查发现，现在人事经理对履历风格的偏好已经大大不同于20年前。

那么，现代人事经理喜好的履历风格到底是什么样的？对于履历，人事经理们的兴奋点还会有什么新的发展动向？

简约就是美。这句话对履历来说仍旧管用。目前，一页履历还是主打风格，两页履历也开始崭露头角。对于厚且长的履历，没有人事经理持欢迎态度。通常人事经理在面试过程中，对待履历的时间平均不会超过5秒。

虽然对于贴上照片的履历，人事经理们还抱有容忍的态度，但从研究的角度来审视，人事经理似乎更倾向于没有照片的履历。在他们的心目中，你有多少能力为企业创造多少财富，是首要问题，而脸蛋，重要但不绝对——除非他们的行当要靠脸吃饭。

面对一张报价单似的履历和一张附上一些别人对你的评论或者赞美的履历，很多人事经理倾向于后者——假如评论或者赞美恰如其分、不甜得发腻的话。多一些线索了解你，总不是件坏事。

学历、证书虽然不能代表一切，但毕竟能说明一些问题，所以，它还是如此重要。在撰写履历的时候，不要随意将此忽略。

你所获得的奖项、荣誉，不要轻描淡写地在履历上一笔带过。虽然，这些荣誉与你所应聘的职位、专业相差甚远，但毕竟这些能够折射出你的一个方面——你曾经优秀过，你值得信赖。这一点，在人事经理眼里永远重要。

健康状况，在过去可能是一个关键的变量，而现在，不少人事经理似乎并不将此作为履历上必不可少的要件。

愿不愿意到外地工作或者经常出差，已成为人事经理取舍求职者的关键。因为，在经济全球化的这个世界里，永远待在一个地方，不是胸怀大志企业的发展逻辑。在地球村里，同时开设几个分号，是极其寻常的事情。如果你没有在履历中表明这种心迹，也许会失去很多机会。

调查表明，人事经理更习惯于应聘者能够带着履历前来进行应聘、面试。看着履历，兴许他能激发出很多关于岗位、职责、能力、薪酬……一系列灵感。所以，去面试的时候，不要自信得连履历都不带。多准备一些副本，有备无患，总比事后懊恼要好得多。

资料来源 汪博．人事经理喜欢的履历风格［EB/OL］．［2021-12-22］．http：//women.sohu.com/2004/05/25/44/article220234484.shtml.

点评：履历是应聘者走进企业的第一张名片，它对应聘者来说非常重要。把你最好的一面以最简单的方式呈现出来，只有“你”简约得与众不同，才足以吸引“我”的眼球！

[基础训练]

1. 请联系实际谈一谈，如果你是某公司的人力资源部经理，你如何开展工作？
2. 你觉得人力资源管理在整个公司管理中应该处于一个什么位置？
3. 如何进行人力资源规划？
4. 员工招聘的程序是什么？
5. 你认为内部招聘是有效的还是无效的？为什么？
6. 在面试中，主考官应该注意哪些问题？
7. 员工培训的原则和方法有哪些？
8. 简述常见的考评方法。
9. “每个人都希望从事一件具有挑战性的工作，从而使自己有成长的机会。”这种说法怎么用人力资源的观点来解释？

[综合应用]

■实训与实践

1.以团队为单位，每个团队就组建的模拟公司举行一场模拟招聘会。

要求：（1）各模拟公司组织招聘各部门负责人及业务人员，招聘由各公司总经理主持，公司成员为招聘组成员；各公司招聘范围为班级全体成员，每位同学可向不超过三家公司（不含本公司）应聘。

（2）各公司要制订招聘计划，包括招聘目的、招聘岗位、任用条件和招聘程序，特别是聘用的决定方法。

（3）每个应聘者要写出应聘提纲或应聘演讲稿，一定要体现出应聘竞争优势。

（4）各团队先在课下进行精心准备，然后在课上进行角色扮演。

考核：（1）各公司提供招聘计划书。

（2）个人提供应聘提纲或演讲稿。

（3）评估各公司招聘组织状况的好坏，并以前来应聘者的人数作为重要衡量指标。

（4）评价每个人的表现，特别是受到其他公司聘任的频次。

2. 成语是中华优秀传统文化的瑰宝。唐朝文学家韩愈在《马说》中有句名言“千里马常有，而伯乐不常有”。成语“伯乐识马”由此而来，比喻善于识别、发掘和任用人才。

请同学们以小组为单位开展读书活动，读一读中国历史上“知人善用，慧眼识珠”的故事。

■案例分析

销售部经理的人选

S实业公司是一家从事电子计算机芯片销售的公司。它是美国一家知名公司在中国的总代理，也是欧洲其他两家知名公司在中国的分销商。该公司的总部设在广州市，其销售网点遍及北京、上海、武汉等地，客户有8 000余家，每年的销售业务以50%以上的速度递增。S实业公司中设有产品部、销售部、服务部、人事部等部门，其中销售部在武汉、南京、西安等地设有分部，负责当地的销售业务。

S公司总经理邵刚现在面临一个难题：公司的销售部需要改组。上个星期，销售部经理杨帆向公司提交了辞呈，理由是另一家公司给他的薪水更加优厚。公司几次挽留杨帆，但仍没有改变他的决定。现在急需任命一位销售部经理来代替杨帆。同时，邵刚从这件事中得出教训：从公司长远利益着想，必须从现在起着手培养后备力量，这样才能形成人才梯队，使公司不至于出现一个人走导致整个部门都得进行大变动的局面。因此，邵刚决定再确定一两个作为销售经理未来接班人的人选。可是，问题并没有想象得那么简单。邵刚和公司其他部门几位负责人在一起讨论了几天，也没有形成明确的意见，怎不让人着急！

邵刚首先考虑销售部经理人选。他私下认为现任副经理于多不错，可以接杨帆的班。邵刚的这个想法遭到其他几个人的反对，他记得前天开会的情景。当时他把想法向公司其他部门负责人说出时，这些人表情怪异。邵刚不解地望着他们：“你们该不会反对他吧？你们都是有目共睹的，他的表现堪称一流。”人事部经理周林发言说：“于多这个人能力的确不错。他才思敏捷，对于外在变化永不畏缩，也能立刻适应情况，但我认为他担任销售部经理恐怕不合适。他实在太过咄咄逼人，不喜欢听别人的意见，目中无人。如果提拔他当经理，我担心他日后和下属关系搞不好而导致下属辞职而去。另外，现在单位任命主管干部都考虑知识化，一般主管干部都要求有较高涵养。我们这样做，会不会自毁公司的形象呢？

产品部负责人插言：“我认为于多是个很称职的销售员。但我总觉得他的过分热心和乐观态度令人感到有点儿不安。他可能无法进行正确而实际的市场调查和研究工作。而这一点对我们公司销售部门及其他部门的发展是非常重要的。我也认为他不宜出任公司的销售部经理。”其他几个人也同意这种看法。

邵刚几乎不相信自己的耳朵，他没想到他一向欣赏的于多受到如此评价。虽然自己可以坚持己见任命于多，但这样做必然使于多处处树敌，更何况邵刚一向看重公司和谐，尊重下属的意见。为了公司的长远发展着想，他或许应该换一个人选，可是于多会不会因此愤而辞职离开公司呢？如果真是这样，对公司是一个损失呀！想到这些，邵刚就变得心绪难平。

邵刚又想到销售部另一位副经理胡波。胡波属于与于多完全不同的人。胡波外表很不起眼，但他生性平和，团结下属，能让手下一群人很好地团结在一起。另外，他办起事来韧劲十足，百折不挠，对名利也看得很淡，做事不喜欢张扬。比如去年，胡波受命代表S公司与欧洲一家公司谈判分销事宜，事后，邵刚从这家公司代表口中听到他们对胡波的赞扬："我们开始并不想与贵公司合作，因为我们认为贵公司在这一方面经验不足，但你们的代表胡波先生，把我们说服了。结果证明，合作对大家都有利。"如果让胡波出任销售部经理，似乎顺应民心，可邵刚还是犹豫不定。胡波有时做事不够果断，缺乏领导魄力。他有时心太软，在他手下，有几位表现欠佳的销售员，按理说应该把这几个人辞掉，可胡波不忍心这样做，他让这些人留在销售部，干些不重要的事情。关于这件事，财务主管已向邵刚反映过，公司不能容纳吃闲饭的人，但胡波据理力争，这件事只好搁下。既然如此，再考虑其他人选吧。

邵刚下一个想到的是现任西安分部负责人的张庆。张庆计算机专业毕业，懂技术、头脑聪明，从事销售工作以后进步神速，积累了不少管理经验。去年被公司任命为西安分部负责人。他上任以来，西安分部的业务突飞猛进，改变了以前那种惨淡经营的局面。但是就在公司决定对销售部进行改组的这几天，邵刚收到了几封检举信。这几封信与张庆有关。信的主要内容是检举张庆利用公款大吃大喝，在吃喝中拉拢用户，他的业绩都是用吃喝堆出来的。邵刚拿着信，觉得很棘手。虽说不排除有人想趁此机会给张庆"使绊子"，但张庆也的确让人家抓到了"小辫子"，现在居然闹得满城风雨。我们的公司毕竟同西方国家的公司有所不同，在提拔干部时不能不顾及社会影响。此外，虽然公司每月都要给销售人员一定的费用，用于必要的业务开支，但张庆这种做法是不是太明目张胆，不太妥当呢？难道就没有比吃喝更好的方式吗？

正当邵刚沉思时，周林走了进来。他兴冲冲地对邵刚说："总经理，既然我们对现有公司人选拿不定主意，为什么不把目光投到别的公司呢？M公司销售部经理王颖的能力我们都十分清楚。我听说最近她与公司老板闹翻了，要辞职不干。我们何不趁此机会把她挖过来？让她来接手销售部可以解决我们选人的矛盾。同时，我们也可以把握时机，击败M公司呀！"邵刚听后，觉得这也不失为一个解决问题的方法。但他认真考虑后，又觉得不太妥当。真如周林所说的那样，王颖的确是一位难得的人才，公司应不应该把她挖过来？把她挖过来后，公司又如何解决她的职务问题？如果任命她为销售部经理，是否能理顺各种关系，很快熟悉本公司的业务，有效地开展工作呢？这方面失败的例子比比皆是。外来的和尚不一定就会念经。再说，这样做很可能会挫伤本公司销售人员的积极性。于多、胡波等人并非平庸之辈，如何向他们解释？有可能出现这种局面：挖来一个人，走了一批人，公司得不偿失，此事必须三思而后行……

问题：

如果你处于邵刚的位置，怎样处理眼前的问题？请给出有说服力的解决方案。

第6章 领导

将者，智、信、仁、勇、严也。

——《孙子兵法》

真正的领导者不是要事必躬亲，而在于他要指出路来。

——米勒

【学习目标】

知识与能力目标：

◎了解领导职能的含义以及领导的作用。

◎了解领导者素质及领导集体构成的要求。

◎熟悉领导的影响力构成因素及相关的领导理论。

◎能够利用领导理论分析问题、解决问题。

◎掌握正确处理领导团队合作问题的方法和策略。

◎培养成为好的领导者的特定行为。

素养目标：

◎通过领略中国共产党领袖风范，了解领导理论与实践，增强“四个意识”，成为爱国敬业、遵纪守法、追求卓越的新时代管理者。

本章自学课件

趣味阅读

鹦鹉

一个人去买鹦鹉，看到一只鹦鹉前标着：此鹦鹉会两门语言，售价200元。另一只鹦鹉前则标着：此鹦鹉会四门语言，售价400元。该买哪只呢？两只都毛色光鲜，非常机灵、可爱。这人转啊转，拿不定主意。突然他发现一只老掉了牙的鹦鹉，毛色暗淡散乱，标价800元。这人赶紧将老板叫来，问：“这只鹦鹉是不是会说八门语言？”店主说：“不。”这人奇怪了，问：“那为什么又老又丑，又没有能力，会值这个数呢？”店主回答：“因为另外两只鹦鹉叫这只鹦鹉为老板。”

资料来源　编者根据相关资料整理。

音频

管理启示：真正的领导人，不一定自己能力有多强，只要懂信任、懂放权、懂珍惜，就能团结比自己更强的力量，从而提升自己的身价。

6.1 领导职能的构成

从组织运行过程看，领导是管理的一项重要基本职能。在实际的组织管理工作中，即使组织计划完善，组织结构合理，如果没有卓有成效的领导去协调、影响组织成员的行动和具体指导实施组织计划，也很容易使组织产生混乱，失去管理效能，降低工作效率，从而影响甚至丧失组织功能的发挥，偏离组织目标。

6.1.1 领导职能的界定

对于什么是领导，管理学家和心理学家一直存在着不同的看法。到目前为止，对“领导”没有一个明确、统一的定义，几乎每一个管理学家和心理学家都有一个自己的定义。下面介绍几种领导的定义：

（1）领导是影响人们自动为实现团体目标而努力的一种行为。

（2）领导是人们促使其部属充满信心、满怀热情地来完成他们的任务的艺术。

（3）领导是对组织内群体或个人施加影响的活动过程。

（4）领导是一种说服他人热心于一定目标的能力。

（5）领导是关于影响他人来完成某项目标所发生的两个人或更多人之间的相互关系的过程。

综上所述，我们可以把领导定义为指引和影响个人或组织，在一定条件下实现某种目标的行动过程。其中，实行指引和影响的人是领导者，接受这种指引和影响的人是被领导者，而一定的条件就是指领导过程所处的环境。领导是一动态过程，受到领导者、被领导者和环境三因素的制约。领导包括领导行为和领导艺术，二者共同构成了领导的全部内容。该定义包含以下几个要素：

（1）领导者必须有追随者，没有追随者的领导就不能称其为领导。

（2）领导者拥有影响追随者的能力，这些能力包括由组织赋予领导者的职位和权力，也包括领导者个人所具有的影响力。

（3）领导者的目的是通过影响力来影响人们心甘情愿地努力达到组织的目标。

6.1.2 领导的影响力

从领导的定义可以看出，领导是领导者以一定的方式对他人施加影响的过程。“影响”意味着使他人的态度和行为发生改变，要产生这种影响，领导者必须拥有影响被领导者的能力即影响力。

领导影响力的内容比较广泛，一般包括职位权力与个人权力。主要依靠法定权力、奖赏权力和强制权力而形成的影响力，统称为职位权力；而与个人因素相关的专家权力、感召和参考权力统称为个人权力。职位权力带来强制性影响力，个人权力带来非强制性影响力，二者的结合，构成领导的影响力。

1）法定权力

法定权力指组织内各领导职位所固有的合法的、正式的权力。这种权力可以通过领导者利用职权向直属人员发布命令、下达指示来直接体现，有时也可借助于组织内的政策、程序和规则等而得到间接体现。一个工人对不符合质量标准的产品要进行返工，是因为他知道质量标准是必须遵守的，返工是合法的要求。连队士兵听从连长指挥向敌军阵营发起猛攻，因为连长具有士兵所接受的合法的职权。同样，企业中的各级管理人员对其下属也拥有法定权力，这种权力是组织的等级指挥链所固有的。

2）奖赏权力

奖赏权力指提供奖金、提薪、升职、赞扬、理想的工作安排和其他任何令人愉悦的东西的权力。由于被领导者感觉领导者有能力使他们的需要得到满足，因而愿意追随和服从他。可以说，领导者所控制的奖赏手段越多，并且这些奖赏对下属越显得重要，那么他拥有的影响力就越大。

3）强制权力

强制权力指给予扣发工资、降职、批评乃至开除等惩罚性措施的权力。它和奖赏权力一样，都是与法定权力密切相关的，如采购员可以通过向生产现场提前或拖延供应急需的零部件而发挥影响力，交通警察可以对违反交通规则的驾驶员发出违法停车告知单或扣留驾驶证而发挥影响力。这些权力的行使都是与其所担负的工作和职务相关的。

4）专家权力

专家权力是指由个人的特殊技能或某些专业知识而产生的权力。如律师、医生、大学教授和企业中的工程师可能拥有相当大的影响力；与之相反，一个身居领导职位的人，因为缺少某种专门知识，就可能缺乏相应的专家权力。提倡“内行当家”，其道理之一就在于此。

5）感召和参考权力

这是与个人的品质、魅力、经历、背景等相关的权力。例如，美国黑人民权运动领袖马丁·路德·金，尽管其法定的权力很小，但凭着他人格的力量，有力地影响着许多人的行为。同样的情形还见于电影明星、战斗英雄和其他具有表率作用的榜样人物身上。感召权力亦称为个人影响力。除这种权力之外，有些人因为与某领导者或某权威人物有着特殊的关系，可能因此具有与普通人不同的影响力，其称为参考权力。如董事长的夫人，她虽然不在公司担任职务，却可能对该企业内的员工产生影响力。又如，总经理的秘书，其头衔和职务系列远低于部门经理，却可能令这些人对其敬畏三分。

总之，一个领导者获得影响力的途径是多样的，主要包括以上所讲的职位权力与个人权力。正式组织中有效的领导者应该是兼具职位权力和个人权力的领导。仅有职位权力的领导者只会是指挥官，而不能成为令人信赖和敬佩的领袖。非正式组织的领导者并不拥有职位权力，但却能一呼百应，其影响力就主要来源于其个人的力量。这从一个侧面说明，正式组织的领导者应该加强个人素质的修炼，以便在拥有职位权力的同时获得更大的个人权力，增强其影响力。

小看板-6-1

美国公司“一分钟经理”的管理艺术

《一分钟经理》是美国医学博士布兰查德和管理学博士约翰逊合著的一本书。他们通过一个虚构的故事，从行为心理学和管理学的观点出发，提出了关于管理的一些法则，这些法则反映出管理艺术研究中的精华。

书中讲述一个有志青年想寻找一位有效率的经理为师，后来打听到一个叫“一分钟经理”的人，了解到这位一分钟经理的管理艺术的三个诀窍是：一分钟目标；一分钟表扬；一分钟批评。

（1）一分钟目标。对于一分钟目标，经理的看法是，我们的目的是求得效益，为此员工每个时期都要有一个十分简单而明确的职责和目标，这就是“一分钟目标”。有的人在工作时萎靡不振，下班后却生龙活虎。一个人做每一件事都要有一股动力，即要有明确的目标。有了目标，任何事情都会干得很好。

音频

怎样建立一分钟目标呢？公司里每个员工的办公桌上都有一块牌子，上面写着：“每天花一分钟时间，查对你的工作是否符合‘目标’。”经理每周星期三开一次会，各部门汇报工作，每个员工都有一个一分钟可以读完的目标。经理手中也有每个员工的“目标”，因而对员工的工作一清二楚，员工也能够各负其责。

（2）一分钟表扬。在大多数企业里，经理用大部分时间抓员工的毛病，而一分钟经理正好相反，他在找员工做对了什么，把“找出他的对的来”作为座右铭。员工做对了，经理会马上表扬，而且很精确地指出做对了什么，然后鼓励他继续努力，时间只花去一分钟，这就是“一分钟表扬”。

有的企业苦于人才难求，其实主要问题在于训练和培养，一分钟表扬就出于这种观念。大多数公司经理50%~70%的时间用于工作，而在人力培养上还不到1%，一分钟经理则是把最主要的精力用于人才培养。

（3）一分钟批评。如果下属做错了事，你不尽快处理，对改善他的工作不会有好处，多数领导把下级的错误“储存”起来，到时候一下端出来，结果不利于上下级关系；一分钟经理对下级的错误及时指出，“脸上的笑容消失，直视对方的眼睛，然后精确指出错误所在”。整个批评只用一分钟。

一分钟批评之后，如果下级打电话找经理，告诉他对错误的认识，一分钟经理会哈哈大笑，关系又完好如初。

资料来源　编者根据相关资料整理。

6.1.3　领导的作用

卓越的企业领导者是企业获得成功的重要条件之一，通常情况下，没有成功的领导者就没有成功的企业。然而，在现实生活中，领导常常与管理相混淆。其实，领导和管理是不同的，好的领导与薄弱的管理不能产生好的效果，有效的管理但领导不力也不能达到组织目标。管理是维持组织运行的既定规则与制度，它使组织得以正常运转，没有行之有效的管理，企业将在千头万绪中一片混乱；领导则有所不同，相对而言，领导的职能和作用更反映在对环境的应变并引导组织内的变革中。巴纳德在《经理人员的职能》一书中将经理人员的职能归结为维持信息交流、促成个人进行必要的努力以及提出和指定目标三个方面。因此，领导的主要作用如下：

1）指挥作用

有人将领导者比作乐队指挥。一个乐队指挥的作用是通过指挥演奏家，共同努力形成一种和谐的声调和正确的节奏。在组织的集体活动中，需要头脑清醒、胸怀全局、高瞻远瞩、运筹帷幄的领导者，帮助组织成员认清所处的环境和形势，指明活动的目标和达到目标的途径。领导就是引导、指挥、指导和先导，领导者应该帮助组织成员最大限度地实现组织的目标。领导者不是站在群体的后面去推动群体中的人们，而是站在群体的前列，促使人们前进并鼓舞人们去实现目标。

2）激励作用

组织是由具有不同需求、欲望和态度的个人所组成的，因而组织成员的个人目标与组织目标不可能完全一致。领导的目的就是把组织目标与个人目标结合起来，引导组织成员满腔热情地为实现组织目标做出贡献。领导者为了使组织内的所有人都最大限度地发挥其才能，实现组织的既定目标，就必须关心下属，激励和鼓舞下属的斗志，挖掘、充实和加强人们积极进取的动力。

3）协调作用

在组织实现其既定目标的过程中，人与人之间、部门与部门之间发生各种矛盾冲突及在行动上出现偏离目标的情况是不可避免的。因此，领导者的任务之一就是协调各方面的关系和活动，保证各个方面都朝着既定的目标前进。

4）沟通作用

领导者是组织的各级首脑和联络者，在信息传递方面发挥着重要作用，是信息的传播者、监听者、发言人和谈判者，在管理的各层次中起着上情下达、下情上达的作用，以保证管理决策和管理活动顺利地进行。

思享园地

我将无我，不负人民

这么大一个国家，责任非常重、工作非常艰巨。我将无我，不负人民。我愿意做到一个“无我”的状态，为中国的发展奉献自己。

一个举重运动员，最开始只能举起50公斤的杠铃，经过训练，最后可以举起250公斤。我相信可以通过我的努力、通过全中国13亿多人民勠力同心来担起这副重担，把国家建设好。我有这份自信，中国人民有这份自信。

资料来源　习近平.习近平谈治国理政（第三卷）[M].北京：外文出版社，2020.

互动课堂6-1

弹琴的领导与熬夜的领导

鲁国的单父县缺少县令，国君请孔子推荐一个学生，孔子推荐了巫马期。巫马期上任后工作十分努力，披星戴月、废寝忘食，兢兢业业工作了一年，单父县大治。不过，巫马期却因为劳累过度而病倒了。于是孔子又推荐了另一个学生宓子贱。宓子贱弹着琴、唱着小曲就到了单父县，他在官署后院建了一个琴台，终日鸣琴、身不下堂，日子过得很滋润，一年下来单父县大治。后来，巫马期很想和宓子贱交流一下工作心得，于是他找到了宓子贱。

你可以想象一下，这个大名鼎鼎的宓子贱是一个不到30岁的小伙子，个头不高，面色红润，额头饱满，说话慢条斯理的，眼睛很黑、很亮。在他的面前，巫马期应该是感觉到了压力。

两个人的谈话是从寒暄客套开始的，不过很快就进入了正题。巫马期羡慕地握着宓子贱的手说："你比我强，你有个好身体啊，前途无量！看来我要被自己的病耽误了。"宓子贱听完巫马期的话，摇摇头说："我们的差别不在身体，而在于工作方法。你做工作靠的是自己的努力，可是事业那么大、事情那么多，个人力量毕竟有限，努力的结果只能是勉强支撑，最终伤害自己的身体；而我用的方法是调动能人为自己工作，事业越大可调动的人就越多，调动的能人越多事业就越大，于是工作越做越轻松。"

音频

宓子贱和巫马期的故事揭示了领导艺术最核心的一个问题——领导者要通过他人完成任务，领导的核心工作不是调动自己的工作积极性，而是调动他人的工作积极性。激励人心的技巧在诸多领导能力要素中应该是最重要的。

其实，管理的本质是通过他人完成任务。有100件事情，一个人都做了，那只能叫勤劳。有100件事情，主事的人自己一件也不做，手下的人就帮他把所有的事情都办好了，而且回过头来还要感谢他提供这样的锻炼机会，这就是管理！所以，领导者可以不必擅长某些专业领域的工作，只要能调动那些专业人士为自己工作就可以了。

柳传志先生有一段关于领导的概括，说得很精辟：总裁在企业里一般都要做两件事，第一件是制定战略并设计实施战略的战术步骤；第二件是带好员工队伍，让你的队伍有能力按照这个战略目标去实施。这两件事做好了，企业就能向好的方向发展，但在做这两件事情之前，还有一件更重要的事要办，就是建班子。企业必须要有一个好的领导班子，否则你把事情布置下去之后，后面的人未必照你的意思去做。有了好的班子才能群策群力，同时对"一把手"也就有了制约。没有一个好的班子就制定不了好的战略，就带不好队伍，所以领导班子实际上是第一位的。

资料来源　佚名. 两个不一样的领导者［EB/OL］.［2022-12-12］. https://www.sohu.com/a/236630664_619192.

讨论：结合所学理论和案例，分析领导者应做好哪几方面的事情。

微课：领导的基本理论

6.2 领导理论

在管理学领域中，现有的领导理论大致归纳为三种典型理论，即特性理论、行为理论和权变理论。其中，行为理论主要包括连续统一体理论、管理系统理论、领导行为的四分图理论、管理方格理论。

6.2.1 特性理论

特性理论主要是通过研究领导者的各种个性特征，来预测具有怎样性格特征的人才能成为有效的领导者。早期提出这种理论的学者认为，领导者所具有的特性是天生的，是由遗传决定的。显然，这种认识是不全面的。实际上，领导者的特性和品质是在实践中逐渐形成的，可以通过教育和培训而造就。当然，不同的环境对合格领导者提出的标准是不同的。下面列举一些人们提出的领导者应具有的特征和品格。

日本有效领导观要求一个领导者具有10项品德和10项能力。10项品德是使命感、责任感、信赖感、积极性、忠诚老实、进取心、忍耐性、公平、热情和勇气。10项能力是思维能力、决策能力、规划能力、改造能力、洞察能力、劝说能力、对人理解能力、解决问题能力、培养下级能力、调动积极性能力。

政治家和国务活动家应具备的品质是：对国家和民族前途及命运的关注、对社会活动的热情、对个人物质经济利益的舍弃和对政治利益的高度重视、善于把握社会动向和民心民意。美国企业界认为一个企业家应具备10个条件，即合作精神、决策才能、组织能力、精于授权、善于应变、敢于求新、勇于负责、敢担风险、尊重他人、品德超人。

苏伦斯·格利纳在哈佛大学通过对300多人进行调查，提出了有效领导者的10项重要特质：①劝告、训练与培训下属；②有效地与下属沟通；③让下属人员知道对他们的期望；④建立标准的工作要求；⑤给予下属参与决策的机会；⑥了解下属人员及其能力；⑦了解组织的士气状况，并能鼓舞士气；⑧不论情况好坏，都应让下属了解实情；⑨愿意改进工作方法；⑩下属工作好时，及时给予表扬。

具有较高成就的军事领导人即军事家的共同特质是：坚决果断、胆大刚毅和破釜沉舟、置之死地而后生的魄力；心细而敏锐，善于利用机会，捕捉战机；看透事物本质、识破假象和有所为有所不为的抉择能力。

动画：好领导

从这些研究中可以发现，作为一名优秀领导人，必须在多个方面具有比常人更强的能力和良好的品格。这些标准可以用于领导者的选拔和考核。

管理游戏

游戏简介：这是一个帮助学生了解自己领导水平的游戏，游戏完成后，学生可以对自己的领导水平有一个大致的评价。

道具：纸、笔、投影仪

参加人数：40人

用时：50分钟

场地：教室

游戏步骤：

教师把印有如下内容的试题纸发给学生或投放在投影仪上。学生选择合适的数字，然后合计得分。选择的数字为：1（最不符合）；2（较不符合）；3（中等情况）；4（较符合）；5（最符合）。

1. 我已挑选好团队成员。
2. 我已向我的队员证明我关心他们。
3. 我已鼓励他们互相关心。
4. 我知道我的队员的喜好。
5. 我积极推动团队发展。
6. 我已培养了一支适应性强的队伍。

7.我支持我的队员。

8.我已经教给他们什么是重点。

9.我经常告诉他们行动计划。

10.我在奉献方面做出了表率。

11.我的队员愿意将团队利益置于个人利益之上。

12.我已培养了一名优秀的替补队员。

13.我鼓励每一名队员找到自己的位置。

14.我赢得了队员的尊重。

15.我按队员的表现奖励队员。

16.我确立了一种制胜的法宝。

17.我预料到困难并做好准备解决它。

18.我了解每个队员的水平。

19.我花时间传授我的理念并积极授权。

20.我仅仅做那些我不能授权的工作。

游戏要点：

90~100分，你是一名伟大的团队领导，已准备好取得最优异的成绩。

80~89分，你是一名优秀的领导，对你的队伍和技术做了很好的调整。

70~79分，你是一名可靠的领导，现在不要停下来，继续发挥工作中的优势，为更上一层楼而努力。

60~69分，你的团队开始成型，需要不断学习与建设。

60分以下，你还有很多工作要做，但是不要泄气，马上用建立领导者团队的方法组建你的团队，提高你的领导水平。

6.2.2 行为理论

行为理论主要研究领导者的行为及其对下属的影响，以期寻求最佳的领导行为，也就是要回答一个领导人是怎样领导他的群体的。行为理论中最有影响力的是连续统一体理论、管理系统理论、领导行为的四分图理论、管理方格理论等。

1）连续统一体理论

基于民主与独裁两个极端领导方式，坦南鲍姆与施密特提出了领导方式连续统一体理论。他们假设了两个极端：一个极端是独裁的领导方式，认为权力来自职位；另一个极端是民主的领导方式，认为权力来自群体的授予和承认。从一个极端到另一个极端或从独裁到民主，从左到右，领导方式的民主程度逐渐提高，领导者运用的权力逐渐减少，下属的自由度逐渐提高（如图6-1所示）。

（1）经理做出并宣布决策。在这种方式中，上级确认一个问题，考虑各种可供选择的解决方法，从中选择一个，然后向下属宣布，以便执行。他可能考虑，也可能不考虑下属对他的决策的想法，但不管怎样，他不给下属参与决策的机会，下属只能服从他的决定。

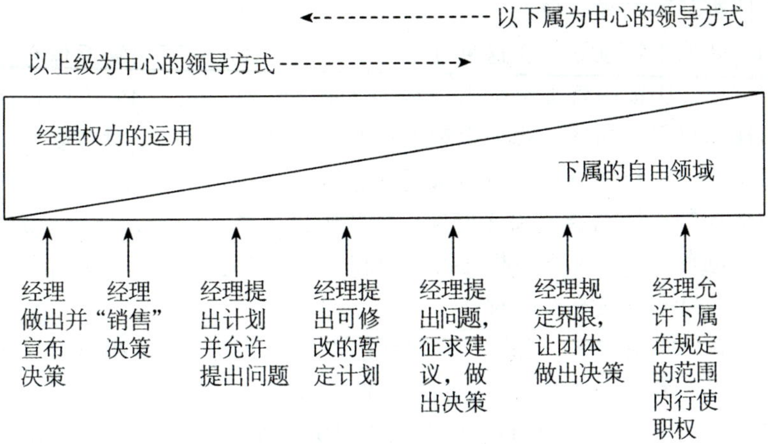

图6-1　领导方式的连续统一体理论

图6-1中列出了以下七种典型的领导方式：

（2）经理“销售”决策。在这种方式中，如同前一种方式一样，经理承担确认问题和做出决定的责任，但他不是简单地宣布这个决策，而是说服下属接受他的决策。这样做是表明他意识到下属中可能有某些反对意见，通过阐明这种决策给下属带来的利益以争取他们的支持。

（3）经理提出计划并允许提出问题。在这种方式中，经理做出了决策，并期望下属接受这个决策，他会向下属提供一个有关他的想法和意图的详细说明，并允许提出问题。这样，他的下属可以更好地了解他的意图和计划。这个过程使经理和他的下属能深入探讨这个决策的意义和影响。

（4）经理提出可修改的暂定计划。在这种方式中，允许下属对决策发挥某些影响作用，但确认问题和决策的主动权仍掌控在经理手中。他先对问题进行考虑，并提出一个计划，但只是暂定的计划，然后把这个计划交给有关人员征求意见。

（5）经理提出问题，征求建议，做出决策。在这种方式中，虽然确认问题和做出决策仍由经理来完成，但下属有建议权。下属可以在经理提出问题后，制订各种解决问题的方案，然后经理从他自己和下属制订的方案中选择出较为满意的方案。这样做的目的是充分利用下属的知识和经验。

（6）经理规定界限，让团体做出决策。在这种方式中，经理把决策权交给团体。这样做之前，他提出需要解决的问题，并给要做的决策规定界限。

（7）经理允许下属在规定的范围内行使职权。在这种方式中，团体有极度的自由，唯一的界限是上级所做的规定。如果上级参加了决策过程，也往往以普通成员的身份出现，并执行团体所做的任何决定。

坦南鲍姆与施密特认为，上述方式孰优孰劣没有绝对的标准，成功的经理不一定是专权的人，也不一定是放任的人，而是在具体情况下采取恰当行动的人。当需要果断指挥时，他善于指挥；当需要员工参与决策时，他能提供这种可能。

2）管理系统理论

行为科学家利克特以数百个组织机构为对象，通过借鉴领导方式连续统一体理论，发现了四类基本的领导形态。

（1）剥削式的集权领导。在这种领导形态中，管理层对下级缺乏信心，下级不能过问决策的程序。决策由管理层做出，然后以命令形式宣布，强制下级执行。上下级之间互不信任，组织中的非正式组织对正式组织的目标通常持反对态度。

（2）仁慈式的集权领导。在这种领导形态中，管理层对下级有一种谦和的态度，但决策权力仍控制在最高层，下级能在一定的限度内参与决策，但仍受高层的制约，对员工有奖励也有惩处。上下级相处态度谦和，但下级小心翼翼。机构中的非正式组织对正式组织的目标一般不会反对。

（3）协商式的民主领导。在这种领导形态中，上下级之间有相当的信任，但不完全信任。主要的决策权仍掌握在高层手里，但下级对具体问题可以决策。双向沟通在相当信任的情况下经常进行。机构中的非正式组织一般对正式组织的目标持支持态度。

（4）参与式的民主管理。在这种领导形态中，管理阶层对下属完全信任，决策采取高度的分权化，随时进行上下沟通和平行沟通。上下级之间在充分信任和友好的状态下交往，分不出正式组织和非正式组织。

一般来说，具有高度成就的部门负责人或中层主管，大部分采用参与式的民主管理，而成就低的部门负责人和中层主管一般采用剥削式的集权领导。

3）领导行为的四分图理论

领导行为的四分图理论是美国俄亥俄州立大学的学者们在1945年提出的。他们将领导行为的内容归纳为两个方面，即依赖组织与体贴精神。所谓依赖组织，是指领导者规定他与领导群体的关系，建立明确的组织模式、意见交流渠道和工作程序的行为。它包括设计组织机构，明确职责和权力、相互关系和沟通办法，确定工作目标与要求，制定工作程序、工作方法与制度。所谓体贴精神，是建立领导者与被领导者之间的友谊、尊重、信任关系方面的行为。它包括尊重下属的意见，给下属以较多的工作主动权，体贴他们的思想感情，注意满足下属的需要，平易近人，平等待人，关心群众，作风民主。

以依赖组织与体贴精神作为两个坐标轴建立平面坐标系（如图6-2所示），用四个象限来表示四种类型的领导行为：高体贴与高组织、低体贴与低组织、低体贴与高组织、高体贴与低组织。

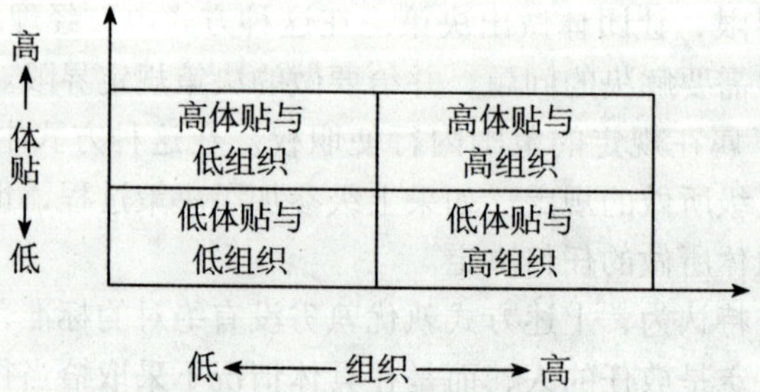

图6-2 领导行为四分图

哪种领导行为效果好？结论是不确定的。一般来说，低体贴与高组织带来更多的旷工、怨言和辞职。

小看板 6-2

刺猬法则

音频

两只困倦的刺猬，由于寒冷而拥在一起。可因为各自身上都长着刺，于是它们离开了一段距离，但又冷得受不了，于是又凑到一起。几经折腾，两只刺猬终于找到一个合适的距离：既能互相获得对方的温暖而又不至于被扎。领导与下属相处也要讲究距离，这就是“角色距离”。

4）管理方格理论

管理方格理论是布莱克和穆顿提出的。他们以企业为例，研究组织的五种领导风格。他们用纵坐标表示“对人的关心”，横坐标表示“对生产的关心”，并将两个坐标轴划分为9等份，于是便形成了81种领导方式的方格图。管理方格图适应性很强，准确性较高（如图6-3所示）。

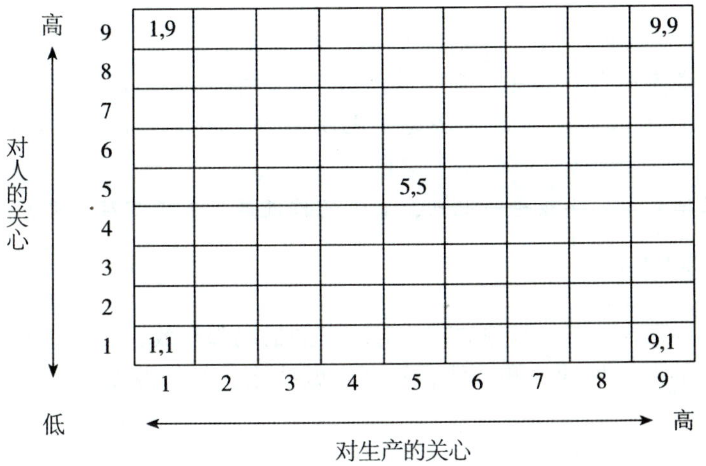

图6-3　管理方格图

根据图6-3，我们可以把企业当作一般组织来看，关心生产就是关心组织的主要业务工作。关心生产是指领导者对下面许多不同的事项所持的态度，如政策决定的质量、程序和过程、研究工作的创造性、职能人员的服务质量、工作的效率以及产量等。关心人是指个人对实现目标所承担的责任，保持工人的自尊，基于信任而非服从的职责，保持良好的工作环境及满意的人际关系。如果要评价某一位领导者的领导方式，只要在图中按照他的两种行为寻找交叉点就行了。布莱克和穆顿在提出方格理论的同时，还列举了五种典型的领导风格。

（1）“9，1”型方式（任务型）。只注重生产的完成，不重视人的因素。这种领导是一种专权式的领导，下属只能奉命行事，员工失去进取精神，不愿用创造性的方法去解决各种问题，不能施展所有的本领。

（2）“1，9”型方式（乡村俱乐部型）。与“9，1”型相反，即特别关心人。持此方式的领导者认为，只要员工精神愉快，生产自然会好。这种管理的结果可能很脆弱，一旦和谐的人际关系受到影响，生产成绩会随之下降。

（3）“5，5”型方式（中庸之道型）。既不过于重视人的因素，也不过于重视生产因素，努力保持和谐和妥协，以免顾此失彼，遇到问题总想敷衍了事。此种方式比“1，9”型和“9，1”型强些，但是，由于牢守传统习惯，从长远看，会使企业落伍。

（4）“1，1”型方式（贫乏型）。对人的关心和对生产的关心都很差。这种方式无疑会使企业失败，在实践中很少见到。

（5）“9，9”型方式（团队型）。对生产和人的关心都达到了最高点。在“9，9”型方式下，员工在工作上希望相互协作，共同努力去实现企业目标；领导者诚心诚意地关心员工，努力使员工在完成组织目标的同时，满足个人需要。应用这种方式的结果是，员工都能运用智慧和创造力进行工作，关系和谐，出色地完成任务。

从上述不同方式的分析中，显然可以得出下述结论：作为一个领导者，既要发扬民主，又要善于集中；既要关心企业生产的完成，又要关心员工的正当利益。只有这样，才能使领导工作卓有成效。

互动课堂6-2

某公司总裁老张行伍出身，崇尚从严治军，注重强化规章制度和完善组织结构。尽管有些技术人员反映老张的做法过于生硬，但几年下来企业还是得到了很大的发展。

讨论：根据管理方格理论的观点，老张的作风最接近于哪种类型？

6.2.3 权变理论

权变理论认为，没有一种领导方式对所有的情况都有效，没有一成不变的、普遍适用的“最好的”管理理论和方法，管理者做什么、怎样做完全取决于当时的既定情况。

权变理论的要点如下：

第一，人们参加组织的动机和需求是不同的，采取什么理论应该因人而异。

第二，组织形式与管理方法要与工作性质和人们的需要相适应。

第三，管理机构和管理层次，即工作分配、工资分配、控制程序等，要依工作性质、管理目标和被管理者的素质而定，不能强求一致。

第四，当一个管理目标达到后，可继续激发管理人员勇于实现新的更高目标。

这就要求管理人员要深入研究、分析客观情况，使特定的工作由合适的机构和合适的人员来管理和担任，以发挥其最高效率，提高管理水平。

目前，在权变理论方面最具影响力的当属菲德勒。通过大量研究，菲德勒提出了一种领导的权变模型，认为任何领导形态均可能有效，其有效性完全取决于是否适应所处的环境。环境影响因素主要有三个方面：

（1）领导者和下级的关系。其包括领导者是否得到下级的尊敬和信任，是否对下级具有吸引力。下级对上级越尊重，群众和下级越乐于追随，则上下级关系越好，领导环境也越好。

（2）职位权力。其指领导者所处的职位具有的权威性和权力的大小，或者说领导的法定权、强制权、奖励权的大小。权力越大，群体成员遵从指导的程度越高，领导环境也就越好。

（3）任务结构。其指任务的明确程度和部下对这些任务的负责程度。这些任务越明确，并且部下责任心越强，则领导环境越好。

菲德勒设计了一种“你最不喜欢的同事”（LPC）的问卷，让被测试者填写。一个领导者如对其最不喜欢的同事仍能给予好的评价，则表明他对人宽容、体谅、提倡好的人际关系，是关心人的领导。如果对其最不喜欢的同事给予低评价，则表明他是命令式的，对任务的关心胜过对人的关心。

菲德勒将三个环境变数任意组合成八种情况，通过大量的调查和数据搜集，将领导风格同对领导有利或不利的八种情况关联，以便了解使领导有效所应当采取的领导方式。

菲德勒的研究结果说明，在对领导者最有利和最不利的情况下采用任务导向效果较好。在对领导者中等有利的情况下，采用关系导向效果较好。菲德勒模型理论在许多情况下是正确的，但有许多批评意见，如取样太小有统计误差，该理论只是概括出结论，而没有提出一套理论等。尽管如此，菲德勒模型理论还是有意义的，主要表现在：

（1）该理论特别强调效果和应该采取的领导方式，这无疑为研究领导行为指出了新方向。

（2）该理论将领导行为和情景的影响、领导者和被领导者之间关系的影响联系起来，指出并不存在一种绝对好的领导形态，其必须和权变因素相适应。

（3）该理论指出了选拔领导人的原则，在最好的或最坏的情况下，应选用任务导向的领导，反之则选用关系导向的领导。

（4）该理论指出，必要时可以通过环境改造以适应领导者的风格。

互动课堂6-3

晚上11点左右，男生宿舍三楼的卫生间内水管突然爆裂，此时楼门和校门已经关闭，人们都沉睡在梦中，只有邻近的几个宿舍的学生被惊醒，水不断地从卫生间顺着走廊涌出，情况非常紧急……

讨论：（1）假如你身处其中，如何利用你的指挥能力化险为夷？请分组讨论。

（2）假如由你指挥，如何提出指挥方案？

6.3　领导者与领导集体

6.3.1　领导者的类型

对于领导者的类型，可以有不同的分类方法。根据领导方式的不同，可以将领导者划分为以下几种：

1）集权型领导

集权型领导是指以专制、独裁为特征的领导。这类领导者通常认为权力来自他们所处的地位和担负的职务，认为员工的本性是懒惰消极的，不愿接受约束，并害怕承担责任，因此，不能予以信任，必须严加管理。基于以上认识，领导者将权力定位于个人手中，集各种权力于一体，大权独揽，独断专行，仅依靠个人经验、能力和意志领导企业活动，同时采用强制的方式下达各种指令，强调下级的绝对服从，缺乏对员工的关心和尊重。

2）民主型领导

这类领导者强调领导的权力由企业员工群体所赋予，认为被领导者是勤奋的、勇于负责的，在受到激励后，能够主动协调个人行为与工作的关系，具有自我控制能力。主张将权力定位于员工群体手中，使之享有充分的民主权利，鼓励员工自行决策，实现自主管理。领导者仅以劝告说服的形式，提出各项意见和建议。民主型领导能够充分调动企业员工的积极性和主动性，这是一种最受欢迎的领导。

3）任务型领导

这种类型的领导把完成工作任务作为一切活动的中心，注重建立严密的劳动组织和严格的劳动纪律，强调指标和效率，欣赏紧张有序、快节奏的工作气氛，并将全部精力和注意力集中于工作任务本身，一定程度上忽视对员工利益、要求和工作情绪等方面的关心。

4）关系型领导

这类领导强调人是企业各项工作的中心，高度重视对员工的关心、体谅和支持，注重满足员工的各种物质和精神需要，强调维持良好的群体关系的重要性；注意建立多方位的沟通渠道，利用各种机会与下级保持密切接触；同时主张在经营管理中实施宽松的方式，以便创造融洽、友善的群体气氛。

5）兼备型领导

这类领导兼有以上各种领导类型的特点，既强调权力的适当集中，以保证指挥的统一和企业组织的整体性，又注重必要的分权，使员工的主动性、创造性得到发挥。同时，把完成工作任务与满足员工需要放在同等重要的地位，既注重工作效率，又重视对人的关心；既有严格的管理，又维持良好的人际关系。

值得注意的是，在现实活动中企业领导者的类型往往并不单纯是某一种典型类型。由于个人风格不同、性格不同，部分由于先天的原因，部分由于选择的结果，具体的领导类型通常是几种方式组合形成的个性化的领导类型，由此在集权和民主、关心任务与关心人等极端方式之间，形成一系列中间化、混合型的领导类型。

管理大师档案

高效理论的缔造者：斯蒂芬·科维

如果你对斯蒂芬·科维（Stephen R.Covey）还不熟悉的话，那你一定对他的这句话耳熟能详：“我给你鱼，是给你一天的生活；我教你如何钓鱼，才使你受惠一生。”正是这位教人“捕鱼”的智者，帮助数以百万计的人采摘到沉甸甸的成功果实。

科维在领导管理理论、家庭与人际关系、个人管理等领域可谓久负盛名。1989年，其著作《高效能人士的七个习惯》出版，在商界产生巨大影响。该书曾高居《纽约时报》畅销书籍排行榜之首，并占据畅销书排行榜长达7年之久。这本书俄文版在莫斯科上市时，普京对媒体发表感慨说，俄罗斯应该出现这样伟大的思想家，并建议俄罗斯公民阅读这本书。2002年，《福布斯》将《高效能人士的七个习惯》评为有史以来最具影响力的十大管理类书籍之一。

（扫一扫了解更多）

资料来源　田树生．高效理论的缔造者：斯蒂芬·科维［J］．施工企业管理，2007（11）．

互动课堂6-4

ABC公司是一家中等规模的汽车配件生产集团。最近，该公司对三个重要部门的经理进行了一次有关领导类型的调查。

一、安西尔

安西尔对他本部门的产出感到自豪。他总是强调对生产过程、生产量控制的必要性，坚持下属人员必须很好地让生产指令得到迅速、完整、准确的反馈。安西尔遇到小问题时，会放手交给下级去处理，当问题很严重时，他则委派几个有能力的下属人员去解决问题。通常情况下，他只是大致规定下属人员的工作方针、完成怎样的报告及完成期限。安西尔认为只有这样才能完成更好的合作，避免重复工作。

安西尔认为对下属人员采取敬而远之的态度对一个经理来说是最好的行为方式，所谓的“亲密无间”会松懈纪律。

安西尔认为，在管理中的最大问题是下级不愿意接受责任。同时他也认为，他的下属人员可以有机会做许多事情，但他们并不是很努力地去做。

他表示不能理解以前他的下属人员如何能与一个毫无能力的前任经理相处；他觉得自己的上司对他们现在的工作运转情况非常满意。

二、鲍勃

鲍勃认为每个员工都有人权，他认同管理者有义务和责任去满足员工需要的观点。

他常为他的员工做一些小事，例如给员工两张参观艺术展览的入场券。他认为，每张门票才15美元，但对员工及其伴侣来说却远远超过15美元。这种方式也是对员工过去几个月工作的肯定。

鲍勃说，他每天都要到工厂去一趟，与至少25%的员工交谈。他已经意识到在管理中存在不利因素，但大都是由于生产压力造成的。他的想法是以一种友好、粗线条的管理方式对待员工。他承认尽管在生产率上不如其他单位，但他相信他的雇员有高度的忠诚与士气，并会因他的开明领导而努力工作。

三、查理

查理说他面临的主要问题是与其他部门的职责分工不清。他认为将有些不论是否属于他们的任务都安排给他的部门，似乎上级并不清楚这些工作应该由谁来做。

查理承认他没有提出异议，他认为这样做会让其他部门的经理产生反感。他们把查理看成是朋友，而查理却不这样认为。

查理说，过去在不平等的分工会议上他感到很窘迫，但现在适应了，其他部门的领导也不以为然了。

查理认为纪律就是使每个员工不停地工作，预测各种问题的发生。他认为作为一个好的管理者，没有时间像鲍勃那样握紧每一个员工的手，告诉他们正在从事一项伟大的工作。他相信如果一个经理声称为了决定将来的提薪与晋职而对员工的工作进行考核，那么，员工则会更多地考虑他们自己，由此会产生很多问题。

他主张，一旦给一个员工分配了工作，就应该让其以自己的方式去做，取消工作检查。他相信大多数员工知道自己把工作做得怎么样。

如果说存在问题，那就是他的工作范围和职责在生产过程中发生了混淆。查理的确想过，希望公司领导叫他到办公室听听他对某些工作的意见。然而，他并不能保证这样做既不会引起风波而又能使事情有所改变。他说他正在考虑这些问题。

讨论：（1）你认为这三个部门的经理各采取了什么类型的领导方式？这些领导方式各将产生什么结果？

（2）是否每一种领导方式在特定的环境下都有效？为什么？

6.3.2 领导者素质

微课：如何成为一名优秀的领导者

领导者的素质就是一个人担任领导者后其生存和发展所必须借助的、来自先天和后天而凝结于该主体内部的质和量，应该包括作为一个普通人的一般素质和充当一个领导者的特殊素质，总体上包括思想素质、科学文化素质、身体和心理素质、组织管理素质四大方面。

1）思想素质

领导者应有强烈的事业心、责任感和创业精神；有良好的思想作风和工作作风，能一心为公，不谋私利，谦虚谨慎，戒骄戒躁，不文过饰非，严于剖析自己，深入基层，善于调查研究，工作扎实细致，有布置、有检查，实事求是，不图虚名；艰苦朴素，与群众同甘共苦，不搞特殊化，品行端正，模范遵守规章制度和道德规范；有较高的情商，具有影响他人的魅力，平等待人，和蔼可亲，不计较个人恩怨，密切联系群众，关心群众疾苦，多为群众办好事，不拉帮结派。

2）科学文化素质

科学文化素质是领导者的力量源泉，是增添领导才能和领导魅力的基础性个体特质，也是开展领导工作的基础性条件。具备良好的科学文化素质是从事现代领导工作最起码的要求，是领导者适应复杂多变的环境所应具备的主要条件。

领导工作本身就是一项脑力多于体力的工作，随着全球化、信息化和知识经济时代的到来，对领导者的科学文化素质提出了更高的要求，包括以下几个方面：

（1）要学习和掌握多方面的知识和技能，培养多方面的能力。学习的知识主要包括三个方面：一是文化科学的基础知识和市场经济的基础知识；二是与管理工作密切相关的专业技术知识；三是管理工作和领导工作的软科学知识。

（2）要不断自学、参加学历教育或专业培训，提高自己的知识水平，并掌握学习新知识、获取新信息、开发自己潜能的方法。勤于学习，不断充实自己，是领导者自身可持续发展的主要前提。

（3）要注意在实践中运用各种科学知识并善于创新，及时总结经验。这样既能推动实践发展、出成绩，又能推动理论发展、出成果。

（4）要尊重科学，相信科学，运用科学，提高决策的科学性和管理的有效性。

（5）要懂得使用“外脑”，建立专家智囊团，以弥补自己知识结构的不足。另外，在组织领导班子时，也可考虑领导者之间的知识结构的互补。

（6）要懂得运用多种渠道获得信息资讯，如报纸、杂志、图书、互联网和人际交往。

（7）要重视自己组织内的管理人员和员工的再教育和再培训，提高他们的科学文化素质，创建学习型组织。

3）身体和心理素质

身体和心理素质是领导者的健康保证，拥有健康就拥有了希望。领导工作是压力大、难度大、强度大、头绪多、节奏快、时间长、忙不完的工作，领导者必须具备比一般人更好的身体和心理素质。

身体素质是指良好的体质状况和健康程度，更重要的是要懂得如何获得和保持良好的体质和健康状况。

心理素质是一个人认知、情感、意志和个性的品质及其对自己心理状况的调节能力。它主要包括认知正常、思维超群、情感深沉、情绪可控、意志坚定、积极能动、成就动机高、追求卓越、自信、律己、勤奋、忠诚、能应对挫折、调节心理等方面。

4）组织管理素质

组织管理素质是领导者业务能力的关键，主要表现在以下几个方面：

（1）高瞻远瞩、描绘远景。一个领导者要实现其领导的使命，就必须站得高、看得远，有全球视野，有历史眼光，洞察国内外政治、经济、科技等发展趋势，看到别人看不到的东西。能规划未来、描绘远景，确立自己和组织的发展方向和使命，为组织及员工树起一面前进的鲜明旗帜，感召和凝聚他们为共同的远景目标而同舟共济、努力奋斗。

（2）科学决策、制定战略。有了远景，还要对实现远景的路径、步骤、目标、重点、资源等做出选择，这就需要根据组织的实际和环境的变化，拟订多种方案，做出科学决策，制定战略。

（3）统筹组织、用人授权。领导者必须调动一切力量和资源，设计组织结构、设置工作岗位、选用合适人员、明确职责职权、分配各种资源、建立运行规章，其中的关键是使用授权的能力，因为人是一切事业成败的关键。

（4）有效沟通、善于协调。组织成员（包括上级、同级和下级）是由不同专业、不同个性的人组成的，他们不可避免地有自己的想法，有自己的个人目标，这些个人想法或目标，未必都与组织的目标相一致，可能存在不同程度的冲突，这就需要进行有效的沟通，力求使组织成员的个人目标与组织目标统一起来，协调好方方面面的利益。在组织外部，领导者也需要与有关部门进行沟通和协调，争取各方面的支持。沟通贯穿于管理的各种活动之中，是十分重要的能力。

（5）自我激励、激励下属。在实现目标的过程中，肯定会碰到各种各样的困难，面对困难，领导者要能自我激励、积极乐观，有不怕困难的勇气和胆识，并激励下属克服困难、风雨同舟。另外，随着专业分工细化，越发强调每个员工各负其责，并进行一定程度上的自我管理，因此领导者要能激励下属发挥自己的潜能，创造性地完成工作。

（6）有效交往、建立团队。领导者可以说绝大多数时间都在跟组织内外的各种人打交道，特别是和组织内部的上级、同级和下级打交道，能否有效地同他们交往，建立一支精诚团结、同心同德的团队是十分重要的。特别是领导班子的团队建设，完全靠命令来维持正式工作关系是不够的，而要靠人际关系的艺术，结成有多种感情的团队才行。否则，有可能导致内讧或各自为政，力量耗散而事倍功半。

（7）统驭有术、指挥有方。正确对待和合理使用自己的权力，懂得根据不同的情景、任务和个体，选择不同的有效的领导方式，发挥自己的影响力，指挥有方。

（8）刚柔相济、控制得当。领导者要及时掌握在执行过程中的反馈信息，发现问题，及时纠偏。既要对照规章进行监督检查，赏罚分明，又要讲究管理艺术，理解、爱护和帮助下属，将心比心，力求刚柔并济、控制得当。

（9）双赢导向、谈判有术。在组织的发展过程中，作为组织负责人的领导者经常代表组织与供货商、销售商、合作伙伴、竞争对手等进行业务谈判。在谈判中，不可避免地各自从维护自身的利益出发，理想化地要价过高。如果用持有一方的获益来自另一方的代价即我赢你输的观念谈判，往往会丧失双方均可能获益的谈判机会，所以，应该以双赢为导向，寻求能被双方共同接受的方案。

（10）勇于变革、创新发展。当今时代，科技飞速发展、市场变化多端、消费需求提升等促使一个组织要不断地根据环境的变化做出变革。另外，一般组织也有一个从创业、发展、成熟到衰退的周期，为获得可持续发展，领导者就必须勇于变革，勇于创新，使企业焕发生机，不断发展。

小看板 6-3

“四视”成就卓越领导

追本溯源，做好人才能做好管理。放眼世界，最好的商业领袖绝不是技术的权威，而是充满人格魅力的心灵导师。他像一座耀眼的灯塔，引领企业甚至行业发展的方向。“四视”法则，是他们通用的宝典。

对人仰视。所谓对人仰视，就是无论身处何职，都要对每个人充满尊敬之心。工作没有高低贵贱之分，只有责任大小不同。无论是对企业的核心员工，还是对看起来很次要的员工，比如工勤人员，都要充满感激之情。他们在平凡的岗位上发挥着不可或缺的作用，少了他们，企业的工作环境会变得狼狈不堪。

对事俯视。事有大小，事有因由。无论是做人、做事、做领导，都应该以一种俯视的方式处理事情。只有这样，才能做到分清事情的轻重缓急，抓住主要的事情解决；才能找出事情之间的联系，使事情得到圆满解决。

对物平视。每个企业都离不开物品的支持，大到厂房设备，小到办公纸笔，都在此列。好的领导，善于发挥每件物品的作用，既不浪费，又不吝啬，使物品在促进企业发展上做出最优的贡献。好的领导，提倡节约，更提倡发展。

对财轻视。君子爱财，取之有道。除应当拒绝不义之财外，更应该拒绝不适合自己的财。当初，IBM做流程再造时，重金聘请通用总裁杰克·韦尔奇，虽然薪酬比通用更加诱人，但是他却婉言拒绝了。因为他知道，他更适合留在通用。但是，很多人在选择岗位时，特别是职业经理人，往往把待遇看成了单一的衡量标准，结果选择了不适合自己的行业，不但损害了企业的发展，更断送了自己更广阔的前程。

音频

修身、齐家、治国、平天下。“四视”定能使管理者出类拔萃，成就辉煌。

资料来源 佚名．“四视”成就卓越领导［EB/OL］．［2021-12-17］．http：//www.khqyw.com/lz/html/x1_1245372977-9-4.shtml.

6.3.3 领导集体的构成

组织中的领导者是复数而非单数，是一群人而非一个人。某个组织的领导者是就这个组织的领导者集体或“领导班子”而言的。

在领导集体中，为首的领导者特别重要，他在领导集体中起着核心和舵手的作用。

但是，现代企业的生产经营活动异常复杂，如果单靠一个人的聪明才智，是很难有效地组织和指挥企业的生产经营活动的。因为世界上很少有无所不能的全才，可以说绝大多数都是某一方面的专才，无论科学技术还是管理方面都是如此。但专才如果组织得好，可以构成全才的领导集体。

一个具有合理结构的领导班子，不仅能使每个成员人尽其才，做好各自的工作，而且能通过有效的组合，发挥巨大的集体力量。领导班子的结构，一般包括年龄结构、知识结构、能力结构、专业结构等。

1）年龄结构

不同年龄的人具有不同的智力、不同的经验，因此，寻求领导班子成员的最佳年龄结构是非常重要的。领导班子应该是老、中、青相结合，向年轻化的趋势发展。

现代社会处于高度发展之中，知识更新的速度越来越快。尽管随着年龄的增长，也会增加知识数量的积累，但吸收新知识的优势无疑属于中青年人。人的知识水平的提高与年龄的增长没有必然的联系，但现代生理科学和心理科学的研究表明，一个人的年龄与智力有一定的定量关系（见表6-1）。

表6-1 年龄与智力的定量关系

年龄（周岁）/定量关系/智力关系	10~17	18~29	30~49	50~69	70~89
知觉	100	95	93	76	46
记忆	95	100	92	83	55
比较和判断力	72	100	100	87	67
动作及反应速度	88	100	97	92	71

从表6-1中可知，就智力诸因素而言，中青年占有明显的优势。人的经验与年龄一般呈正向关系，年老的人经验往往比较丰富。因此，领导班子中老、中、青相结合，有利于发挥各自的优势。

领导班子的年轻化，是现代社会的客观要求，是组织现代化大生产的需要。但年轻化绝不是青年化，不是说领导班子中成员的年龄越小越好，而是指一个领导集体中应有一个合理的老、中、青比例，有一个与管理层次相适应的平均年龄界限。在不同管理阶层中，对年龄的要求、对年轻化的程度，应有所不同。

2）知识结构

知识结构是指领导班子中不同成员的知识水平构成情况。领导班子成员都应具有较高的知识水平，没有较高的文化知识素养，就胜任不了管理现代化企业的要求。在现代企业中，大量的先进科学技术被采用，在复杂多变的经营环境中，为了使企业获得生存、求得发展，企业领导人员必须具备广博的知识。随着我国社会经济的发展，员工的文化水准都在不断提高，各类组织的各级领导都在向知识型转变。

3）能力结构

领导的效能不仅与领导者的知识有关，而且与他运用知识的能力也有密切的关系。这种运用知识的能力对于管理好一个企业是非常重要的。能力是一个内容十分广泛的概念，它包括决策能力、判断能力、分析能力、指挥能力、组织能力、协调能力等。每个人的能力是不相同的，有的人善于思考分析问题，提出好的建议与意见，但不善于组织工作；有的人善于组织工作，但分析问题的能力较差等。因此，企业领导班子中应包括不同能力类型的人物，既要有思想家，又要有组织家，还要有实干家，这样才能形成最优的能力结构，在企业管理中充分发挥作用。

4）专业结构

专业结构是指领导班子应由各种专门的人才组成，形成一个合理的专业结构，从总体上强化这个班子的专业力量。在现代企业里，科学技术是提高生产经营成果的主要手段。因此，领导干部的专业化，是搞好现代企业经营的客观要求。

音频

以上所述的领导班子的结构仅是主要方面的。此外，还有其他一些结构，如性格结构等也是需要注意的。按照这些要求形成的领导集体将是一个结构优化、富有效率的集体。

管理定律

帕金森定律

1958年，英国历史学家、政治学家西里尔·诺斯古德·帕金森（Cyril Northcote Parkinson）通过长期调查研究，出版了《帕金森定律》（Parkinson's Law）一书。他在书中阐述了机构人员膨胀的原因及后果：一个不称职的官员，可能有三条出路。第一是申请退职，把位子让给能干的人；第二是让一位能干的人来协助自己工作；第三是任用两个水平比自己更低的人当助手。

帕金森定律告诉我们这样一个道理：不称职的领导一旦占据领导岗位，庞杂的机构和冗员不可避免，庸人占据着高位的现象也不可避免，整个管理系统就会形成恶性

膨胀，陷入难以自拔的泥潭。这样就会在官场中形成类似的“鲜花插在牛粪上”的相反现象，“鲜花”就好比是那些公司中的领导职位，“牛粪”就是那些公司中平庸的领导者，而这种“牛粪插在鲜花上”的危害是极大的。

增值阅读

毛泽东延安时期的三个小故事

在此摘编毛泽东同志关于艰苦奋斗、劳动实践、教育子女的三则小故事。小故事，大道理；小细节，大情怀，展现了老一辈革命家坚定的理想信念和优良作风。

有轿车不坐

延河畔响起的隆隆马达声和清脆的喇叭声，吸引着延安军民。警卫战士们更是有说不出的高兴：“这回毛主席外出开会再也不用骑马、走路了！”

老红军杨辛克，贵州松桃人，抗日战争时期，曾担任毛主席的警卫员，后任抗大学员，八路军129师358旅教育干事、指导员，公安总局科长，豫西地区副专员，贵州省工业厅副厅长、省经委副主任。1983年6月，杨辛克同志向我回忆起抗日战争时期毛主席在延安就坐车还是骑马而引发的一段鲜为人知的故事。

抗战时期的延安，中央领导到哪里都是骑马或步行。一位华侨送给延安两辆小轿车，警卫战士们有说不出的高兴：“这回毛主席外出开会再也不用骑马、走路了！”可是没料到，在分配车时，毛主席提出要考虑军事工作的需要，照顾年龄较大的同志。尽管大家都希望配给毛主席一辆轿车，可在他的一再坚持下，一台配给了主管军事工作的朱老总，另一台配给了延安的“五老”（徐特立、董必武、谢觉哉、林伯渠、吴玉章）。

一次，毛主席骑马去枣园开会，在回来的途中，马突然受惊，将主席从马背上摔了下来，左手摔伤了，手腕肿起老高。担任警卫员的杨辛克既着急，又害怕。主席见他紧张，一边安慰他，一边把马缰绳递到他的手中，自己步行回到了延安。出事以后，朱老总和“五老”都要把车让给毛主席坐，甚至把车都开到主席跟前来了，全让主席给“撵”了回去。

“亲手干才算自己的劳动”

熊云，四川阆中人，1933年参加红军，曾任中央军委机要科译电员、华北特种兵新建工厂政委。1983年6月，我还在《星火燎原》任编辑时，听他讲了一段毛主席在延安参加大生产运动时的亲历往事，至今记忆犹新。

1942年底，轰轰烈烈的延安大生产运动开始后，毛主席更忙了。他有个习惯，喜欢晚上办公，有时一忙就是一个通宵。这样，毛主席的睡眠时间就越来越少了。大生产运动期间，他常常忙一晚，第二天下午照例还要和中央机关的同志们一块去参加劳动。

那时，熊云在中央军委机要科当译电员，他们跟主席一块儿住在枣园。枣园有一排窑洞，用两道墙隔成了三个院，主席住在北边的院内，机要科住在中间的一个院里。机要科的同志们见主席工作那么忙，休息时间却那样少，很担心他累坏了身体。趁主席到地头去的当儿，他们几个机要员一合计，就抢着跑到主席面前，提出帮他挖地。主席慈祥地笑笑，望着他们这一帮十六七岁的小青年，摆手示意不让他们帮助，并说："你们挖的地，不算我的劳动，亲手干才算自己的劳动。"就这样，毛主席用了几个下午的时间，亲手挖了两亩多地，并在地上浇了水，上了肥，种上了西红柿、辣椒等蔬菜。不久，绿油油的蔬菜、丰硕的果实把枣园的后山坡装点得更加美丽了。

中央机要科的同志们，望着这丰收的景象，十分感慨，因为在这块土地上，洒下了毛主席辛勤劳动的汗水！

毛主席对毛岸英"约法三章"

"和群众同吃同住同劳动"，这是毛主席对自己儿子的"约法三章"。一些领导干部的腐败，常常都是因子女而引发的，如果他们也用毛泽东的这个"约法三章"，党内又何来因子女而产生的腐败呢？

田志芳，四川广安人，1933年参加红军，抗日战争时期曾任营长、团参谋长，新中国成立后，曾任东北军区后勤部车管处处长、沈阳军区后勤部军事代办处顾问。如今回想起，1983年12月他跟我说的延安时期毛主席对儿子毛岸英严格要求的故事，对毛主席的崇敬之情再一次油然而生。

1946年初夏的一天，在中央机关大食堂吃晚饭时，田志芳发现新来了一位同志，高个、宽肩、体格健壮，着一身洗得干干净净的蓝布军装，显得很精干。他发现这人有些面熟，在哪见过呢？寻思半天，可怎么也没想起来。

吃完晚饭，田志芳来到杨家岭沟口的花园。这里原来是个墓地，叫杨家坟。中央机关搬到杨家岭后，就在这里种上花草、瓜菜，便成了个小花园。这会儿，红茸茸的鸡冠花、紫幽幽的牵牛花、黄澄澄的南瓜连成一片，别有一番情趣。

田志芳在一个石羊背上坐下，掏出整风文件准备看上两页。这时，只见自然科学院院长徐特立和一个青年慢慢走来，细瞧正是那位面熟的新同志。他们一边走，一边亲切交谈，从他身旁走过。他连忙问身边的一位同志："和徐老在一起的是谁啊？"

"那是毛岸英同志，刚从苏联回来。"

"毛岸英？"

"就是毛主席的儿子。"

哦！田志芳猛地拍了一下脑门，怪不得面熟呢，原来是毛主席的儿子。可他又有了疑问："怎么毛主席的儿子还和咱们一起吃大灶？他刚从苏联回来，能吃惯咱这小米饭、山药蛋？"

那位同志瞥了田志芳一眼说："毛主席一向对自己要求严格，给毛岸英'约法三章'，要他和群众同吃同住同劳动。"啊，原来是这样。

过了一段时间，看不到毛岸英同志来大食堂吃饭了。后来，在国民党向解放区大举进攻的前夕，毛岸英又回来了。他的脸变黑了，身体也瘦了。一打听，原来是毛主席把自己的儿子派到最艰苦的山区，上"劳动大学"去了。在那儿，他与农民同吃同住同劳动。

身为领袖的毛泽东同志，对自己的子女严格要求，使边区军民很受教育。由于党的领导同志都这样以身作则，所以，艰苦奋斗的精神在延安才得以蔚然成风。

资料来源 朱冬生. 毛泽东延安时期的三个小故事［EB/OL］.［2022-01-22］. http://dangshi.people.com.cn/n/2015/0921/c85037-27611773.html.

点评：正式组织中有效的领导者应该是兼具职位权力和个人权力的领导。仅有职位权力的领导者只是指挥官，而不能成为令人信赖和敬佩的领袖。

[基础训练]

1. 团队式领导方式的成功运用，需要什么样的组织气氛与之匹配？

2. 一位经理这样说："走得正，行得端，领导才有威信，说话才有影响，群众才能信服，才能对我行使权力颁发通行证。"这位经理在这里强调了领导的力量来源于什么？

3. 某公司经理被批评"管理得太多，而领导得太少"。该经理在工作中可能存在什么问题？

4. 运用领导特质理论分析我国国有企业领导者常见的问题和不足。

5. 行为与心理测试：

假如你是一个组织的领导，请你对下列问题做出选择，并判断你是哪种类型的领导。

（1）当你抽完烟后，你喜欢：

A. 用水将它浇灭　　B. 让它自己熄灭　　C. 用手将它掐灭

（2）你希望你的下属精力充沛、富于思想并持不同意见吗？

A. 是　　B. 无所谓　　C. 不是

（3）你的下属是位博学多才、富有能力的人，你会不断向上司举荐他吗？

A. 是　　B. 任其发展　　C. 不是

（4）当你的下属做错事时，你会心平气和地向他解释，直到他最后明白为止吗？

A. 会　　B. 说不清　　C. 不会

（5）你希望你的下级成员必须遵守组织制定的规章制度吗？

A. 常常如此　　B. 有时如此　　C. 必须如此

（6）组织开会决定一项重大决策时，你总是希望组织全体成员都能畅所欲言吗？

A. 是　　B. 随便　　C. 不是

（7）你经常给组织成员提供学习的机会，希望他们都能不断进步吗？

A. 会　　B. 有时会　　C. 不会

（8）遇到难以决断的难题时，你会召集组织成员并相信他们能够提供有价值的参考意见吗？

A. 会　　B. 有时会　　C. 不会

（9）你喜欢按时下班。因此，你也总是要求组织所有成员都必须按时下班吗？

A. 偶尔如此　　B. 有时如此　　C. 总是如此

（10）当组织成员发生冲突时，你总是要求他们按照你的思路去解决冲突吗？

A. 偶尔如此　　B. 有时如此　　C. 总是如此

[综合应用]

■实训与实践

1. 以各团队组建的模拟公司为例，每个公司推举一位领导者发表5分钟的就职演说，进行评比，评出各种奖项。

2. 家国情怀是在中华优秀传统文化中积淀形成的，责任担当是其精髓所在。作为新时代的管理者也必须具有这种精神。请同学们以小组为单位，以“寻找一位有家国情怀和责任担当的领导者”为活动主题，开展一次头脑风暴分享会。

■案例分析

案例一　欧阳健的决策

蓝天技术开发公司由于在一开始就瞄准国际市场，在国内率先开发出高技术含量的产品，其业务得到了超常规的增长，公司的发展速度十分惊人。然而，在竞争对手如林的今天，该公司和许多高科技公司一样，也面临着来自国内外大公司的激烈竞争。当公司经济上出现了困境时，公司董事会聘请了一位新的常务经理欧阳健负责公司的全面工作，原先的那个自由派风格的董事长仍然留任。欧阳健来自一家办事古板的老牌企业，他照章办事，与蓝天技术开发公司的风格相去甚远。公司管理人员彼此心照不宣：看看这家伙能干多久！看来，一场潜在的“危机”迟早会爆发。

第一次“危机”发生在欧阳健首次召开的高层管理会议上。会议定于上午9点开始，可有一个人姗姗来迟，直到9点半才进来。欧阳健厉声道：“我再重申一次，本公司所有的日常例会要准时开始，谁做不到，我就请他走人。从现在开始一切事情由我负责。你们应该忘掉老一套，从今以后，就是我和你们一起干了。”到下午4点，竟然有两名高层主管提出辞职。

然而，此后公司发生了一系列重大变化。由于公司各部门没有明确的工作职责、目标和工作程序，欧阳健首先制定了几项指令性规定，使已有的工作有章可循。他还三番五次地告诫公司副经理徐钢，公司一切重大事务向下传达之前必须先由他审批，他抱怨下面的研究、设计、生产和销售等部门之间互相扯皮、踢皮球，导致公司一直没能形成统一的战略。

欧阳健在详细审查了公司人员的工资制度后，决定将全体高层主管的工资削减10%，这引发了公司一些高层主管向他辞职。

研究部主任这样认为：“我不喜欢这里的一切，但我不想马上走，因为这里的工作对我来说太有挑战性了。”

生产部经理也是个不满欧阳健做法的人，可他的一番话颇令人惊讶：“我不能说我很喜欢欧阳健，不过至少他给我那个部门设立的目标我能够达到。当我们圆满完成任务时，欧阳健是第一个感谢我们干得棒的人。”

采购部经理牢骚满腹地说：“欧阳健要我把原料成本削减20%，他说假如我能做到的话就给我丰厚的奖励，如果我做不到就自行走人。但干这个活简直就不可能，欧阳健这种‘胡萝卜加大棒’的做法是没有市场的。从现在起，我另谋出路。”

但欧阳健对被人称为“爱哭的孩子”的销售部胡经理的态度则让人刮目相看。以前，销售部胡经理每天都到欧阳健的办公室去抱怨和指责其他部门。欧阳健对付他很有一套，让他在门外静等半小时，见了他对其抱怨也充耳不闻，而是一针见血地谈公司在销售上存在的问题。过不了多久，大家惊奇地发现胡经理开始更多地跑基层而不是跑欧阳健的办公室了。

随着时间的流逝，公司在欧阳健的领导下恢复了元气。欧阳健也渐渐地放松控制，开始放手让设计和研究部门去做事。然而，对生产和采购部门，他仍然勒紧缰绳。公司内再也听不到关于欧阳健去留的流言蜚语了。大家这样评价他：欧阳健不是那种对这里情况很了解的人，但他对各项业务的决策无懈可击，而且确实使我们走出了低谷，公司也开始走向辉煌。

问题：

（1）欧阳健进入蓝天技术开发公司时采取了何种领导方式？这种领导方式与留任的董事长的领导方式有何不同？他对研究部门和生产部门各采取了何种领导方式？当公司各方面的工作走上正轨后，为适应新的形势，欧阳健的领导方式做出了哪些改变？

（2）有人认为，对下属人员采取敬而远之的态度对一个经理来说是最好的行为方式，所谓的“亲密无间”会导致纪律松懈。你如何看待这种观点？你认为欧阳健属于这种类型的领导吗？

案例二　应该采取怎样的领导方式

高明是一位空调销售公司的总经理。他刚接到有关公司销售状况的最新报告：销售额比去年同期下降了25%、利润下降了10%，而且顾客的投诉率上升。更为糟糕的是，公司内部员工纷纷跳槽，甚至还有几名销售分店的经理提交了辞呈。他立即召集各主管部门的负责人开会讨论解决该问题。会上，高明说：“我认为，公司的销售额之所以下滑都是因为你们领导不得力。公司现在简直成了俱乐部。每次从卖场走过时，我看到员工们都在各处站着，聊天的、打电话的，而对顾客却视而不见。他们关心的是多拿钱少干活。要知道，我们经营公司的目的是赚钱，赚不到钱，想多拿钱，门儿都没有。你们必须记住，现在我们迫切需要的是对员工的严密监督和控制。我认为现在有必要安装监听装置，监听他们在电话里谈些什么，并将对话记录下来，交给我处理。当员工没有履行职责时，你们要警告他们一次，如果不听的话，马上请他们走人……”

大多数部门主管对他的说法表示赞同，唯有销售部经理李燕提出了反对意见。她认为问题的关键不在于控制不够，而在于公司没有提供良好的机会让员工真正发挥潜力。她认为每个人都有一种展示自己的才干、为公司努力工作并做出贡献的愿望。所以，解决问题的方式应该从沟通入手，真正了解员工的需求，使工作安排富有挑战性，促使员工们以从事这一工作而引以为豪；同时，在业务上给予指导，花大力气对员工进行专门培训。然而，高明并没有采纳李燕的意见，而是责令所有的部门主管在下星期的例会上汇报要采取的具体措施。

问题：

针对该公司已成了“俱乐部”的现象，请结合案例分析说明应该采取怎样的领导方式才有效。

第7章 激励与沟通

管凡将举事，令必先出，曰事将为。其赏罚之数，必先明之。

——《管子》

可与言而不与之言，失人；不可与言而与之言，失言。知者不失人，亦不失言。

——《论语》

【学习目标】

知识与能力目标：

◎了解人际关系处理中激励与沟通的含义、作用、过程等问题。

◎熟悉激励的基本理论。

◎掌握激励的原则与方法。

◎了解沟通障碍对有效沟通的影响。

◎熟悉沟通的类别。

◎掌握有效沟通的基本技术与方法。

◎能够改善自身沟通问题。

素养目标：

◎弘扬“大国工匠”精神，在全面建成社会主义现代化强国过程中建功立业，成为对社会有用之人。

本章自学课件

趣味阅读

渔夫、蛇和青蛙

一天，渔夫看见一条蛇咬着一只青蛙，渔夫为青蛙感到难过，便决定救这只青蛙。他靠近了蛇，轻轻地将青蛙从蛇口中拽了出来，青蛙得救了。但渔夫又为蛇感到难过：蛇失去了食物。于是渔夫取出一瓶威士忌，向蛇口中倒了几滴。蛇愉快地游走了，青蛙也显得很快乐，渔夫满意地笑了。可几分钟以后，那条蛇却咬着两只青蛙回到了渔夫的面前……

音频

管理启示：激励是什么？激励就是让人们很乐意去做那些他们感兴趣又能带来最大利益的事情。当然，关键是要用合适、正确的方法去引导，并让他们做好。

金　人

古时候，曾经有个小国派使者到大国来，进贡了三个一模一样的金人，金光灿灿的，大国皇帝十分高兴。可是小国的使者同时出了一道题目：这三个金人哪个最有价值？皇帝想了许多办法，请珠宝匠检查、称重量、看做工，都是一模一样的。怎么办？使者还等着回去报告呢。泱泱大国，不会连这点儿小事都不懂吧？最后，有一位老臣说他有办法，让皇帝将使者请到大殿上。老臣胸有成竹地拿出三根稻草，分别插入三个金人的耳朵里。结果，第一根稻草从第一个金人的另一只耳朵掉了出来；第二根稻草从第二个金人的嘴巴里直接掉出来了；而第三根稻草进去后掉进了第三个金人的肚子里，什么响动也没有。于是，老臣说：“第三个金人最有价值！”使者默默无言，点头示意答案正确。

管理启示：最有价值的人，不一定就是最能说的人。老天给我们每个人两只耳朵一张嘴巴，本来就是让我们多听少说的。善于倾听，是沟通最重要的技巧之一。

7.1 激励概述

7.1.1 激励的含义

从心理学角度讲，激励是指激发人的行为动机的心理过程，是一个不断朝着期望的目标前进的循环的动态过程。简言之，就是在工作中调动人的积极性的过程。

人们加入一个组织或群体，都是为了达到他们个人单独干所不能达到的目标。然而，进入组织的人不一定会努力工作，因为人们为组织服务的意愿程度是有高低之分的，有的表现为强烈，有的中等，有的则一般，还有的却是消极。如何使组织中的各类成员为实现组织的目标而热情高涨地工作，最大限度地发挥自己的聪明才智，是现代管理要研究的重要内容。

激励是对人的一种刺激，是促进和改变人的行为的一种有效的手段。激励的过程就是管理者引导并促进工作群体或个人产生有利于管理目标行为的过程。它可以激发人的内在潜力，充分发挥人的积极性和创造性。在管理活动中，每一个人都需要激励，其中包括自我激励以及来自同事、群体、领导和组织方面的激励。一个人的行为，必须受到外界的推动力或吸引力的影响，并通过个体自身的消化和吸收，产生出一种自动力，使个体由消极的“要我做”转化为积极的“我要做”。

音频

互动课堂 7-1

你觉得自我激励重要吗？有哪些方法可以实现自我激励？

我们可以从以下三个方面来理解“激励”这一概念。

（1）激励是一个过程。人的很多行为都是在某种动机的推动下完成的。对人的行为的激励，实质上就是通过采用能满足人需要的诱因条件，引起行为动机，从而推动人采取相应的行为来实现目标，然后再根据人们新的需要设置诱因，如此循环往复。

（2）激励过程受内外因素的制约。激励从创造和设置满足需要诱因开始，其最终结果是通过员工工作行为的积极性来完成的。制约员工工作行为的内外因素有很多，因此，管理者所采取的各种管理措施，应与被激励者的需要、理想、价值观和责任感等内在的因素相吻合，才能产生较强的合力，激发和强化工作动机，否则不会产生激励作用。

（3）激励具有时效性。各项激励措施对员工增强工作动机都会有重要意义，但是每一种激励手段的作用都有一定的时间限制，超过时限就会失效。同时，由于人的主导需要经常处于变化之中，同样的激励方式对同一个人在不同时期也会产生不同的激励效果。因此，激励不能一劳永逸，需要持续进行。

小看板 7-1

一位游客到乡间旅行，看到一位老农把喂牛的草料铲到一间小茅屋的屋檐上，不免感到奇怪，于是就问道："老公公，你为什么不把喂牛的草放在地上，方便它直接吃呢？"

老农说："这种草草质不好，我要是放在地上它就不屑一顾，但是我放到让它勉强可以够得着的屋檐上，它就会努力去吃，直到把全部草料吃个精光。"

很多人持有"便宜无好货"的观点，明明是物美价廉的优质商品，如果免费赠送给他，他可能怀疑你这是假冒伪劣。

音频

管理亦是如此，太容易到手的东西没有人会珍惜，很多时候，一个头衔、一点奖励，哪怕官职再小、奖品再薄，也不要轻易授人，最好能够激励部属们通过公平竞争的手段去获得。

授人以鱼，不如授人以渔；授人以渔，不如授人以欲。

资料来源　编者根据相关资料整理。

7.1.2　激励的过程

激励是一个非常复杂的过程，它从个人的需要出发，引起欲望并使内心紧张（未得到满足的欲求），然后引起实现目标的行为，最后再通过努力使欲望达到满足。激励的过程如图7-1所示。

图7-1　激励的过程

（1）需要。我们说，激励的实质就是通过影响人的需要或动机达到引导人的行为的目的，它实际上是一种对人的行为的强化过程。研究激励，先要了解人的需要。需要是人们在社会生活中对某种目标的渴求和欲望，是人们行为积极性的源泉。人的需要一旦被人们所意识，它就会以动机的形式表现出来，从而驱使人们朝着一定的方向努力，以达到自身的满足。需要越强烈，它的推动力就越强、越迅速。人的需要有三个方面：一是生理状态的变化引起的需要，如饥饿时对食物的需要；二是外部因素影响诱发的需要，如对某种新款商品的需要；三是心理活动引起的需要，如对事业的追求等。

（2）动机。动机是建立在需要的基础上的。当人们有了某种需要而又未能被满足时，心理上便会产生一种紧张和不安，这种紧张和不安就成为一种内在的驱动力，促使个体采取某种行动。从某种意义上说，需要和动机没有严格的区别。需要体现一种主观感受，动机则是内心活动。实际上一个人会同时具有许多种动机，动机之间不仅有强弱之分，而且会有矛盾，一般来说，只有最强烈的动机才可以引发行为，这种动机称为优势动机。

（3）行为。在企业组织中，员工的行为与工作、生活环境相互作用，任何一种行为的产生，都是有其内在原因的。动机对于行为有着重要的功能，表现为三个方面：一是始发功能，即推动行为的原动力；二是选择功能，即它决定个体的行为方向；三是维持和协调功能，行为目标达成时，相应的动机就会获得强化，使行为持续下去或产生更强烈的行为，趋向更高的目标，相反，则降低行为的积极性或停止行为。

（4）需要、动机、行为和激励的关系。通过分析我们知道，人的任何动机和行为都是在需要的基础上建立起来的，没有需要，就没有动机和行为。人们产生某种需要后，只有当这种需要具有某种特定的目标时，才会产生动机，动机才会成为引起人们行为的直接原因，但并不是每个动机都必然会引起行为，在多种动机下，只有优势动机才会引发行为。员工之所以产生组织所期望的行为，是组织根据员工的需要来设置某些目标，并通过目标导向使员工出现有利于组织目标的优势动机，同时按照组织所需要的方式行动。管理者实施激励，就是想方设法做好需要引导和目标引导，强化员工动机，刺激员工的行为，从而实现组织目标。

小看板-7-2

员工受到激励的程度与其工作绩效密切相关。实践证明，经过激励的工作行为与未经过激励的工作行为相比，工作效果大不相同。激励能够使员工充分发挥能力，实现工作的高质量和高效率。美国哈佛大学心理学家威廉·詹姆士通过对员工激励的研究发现，在计时工资制下，一个人若没有受到激励，仅能发挥其能力的20%~30%；如果受到正确而充分的激励，其能力就能发挥到80%~90%，甚至更高。

音频

由此他得出一个公式：工作绩效=能力×动机激发。这就是说，在个体能力不变的条件下，工作成绩的大小取决于激励程度的高低。激励程度越高，工作绩效越大；反之，激励程度越低，工作绩效就越小。

资料来源　编者根据相关资料整理。

7.1.3　激励的作用

1）提高企业知名度，吸引人才

企业可以通过提供有竞争力的薪酬制度等方法，把急需的、有才能的人吸引过来，并使其长期为组织工作。从世界范围看，美国特别重视这一点，它从世界各国吸引了大量有才华的专家、学者，这正是美国在许多科学技术领域保持领先的重要原因之一。为了吸引人才，美国不惜使用支付高酬金、提供良好的工作条件等激励办法。如美国IBM公司有许多有效的激励方法：提供养老金、集体人寿保险和优厚的医疗待遇；给工人兴办了每年只交3美元会费就能享受带家属去乡村疗养的乡村俱乐部；减免那些愿意重返学校学习知识和技能的员工的学费；公司筹办学校和各种训练中心，让员工到那里学习各种知识。

2）提高人们工作的主动性、积极性和创造性

要提高自觉性，主要应解决人们对工作价值的认识问题，认识所从事工作的必要

性、重要性和迫切性。人的行为常常带有个人利益的动机，组织要承认和尊重个人利益，让人们看到在实现组织大目标的过程当中，也能实现个人利益和个人目标。个人目标与组织目标的统一程度越高，员工的自觉性乃至主动性、创造性就越能得到充分的发挥；反之，便会出现消极怠工，甚至产生抵触情绪。创造性是取得突破性进展的重要保证，是工作积极性得到发挥的体现，它能够大大提高工作绩效。例如，丰田汽车公司采取合理化建议奖的办法鼓励员工提建议，不管这些建议是否被采纳，均会受到奖励和尊重。如果建议被采纳，并取得经济效益，将会受到重奖。结果该公司员工仅1983年就提出了165万条建设性建议，平均每人31条，为公司创造了900亿日元的利润，相当于该公司全年利润的18%。

3）激发人们的热情和兴趣

激励不仅可以提高人们对自身工作的认识，还能激发人们的工作热情和兴趣，解决工作态度和认识倾向问题。通过激励，使员工对本职工作产生强烈、深刻、积极的情感，并以此为动力，将自己的全部精力投入到实现预定目标的过程中。兴趣是影响动机形成的重要因素，通过激励可使人对工作产生稳定而浓厚的兴趣，使人对工作产生高度的注意力、敏感性、责任感，形成对自身职业的偏爱。个人的知识、技术和能力，一般也是在浓厚的职业兴趣的基础上发展起来的。因此，强烈而稳定的职业兴趣，也是人们提高技能，保证技术、知识、能力充分发挥的心理条件。

互动课堂7-2

一墙之隔的两家企业，甲企业由于经营不善，职工下岗回家；乙企业则因为其产品目前在市场上仍有一定的销路，所以职工并未都下岗，且每月都能按时领到工资。乙企业的在岗职工表现出了空前的工作积极性，这令该厂厂长大惑不解：当初有奖金的时候也没这么积极，这是怎么了？于是他决定去请教有关管理专家。

讨论：假如该厂长去请教激励理论的专家，你认为这位专家将如何帮助该厂长解释这一现象？

动画：激励手段

7.2 激励理论与激励方法

7.2.1 激励理论

1）需要层次论

（1）需要的层次。需要层次论是美国心理学家马斯洛于20世纪40年代提出的。该理论认为，每个人都有许多复杂的需要，这些需要从低级到高级可以划分为五个层次：生理需要、安全需要、社交需要、尊重需要与自我实现需要（如图7-2所示）。

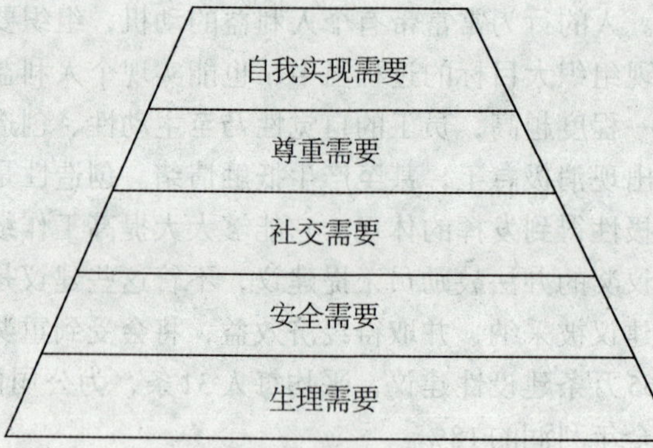

图7-2　需要的层次

① 生理需要。它是指人类生存最基本的需要，如对食物、水、住房、医药等的需要。这是动力最强大的需要，如果这些需要得不到满足，人类就无法生存，也就谈不上其他的需要。

② 安全需要。它是指保护自己免受身体和情感伤害的需要。这种安全需要体现在社会生活中的多个方面，如生命安全、劳动安全、职业有保障、心理安全等。

③ 社交需要。它包括友谊、爱情、归属、信任与接纳的需要。人们一般都愿意与他人进行社会交往，想和同事们保持良好的关系，希望给予和得到友爱，希望成为某个团体的成员等。这一层次的需要得不到满足，可能会影响人的精神上的健康。

④ 尊重需要。它包括自尊和受到别人尊重两方面。自尊是指自己的自尊心，工作努力不甘落后，有充分的自信心，获得成就后的自豪感。受人尊重是指自己的工作成绩、社会地位能得到他人的认可。这一层次的需要一旦得以满足，必然信心倍增，否则就会产生自卑感。

⑤ 自我实现需要。这是最高一级的需要，指个人成长与发展，发挥自身潜能、实现理想的需要，即人们希望自己能够充分发挥自己的潜能，做其最适宜的工作。

（2）需要层次论的基本点：

第一，人是有需要的动物，已经满足的需要起不到激励的作用，因而不再是激励因素，只有尚未满足的需要才能够影响行为。

第二，五种需要像阶梯一样从低到高，逐层上升。一个层次的需要相对满足了，就会向高一层次发展。

第三，多数人的需要结构是很复杂的，在每一时刻都会同时有许多需要在影响着人们的行动，而不会是单一的需要支配着人们的行动。

第四，各层次的需要相互依赖、相互重叠，任何一种需要并不因为下一个高层次的需要的发展而消失。高层次的需要发展后，低层次的需要仍然存在，只是对行为的影响比重减轻了。

第五，人的需要有轻重层次，在一般情况下，只有在低层次的需要得到满足后，才能使高层次的需要有足够的动力去驱动行为。

第六，一般地说，满足较低层次的需要途径少，而满足较高层次的需要途径多。

第七，五种需要不可能完全满足，越到上层，满足程度越小。

第八，需要有高级低级之分。生理需要和安全需要为较低级需要，而社交需要、尊重需要、自我实现需要则为较高级的需要。

（3）需要层次论在企业中的应用。没有满足的需要是激励的开端，而需要的满足则是激励过程的完成。可见，需要是人类行为的出发点、基础和最根本的原因。管理者只有了解了员工的需要以及员工之间需要的差异，然后有针对性地采取管理措施，才能收到良好的激励效果，充分调动员工的工作积极性（见表7-1）。

表7-1 需要层次论在企业中的应用

需要层次	激励因素（追求的目标）	应用
生理需要	工资和奖金 各种福利 工作环境	足够的薪金，舒适的工作环境，适度的工作时间，良好的住房和福利设施、医疗保险等
安全需要	职业保障 意外事故的防止	雇用保证、退休养老金制度、意外保险制度、安全生产制度、危险工种营养福利制度等
社交需要	友谊 团体的接纳 组织的认同	建立和谐的工作团队，建立协商和对话制度、互助金制度、联谊小组、教育培养制度等
尊重需要	名誉和地位 权力和责任	人事考核制度、职衔、表彰制度、责任制度、授权等
自我实现需要	能发挥个人特长的环境 具有挑战性的工作	决策参与制度、提案制度、破格晋升制度、目标管理、工作自主权等

2）双因素论

（1）激励因素和保健因素。双因素论是美国心理学家赫茨伯格于20世纪50年代后期提出的。赫茨伯格认为，使员工感到满意的因素与使员工感到不满意的因素是大不相同的：使员工感到不满意的因素往往是由外界环境引起的，使员工感到满意的因素通常是由工作本身产生的。赫茨伯格发现造成员工非常不满意的原因有公司政策、行为管理和监督方式、工作条件、人际关系、地位、安全和生活条件等。这些因素改善了，只能消除员工的不满、怠工与对抗，但不能使员工变得非常满意，也不能激发他们的工作积极性，提高效率。赫茨伯格把这一类因素称为保健因素，就像某些保健物品只能预防疾病，但不能提高身体素质一样。赫茨伯格还发现使员工感到满意的原因有工作富有成就感、工作成绩能得到认可、工作本身具有挑战性、负有较大的责任、在职业上能得到发展等。这类因素的改善，能够激发员工的工作热情，从而提高生产率。如果处理得不好，也能引起员工的不满，但影响不是很大，赫茨伯格把这类因素称为激励因素。这两类因素见表7-2。

表7-2　保健因素与激励因素

保健因素	激励因素
金钱	工作本身
监督	赏识
地位	进步
安全	成长的可能性
工作环境	责任
政策与行动	成就
人际关系	

（2）双因素论的两个基本点：

其一，满意与不满意。赫茨伯格认为满意的对立面是没有满意，而不是不满意；不满意的对立面是没有不满意，而不是满意。

其二，内在激励与外在激励。双因素论实际上将激励分为内在与外在两种。内在激励是从工作本身得到的满足，如对工作的兴趣、责任感、成就感等，这些因素属于激励因素。外在激励是指外部的奖酬或在工作以外获得的间接的满足，如工资、工作环境。这种满足有一定的局限性。因为外在激励或保健因素只能满足人的低层次的生理需要，而不能满足人的高层次的精神需要，因而只能防止反激励，并不能持久有效地激励人的积极性。

3）期望理论

期望理论是美国心理学家弗鲁姆在20世纪60年代提出来的。该理论认为，人之所以能够从事某项工作并达成组织目标，是因为这些工作和组织目标会帮助他们实现自己的目标、满足自己某些方面的需要。具体而言，当员工认为努力会带来良好的绩效评价时，他就会受到激励进而付出更大的努力，同时良好的绩效评价会带来诸如奖金、加薪或晋升等组织奖励，这些组织奖励会实现员工的个人目标，满足其某些需求，从而产生激励。

弗鲁姆认为，激励是个人寄托于一个目标的预期价值与他对实现目标的可能性的看法的乘积，用公式表示为：

$$M=VE$$

式中：M——激励力，表示个人对某项活动的积极性程度，希望达到活动目标的欲望程度；V——效价，即活动结果对个人的价值大小；E——期望值，即个人对实现这一结果的可能性的判断。

从公式我们可以看出，促使人们做某件事的激励力依赖于效价和期望值这两个因素。效价和期望值越高，激励力就越大。公式同时还表明，在进行激励时要处理好三个方面的关系，这三个关系也是调动人们工作积极性的三个条件。

第一，努力与绩效的关系。人总是希望通过一定的努力能够达到预期的目标，如果个人主观认为通过自己的努力达到预期目标的概率较高，就会有信心，就可能激发出很强的工作力量。但是如果他认为目标太高，通过努力也不可能会有很好的绩效时，就失去了内在的动力，导致工作消极。

第二，绩效与奖励的关系。人总是希望取得成绩后能得到奖励，这种奖励是广义的，既包括提高工资、多发奖金等物质方面的，也包括表扬、自我成就感、得到同事或领导认可和信赖等。如果他认为取得绩效后能够获得合理的奖励，就有可能产生工作热情，否则就没有积极性。

第三，奖励与满足个人需要的关系。人总希望自己所获得的奖励能满足自己某方面的需要。然而，由于人们在年龄、性别、资历、社会地位和经济条件等方面都存在着差异，他们对各种需要要求得到满足的程度不同，因而对于不同的人，采用同一种奖励办法能满足的需要程度不同，能激发出来的工作动力也不同。

互动课堂7-3

我们以一个简单的例子来说明效价、期望值与激励力之间的关系。

一位公司销售经理对他的一位销售员说："如果你今年完成1 000万元的销售额，公司将奖励你一套住房。"这时组织的目标是1 000万元的销售额，个人的目标是一套住房，效价和期望值可能会这样影响这个销售员的激励力。

效价——销售员可能的反应是：

A."天啊！一套住房！哈哈，这正是我梦寐以求的，我一定要努力争取！"

B."住房？我现在住的已经够好的了，没有必要再来一套，况且如果我一人拿了一套住房，同事们肯定会不满的，呃，这对我来说没什么吸引力！"

期望值——他可能的反应是：

A."1 000万元的销售额，照今年的行情，如果我比去年再努力一点，是能做到的。"

B."1 000万元？简直是天方夜谭，经理要么疯了，要么就是压根儿不想把住房给我，我才不会白花力气呢！"

激励力——他可能的反应是：

A."只要销售到1 000万元就能得到一套住房，我一定好好努力！"

B."经理向来说话不算数，我打赌经理到时一定能找出10条理由说：'我也不想说话不算数，但我实在是无能为力。'"

资料来源　编者根据相关资料整理。

讨论：从这个例子中你得到了哪些启示？

4）公平理论

公平理论是美国的斯塔西·亚当斯在20世纪60年代提出的。亚当斯通过大量的研究发现：员工对自己是否受到公平合理的待遇十分敏感。员工首先思考自己收入与付出的比率，然后将自己的收入-付出比与其他人的收入-付出比进行比较，如果员工感觉到自己的比率与他人的相同，则认为处于公平状态；如果感到二者的比率不相同，则产生不公平感，也就是说，他们会认为自己的收入过低或过高。

员工的工作积极性不仅受到其所得报酬的绝对值的影响，更受到相对值的影响。相对值来源于横向比较与纵向比较。横向比较是将自己所做的付出和所得的报酬，与一个和自己条件相当的人的付出和所得的报酬进行比较，从而对此做出相应的反应。纵向比较是指个人对工作的付出和所得与过去进行比较时的比值。比较的结果有三种可能：

（1）感到报酬公平。当企业员工经过比较感到相对值相等时，其心态就容易平衡。有时尽管他人的结果超过了自己的结果，但只要对方的投入也相应大，就不会有太大的不满。他会认为激励措施基本公平，积极性和努力程度可能会保持不变。

（2）感到报酬不足。在比较中，当员工发现自己的报酬相对低了，就会感到不公平，他们就会设法去消除不公，并有可能采取以下的措施来求得平衡：一是曲解自己或他人的付出或所得；二是采取某种行为使得他人的付出或所得发生改变；三是采取某种行为改变自己的付出或所得；四是选择另外一个参照对象进行比较；五是辞去工作。员工感到不公平时，工作的积极性往往会下降。

（3）感到报酬多了。当员工感到自己相对于他人而言，报酬高于合理水平时，多数人认为不是什么大问题，他们可能会认为这是自己的能力和经验有了提高的结果。但有关研究也证明，处于这种不公平的情况下，工作积极性不会有多大程度的提高，而有些人也会有意识地减少这种不公。例如，通过付出更多的努力来增加自己的投入；有意无意曲解原先的比率；设法使他人减少投入或增加产出。

公平理论表明公平与否是源于个人的感觉。人们在心理上通常会低估他人的工作成绩，高估别人的得益，由于感觉上的错误，就会产生心理不平衡。这种心态对组织和个人都很不利。所以管理人员应有敏锐的洞察力来体察员工的心情，如确有不公，则应尽快解决，如是个人主观的认识偏差，也有必要进行说明解释，做好思想工作。

5）强化理论

强化理论是由美国心理学家斯金纳首先提出的。该理论认为人的行为是其后果的函数。如果这种后果对他有利，则这种行为就会重复出现；若对他不利，则这种行为就会减弱直至消失。因此管理要采取各种强化方式，以使员工的行为符合组织目标。

根据强化的性质和目的，强化可以分为四类：

（1）正强化。这是一种增强行为的方法，指用某种具有吸引力的结果，对某一行为进行鼓励和肯定，使其重视和加强，从而有利于组织目标的实现。例如，看到员工工作表现出色，领导立即加以表扬，实际上就是对该行为做了正强化。在管理中，正强化表现为奖酬，如认可、赞赏、增加工资、职位提升、提高奖金、提高满意的工作条件等。为了使强化达到预期的效果，还必须注意实施不同的强化方式。正强化方式主要有连续的、固定的正强化和间断的、不固定的正强化两种。前者是指对每一次符合组织目标的行为都给予正强化，或每隔一固定时间就给予一定数量的正强化。尽管这种正强化有及时、刺激、立竿见影的效果，但久而久之，人们就会对这种正强化有越来越高的期望，或者认为这种正强化是理所应当的。企业管理者有时不得不经常加强这种正强化，否则其作用会减弱甚至不再起到刺激行为的作用。后者是指管理者根据组织的需要和个人行为在工作中的反映，不定期、不定量实施正强化，使每次正强化都能起到较大的效果。

实践证明，后一种正强化更有利于组织目标的实现。例如，企业用某种具有吸引力的结果（如奖金、休假、晋级、认可、表扬等），以表示对职工努力进行安全生产行为的肯定，从而进一步强化职工遵守安全规程进行安全生产的行为。

（2）负强化。它也是一种增强行为的方法，是指预先告知某种不符合要求的行为或不良绩效可能引起的不愉快的后果，使员工的行为符合要求，从而保证组织目标的实现不受干扰。负强化包含有减少奖酬或罚款、批评、降级等，让员工知道做了不符合规定的事会受到批评或惩罚，如能够避免或改正，则不会受到惩罚，以此来引导、强化员工的行为，使之转向符合组织的要求。例如，员工知道随意迟到、缺勤会受到处罚，不缺勤、按时上班则不会受到处罚，于是员工会避免迟到、缺勤，学会按要求行事。实际上，不进行正强化也是一种负强化。比如，过去对某种行为进行正强化，现在组织不再需要这种行为，但基于这种行为并不妨碍组织目标的实现，这时就可以取消正强化，使行为减少或不再重复出现。实施负强化的方式与正强化有所差异，应以连续负强化为主，即对每一次不符合组织要求的行为都应及时予以负强化，消除人们的侥幸心理，减少直至消除这种行为重复出现的可能性。例如，企业安全管理人员告知工人如果不遵守安全规程就要受到批评，甚至得不到安全奖励，于是工人为了避免此种不期望的结果，就会认真按操作规程进行安全作业。

（3）惩罚。惩罚是指用某种令人不快的结果来减弱某种行为。如当有员工工作不认真、不负责任，经常出差错，或影响他人工作，领导们就可以用批评、纪律处分、罚款等措施，来制止该行为的再次发生。但是，惩罚也会有副作用，如会激起员工的愤怒、敌意等，因此管理者们最好尽可能用其他强化手段。惩罚分为行政处分和经济制裁两种。行政处分（也称纪律处分）一般分为警告、记过、降级、降职、撤职、留用察看、开除等，开除是最严厉的行政处分。经济制裁，主要是给予一次性罚款，或者扣发一定数额的工资。

（4）自然消退。自然消退是指通过不提供个人所期望的结果来减弱一个人的行为。自然消退有两种方式：一种是对某种行为不予理睬，以表示对该行为的轻视或某种程度上的否定使其自然消退；另一种是指原来用正强化手段鼓励的有利行为由于疏忽或情况发生变化，不再给予正强化，使其逐渐消失。研究表明，一种行为如果长期得不到正强化，就会逐渐消失。如员工由于某种原因使工作出现小的差错，上级管理者不予追究，而是给机会使该员工及时自觉改正。例如，企业曾对职工加班加点完成生产定额给予奖励，后经研究认为这样不利于职工的身体健康和企业的长远利益，因此不再发给奖励，从而使加班加点的职工逐渐减少。

互动课堂7-4

拿破仑一次打猎的时候，看到一个落水男孩，一边拼命挣扎，一边高呼救命。这河面并不宽，拿破仑不但没有跳水救人，反而端起猎枪，对准落水男孩，大声喊道："你若不自己爬上来，我就把你打死在水中！"那男孩见求救无用，反而增添了一层危险，便更加拼命地奋力自救，终于游上岸。

讨论：你从中受到了什么启示？

6）挫折理论

挫折理论专门研究人们遇到挫折后会有一些什么行为反应，管理人员应如何针对员工的挫折采取相应措施以及如何引导员工走出挫折的阴影，积极努力地对待工作。挫折是指人们从事有目的的活动，在环境中遇到障碍和干扰，使需要和动机不能获得满足时的情绪。它是一种普遍存在的社会心理现象。任何人一生中都不可能事事一帆风顺，所以在人生历程中遇到一些障碍和干扰是难免的。某一目标能否实现，某一需要和动机能否得到满足，既取决于这种目标、需要和动机是否具备实现的客观条件，也取决于人们的主观认识与客观事物相吻合的程度。

引起挫折的原因是多种多样的，人们受挫的程度也各不相同，但总的来说，挫折不外乎是由主观因素和客观因素造成的。由主观因素引起的挫折称为个人起因的挫折。例如，由于个人体力和智力的限制，不能达到目标；由于个人健康状况不佳及生理上的缺陷，不能胜任某种工作；由于经验不足、智力水平较差，在工作中遭到失败等。由客观因素引起的挫折称为环境起因的挫折。这是由于外界事物或情况阻碍人们达到目标而产生挫折。历史发展的不平衡、社会变革的影响、新生事物发展的不完善、不良的社会风气、不良的小环境（如人们之间的关系紧张，工作岗位不能使人充分发挥才能，教育方法不当，管理方式不妥等）、偶然事件的发生等，都可能成为挫折的原因。许多研究表明，受挫的大小与个体的动机密切相关，当重要动机受挫时，感受到的挫折就大，打击也大。由于心理发展层次的不同、认识方法的差异、抱负水准的高低等原因，不同个体会具有不同的重要动机，因而，挫折的感受因人而异。一般来说，一个人遭受挫折后，在生理上、心理上均会产生种种反应，而反应的强烈程度和方式则往往根据受挫的性质、强度及个体自身当时的情况而异。一个人的行为受挫后，目标不能达成，动机无法兑现，需要得不到满足，在个体和环境之间便产生了冲突，导致内心的紧张、心理上的不安，乃至陷入痛苦之中。此时，个体会自觉不自觉地采取一种防卫性的对抗行为，以适应行为受挫后的新情况。行为受挫后所产生的防卫行为，其效果可能是积极的、建设性的，也可能是消极的、破坏性的。所以说，挫折既是坏事，也是好事。它一方面可能使人失望、痛苦、消极、颓废，甚至一蹶不振，也可能引起粗暴的消极对抗行为，导致矛盾激化，还可能使某些意志薄弱者因此失去生活的希望等；另一方面挫折又可能给人以教益，使人变得聪明起来，使犯错误的人猛醒，认识错误，接受教训，改弦更张，它还可以磨砺人的意志，使之更加成熟、坚强，还能激发人的斗志，从逆境中奋起。

挫折理论之所以能归属于激励的范畴，就是因为成功与挫折是个体行为的两种可能结果。目标达成了，要加以积极引导从而保持激励的效果；遭受挫折了，同样要积极引导，保护积极性，使之不产生消极的对抗性的行为。

管理游戏

游戏简介：乐于分享和交换资源，将散乱的图片拼成同样大小的正方形。

道具：硬纸若干张

参加人数：15人左右

用时：10分钟

场地：教室

游戏步骤：

第一步，按要求制作15张卡片，将其打乱分拆成5份装入信封。

第二步，小组内每人得到一个信封，小组的任务是将信封内的卡片拼装成相同大小的正方形。

游戏要点：

1.全过程不许交流。

2.卡片可以交换，但不能帮助别人拼图。

3.小组内的每个人将散乱的图片拼成同样大小的正方形，最快的小组获得胜利。

4.5个人拼成同样大小的正方形才算完成任务。交换纸片即是交换资源。

在统一目标的指引下，资源信息要共享，彼此愿意、善于分享，将组织利益置于个人利益之上才是真正的“状况共有”。

7.2.2 激励的原则与方法

1）激励机制

机制是指由组织的体制、制度、政策构成的组织运行的动力系统。在激励过程中，应使组织制度、政策、法规符合员工的心理和行为规律，从而持续地增强员工工作的积极性，即应建立合理的激励机制。在市场经济条件下，激励机制主要由满足机制、升华机制和压力机制构成。

（1）满足机制。员工有多层次的心理需要，满足这些需要是以其行为积极性为初始源泉的。“期望—目标—满足”表达了这种机制发生作用的过程。其中期望是指人的某种需要希望获得满足的迫切程度。每个员工都不同程度地存在着获得高报酬、和谐人际关系、受到人格尊重等方面的需要，都会产生追求满足的期望。目标是指满足需要的条件。在管理实践中，目标由工作任务和报偿两部分组成。报偿是指员工完成任务后实际体验到的物质和精神的回报。只要任务与有吸引力的报偿紧密结合，那么任务就会被员工看作努力争取的目标。满足是达到目标后个体体验到成功喜悦和需要满足的愉快。这种满足感会促使人产生新的更高的期望，引发争取下一个目标达成的努力。

由于个人欲望是无止境的，因此建立在员工个人欲望满足基础上的这种机制，是整个激励系统的基础。但这种机制的局限性也是显而易见的，那就是员工选择积极行为是以获得满意的报偿为条件的，它不断强化员工的索取行为，并不能唤起员工主人翁的奉献行为，所以必须配合另一种机制。

（2）升华机制。这是促使员工个人理想与社会理想（组织的、国家的理想）相结合，从而激发主人翁责任感的机制。

“社会理想—责任—奉献”描述了升华机制的作用过程。其中社会理想是指员工对本组织和国家美好未来的向往。整体性是社会理想区别于个人理想的突出特点。它具有比个人理想宽阔、深远得多的激励功能。责任是指由于社会理想的推动，员工会产生一种责任需要和自觉意识，履行自己的责任和义务就成了一种新的行为内动力。奉献是指在责任感的驱动下，人会产生为了整体成功而献智献力的自觉积极行为。高尚的社会理想和强烈的责任感使人能够把为了整体事业而牺牲个人利益的奉献当作一种满足。这种机制在激发自觉工作积极性的同时，还在不断促进人思想境界的提高，这是社会主义激励机制的根本特征所在。但由于该机制是以个人理想（目标）与社会理想（目标）相融合为前提的，因此构建这种机制是较困难的。

（3）压力机制。这是克服人的习惯惰性，利用人在危机时会产生防卫功能的一种机制，也就是生活中常用的"背水一战""置之死地而后生"的激励作用。

"危机—奋斗—变革"是该机制的作用过程。其中危机是指让员工在获得一定满足之后，又面临着失去满足的危险，使人保持一定强度的危机感。奋斗是指人在面临危机时，就会发挥自己的防卫功能去保卫或重新赢得满足，表现在行动中就是奋斗、拼搏，追求一种新的适应和成功。变革是指奋斗的结果，在人经历了变革自我之后创造变革物质的新功绩。从这个意义上讲，人的许多功绩都是压力"逼"出来的。尽管最后在新功绩面前人会体会到一种全面满足的愉悦，但毕竟在变革自我过程中总要经历痛苦。因此，这是一种极易带来负效应的机制。

上述三种机制分别是从不同方面对员工行为规律的运用。单独看，都从一个侧面体现人的行为规律，但又都不是规律的全部，因此必须三者结合，相辅相成，互为条件，互相制约，构成统一的激励机制系统。

互动课堂 7-5

美国铝业公司是世界三大铝业巨头之一，因为公司利润逐年下滑，新上任的CEO保罗·奥尼尔备受华尔街媒体的关注。大家希望聆听他对如何提升企业利润的见解，然而等到的却是一句"我会把精力花在保障工人的安全这件事上"。有的投资经理在记者招待会还没有结束的时候就冲出会议室大门给客户打电话，建议他们立刻抛售手上的股票，一定要赶在记者招待会结束之前，这样其他的股东还来不及采取行动。然而，奥尼尔在任期间让公司的股价翻了五倍，利润逐年攀升，工伤率逐年下降。等华尔街醒悟过来，有人跑去向奥尼尔讨教他当年为什么选择安全这件事。

奥尼尔说："当你试图改变公司，你不能命令人们去改变，这是不会发生的。所以我决定把注意力仅仅集中在一件事上，当这一件事开始被撬动之后，人们的习惯松动了，才会发生连锁反应，实现整个公司的改变。"

讨论：从人本管理角度分析，应该如何调动员工的积极性？

2）激励原则

激励是一门学问，科学地运用激励理论，可以有效地激发员工的潜力，使组织目标和个人目标在实现中达到统一，进而提高组织的经营效率。正确地激励应遵循以下原则：

（1）组织目标与个人目标相结合的原则。在激励中设置目标是一个关键环节。目标设置必须以体现组织目标为前提，否则激励将偏离组织目标的实现方向。目标设置还必须能满足员工个人的需要，否则无法提高员工的目标效价，达不到满意的激励强度。只有将组织目标与个人目标结合好，才能收到良好的激励效果。

（2）物质激励与精神激励相结合的原则。员工存在物质需要和精神需要，相应的激励方式也应该是物质激励与精神激励相结合。随着生产力水平和人员素质的提高，组织应该把激励重心转移到满足较高层次的需要即社交、自尊、自我实现需要的精神激励上去，但也要兼顾好物质激励。物质激励是基础，精神激励是根本，在两者相结合的基础上，逐步过渡到以精神激励为主。

（3）外在激励与内在激励相结合的原则。满足员工对工资、福利、安全环境、人际关系等方面需要的激励，叫外在激励；满足员工自尊、成就、晋升等方面需要的激励，叫内在激励。实践中，往往是内在激励使员工从工作本身获得了很大的满足感。如工作充满了兴趣、挑战性、新鲜感，工作本身具有重大意义，工作发挥了个人潜力、实现了个人价值等，对员工的激励最大，所以组织要注意内在激励具有的重要意义。

（4）正强化与负强化相结合的原则。在管理中，正强化与负强化都是必要而有效的，通过树立正面的榜样和反面的典型，能扶正祛邪，形成一种良好的风气，产生无形的压力，使整个群体和组织行为更积极、更富有生气。但鉴于负强化具有一定的消极作用，容易产生挫折心理和挫折行为，因此，管理人员在激励时应把正强化和负强化巧妙地结合起来，以正强化为主，负强化为辅。

（5）按需激励的原则。激励的起点是满足员工的需要，但员工的需要存在着个体的差异性和动态性，因人而异、因时而异，并且只有满足最迫切需要的措施，其效价才高，激励强度才大。因此，对员工进行激励时不能过分依赖经验及惯例。激励不存在一劳永逸的解决方法，必须用动态的眼光看问题，深入调查研究，不断了解员工变化了的需要，有针对性地采取激励措施。

（6）客观公正的原则。在激励中，如果出现奖不当奖、罚不当罚的现象，就不可能收到真正意义上的激励效果，反而还会产生消极作用，造成不良的后果。因此，在进行激励时，一定要认真、客观、科学地对员工进行业绩考核，做到奖罚分明，不论亲疏，一视同仁，使得受奖者心安理得，受罚者心服口服。

互动课堂7-6

李英的困惑

李英今年40岁，回首这二十几年的奋斗历程，很为自己早年艰苦而又自强不息的日子感叹。想当初，自己没有稳定的工作就结了婚，妻子是个孤儿，有父母留下的一座虽然面积不小但很破旧的平房。妻子待业时，两人常为生计发愁。后来，李英在某企业找到了一份固定的工作，并很快被提拔为工段长，接着又成为车间主任，进而升为生产部部长。他记得，那段日子对他个人和公司来说都是极为重要的转折。他没命地为公司工作，很为自己是其中的一员感到自豪。他的付出也给他带来了丰厚的回报。他的工资收入已相当可观了，更重要的是，他在不断的提拔中得到了权力和地位，很令妻子自豪。有段时间，他自己也沾沾自喜过，可现在细细想来，他觉得自己并没有成就什么，心里老是空落落的。他现在是企业生产的总指挥官，可他看着企业一年比一年不景气，很想在开发新产品方面为企业做些更大的贡献，可他在研究开发和销售方面并没有什么权力。他多次给企业领导提议能否变革组织设计方式，使中层单位能统筹考虑产品的生产、销售及研究开发问题，以增强企业的活力和创新力，可领导一直就没有这方面的想法。所以，李英想换个单位，换个职务不要太高，但能真正发挥自己潜能的地方，可自己都步入中年了，"跳槽"又谈何容易。

讨论：(1) 请运用有关激励理论，对李英人生历程中所体现的个人需要的满足情况以及他目前的困惑心境作分析。

(2) 如果李英有意跳槽到你所领导的单位来工作，你应该从哪些方面、采取什么样的激励措施来吸引他？请说明理由。

3）激励方法

激励机制不是先于管理而存在的，而是在管理活动过程中不断形成的。管理者恰当而有效地运用激励手段和方法，一方面会直接影响员工积极性的发挥；另一方面也是在构建合理的激励机制。激励方法主要有以下几种：

(1) 物质利益激励法。物质利益激励法就是以物质利益（如工资、奖金、福利、晋级和各种实物等）为诱因对员工进行激励的方法。最常见的物质利益激励有物质奖励激励和物质惩罚激励两种方法。物质奖励激励是指组织以奖励作为诱因，驱使员工采取最有效、最合理的行为。物质奖励激励通常是从正面对员工进行引导。企业首先根据组织工作的需要，规范员工的行为，如果符合一定的行为规范，员工可以获得一定的奖励。员工对奖励追求的欲望，促使他的行为必须符合行为规范，同时给企业带来有益的活动成果。物质惩罚激励是指组织利用惩罚手段，诱导员工采取符合组织需要的行动的一种激励。在物质惩罚激励中，组织要制定一系列的员工行为规范，并规定逾越了行为规范的不同的惩罚标准。物质惩罚手段包括扣发工资和奖金、罚款、赔偿等。人们避免惩罚的需求和愿望促使其行为符合特定的规范。

实施物质利益激励要注意保持组织成员的公平感，充分体现"多劳多得，少劳少得"的分配原则。虽然这种激励是直接满足组织成员的低级需要的，但也能间接地满足组织成员的高级需要，因为物质利益可以看作自己受到尊重，或自己的成就为组织所赏识的标志。

(2) 目标激励法。管理中常说的目标管理，不仅是一种管理活动，也是一种有效的目标激励方法。所谓目标激励法就是给员工确定一定的目标，以目标为诱因驱使员工去努力工作，以实现自己的目标。任何组织的发展都需要有自己的组织目标，任何个人在自己需要的驱使下也会具有个人目标。目标激励必须以组织目标为基础，要求把组织目标与员工的个人目标结合起来，使组织目标和员工目标相一致。

目标管理通过广泛的参与来制定组织目标，并将其系统地分解为每一个人的具体目标，然后用这些目标来引导和评价每个人的工作。在目标管理中目标是最重要的，组织目标是组织前进的目的地，个人目标则是个人奋斗所实现的愿望。目标管理的特点之一是把组织的目标分解为各个行动者的目标，而分解过程又充分吸收了行动者参与。按照这一特点，只要使个人的目标及奖酬与个人的需要一致起来，就提高了目标的效价，而实现目标信心的增加也就是实现目标的期望值的提高。目标管理充分发挥每个人的最大能力，实行自我控制，更容易发挥每个人的潜能和创造力，增强激励效果。

互动课堂7-7

难忘的礼品

王名是装配车间的一名青工，爱喝酒，讲哥们儿义气，喜欢打架。但他也有优点，干活不惜力，为人豪爽。在最近的一次突击装配任务中，他优质高效地完成了任务，得到了车间同事的一致好评，获得了“优秀突击队员”的光荣称号。厂部决定奖励装配车间每人1 000元，别人的奖励都不成问题，王名的奖励可让车间领导犯了难。直接发钱吧，王名肯定会带几个哥们儿去饭馆吃一顿，说不定又会喝醉酒惹事。车间领导经过反复商量，决定给王名买一套高档运动服，因为他特别喜欢打球。运动服前胸上印着一个大大的“奖”字，后背上印着“生产能手”字样。王名收到这件礼品后爱不释手，他说：“1 000元钱，咱不稀罕。这件礼品说明领导看得起咱，咱决不能辜负领导的期望。”慢慢地，他把爱打架、爱喝酒的毛病也改掉了。

讨论：(1) 车间领导对王名采用的是什么激励方式？

(2) 这种激励方式有哪些具体措施？

(3) 榜样激励法。榜样激励法是指通过组织树立的榜样使组织的目标形象化，号召组织内成员向榜样学习，从而提高激励效果和绩效的方法。

运用榜样激励法，首先要树立榜样，榜样不能人为地拔高培养，要自然形成，但不排除必要的引导。选择榜样时要注意榜样的行为确实是组织中的佼佼者，这样才能使人信服。其次，要对榜样的事迹广为宣传，使组织成员都能知晓，这就是使组织成员知道有什么样的行为才能成为“榜样”，使学习的目标明确。还有非常重要的一环就是给榜样以明显的使人羡慕的奖酬，这些奖酬中当然包括物质奖励，但更重要的是无形的受人尊敬的奖励和待遇，这样才能提高榜样的效价，使组织成员学习榜样的动力增加。

使用榜样激励方法时还需要注意两点：一是要纠正打击榜样的歪风，否则不但没有多少人愿当榜样，也没有多少人敢于向榜样学习。二是不要搞榜样终身制，因为榜样的终身制会压制其他想成为榜样的人，并且使榜样的行为过于单调，有些事迹多次重复之后可能不复具有激励作用，而原榜样又没有新的更能激励他人的事迹，此时就应该物色新的榜样。

(4) 内在激励法。日本著名企业家道山嘉宽在回答“工作的报酬是什么”时指出：“工作的报酬就是工作本身！”这句话深刻地指出了内在激励的重要性，尤其在今天，当企业解决了员工基本的温饱问题之后，员工就更加关注工作本身是否具有乐趣和吸引力；在工作中是否会感受到生活的意义；工作是否具有挑战性和创新性；工作内容是否丰富多彩，引人入胜；在工作中能否取得成就，获得自尊，实现自身价值等。要满足员工的这些深层次需要，就必须加强内在激励。

（5）形象与荣誉激励法。一个人通过视觉感受到的信息占全部信息量的80%，因此充分利用视觉形象的作用，激发员工的荣誉感、成就感、自豪感，也是一种行之有效的激励方法。常用的方法是照片、资料张榜公布，借以表彰企业的标兵、模范。有条件的企业还可以通过闭路电视系统或企业网站传播企业的经营信息，宣传企业内部涌现的新人、新事、优秀员工、劳动模范、技术能手、爱厂标兵、模范家庭等。这样可以达到内容丰富、形式多样、喜闻乐见的效果。

（6）信任关怀激励法。信任关怀激励法是指组织的管理者充分信任员工的能力和忠诚，放手、放权，并在下属遇到困难时，给予帮助、关怀的一种激励方法。这种激励方法没有什么固定的程序，总的思路是为下属创造一个宽松的工作环境，给员工以充分的信任，使其充分发挥自己的聪明才智；时时关心员工疾苦，了解员工的具体困难，并帮助其解决，使其产生很强的归属感。这种激励法是通过在工作中满足组织成员的信任感、责任感等需要，从而达到激励的效果。

（7）兴趣激励法。兴趣对人的工作态度、钻研程度、创新精神的影响是巨大的，往往与求知、求美、自我实现密切联系。在管理中只要能重视员工的兴趣因素，就能实现预期的精神激励效果。国内外都有一些企业允许甚至鼓励员工在企业内部双向选择，合理流动，包括员工找到自己最感兴趣的工作。兴趣可以导致专注，甚至入迷，而这正是员工获得突出成就的重要动力。业余文化活动是员工兴趣得以施展的另一个舞台。许多企业组织形成了摄影、戏曲、舞蹈、书画、体育等兴趣小组，使员工的业余爱好得到满足，增进了员工之间的感情交流，感受到企业的温暖和生活的丰富多彩，大大增强了员工的归属感，满足了社交的需要，有效地提高了企业的凝聚力。

思享园地

榜样的力量："大国工匠年度人物"

"大国工匠年度人物"发布活动由中华全国总工会、中央广播电视总台联合举办。

2018年10位"大国工匠年度人物"分别是：中国航天科技集团有限公司第一研究院首席技能专家高凤林，中车长春轨道客车股份有限公司首席焊工李万君，中国电子科技集团公司第五十四研究所高级技师夏立，国网山东省电力公司检修公司带电作业工王进，安徽省地质矿产勘查局313地质队高级工程师朱恒银，中国广核集团核燃料操作师乔素凯，中国工程物理研究院机械制造工艺研究所高级技师陈行行，潍柴动力股份有限公司首席技师王树军，中国石油集团西部钻探公司高级技师谭文波，敦煌研究院修复师李云鹤。

2022年10位"大国工匠年度人物"分别是：航空工业哈尔滨飞机工业集团有限责任公司数控铣工秦世俊，广西汽车集团有限公司钳工郑志明，天津港集团第一港埠有限公司港口内燃装卸机械司机成卫东，中国中铁隧道局集团盾构操作工母永奇，中国航天科技集团有限公司第六研究院西安航天发动机有限公司数控车工何小虎，中国水利水电第四工程局有限公司机电安装分局桥式起重机司机田得梅（女），国网山东省电力公司超高压公司电气试验工冯新岩，中国商飞上海飞机制造有限公司飞机装配工周琦炜，徐工集团徐州重型机械有限公司数控车工孟维，四川广汉三星堆博物馆文物修复师郭汉中。

"大国工匠年度人物"都是所在行业的顶尖技术技能人才，都是劳模精神、劳动精神、工匠精神的优秀传承者。每个人背后都有一段触动人心的故事，向榜样致敬，向榜样学习！

资料来源　编者根据央视网相关报道整理。

互动课堂 7-8

某民营企业的老板通过学习有关激励理论，受到很大启发，并着手付诸实践。他赋予下属员工更多的工作和责任，并通过赞扬和赏识来激励下属员工。结果事与愿违，员工的积极性非但没有提高，反而对老板的做法强烈不满，认为他是在利用诡计来剥削员工。

讨论：根据所学习的有关激励等理论，你认为该老板做法失败的原因是什么，你有哪些建议？

7.3　沟通概述

7.3.1　沟通及其过程

1）沟通的基本概念

在组织中，无论管理者还是被管理者，进行有效的信息沟通不容忽视。之所以这样说，是因为管理过程中每一件事都包含着沟通的任务（注意：不是一些事情，而是每一件事）。管理者没有信息就不可能做出决策，而一旦做出决策，没有沟通就不可能实现目标。因此领导者和员工都要从各自的角度认识沟通的重要性，掌握沟通的有效方法，否则就会陷入无穷的问题与困境之中。

那么，什么是沟通呢？沟通是指信息从发送者到接收者的传递和理解的过程。首先，沟通包含着意义的传递。如果信息或想法没有被传送到，则意味着沟通没有发生。也就是说，说话者没有听众或写作者没有读者都不能构成沟通。其次，要使沟通成功，信息不仅需要被传递，还要被理解。比如，甲收到一封来自美国的英文信件，但甲对英语一窍不通，那么不经翻译甲就不能看懂，也就无法称之为沟通。所以根据上述定义，沟通有以下三个方面的含义：①沟通是双方的行为，必须有信息的发送者和接收者。其中，双方既可以是个人，也可以是群体或组织。②沟通是一个传递和理解的过程。如果信息没有被传递到对方，则意味着沟通没有发生。而信息在被传递之后还应该被理解，一般来说，信息经过传递之后，接收者感知到的信息与发送者发出的信息完全一致时，才是一个有效的沟通过程。③要有信息内容，并且这种信息内容不像有形物品一样由发送者直接传递给接收者。在沟通过程中，信息的传递是通过一些符号来实现的，例如，语言、身体动作和表情等，这些符号经过传递，往往都附加了发送者和接收者一定的态度、思想和情感。

小看板-7-3

音频

良好的沟通常常被错误地理解为沟通双方达成协议，而不是准确理解信息的意义。如有人与我们意见不同，不少人认为此人没有完全领会我们的看法，换句话说，很多人认为良好的沟通是使别人接受我们的观点。但事实上，我可以很明白你的意思却不同意你的看法。当一场争论持续了相当长的时间，旁观者往往断言这是由于缺乏沟通导致的，然而，调查表明恰恰此时正进行着大量有效的沟通，他们中的每一个人都充分理解了对方的观点和见解。存在的问题是人们把有效的沟通与意见一致混为一谈了。

资料来源　编者根据相关资料整理。

2）沟通的重要性

沟通不仅与人们的日常生活密切相关，它在管理的各个方面也得到了广泛的运用。良好的管理沟通首先表现在它与管理者的工作密切相关，并随着管理层次的递增，管理者用于沟通上的时间也就越多。一项研究表明，一个基层管理人员工作时间的20%～50%用于言语沟通；而中、高层管理人员工作时间的66%～87%用于面对面和电话形式的沟通。沟通体现在不同的管理职能方面。如计划的制订与安排、部门之间的协调、人与人之间的交往、领导者与下属的联络、控制中的纠偏矫正工作、企业间的交流等。一般来说，沟通的重要性体现在以下几个方面：

（1）沟通是实现组织目标的重要手段。组织中的个体、群体为了实现一定的目标，在完成各种具体工作的时候都需要相互交流，统一思想，自觉地协调。信息沟通使组织成员团结起来，把抽象的组织目标转化为组织中每个成员的具体行动。没有沟通，一个群体的活动就无法进行，特别是管理者通过与下属的沟通使员工们了解和明确自己的工作任务，以保证目标的实现。

（2）沟通使管理决策更加合理有效。对信息的收集、处理、传递和使用是科学决策的前提。在决策过程中利用信息传递的规律，选择一定的信息传播方式，可以避免延误决策时间而导致的失败。管理人员通过一定的方式推行决策方案，赢得上级的支持和下级的合作，没有有效的沟通是不会达成这一目标的。

（3）沟通成为组织中各部门、各成员之间密切配合与协调的重要途径。由于现代组织是建立在职能分工基础上的，不同职能部门之间“隔行如隔山”，不易相互了解和协作配合。通过有效的沟通，可以使组织内部分工合作更为协调一致，保证整个组织体系的统一指挥、统一行动，实现高效率的管理。

（4）沟通是管理人员激励下属，影响和改变别人的态度和行为，实现领导职能的基本途径。沟通不仅能增进员工彼此间的了解，促进彼此之间的合作，改善人与人之间的关系，也是最大限度地调动员工积极性的一种方式，管理者与员工的定期沟通会提高员工的满意度，从而提高工作效果，降低组织的缺勤率和流动率。

（5）沟通也是与外部环境建立联系的桥梁。以企业为例，企业外部环境处于不断变化之中，企业为了生存和发展就必须适应这种变化，因此必然要和顾客、政府、公众、原材料供应商、竞争者等发生各种各样的关系。例如，按照顾客的要求调整产品结构，遵守政府的法规法令，担负自己应尽的责任，获得适用、廉价的原材料，试图在激烈的竞争中取得一席之地等，都迫使企业不断地和外部环境进行有效的沟通，否则就会面临危局。

3）沟通的过程

沟通是信息从发送者到接受者的传递和理解的过程。沟通过程中，有一位发送者，他制作信息，传递给接受者。接受者收到信息后，立即将信息加以解码，然后再采取行动，如果他的行动符合信息发送者的原意，就可以说沟通成功了（如图7-3所示）。

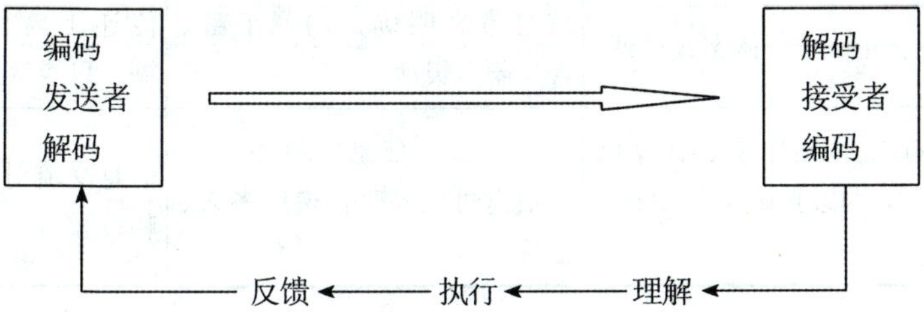

图7-3　沟通过程

需要指出的是，反馈是接受者将对信息的理解和执行情况返回给发送者，使发送者发现信息是否被接受和执行。沟通应包括以下要素：

（1）发送者需要向接收者传送信息。这里所说的信息包括很广，诸如想法、观点、资料等。

（2）发送者需将信息做成接受者能够理解的一系列符号。为了有效沟通，这些符号必须能够符合适当的媒体。例如，如果媒体是书面报告，符号的形式应选择文字、图表、照片等。

（3）将上述符号传递给接受者。由于选择的符号种类不同，传递的方式也不同。传递的方式可以是书面的，也可以是口头的，甚至还可以通过形体动作来表示。

（4）接受者接受这些信息。接受者根据这些符号传递的方式，选择相应的接受方式。

（5）接受者破译、理解信息的内容。但由于接受者接受和破译水平的差异，信息的内容和含义经常被曲解。

（6）接受者执行理解后的信息内容。

（7）通过反馈完成双向沟通，从而了解信息是否被准确无误地接受。

7.3.2　沟通的类别

1）按照方法划分

按照方法划分，沟通可划分为口头沟通、书面沟通、非语言沟通、电子媒介沟通等。这是组织中使用最普遍的沟通方式。它们之间的比较见表7-3。

表7-3 沟通方式比较

沟通方式	举例	优点	缺点
口头沟通	交谈、讲座、讨论会、电话	快速传递、快速反馈、信息量很大	传递中经过的层次越多，信息失真越严重，核实越困难
书面沟通	报告、备忘录、信件、文件、内部期刊、布告	持久、有形、可以核实	效率低，缺乏反馈
非语言沟通	声、光信号，体态，语调	信息意义明确、内涵丰富、含义隐含灵活	传递距离有限，界限模糊，只能意会、不可言传
电子媒介沟通	传真、闭路电视、计算机网络、电子邮件、微博、微信	快速传递、信息容量大、一份信息可以同时传递给多人、廉价	信息交流对技术、网络依赖较强

（1）口头沟通。人们之间最常见的交流方式是交谈，也就是口头沟通。常见的口头沟通包括演说、正式的一对一讨论或小组讨论、非正式的讨论以及传闻或小道消息的传播等。口头沟通的优点是快速传递和快速反馈。在这种方式下，信息可以在最短的时间里被传送，并在最短的时间里得到对方的回复。如果接收者对信息有所疑问，迅速的反馈可以使发送者及时检查其中不够明确的地方并进行改正。但是，当信息经过多人传送时，口头沟通的主要缺点便会暴露出来。在这个过程中卷入的人越多，信息失真的潜在可能性就越大。原因是每个人都以自己的方式解释信息，当信息到达终点时，其内容常常与最初大相径庭。如果组织中的重要决策通过口头方式在权力金字塔中上下传递，则信息失真的可能性相当大。

（2）书面沟通。书面沟通包括备忘录、信件、组织内发行的期刊、布告栏及其他任何传递书面文字或符号的手段。为什么信息的发送者会选用书面沟通？因为它持久、有形、可以核实。一般情况下，发送者与接收者双方都拥有沟通记录，沟通的信息可以无限期地保存下去。如果对信息的内容有所疑问可以过后查询，这对于复杂或长期的沟通来说尤其重要。例如，一个新产品的市场推广计划可能需要好几个月的大量工作，以书面的形式记录下来，可以使计划的构思者在整个计划的实施过程中有一个参考。所以书面沟通比口头沟通显得更为周密，逻辑性强，条理清楚。但是，书面沟通也有自己的缺陷。比如耗时，同是一个小时的测验，通过口试，学生们向老师传递的信息远比笔试要多得多。事实上，花费1个小时写出来的东西，往往只需15分钟左右就能说完。书面沟通的另一个主要缺点是缺乏反馈。口头沟通能使接收者立即对其所听到的东西提出自己的看法，而书面沟通则不具备这种内在的反馈机制。其结果是无法确保所发出的信息能被接收到，即使被接收到，也无法保证接收者对信息的解释正好是发送者的本意。

（3）非语言沟通。一些沟通既非口头形式也非书面形式，而是通过非文字的信息加以传递。比如上课时，学生们无精打采或在做其他事情，传达给老师的信息是学生们已经开始厌倦了；同样，当大家纷纷开始把笔记本合上时，则意味着该下课了。还有如一个人的办公室和办公桌的大小，一个人的穿衣打扮等都向别人传递着某种信息。非语言沟通中最常见的是体态语言和语调。体态语言，包括手势、面部表情和其他的身体动作。比如，一副怒吼咆哮的面孔所表达的信息显然与微笑不同。手部动作、面部表情及其他姿态能够传达的信息意义有攻击、恐惧、腼腆、傲慢、愉快、愤慨等。语调，指的是个体对词汇或短语的强调。我们可以从下面的例子中体会语调对信息的影响。假设一名学生问老师一个问题，老师听完后，反问了一句："你这是什么意思？"发问的声调不同，学生的理解和反应也不一样。轻柔、平稳的声调和刺耳尖利、重音放在最后一词所产生的意义完全不同。一般人们会认为第一种语调表明某人在寻求更清楚的解释，第二种语调则表明了这个人的攻击性或防卫性。

小看板-7-4

任何口头沟通都包括了非语言的信息，这一事实应引起极大的重视。为什么？因为非语言要素有可能造成极大的影响：一名研究者发现，在口头交流中，信息的55%来自面部表情和身体姿态，38%来自语调，而仅有7%来自真正的词汇。

音频

（4）电子媒介沟通。我们现在依赖各种各样复杂的电子媒介来传递信息。除了常见的媒介（如电话、电报等）之外，我们还拥有闭路电视、计算机、静电复印机、传真机等一系列电子设备。将这些设备与言语和图文结合起来就产生了更有效的沟通方式，其中发展最快的应该是互联网和移动终端设备了。人们可以通过计算机网络快速传递书面及口头信息。如电子邮件、微信迅速而廉价，并可以同时将一份信息传递给若干人。

2）按照组织系统划分

按照组织系统划分，沟通可分为正式沟通和非正式沟通。

（1）正式沟通。正式沟通是通过组织明文规定的渠道所进行的信息传递与交流。正式沟通畅通无阻，组织的生产经营活动及管理活动才会井然有序；反之，整个组织将陷入紊乱甚至瘫痪状态。因此，正式沟通渠道必须灵敏而高效。正式沟通的优点是正规、权威性强、沟通效果好，参与沟通的人员普遍具有较强的责任心和义务感，从而易保持所沟通的信息的准确性及保密性。管理系统的信息都应采用这种沟通方式。其缺点是对组织机构依赖性较强而造成速度迟缓，沟通形式刻板，如果组织管理层次多、沟通渠道长，容易造成信息损失。

（2）非正式沟通。非正式沟通是指在正式沟通渠道以外信息的自由传递与交流。这类沟通主要是通过个人之间的接触来进行的，非正式沟通不受组织监督，是由组织成员自行选择途径进行的，比较灵活方便。员工中的人情交流、生日聚会，工会组织的文娱活动、走访，议论某人某事、传播小道消息等都属于非正式沟通。非正式沟通中往往能表露人们的真实想法和动机，还能提供组织没有预料的或难以获得的信息。与正式沟通相比，非正式沟通有以下特点：

其一，信息交流速度较快。由于这些信息与员工的利益相关或者是他们比较感兴趣的问题，再加上没有正式沟通的那种程序，信息传播速度大大加快。

其二，非正式沟通的信息比较准确。据国外研究表明，它的准确率可高达95%。一般来说，非正式沟通中信息的失真主要来源于形式上的不完整，而不是无中生有的谣言。人们常把非正式沟通与谣言混为一谈，这是缺乏根据的。

其三，可以满足员工的需要。由于非正式沟通不是基于管理者的权威，而是出于员工的愿望和需要，因此，这种沟通常常是积极、卓有成效的，并且可以满足员工的安全的需要、社交的需要、尊重的需要。

其四，沟通效率较高。非正式沟通一般是有选择地、针对个人的兴趣传播信息，正式沟通则常常将信息传递给不需要它们的人。

其五，非正式沟通有一定的片面性。非正式沟通中的信息常常被夸大、曲解，因而需要慎重对待。

3）按照信息传递的方向划分

按照信息传递的方向划分，沟通可分为下行、上行、平行和斜向沟通。

（1）下行沟通。下行沟通是指信息自上而下的沟通。如上级把企业战略目标、管理制度、政策、工作命令、有关决定、工作程序及要求等传递给下级。下行沟通顺畅可以帮助下级明确工作任务、目标及要求，增强其责任感和归属感，协调企业各层次的活动，增强上下级之间的联系等。但在逐层向下传达信息时应注意防止信息误解、歪曲和损失，以保持信息的准确性和完整性。

（2）上行沟通。上行沟通是指自下而上的沟通。如下级向上级反映意见、汇报工作情况、提出意见和要求等。上行沟通是管理者了解下属和一般员工意见及想法的重要途径。上行沟通畅通无阻，各层次管理人员才能及时了解工作进展的真实情况，了解员工的需要和要求，体察员工的不满和怨言，了解工作中存在的问题，从而有针对性地做出相应的决策。上行沟通中应防止信息层层“过滤”，尽量保证真实性和准确性。

（3）平行沟通。平行沟通是指组织内部平行机构之间或同一层级人员之间的信息交流。如组织内部各职能部门之间、车间之间、班组之间、员工之间的信息交流。平行沟通是加强各部门之间的联系、了解、协作与团结，减少各部门之间的矛盾和冲突，改善人际关系和群际关系的重要手段。

（4）斜向沟通。斜向沟通是指处于不同层次的没有直接隶属关系的成员之间的沟通。这种沟通方式有利于加速信息的流动，促进理解，并为实现组织的目标而协调各个方面。

管理中四种沟通缺一不可。纵向的上行、下行沟通应尽量缩短沟通渠道，以保证信息传递的快速与准确；横向的平行沟通应尽量做到广泛和及时，以保证协调一致和人际和谐；同时，为加速信息流动可灵活运用斜向沟通。

4）按照是否进行反馈划分

按照是否进行反馈划分，沟通可分为单向沟通和双向沟通。

（1）单向沟通。单向沟通是指在沟通过程中，信息发送者与接受者之间的地位不变，一方主动发送信息，另一方主动接受信息，如广播电视信息、报告、演讲、发布指示、下命令等。这种沟通方式速度快，发送者不受接受者的挑战，能保持、维护尊严。因此，当遇到工作性质简单又急需完成或遇到紧急情况不需要或根本不允许商讨时，采用单向沟通方式效果较好，但由于接受者对信息内容的理解没有机会表达，单向沟通有时准确性较差。另外，单向沟通缺乏民主性，容易使接受方产生抵触情绪，心理效果较差。

（2）双向沟通。双向沟通是指在沟通过程中，发送者和接受者的地位不断变化，信息在双方间反复流动，直到双方对信息有了共同理解为止，如讨论、谈话、协商、谈判等。其优点是沟通信息的准确性高，接受者有反馈意见的机会，双方可以反复交流磋商，增进彼此的了解，加深感情，建立良好的人际关系。其缺点是沟通过程中接受者要反馈意见，有时使沟通受到干扰，影响信息的传递速度。此外，由于要时常面对接受者的提问，发送者会感受到心理压力。

小看板-7-5

孔子的一位学生在煮粥时，发现有肮脏的东西掉进锅里去了。他连忙用汤匙把它捞起来，正想把它倒掉时，忽然想到一粥一饭都来之不易，于是便把它吃了。刚巧孔子走进厨房，以为他在偷食，便教训了那位负责煮粥的学生。

经过解释，大家才恍然大悟。孔子很感慨地说："我亲眼看见的事情都不真实可靠，何况是道听途说呢？"

资料来源 编者根据相关资料整理。

音频

管理大师档案

"定位"概念的创始人：阿尔·里斯

阿尔·里斯（Al Ries）是全球知名的行销策略大师，"定位"概念的创始人。

"定位"这个概念起源于广告业。1972年，阿尔·里斯与杰克·特劳特在《广告时代》以"定位的时代"这篇论文在商业实战领域开创了"定位"理论。

简言之，"定位"就是在顾客头脑中寻找一块空地，扎扎实实地占据下来，作为"根据地"，不被别人抢占。

营销是一场战争，而消费者的头脑就是战场。就这一主题，阿尔·里斯与特劳特合著了《定位：你的一场头脑战斗》。里斯始终认为，在一个过度拥挤的市场中，成功的最佳途径是把经营重点放在你的公司能够创新或超越他人的领域。

资料来源 赵娟."定位"概念的创始人：阿尔·里斯［J］.施工企业管理，2007（12）.

（扫一扫 了解更多）

动画：有效沟通

7.4 沟通障碍及其改善

7.4.1 沟通障碍

在人们沟通信息的过程中，常常会受到各种因素的影响和干扰，使沟通受到阻碍。沟通障碍主要来自三个方面：发送者的障碍、接收者的障碍、信息传播通道的障碍。

1）发送者的障碍

在沟通过程中，信息发送者的情绪、倾向、个人感受、表达能力、判断力等都会影响信息的完整传递。发送者的障碍主要表现在：

（1）表达能力不佳。发送信息方如果口齿不清，词不达意或者字体模糊，就难以把信息完整地、准确地表达出来；如果使用方言、土语，会使接收者无法理解。在不同国籍、不同民族人员之间的交流中这种障碍更明显。

（2）信息传送不全。发送者有时人为缩减信息，使信息变得模糊不全。

（3）信息传递不及时或不适时。信息传递过早或过晚，都会影响沟通效果。

（4）知识、经验的局限。信息发送者和接收者如果在知识和经验方面相差悬殊，发送者认为沟通的内容很简单，不考虑对方，仅按照自己的知识和经验范围进行编码，就会使接收者难以理解，从而影响沟通效果。

（5）对信息的过滤。过滤是指故意操纵信息，使信息显得对接收者更有利。如某管理人员向上级传递的信息都是对方想听到的东西，这位管理人员就是在过滤信息。过滤的程度与组织结构层次和组织文化有关。组织纵向管理层次越多，过滤的机会也就越多。组织文化则通过奖励系统鼓励或抑制这类过滤行为。如果奖励只注重形式和外表，管理人员便会有意识地按照上级的习惯、品位调整和改变信息的内容，现实生活中“报喜不报忧”就是典型的信息过滤行为。

2）接收者的障碍

从信息接收者的角度看，影响信息沟通的因素主要有六个方面：

（1）信息译码不准确。接收者如果对发送者的编码不熟悉，就有可能误解信息，甚至得到相反的理解。

（2）对信息的筛选。受主观性的影响，接收者在接收信息时，会根据自己的知识、经验去理解，按照自己的需要对信息进行选择，从而可能会使许多信息内容丢失，造成信息的不完整甚至失真。

（3）对信息的承受力。每个人在单位时间接受和处理信息的能力不同，对于承受能力较低的人来讲，如果信息过量，难以全部接受，就会造成信息的丢失而产生误解。

（4）心理上的障碍。接收者对发送者不信任，敌视或冷淡、厌烦，或者心理紧张、恐惧，都会歪曲或拒绝接受信息。

（5）过早地评价。在尚未完整地接受一项信息之前就对信息做出评价，将有碍于对信息所包含的意义的接受。价值判断就是对一项信息所给予的总的价值的估计，它是以信息的来源、可靠性或预期的意义为基础的。过于匆忙地做出评价，就会使接收者只能听到他所希望听到的那部分内容。

（6）情绪。接收者的感觉会影响到他对信息的理解。不同的情绪感受会使个体对同一信息的解释截然不同。狂喜或悲伤等极端情绪体验都可能阻碍信息沟通，因为这种情况下人们会出现意识狭隘的现象而不能进行客观的理性的思维活动，而代之以情绪性的判断。因此，应尽量避免在情绪很激动的时候进行沟通。

3）信息传播通道的障碍

信息传播通道的障碍也会影响到沟通的效果。信息传播通道的障碍主要有以下几个方面：

（1）选择沟通媒介不当。比如对于重要事情而言，口头传达效果较差，因为接收者会认为“口说无凭”“随便说说”而不加重视。

（2）几种媒介相互冲突。当信息用几种形式传送时，如果相互之间不协调，会使接收者难以理解传递的信息内容。如领导表扬下属时面部表情很严肃甚至皱着眉头，就会让下属感到迷惑。

（3）沟通渠道过长。组织机构庞大，内部层次多，从最高层传递信息到最低层，从低层汇总情况到最高层，中间环节太多，容易使信息损失较多。

（4）外部干扰。信息沟通过程中经常会受到自然界各种物理噪声、机器故障的影响或被其他事物干扰，也会因双方距离太远而沟通不便，影响沟通效果。

4）沟通障碍在日常管理中的表现

在企业日常的管理中，经常发生一些信息沟通上的障碍，这些障碍的产生都源于上述因素的影响，具体表现如下：

（1）距离。上级与下级之间的物理距离减少了他们面对面的沟通。我们知道较少的面对面的沟通可能会导致误解或不能理解所传递的信息。物理距离还使得上级与下级之间的误解不易澄清。

（2）曲解。当一个人分不清实际材料和自己的观点、感受、情绪的界限时，就容易发生曲解。很多时候，我们不仅在工作层面上进行交流，也在情感层面上进行沟通，但有时上级和下级都倾向于根据自己的观点、价值观念、意见和背景来解释信息，而不是对它给出客观的解释。

（3）语义。这涉及沟通语言、文字、图像、身体语言等，因为几乎所有的信息沟通都利用符号来表达一定的含义。而符号通常有多种含义，人们必须从中选择一种。有时选错了，就会出现语义障碍。比如词语这一符号，会从词的多重含义、专业术语、词语的下意识联想等方面引起沟通障碍。

互动课堂7-9

有一个笑话说，主人请客吃饭，眼看约定的时间已过，只来了几个人，不禁焦急地说：“该来的没有来。”已到的几位客人一听，有两位扭头就走了。主人意识到他们误解了他的话，又难过地说：“不该走的走了。”结果剩下的客人也都气呼呼地走了。

讨论：这位主人的问题出在哪里？

（4）缺乏信任。这种障碍与上下级相处的经历有关。在以往经历的基础上，如果下级觉得把坏消息报告给上级于己无益，他就会隐瞒这些消息，但如果他觉得上级能体谅并且给予帮助，他就不会把坏消息或不利信息过滤掉。

（5）不可接近性。在一些企业中，会有这样的管理人员，他们经常外出，或者把自己置身于烦琐的小事中，下级没有机会与他们进行商谈、讨论或得到他们的指导。这种难以接近上级的情形会导致沟通的失败。它会挫伤下级从上级那里寻求适当指导的积极性。不可接近并不一定非得是实体上的，也可以是心理上的。由于上级常采取严厉的态度，下级要弄懂他的观点，也许并不容易。

(6) 职责不明确。当一个下级的职责不明确时，他们就会找替罪羊或者捏造理由。例如，我们常常听人说“我以为这是你要我做的”或者“我以为该由××来做”。职责不明会导致职务和作用的含糊，这恰恰意味着下级对其所处的职位以及所履行的职责感到模糊。

(7) 个性不相容。上下级的个性不相容，常常发生冲突，并因此而产生沟通障碍。

(8) 拒绝倾听。一些管理人员，或是自高自大，或是漫不经心，拒绝倾听上级或下级的意见。这种态度阻碍了有效的沟通。拒绝倾听有两种类型：源于“我知道所有事情”的优越情绪，或者源于“我一无是处”的自卑情结。

(9) 没有利用恰当的媒介。在组织环境下进行沟通，可以利用好几种媒介。沟通的有效性依赖于管理人员如何根据自己的情况选择恰当的媒介。有些管理者以给下级发送充满行话的便条为自豪，却不顾下级是否有能力阅读和理解。

(10) 沟通缺口。这指的是沟通的正式网络中所存在的缺陷与漏洞。在一些规模较大、体系较复杂的组织中，这种障碍是一种普遍现象。正式沟通网络是沿着组织的权责路线而建立的。随着组织的成长壮大，这些网络便倾向于变得大而复杂，同时又没有很多的计划工作。在这种情况下，沟通网络便开始出现了缺陷，过分依赖于正式沟通而不利用其他来源和方法，导致沟通系统产生缺口。

7.4.2 改善沟通的技术和方法

从上述的沟通障碍可以看出，只要采取适当的措施克服这些沟通的障碍，就能实现管理的有效沟通。因此，无论是人际沟通、组织内的沟通，还是组织与组织之间的沟通，要实现有效的沟通，就必须对沟通技能和方法进行改进和开发。

1) 有效沟通的先决条件

(1) 有效沟通的原则。

其一，确立问题。我们常说，问题的明确叙述，便解决了问题的一半。在管理活动过程中，除非管理人员本身建立了清晰的观念，并认清了问题的本质，否则他将无法给人以清晰的印象。只有清楚地认识了问题，才能去收集资料，选择最佳的信息沟通方式。

其二，征求意见。通常，管理所面临的问题都比较复杂，而且牵涉面较广，不是一两个人就能解决得了的，所以在做出决策之前，管理者最好能与有关的人员磋商，征求部属的意见和建议。这种方式有三个优点：一是可借他人意见观察验证本身意见的正确性；二是可以收集他人的想法和建议，有助于对问题进行周全的设想；三是由于下属有参与机会，可减少措施推行的阻力，赢得更大支持。

其三，双线沟通。管理人员在传达意见时，必须考虑传达的内容、对象、方法等，同时还应该顾及许多组织上与心理上的问题。一般而言，组织内不同的层次对一个问题或一项措施的看法都会有所不同，某种本人能理解的话语，并不一定都能为其他人所理解。所以，双线意见沟通十分重要，它可以使下情有所上达，以此来缩减地位上的障碍，从而增进彼此之间信息的沟通和了解。

其四，强调激励。在组织中，信息（尤其是任务）的下达着重体现激励。要做到使下级不但能了解命令，而且在了解了之后又能欣然产生工作的热情。在意见交流时，管理人员的诚意与表达方式，都直接影响到沟通的效果。

（2）有效沟通的先决条件。

①在自上而下方面，有效沟通的先决条件包括：

A. 管理者必须了解下级工作人员的工作情况、欲望及每个人的个人问题。

B. 管理者应该有主动沟通的态度：一个团队的主管，应该主动地与下属分享团队内的所有消息、新闻、政策及各项工作措施。这样，才能使上下一致，培养团队合作精神。

C. 团队内需制订完备的沟通计划。任何政策措施，在付诸实施前，需将其内容传达给所有工作人员，以求共同了解，减除工作中的紧张情绪，在人事上产生和谐关系。

D. 主管人员需获得工作人员的信任。工作人员能否了解主管沟通的要义，全赖于其对主管是否信任，因为对主管的不信任，会导致对所有的事都发生疑惑，往往会曲解主管的用意，使沟通难以达到预期的效果。

②在自下而上方面，有效沟通的先决条件包括：

A. 主管需平等对待下属。领导和蔼可亲、平易近人，是下级向上级沟通的主要因素，如果一个领导终日摆出一副严厉的面孔，使别人不敢亲近、望而生畏，也就谈不上什么良好的沟通了。

B. 经常与下级举行工作座谈会。让所有的工作人员都有发言的机会，而主管应多听，并注意综合大家的意见，绝不能趁开会的时候训话或表演自己的口才。

C. 建立建议制度。开明的主管，为力求团队的不断进步应经常采纳工作人员的意见和建议。不论建议能否立即得到实施，凡提建议的人都应受到鼓励，主管应定期把实施情况或不能采纳的原因，婉转地向提出人解释。一方面表示对建议的重视，另一方面感谢提建议的人，使他们内心愉快而乐于再提建议。

D. 公平而合理的制度。鼓励自下而上的沟通，最主要的是建立公平而合理的升迁、奖惩、考绩等制度。一个组织如果在这些制度上有了不公平的待遇，人们必定心灰意冷或阳奉阴违，沟通也就不能发挥作用了。

③在平行沟通与斜向沟通方面，采取集权制的组织，由于上级事事过问，凡事都统一指挥、层层上报，在这种情形下，平行沟通必然贫乏，平行单位或人员之间也就失去了自由处理问题的权力，从而减少协调的机会。而对于采取分权制或授权制的组织来说，其平行沟通一般则比较畅通，因为下级单位或人员有充分的自由来处理本身权责范围以内的工作，不必事事上呈，如有需要，他们可以在合作的原则下通过平行沟通尽快处理工作任务，以提高效率。因此，平行沟通的先决条件就在于主管能否适当地授权。

2）实现有效沟通的方法

（1）强调有效沟通的重要性。

首先，要加强组织中管理与被管理者对沟通重要性的认识。通常人们认为沟通是件非常简单的事，并不重视沟通的重要性，同时又在某种程度上对沟通存在着误解。例如，人们常常以为向对方讲述一件事后，沟通就完成了，没有考虑“语言”本身并不代表“意思”，其中还存在一个破译转化的过程。沟通虽然非常普遍，看起来非常容易，但是有效沟通却常常是一项困难和复杂的行为。

其次，管理者和被管理者还要了解组织沟通过程的一些规律。例如，在组织中建立重视沟通的氛围，创造一个相互信任的沟通环境，不仅在各项管理职能中有效地运用沟通手段，还要重视非正式沟通中“小道消息”对组织管理的重要性等。

（2）提高人际沟通技能。

信息发送者和信息接收者都要努力增强自己的人际沟通技能，提高有效沟通水平。

①改进沟通态度。信息沟通不仅仅是信息符号的传递，它包含着更多的情感因素，所以在沟通过程中，沟通双方采取的态度对于沟通的效果有很大的影响。只有双方坦诚相待时，才能消除彼此间的隔阂，从而求得对方的合作。另外，在信息沟通过程中还要以积极的、开放的心态对待沟通，要愿意并且有勇气用恰当的方法展示自己的真实想法；在沟通过程中顾虑重重，会导致很多误解。

②提高自己的语言表达能力。语言是信息的载体，是提高沟通效率要解决的首要问题。掌握语言表达艺术的前提是通过学习和训练，使自己运用语言的能力达到熟练自如、得心应手的水平。其一般规律是沟通中要与沟通对象、沟通环境、沟通内容结合起来考虑怎么使用语言。也就是说，无论是采用口头交谈还是采用书面交流的形式，都要力求准确地表达自己的意思。同时，还要双方相互了解对方的理解能力，根据对方的具体情况来确定自己表达的方式和用语等；选择正确的词汇、语调、标点符号；注意逻辑性和条理性，对重要的地方要加上强调性的说明；借助于体态语言来表达完整的思想和感情的沟通，加深双方的理解。

③培养倾听的艺术。以前人们往往只注重说、写能力的培养，忽视了听的能力的训练和培养。事实上，忽视了听的能力，就很难接收有用的信息。而倾听则区别于一般的听，它是一种通过积极的听来完整地获取信息的方法，主动倾听是有效沟通的润滑剂和刺激剂。倾听要点见表7-4。

如何排除干扰，专注倾听？

A.做深呼吸，稳定情绪。好的倾听者要精力充沛，应该具有抗干扰、排除杂音的能力。如果感觉自己心不在焉或情绪难以稳定时，可以做做深呼吸，自我放松情绪，这样做既不打断别人，还可以使自己的大脑供氧充足。

B.关注内容，捕捉要点。主动倾听的注意力应集中到内容信息本身上，不要急于评判对错或好坏。应该做到以下几点：

◆弄清楚对方所讲的中心思想。首先，主动倾听的着眼点是辨别贯穿于整个内容的基本思想，即中心思想。然后，要关注对方的重要观点，也就是加强中心思想的观点。最后，清楚支持其主要观点的材料。记住了中心思想，主要观点就容易记住。

◆联系自我的经验理解对方的观点。在沟通过程中，倾听者把对方的观点与自己的经验联系起来，有利于加深对所说内容的理解。

表7-4　**倾听要点**

要	不要
表现出兴趣	争辩
全神贯注	打断
该沉默时必须沉默	从事与谈话无关的活动
选择安静的地方	过快或提前做出判断
留出适当的时间用于辩论	草率地给出结论
注意非语言暗示	让别人的情绪直接影响你
当你没听清楚时，要以疑问的方式重复	
当你发现遗漏时，直截了当地问	

•寻找对方所讲内容与自己已知内容的异同。从他人说话中寻找你已经知道内容的相同点或不同点，有助于你对话题内容的理解。

•预言接下来说的内容。当我们为了获取信息而倾听时，通过预言接下来要说的内容有助于我们集中注意力。

主动倾听时，听者要通过语言或情绪的反馈，向说者积极主动地表明自己听见并且明白对方的意思。

A.使用目光交流。眼睛是心灵的窗户，双方交谈时，要注意保持目光交流。通常情况下，用柔和目光不时地注视对方的眼睛，表明自己对所讲的内容感兴趣，同时，也传达了友好的感情和积极鼓励的信息。在谈到令人愉快的话题时，倾听者看着对方会使对方有愉悦之感；在谈论令人不愉快的或难以解决的复杂问题时，双方应避免目光接触，这时候，节制目光的直接注视是礼貌并能理解对方情绪的表现，否则可能会引起对方反感。当双方距离越近时，越要避免目光接触。另外，斜视和心不在焉的呆滞或东张西望会使说话者产生不良印象。

B.使用身体语言表示。用点头、微笑和皱眉等身体语言表示自己的态度，身体姿态要放松。坐着的时候要面向说话人，身体略向前倾，可以随着说话人的姿势不断调整自己的姿势。

C.使用有声语言回应。必要时，边听边用“嗯、啊、我明白了、我知道、没错、对”等词语来肯定和赞扬说话者，表示你的兴趣和鼓励对方继续说下去。

D.记笔记。在条件允许的情况下，特别是在重要场合，做笔记是表明自己在积极倾听的重要动作。记笔记有很多好处：

◆能听清楚并记录下所说的全部内容。

◆能理清说话者的主要观点。

◆能注意到信息的重点，并会留下书面材料，反复琢磨，深入理解。

在主动倾听时，还要注意不要随意插嘴和打断对方讲话；不要抢着帮别人说话。随意打断对方的讲话，会被视为不礼貌，引起他人反感。除了双方关系十分密切、十分随意的场合可以随便插话外，一般情况下，在合适的时机，可以礼貌地请求插话，如“对不起，打断一下……”，对方允许后，可以插话。

总之，主动倾听不仅是为了避免自己对信息的误解，而且让对方知道自己在倾听。在对方说话的时候有相应的动作，能让对方觉得你在认真倾听，表明你对对方的尊重。

④积极主动的倾听可以给人们在沟通过程中带来以下好处：

A. 倾听可以帮助你获取重要的信息。通过倾听，我们不仅可以了解到对方所传达的信息，还可以了解对方的感情，由此还可以推断出对方的性格、目的和心态。

B. 倾听可以掩盖自身的弱点。“言多语失”“沉默是金”等告诉我们，在对别人所谈问题不太了解时，多听而不说或者少说，是掩盖自身弱点的最好方法。

C. 善听才能善言。只有先听别人的意见，才能更有效地了解别人，包括了解他谈话的目的、背景、情感和弱点等，这些都为你跟对方交谈提供了契机，不仅使对方觉得你充分考虑了他的需要和见解，还会使你的谈话更有针对性和感染力，你的建议才容易被接纳。

D. 倾听可以使你获得友谊和信任。人们大多喜欢发表自己的意见，如果你能谦虚地倾听，给他们说话的机会，他们会觉得你和蔼可亲、值得信赖。作为一名管理者，更应该倾听来自顾客、上级、下级的信息，及时有效的沟通会使他们对你更加信赖和尊重。

（3）构建合理的沟通渠道。为实现有效的组织沟通，管理者应在注重人际沟通的基础上，进一步考虑组织的行业特点和环境因素，结合正式沟通渠道和非正式沟通渠道的优缺点，通过对组织结构的调整，设计一套包含正式和非正式的沟通渠道，同时缩短信息传递的链条，以便使组织的信息沟通更加迅速、及时、有效。

（4）采用恰当的沟通方式。选用恰当的沟通方式对增强组织沟通的有效性也十分重要，因为组织沟通的内容千差万别，针对不同的沟通需要，应该采取不同的沟通方式。从沟通的速度方面考虑，利用口头和非正式的沟通方法，就比书面的和正式的沟通方法速度快。从反馈性能来看，面对面交谈可以获得立即的反馈，而书面沟通有时则得不到反馈。从可控性来看，在公开场合宣布某一消息，对于其沟通范围及对象毫无控制；反之，选择少数可以信赖的人，利用口头传达某种信息则能有效地控制信息。从接收效果来看，同样的信息，可能由于渠道的不同，被接收的效果也不同。以正式书面通知，可能使接收者十分重视；反之，在社交场合所提出的意见，却被对方认为讲过就算了，并不加以重视。因此，要根据沟通渠道的不同性质，采用不同的沟通方式，这样沟通效果才会更好。

（5）改进组织沟通的各种技术。在组织的管理中采用一些积极有效的管理技术和方法会增强组织沟通的有效性。以下方法可供选用：一是采取信息沟通检查制。这种方法是将信息沟通看成是实现组织目标的一种方式，而不是为了沟通而沟通，因而就可以把组织内外的信息沟通看成是一个与组织目标相关的一组沟通因素。利用这种信息沟通检查制，可以分析所设计的许多关键性管理活动中的沟通。它既可以用于出现问题之际，也可用于事前防范。二是设立建议箱和查询制度。通过设立建议箱来征求员工意见，以此改善自下而上的沟通。查询制度是组织设立的另外一种答复员工所提出的关于组织方面问题的方法。这些问题和答复可以在组织内部刊物上登出，从而使得组织与员工之间有了广泛而有效的交流，促进了组织的有效沟通。三是进行员工调查和反馈。对组织中员工的态度和意见进行调查，是组织的一种有用的自下而上的沟通手段。这种形式的调查使得员工感到他们可以自由表达他们真实的观点。而当调查结果反馈到员工那里时，则变成了自上而下的沟通。调查反馈使员工感到他们的意见已被管理者所听到和考虑，因而增强了组织与员工的有效沟通。

小看板 7-6

美国管理协会总结出沟通时应注意的10个问题：①沟通前先将概念澄清；②检讨沟通的真正目的；③考虑好沟通时的一切环境；④计划沟通内容时，应尽可能听取他人的意见；⑤做好必要的记录；⑥可能时，尽量传递有效资料；⑦应有必要的反馈；⑧沟通时不仅要着眼于当前，更要着眼于未来；⑨言行一致；⑩应成为一位好听众。

音频

管理定律

皮格马利翁效应

“皮格马利翁效应”留给我们这样一个启示：赞美、信任和期待具有一种能量，它能改变人的行为。当一个人获得另一个人的信任、赞美时，他便感觉获得了社会支持，从而增强了自我价值，变得自信、自尊，获得一种积极向上的动力，并尽力达到对方的期待，以避免对方失望，从而维持这种社会支持的连续性。

增值阅读

学会人情交流

体贴是提高工作业绩的原动力，也是一个人应有的人情交流。

松下曾经和一个年轻员工做了以下会谈：

“你会不会按摩？”

“不，我不会。”

“你没有替你的父母按摩过？”

“很少，几乎没有。”

“这样的话，你是不能成功的。”

这个年轻人露出不相信的表情。他实在不明白，按摩到底和成功有什么关系。于是松下讲了以下的话给他听。

譬如说，有一天，你和你的课长一起加班到深夜，因为你年轻力壮，不觉得疲劳，但是有相当年纪的课长，可能很累了。这个时候，你能说出“课长，我给你揉揉肩，好吗？”这样的体贴话吗？

你说公司是工作的地方，所以大可不必说这种话，这话也对，但是你能说出这么体贴的话，对你的上司是一种无穷的安慰。几乎不会有“好吧，你就给我揉揉吧”的场面的。通常一定是“谢谢你，不必了”。但是你这一句话，能在课长的心中产生比按摩还大的效果。课长欣慰之余，可能对你说“让你工作这么晚，你不是有约会吗？”这样的温柔的话。

这种彼此心连心的体贴，可以成为工作的原动力。所以我希望你们不但对你的上司，还要对你周围的同事，自然地做出体贴的事。这样一来，相信你的工作成果也会大大提高。

为自己的方便，为自己的升迁，而使用威胁手段的话，你的恶意一定会传送给对方，而你也会受到反击。社会是不单纯的，但是出自诚心的言行是会打动对方的。提到诚意、真心，你们也许觉得它是老生常谈的调调，但是我深信自然地表现诚心的体贴，是我们现代的员工应当身体力行的。

音频

资料来源　编者根据相关资料整理。

学学拿破仑的“精神激励”

在一次与敌军作战时，拿破仑遭遇到顽强的抵抗，不仅队伍损失惨重，自己也因一时不慎掉入泥潭中，弄得满身是泥，狼狈不堪，形势十分危险。可拿破仑对这些却浑然不顾，抱着无论如何也要打赢这场战斗的坚定信念，爬出泥潭大吼一声：“冲啊！”他手下的士兵见到他那副滑稽模样，忍不住都哈哈大笑起来，但同时也被拿破仑的乐观自信所鼓舞。一时间，战士们群情激昂、奋勇当先，最终取得了战斗的胜利。

从这个故事中，我们应该受到这样的启发：无论在任何危急的困境中，都应保持乐观积极的态度。尤其作为一个管理者，你的自信可以感染你的员工。你有没有乐观自信的态度也直接影响到一场交易的成败。一个企业管理者如果能够成功地激励每个员工“舍生忘死”进而“前赴后继”，那么你所处的企业就会战无不胜，攻无不克。

绩效=能力×激励。一个人的工作成绩取决于其个人能力和激励水平两个因素的合成量。在能力一定的情况下，激励水平的高低将决定其工作成绩的大小。而企业的激励机制是否对员工产生了影响，取决于激励政策是否能满足员工的需要，其中精神激励是十分重要的激励手段，它通过满足员工的自尊、自我发展和自我实现的需要，在较高层次上调动员工的工作积极性，激励深度大，效果维持时间长。精神激励主要有目标激励、荣誉激励、参与激励和感情激励。

管理者不能仅仅告诉员工怎么干，而是要激发员工产生一定的抱负，并朝目标勇往直前。设置适当的目标、激发人的主观能动性、达到调动人的积极性的目的称为目标激励。设置的目标要合理、可行，最好设置总目标与阶段性目标，采取“大目标、小步子”的方法。

参与激励重在建立员工参与管理、提出合理化建议的制度和员工持股制度，提高员工的主人翁参与意识，让每个员工在企业里有"安其天下，舍我其谁"的使命感。作为管理者要想激励他人的自我责任感，必须让员工感到管理者在身体力行。也就是说，在一些场合管理者要做到主动进取而非被动反应。管理者必须明确自己的权力范围，并且有能在逆境中爬起来继续朝目标努力的精神，而不是陷入绝望。拿破仑在"狼狈不堪"之时仍能大声号令士兵冲锋并一马当先的行为，的确值得企业管理者学习。

音频

资料来源　编者根据相关资料整理。

点评：知世故而不世故。有时，一次真诚的关心可能会带给你意想不到的惊喜和感动。管理者有效的"精神激励"可能会收到事半功倍的效果。

[基础训练]

1. 简述激励的过程。

2. 结合实际，谈谈沟通的重要性。

3. 对应每一个沟通的类别，举例分析。

4. 你能发现自己及周围人中存在的沟通障碍吗？列出表格并提出解决思路。

5. 列出你认为最重要的沟通技巧，并在班级中交流。

6. 在某个管理培训班的课间，有两位老总在进行交谈。

王总："刚才听老师讲激励，很受启发。"

李总："是呀，我觉得老师讲的'通过给予富有挑战性的工作、满足兴趣的工作、经常树立榜样等方法都能对员工产生激励'很好。这样既能让他们多干活，又可以少花钱，何乐而不为呀。"

王总："不完全是吧。现在有几个人不跟你谈薪水呀，只要能产生激励，员工能把工作做好，多给点儿钱也值得，省事儿呀。不需要成天和他们谈成长、谈价值、谈挑战，忙都忙不过来了。"

你认为他们说得对吗？请你根据上述对话，谈谈自己的看法。

7. 相信你在学习和生活中一定受到过来自父母、老师、同学的激励，请你描述你当时的心情和感想。

[综合应用]

■ 实训与实践

1. 各团队根据模拟公司的实际情况，运用所学的激励理论，制订一份能提高该公司员工工作热情的激励方案，并在团队间进行分享交流。

2. 就班级中的某一项工作或活动与老师沟通，指出问题并提出解决方案。

3. 请同学们以小组为单位学习一位大国工匠年度人物的事迹，并谈谈如何培养自己的工匠精神。

■案例分析

案例一 德姆的新战略

比特丽公司是美国一家大型联合公司，总部设在芝加哥，下属有450个分公司，经营着9 000多种产品，其中许多产品（如克拉克棒棒糖、乔氏中国食品）都是名牌产品。公司每年的销售额达90多亿美元。

多年来，比特丽公司都采用购买其他公司来发展自己的并购战略，因而取得了迅速的发展。公司的传统做法是：每当购买一家公司或厂家以后，一般都保持其原来的产品，使其成为联合公司一个新产品的市场；对下属各分公司都采用分权的形式，允许新购买的分公司或工厂保持其原来的生产管理结构，这些都不受联合公司的限制和约束。由于实行了这种战略，公司变成由许多没有统一目标，彼此又没有什么联系的分公司组成的联合公司。

负责这个发展战略的董事长退休以后，德姆在这种情况下被任命为新的董事长。新董事长德姆的意图是要使公司朝着他新制定的方向发展。根据他新制定的战略，德姆卖掉了下属56个分公司，但同时又买下了西北饮料工业公司。

据德姆的说法，公司除了面临发展方向上的问题外，还面临着另外两个主要问题：一个是下属各分公司都面临着向社会介绍并推销新产品的问题。为了刺激各分公司的工作，德姆决定采用奖金制，对下属干得出色的分公司经理每年奖励1万美元。但是，对于这些收入远远超过1万美元的分公司经理来说，1万美元奖金恐怕起不了多大的刺激作用。另一个更严重的问题是，在维持原来的分权制度下，应如何提高对增派参谋人员必要性的认识，应如何发挥参谋人员作用的问题。德姆决定给下属每个部门增派参谋人员，以更好地帮助其开展工作。但是，有些部门的管理人员认为只增派参谋人员是不够的，另一些人则认为，没有必要增派参谋人员，可以采用单一联络人联系几个单位的方法，即集权管理的方法。

公司专门设有一个财务部门，但是这个财务部门根本就无法控制这么多分公司的财务活动，因此造成联合公司总部甚至无法了解并掌握下属部门支付支票的情况等。

问题：

你对德姆的激励方法有何看法？

案例二 失败的沟通

请阅读下面的一段对话：

美国老板：完成这份报告要花费多长时间？

希腊员工：我不知道完成这份报告需要多少时间。

美国老板：你是最有资格提出时间期限的人。

希腊员工：30天吧。

美国老板：你同意在15天内完成这份报告吗？

希腊员工：没有作声。（认为是命令）

（15天过后）

美国老板：你的报告呢？

希腊员工：明天完成。(实际上需要30天才能完成)

美国老板：你可是同意今天完成报告的。

第二天，希腊员工递交了辞职书。

问题：

请从沟通的角度分析美国老板和希腊员工的对话，说明希腊员工辞职的原因并提出建议。

第8章 控制

有效的管理者应该始终督促他人，以保证应该采取的行动事实上已经在进行，保证他人应该达到的目标事实上已经达到。

——斯蒂芬·P. 罗宾斯

最有效并持续不断的控制不是强制，而是触发个人内在的自发控制。

——横山宁夫

【学习目标】

知识与能力目标：

◎了解控制的概念、控制的方法。

◎熟悉控制的作用与目的，控制与计划、组织间的关系。

◎掌握控制的类型、控制过程的步骤。

◎了解有效控制的特征。

◎熟悉控制意识的培养。

◎能够发现问题并提出解决方案。

◎能够处理信息和实施控制。

素养目标：

◎正确认识古代管理智慧中正身和自律的控制内涵。

◎从中国共产党勇于自我革命的政治品格中汲取智慧和力量，在管理中做到勇于自我纠偏，不断自我完善与提高。

本章自学课件

趣味阅读

扁鹊论医术

魏文侯问名医扁鹊说："你们家兄弟三人，都精于医术，到底哪一位最好呢？"扁鹊答："长兄最好，中兄次之，我最差。"文侯再问："那么为什么你最出名呢？"扁鹊答："长兄治病，是治病于病情发作之前。由于一般人不知道他事先能铲除病因，所以他的名气无法传出去。中兄治病，是治病于病情初起时。一般人以为他只能治轻微的小病，所以他的名气只及本乡里。而我是治病于病情严重之时。一般人都看到我在经脉上穿针放血、在皮肤上敷药，以为我的医术高明，名气因此响遍全国。"

音频

管理启示：控制有事前控制、事中控制、事后控制。控制贵在事前控制，事后控制不如事中控制，事中控制不如事前控制。可惜大多数的企业经营者均未能体会到这一点，等到错误的决策造成了重大的损失才寻求弥补，结果往往是即使请来了名气很大的"空降兵"，仍于事无补。

8.1 控制概述

微课：控制概述

在管理实践中，任何组织，无论决策多么正确，计划多么周密，组织结构多么科学合理，激励多么有力，也难以确保组织所有的活动都按计划进行。在实际工作中，由于外部环境的变化和组织内部因素的影响，计划的实际执行情况和计划标准之间总会出现或多或少不一致的地方，因此为了能实现组织目标，提高组织的有效执行力，就必须建立科学完善的控制系统，强化组织的控制职能。

8.1.1 控制的概念

控制是检查工作是否按计划、标准进行，以便发现偏差，进行纠正，确保组织目标实现的过程。在现代管理活动中，控制既是一次管理循环的终点，又是新一轮管理循环的起点，要保证组织活动按照计划进行，控制是必不可少的。控制工作涉及组织的方方面面，是每个员工的职责。管理人员不仅要对自己的工作负责，还必须对整个计划的实施和目标的实现负责，因为他们本人的工作是计划的一部分，他们下级的工作也是计划的一部分。

控制是最重要的管理职能之一，计划、组织、领导等其他职能必须伴随有效的控制，才能真正发挥作用。计划提出了管理者追求的目标，组织提供了完成这些目标的结构、人员配备和责任，领导提供了指挥和激励的环境，而控制则提供了有关偏差的认识以及确保与计划相符的纠偏措施。我们可以从以下四个方面理解控制的含义：

（1）控制是管理过程中一个必不可少的重要阶段。在实践中，一个组织为了生存和发展需要管理，管理活动主要由计划、组织、领导和控制职能构成，控制通过纠偏的行为与其他几个职能紧密结合在一起。只有计划、组织、领导职能，并不能保证管理的有效进行和组织目标的实现，还应通过控制对组织活动进行监控，将组织活动维持在允许的限度内，从而确保组织活动按计划完成。

（2）控制是一个发现问题、分析问题和解决问题的过程。由于各种各样的原因，计划的实际执行情况与计划标准之间往往存在一定的偏差。控制就是要了解实际情况，及时地发现问题，并找出问题的原因，采取具体的措施解决问题。

（3）控制要遵循一套科学的程序。实现有效控制需要三个基本步骤，即制定控制标准、衡量实际工作绩效和纠正偏差。没有标准就无法衡量实际工作绩效和发现偏差，无法发现偏差也就无法制定纠偏的措施，控制就变得毫无意义。

（4）控制的根本目的是保证组织目标的实现，具体包括防止偏差的累积、提高组织的环境适应力。

8.1.2 控制的原则

1）未来导向原则

该原则是指控制工作应当着眼未来，而不是只有出现了偏差才进行控制。由于在整个控制系统中存在时滞，所以当一个控制系统以前馈而不是以简单的信息反馈为基础时，管理人员才能够有效地预防偏差或及时采取措施纠正偏差。也就是说，控制应该是前向的，这才合乎逻辑。

2）组织适应性原则

控制必须反映组织结构的类型和状况。既然组织结构是明确组织内每个人应当担负什么职责的主要依据，那么控制必须反映组织的结构状况并由健全的组织结构来保证，否则控制只是空谈。

3）及时性原则

高效率的控制，要求能迅速发现问题并及时采取纠偏措施。一方面，要求及时准确地提供控制所需的信息，避免时过境迁，使控制失去应有的效果；另一方面，要事先估计可能发生的变化，使采取的措施与已变化的情况相呼应，即纠偏措施的安排应有一定的预见性。

实际情况千变万化，控制不仅要准确，而且要及时，一旦丧失时机，即使提供再准确的信息也徒劳。当然，及时不等于快速，及时是指当决策者需要时，控制系统能适时地提供必要的信息。组织环境越复杂、动荡，决策就越需要及时的控制信息。

4）关键点原则

控制不仅要注意偏差，而且要注意出现偏差的项目。我们不可能控制工作中所有的项目，而只能针对关键的项目，且仅当这些项目的偏差超过了一定限度，足以影响目标的实现时才予以控制纠正。事实证明，要想完全控制工作或活动的全过程几乎是不可能的，因此应抓住活动过程中的关键和重点进行局部的与重点的控制，这就是所谓的关键点原则。

5）例外原则

所谓例外原则，是指控制工作应着重计划实施中的例外偏差。在控制过程中，管理者应重点关注事先未能预料但实际发生的例外情况。由于缺乏相应准备，例外情况往往导致猝不及防，从而对组织造成很大的影响，因此要集中精力迅速而专门地加以应对。管理者所关注的，应当是那些需要特别注意的地方，把一般性的例外交给下属去处理。在实际工作中，控制的例外原则必须与控制的关键点原则相结合，把注意力集中在对关键点的例外情况控制上。关键点原则强调选择控制点，而例外原则强调观察在这些控制点上所发生的异常偏差。

6）弹性原则

尽管人们努力探索未来、预测未来，但未来的不可预测性始终是客观存在的。所以，管理者对实际工作绩效的评价和分析就存在不准确性，如果控制不具有弹性，则在执行时就会被动。因此为了提高控制的有效性，控制过程就要具有一定的灵活性。控制的弹性原则要求管理者制订多种应对变化的方案和预留一定的后备力量，并采用灵活多样的控制方式和方法达到控制的目的。

7）经济性原则

控制是一项需要投入大量的人力、物力和财力的活动，其耗费之大正是许多应予控制的问题没有得到很好控制的主要原因之一。是否进行控制，控制到什么程度，都涉及费用问题，因此必须把控制所需的费用与控制所产生的效果进行经济上的比较，只有在有利可图时才实施控制。控制的经济性原则一是要求实行有选择的控制，全面周详的控制不仅是不必要的也是不可能的，要精心地选择控制点，太多会不经济，太少会失去控制；二是要求努力降低控制的各种耗费而提高控制效果，费用的降低使人们有可能在更大的范围内实行控制。花费少而效率高的控制才是有效的控制。

8.1.3 控制的必要性

1）环境的变化

以企业为例，如果企业面对的是一个完全静态的市场，市场供求条件永不发生变化，每年都以同样的费用取得同样性质和数量的资源，同时能以同样的价格向同样的客户销售同样品种和数量的产品，那么企业管理人员便可以年复一年、日复一日地以相同的方式组织企业经营，工人可以用相同的技术和方法进行生产作业。这样不仅控制工作，甚至管理的计划职能都将成为完全多余的东西。事实上，这样静态的环境是不存在的，企业外部的一切每时每刻都在发生着变化。

2）管理权力的分散

企业经营达到一定规模，管理者就不可能直接地、面对面地组织和指挥全体员工的劳动。时间与精力的限制要求其委托一些助手代理部分管理事务。基于同样的原因，这些助手也会再委托其他人帮助自己工作。这便是企业管理层次形成的原因。为了使助手们有效地完成受托的部分管理事务，高一级的管理者必然要授予他们相应的权限。因此，任何企业的管理权限都制度化或非制度化地分散在各个管理部门和层次上。企业分权程度越高，控制就越有必要；每个层次的管理者都必须定期或非定期地检查直接下属的工作，以保证授予他们的权力得到正确的使用，保证运用这些权力组织开展的业务活动符合计划与企业目标的要求。如果没有控制，没有为此而建立的相应控制系统，管理人员就不能检查下级的工作情况，即使出现权力滥用，或活动不符合计划要求等情况，管理人员也无法发现，更无法采取及时的纠正行动。

3）工作能力的差异

即使企业制订了全面完善的计划，经营环境在一定时期内相对稳定，对经营活动的控制仍然是必要的。这是由企业内不同成员的认知能力和工作能力存在差异造成的。组织成员在不同的时空进行工作，他们的认知能力不同，对计划要求的理解可能存在差异；即使每个员工都能完全正确地理解计划的要求，又由于工作能力的差异，他们的实际工作结果也可能在质和量上与计划要求不符。这种可能产生的偏离计划的现象，会对整个企业管理活动的运行造成冲击。因此，加强对这些成员的工作控制就十分必要。

8.1.4 控制的作用和目的

1）控制的作用

（1）检验作用。控制的检验作用是指检验组织的各项活动是否按组织的既定计划进行，同时检验计划的正确性和合理性。

（2）纠偏作用。控制的纠偏作用是指当偏差存在时，调整实际工作或计划，使两者相吻合。

组织的计划是对未来的预测，由于人的认识的局限性，未来的不确定性和不可预见性，常导致实际工作与计划存在一定的偏差。有效的管理控制能及时地获取偏差信息，并能及时地采取纠偏措施，防止偏差的积累，从而保证组织目标的顺利实现。

2）控制的目的

控制的目的主要有两个：

（1）限制偏差的累积。在实际工作执行过程中，出现偏差是难以避免的，但小偏差会逐渐积累放大并最终对计划的正常实施造成威胁。因此，防微杜渐，及早地发现潜在的问题并进行及时的处理，有助于确保组织按既定的路线发展下去。控制应密切关注那些经常发生变化而又直接影响组织活动的关键性问题；应随时将计划的执行结果与标准进行比较，若发现有超过计划允许范围的偏差，则及时采取必要的纠正措施，使组织内部系统活动趋于相对稳定，以确保既定组织目标的实现。

（2）适应环境的变化。组织目标的实现总是需要相当长的一段时间，在这期间，对于那些长期存在的影响组织的慢性问题，控制要根据内外环境的变化对组织提出新的要求，打破执行现状，重新修订计划，确定新的管理控制标准，使之更先进、更合理。

8.1.5　控制的构成要件

一套科学有效的控制系统是由一定的基本要件构成的。

1）恰当的组织结构

组织结构是内部控制的重要载体，在整个管理系统中起着“骨架”的作用。组织结构是在综合考虑企业内外部诸多因素的基础上确立的，也应当随着企业内外部条件的不断变化而及时做出必要的调整。组织结构的建立与创新，应在职责分解的同时搞好整合，使整个企业的组织体系在相互制衡的前提下协调高效地运行。要做到这一点，关键是制定并严格执行科学合理的业务流程和规章，明确各个机构、各个岗位之间的相互关系。

2）良好的信息管理

准确、及时并最大限度地获取和运用与本企业有关的技术、市场、管理等方面的信息，是实现有效内部控制的前提，也是实施良好信息管理的结果。要做到这一点，高层管理者应明确要求全体员工认真履行各自的信息管理职责，使每个层级的员工都了解自己在信息管理系统中的地位和作用，人人承担信息收集、处理、传递的责任，同时建立起自上而下、自下而上与横向传递有关信息的有效途径和机制。

3）有效的激励与约束方法

要使企业的内部组织、岗位乃至整体的行为及其结果始终保持与企业的目标一致，就必须采用一系列有效的激励与约束方法。这至少应当包括科学的业绩评价、科学的目标管理、科学的会计核算与统计、科学的授权等。

4）良好的人员素质

一个企业的员工尤其是关键岗位的员工，应当具备良好的素质。企业应当针对生产经营特点、员工素质和外部环境状况，在员工录用、职业道德教育与业务培训、岗位轮换、考核、提拔、处罚等方面，明确条件并建立有效机制，以保证员工素质不断适应有效控制的需要。

5）适用的企业文化

企业文化是在长期的生产经营过程中形成的、区别于其他组织的、本企业所特有的价值观念和精神风貌，以及保证这些价值观念和精神风貌得以持久的制度措施。企业管理者应努力营造有利于内部控制的企业文化，形成一种科学、有效、重视质量、以客户为中心的氛围。

6）科学的风险管理

任何一个企业或部门时刻都面临着风险，如果及时发现并采取措施，那么可以规避风险，减少或避免损失，甚至转化为机遇；否则，轻则难以实现企业目标，重则面临灭顶之灾。企业风险管理的主体，应当是各管理层、各责任中心和各个岗位上的员工。风险管理的方式，包括日常的综合管理、专项管理及二者的结合。

8.1.6　控制与计划

在管理的基本职能中，控制是要确保组织的所有活动与其环境和计划相一致，从而使组织的执行力更强。具体来讲，控制是以组织目标为出发点，以计划为依据，通过制定业绩的控制标准以及建立管理信息系统，衡量实际工作绩效，及时发现偏差以及分析偏差产生的原因，并采取措施纠正偏差的一系列活动。

要全面了解控制职能的含义，需要把控制与计划职能联系起来。计划和控制是同一个事物的两个方面：一方面，有计划而没有控制，人们可能知道自己干了什么，但无法知道自己干得怎样，存在哪些问题，哪些地方需要改进；另一方面，有控制而没有计划，人们将不知道控制什么，也不知道怎么控制。计划和控制二者密不可分，管理人员首先要制订计划，然后计划又成为评定行动及其效果是否符合需要的标准。计划和控制的效果分别依赖于对方，计划越完善、越明确、越周密，控制效果也就越好；控制越及时、越有力，计划的执行效果也就越好。

所以，从计划职能有效实施的角度来说，控制是确保管理的各项活动按计划进行并纠正各种重要偏差的过程。或者说，控制就是依据计划来检查、衡量计划的执行情况，并根据偏差，或调整实际工作使之按计划进行，或调整计划使之与实际工作相吻合。

简要地说，控制就是强迫事件发生过程与既定计划相符合。引用管理语言，控制就是用于确保结果和计划相一致的过程。

因此，计划是有效控制的前提，控制则是完成计划的保证。如果没有控制系统，没有实际工作与既定计划的比较，就不知道计划是否完成，计划也就毫无意义。计划和控制是密不可分的。

8.2　控制的类型

8.2.1　按控制目的和对象划分

控制可以按控制目的和对象划分为两种类型：纠正执行偏差、调整控制标准。

（1）纠正执行偏差。如果偏差是由于业绩不足造成的，管理者就应该采取一定的纠正行动来改善实际工作绩效。纠正执行偏差是使执行结果符合控制标准的要求，为此需要将管理循环中的实施环节作为控制对象。这种控制的目的就是要缩小实际情况与控制目标的偏差，即负馈控制。这种纠正行动既可以是管理方式的改变，也可以是组织机构的调整以及人事方面的变动等。

（2）调整控制标准。在有些情况下，产生偏差的原因可能来自不合理的标准。如果标准制定得过高或过低，即使其他因素都发挥正常也难以避免偏差的出现。当发现控制标准不切实际时，管理者应调整控制标准。调整控制标准就是使控制标准发生变化，以便更好地符合内外现实环境条件的要求，其控制作用的发生主要体现在管理循环中的计划环节，也就是这种控制对象包括了控制标准本身，这种控制的目的就是使控制标准产生动荡和变动，使之与实际情况更接近，即正馈控制。

正馈控制和负馈控制应该并重使用，现实中要处理好这两方面控制工作的关系并不容易，管理者一定要非常谨慎。因为在实际工作中，无论是普通员工还是管理阶层，当他们的实际工作与控制标准的偏差超过界限范围时，他们总会指责标准有问题，而这样做的结果就会导致系统运行不稳定、不平衡，但是平衡不应该是静态的平衡。现代企业面临复杂多变的环境，环境条件变了，计划的前提也变了，如果还僵硬地抱着原先的控制标准不放，不进行任何调整，那么组织很快就会衰亡。现代意义下的控制，应该持一种动态平衡的观念，应能促进控制系统在朝向目标行动的同时适时地根据内外环境条件做出调整，妥善处理好适应性和稳定性。正馈控制和负馈控制既相互对立又往往需要统一的关系，是现代企业控制的难点。

8.2.2　按控制信息获取的时间划分

控制可以按照控制信息获取的时间，即侧重控制事物进程的哪一阶段而划分为三种类型：前馈控制、现场控制和反馈控制。

1）前馈控制

前馈控制也称事先控制或预先控制，是一种在实际工作开始之前进行的控制。其目的是防止问题的发生而不是当问题出现时再补救，是组织活动开始之前为了防患于未然所进行的控制。其特点是偏差发生之前，管理者就采取各种预先防范措施，尽可能地减少偏差的出现，把损失降到最低。前馈控制旨在获取有关未来的信息，依此进行反复认真的预测，将可能出现的执行结果与计划要求的偏差预先确定出来，或者事先察觉内外环境可能发生的变化，以便提前采取适当的处理措施预防问题的发生。这种控制把重心放在组织的人力资源、原材料和财务资源等上，其目的在于保证高质量的投入。比如，人力资源必须适应任务要求的数量和素质，必须有能力完成指派的任务，并避免出现机构臃肿、人浮于事的现象。

（1）前馈控制的优点：由于在工作之前进行，可以减少问题所造成的损失，避免了反馈控制对已造成的差错无能为力的弊端；准确的前馈控制能使管理者把握环境的主动性，能够树立管理者的威信；在工作开始之前针对某项计划行动所依赖的条件进行控制，不针对某一具体人员，因而不易造成冲突，易被员工接受而付诸实施。

（2）前馈控制的缺点：现实中难以把握准确控制所需的信息，未来总有很大的不确定性。

2）现场控制

现场控制则是一种同步、实时的控制，即在组织活动开展过程中同步进行的控制。其特点是在活动进行中一旦发生偏差，能够马上得到纠正。其目的就是要保证本次活动而非下一次活动尽可能少地发生偏差。

现场控制可分为两种：一是驾驭控制，就像驾驶员在行车当中根据道路情况使用方向盘来把握行车方向。这种控制是指在活动进行过程中随时监控各方面情况的变动，一旦发现干扰因素介入立即采取对策，以防执行中出现偏差。二是关卡控制，它规定某项活动必须经由既定程序或达到既定水平后才能继续进行下去。

（1）现场控制的优点：有指导职能，有助于发挥工作人员的现场工作水平，提高员工的工作能力及自我控制能力，提高现场工作效率，减少相应的工作浪费。

（2）现场控制的缺点：容易受管理者的工作作风、领导能力、业务水平和时间等因素的制约；应用范围较窄；容易造成情绪上的对立，伤害被控制者的积极性。

小看板 8-1

三令五申

孙子，即孙武，春秋时齐国人，是中国古代杰出的军事家。他去拜见吴王，说可以帮助吴国训练一支强大的军队，使吴国更加强盛。吴王说："你的十三篇兵法，我都看过了。你能用一支小型军队操演一下你的方法吗？"孙武说："可以。"吴王再问："用妇人来试也可以吗？"孙武点头。

于是吴王从宫中挑出美女一百八十人，交给孙武训练。孙武把她们编成两队，派吴王的两个宠姬分任队长，并让她们每人都持着戟，站成队。孙武说："你们都知道心口、左右手和后背的位置吗？"她们都说知道。孙武又问："你们知道怎样向前、向后和向左、向右转吗？"她们都说知道。孙武又说道："向前就看心胸，向左就看左手，向右就看右手，向后就看背后。"众女兵说："明白了。"孙武部署完毕，命人搬出铁钺（古时杀人的刑具），三番五次向她们申明军法严厉，说完后便发出鼓号："向左转！"那些女子只知道与吴王饮酒作乐，从来没有这样操练过，顿时都嘻嘻哈哈笑了起来，既不依令行动，也极不严肃。孙武说："约束不明，申令不熟，这次应由将帅负责。”于是重新详细说明了一遍，然后发出鼓号：“向右转！”女兵们又是一阵哄笑。孙武说：“解释不明，交代不清，是将帅的过错。既然交代清楚而不听令，就是队长和士兵的过错了，队长应受军法处分！”说完便命左右把两个队长推出斩首。

吴王本坐在台上观看操练，一见孙武要杀他的两个宠姬，急忙派人下来传话说：“我已领教了将军练兵的高明了，请不要杀她们！”孙武答道：“我既已受命为将，将在军中，君命有所不受！”当即把两个队长一同斩首，再命两位排头兵为队长。其他宫女见他果真把吴王的两名宠姬当场杀了，这才知道他说的话都是认真的，再也没人敢嬉笑了。这时，再发鼓号，不论向左、向右、前进、后退、跪下、起立，全都乖乖服从命令，严肃认真。

孙武便向吴王报告：“兵已练好，请大王检阅。这两队士兵，尽可任意指挥，即使叫她们到水里火里去也不会抗命了。”吴王苦笑道：“行了，你休息吧，我不想检阅了。”孙武有些不满，说：“您只欣赏我的理论，却不支持我实行。”吴王不得不佩服孙武的才能，便拜他为将。

启示：孙武奉命操练宫女，宫女们只当游戏，所以军不成军。孙武三令五申，宫女们还是不往心里去。孙武当众斩了吴王的两个宠姬，效果立竿见影。可见，当行动计划制订以后，管理者应该严格执行，对任何偏离、阻碍计划执行的行为都应当及时制止与纠正，这样才能有效控制，保证目标的实现。

3）反馈控制

反馈控制是历史最悠久的控制类型，是在活动完成之后，通过对已发生的工作结果的测定发现偏差和纠正偏差，或者在内外环境条件已经发生了重大变化，导致原定标准和目标脱离现实时，采取措施调整计划。反馈控制又称事后控制或产出控制，其控制重心放在组织的产出结果，尤其是最终产品和服务的质量上。

（1）反馈控制的优点：它有助于总结经验教训，了解工作失误的原因，为进一步实施创造条件，形成良性循环，提高工作效率。反馈控制可以为奖惩提供依据。

（2）反馈控制的缺点：其致命的弱点即滞后性，很容易贻误时机，增加控制的难度，而且损失往往已经发生了。因此，反馈控制要求反馈的速度必须大于控制对象的变化速度，否则，系统将产生震荡，处于不稳定状态。

总的来说，前面三种控制方式各有优缺点，有效的管理控制不能只依靠某一种控制方式，而必须依据特定的情况将各种方式有所侧重地结合起来使用。

8.2.3　按采用的手段划分

按采用的手段可以把控制划分为直接控制和间接控制两种类型。

（1）直接控制。直接控制是指管理者通过行政命令的手段对控制对象直接进行控制的一种形式。实现直接控制的关键是对施控人员的精心选择和有针对性的培养。因为工作能力强和综合素质高的施控人员在控制过程中将会不犯错误或少犯错误，控制效果将是高质量的。

（2）间接控制。管理中的间接控制是相对于直接控制而言的，控制者与控制对象之间并不直接接触，而是通过中间手段进行控制，如采取评优、升降职务、奖励、惩罚等措施。间接控制以合格的管理人员差错最少为指导思想，通过控制管理者的素质来控制组织活动。所谓合格的管理者，就是能正确地运用管理原理、方式、方法和技巧来进行工作的人。管理者只有这样，才能及时地察觉问题并采取合理的纠正措施，实施有效的控制。

8.2.4 按控制源划分

按控制源划分，可把控制分为三种类型，即正式组织控制、群体控制和自我控制。

（1）正式组织控制。正式组织控制是由管理人员设计和建立起来的那些机构或规定来进行控制，像规划、预算和审计部门等都是正式组织控制的典型部门。组织可以通过规划指导成员的活动及预算来控制组织的成本，通过审计监督来检查各部门或各成员是否按规定进行活动，并提出具体更正措施和建议、意见。正式组织控制是确保组织生存、发展及获利的重要手段。

（2）群体控制。群体控制基于群体成员的价值观念和行为准则，是由非正式组织发展和维持的。非正式组织有自己的一套行为规范，虽然这些规范往往没有明文规定，但对其成员有很强的约束力和控制力。群体控制可能有助于达成组织目标，也可能给组织带来危害，关键在于对其加以正确引导。

（3）自我控制。自我控制是个人有意识地去按某一行为规范进行活动。如员工不愿意拿回扣，不单单是因为他怕被处分，还可能是因为他具有廉洁的品质。这种控制成本低、效果好，但它要求上级对下级有充分的信任和授权，还要把个人绩效与奖惩、薪酬和提升联系起来；要求组织成员具有良好的素质，顾全大局。

小看板 8-2

音频

今天的管理者所要面对的一个基本问题是怎样在要求具备灵活性、革新精神和创造力的公司中实施足够的控制……在不断变化、高度竞争的市场中，大多数公司的管理者不可能把所有的时间和精力都用来确保每个人都在做预期的工作。有人认为管理者只要雇用不错的员工、调整激励手段并且抱着最好的希望就能实现良好的控制，这种想法是不现实的。现在的管理者必须鼓励员工主动改进现有的方法和创造新的方法来对客户需求做出反应，但是这些必须以一种受控的方式进行。

——哈佛大学教授罗伯特·西蒙斯

8.2.5 按问题的重要性和影响程度划分

按问题的重要性和影响程度划分，可以把控制分为任务控制、绩效控制和战略控制三种类型。

（1）任务控制。任务控制亦称业务控制，是针对基层生产作业和其他业务活动而直接进行的控制。任务控制多采用负馈控制法，其目的是确保有关人员或机构按既定的质量、数量、期限和成本标准完成所承担的工作任务。

（2）绩效控制。绩效控制是针对组织、部门及员工个人等各个层级的绩效进行控制。其目的是提升绩效，从而增强组织的竞争优势。它属于绩效管理范畴。

小看板 8-3

所谓绩效，是指那些经过考评的工作行为、表现及其结果。对企业来说，绩效就是任务在数量、质量、时间、成本及效率等方面的完成情况；对员工来说，绩效就是上级、同事和他人对自己状况的评价。

所谓绩效管理，是一种包括财务、客户、流程和学习发展4个或更多维度在内的管理，由这些维度推导并分解出一定的绩效指标，利用这些指标数据来观测企业的经营活动状况，以此考评各责任中心的工作实绩，控制其经营行为。

绩效管理工作循环主要包括绩效计划的制订、绩效实施与管理、绩效评估、绩效反馈面谈和绩效评估结果的应用。绩效指标设计的系统方法有关键绩效指标法(KPI)、平衡计分卡（BSC)、目标管理和标杆超越。

资料来源 编者根据相关资料整理。

音频

（3）战略控制。战略控制是对战略计划和目标实现程度的控制。战略控制站在更高的角度看待问题，而不像低层次的控制活动那样仅局限于矫正眼前的、内部的具体执行工作。

管理游戏

游戏简介：一个人要成功需要很多内在和外在条件的支持，但是最重要的是一个人的内心品质，较高的智商和情商能够帮助他们获得成功。本游戏可测试你的领导与决策能力。

道具：问题表

参加人数：30人

用时：15分钟

场地：不限

游戏步骤：

第一步，教师告诉大家影响成功的7个关键因素，分别是：心灵的平和、健康与动力、爱的关系、不受钱财的困扰、人生价值的目标与理想、自我的认识、自我实现的意念。

第二步，下面我们就将分析你所拥有的这7个关键因素的状况。我们用数字1~10表示各种不同的情况，1代表完全消极的情况，你没有这项成功的因素；10代表完全积极的情况，你完全拥有这项成功的因素。先将你认为能表达自己现状的数字圈起来，再以回答问题的方式来表示你期待自己达到的程度。

第三步，让大家看下面的问题表（见附件），分别在空白处写上感觉。

第四步，大家讨论一下，看看个人的情况分别如何。

第五步，由教师带领学生讨论下列问题：

（1）你是否觉得这些问题对认识自己有所帮助？

（2）对于成功的7个因素你是怎么理解的？如果你是一位成功人士，你是否具备这些因素？如果你还不是很成功，你的欠缺在哪里？

游戏要点：

1.本游戏中的几个问题可以帮助你更好地了解自己的长处以及自己的短处，所以这个游戏对于那些很想干出一番事业的人来说是非常有价值的。

2.交际与沟通有两个方面，一方面是跟别人交际与沟通，另一方面是跟自己交际与沟通。本游戏最大的好处就在于它会促使你和自己交际与沟通。也许有人会认为很可笑，认为自己和自己没有什么可交际与沟通的。但是事实上，很多人都不知道自己是什么样的一个状态，自己需要什么，应该怎么做……他们需要这样一种方式，来让自己更了解自己。

附件：问题表

（1）我可以完全不受恐惧、压力、焦虑、缺乏金钱以及其他消极因素的影响。

（深受影响）1 2 3 4 5 6 7 8 9 10（完全不受影响）

A.你曾经在什么样的情况下，不管是过去或是现在，感觉能以平和的心态面对自己以及外在的环境？

B.在什么样的环境中，你曾感觉一点点平和的气氛？

C.你现在有哪些积极的动作，能够使自己增加平和感？

（2）我有健壮的身体与无穷的生命活力。

（时常生病，常感疲倦）1 2 3 4 5 6 7 8 9 10（无穷活力和健康）

A.有哪些健康的习惯，能促使你有强壮的身体与无穷的活力？

B.有哪些生活习惯，能使你失去健康的身体与生命的活力？

C.从今天起，你可以采取哪些措施，来提高自己的身心健康水平？

（3）在我的人际关系中，我可以正常地与他人建立爱的关系。

（常有孤单的感觉）1 2 3 4 5 6 7 8 9 10（建立正常的爱的关系）

A.你与谁的关系最密切，为什么？

B.你与谁的关系最冷淡，为什么？

（4）我可以完全不受金钱的困扰。

（常感觉钱不够用）1 2 3 4 5 6 7 8 9 10（完全不受钱的困扰）

A.你目前的收入是多少？

B.你期待自己的年收入是多少？

C.从今天开始，你将采取哪些措施，以达到不受钱财困扰的目标？

（5）我有明确的目标及理想，使我的生活充满意义。

（完全没有方向）1 2 3 4 5 6 7 8 9 10（明确的目标）

A.在你现在的生活中，什么是你最重要的目标？

B.你可以采取什么步骤，使你达到这个目标？

C.在你与你的目标之间有哪些障碍？

（6）我完全了解自己，也知道自己为什么做正在做的事情。

（完全不明白）1 2 3 4 5 6 7 8 9 10（完全了解）

A.你感觉是哪一项个人的特征，使你拥有今天成功的形象？

B.你感觉是哪一项个人的缺点，使你无法获得成功？
C.假如你将自己的一生拍成电影，你会取一个什么样的片名？
D.你希望别人用哪个字来形容你？
（7）我真诚地相信，我可以实现设定的任何目标。
（无法达成）1　2　3　4　5　6　7　8　9　10（完全可以实现）
A.你个人对自我实现所下的定义是什么？
B.在你生活的哪一方面，你最满意自己的表现？
C.为了提升你生活的品质，从今天开始你可以做哪些改变？

8.3　控制过程

8.3.1　控制的过程

管理中的控制是指根据计划的要求，制定工作标准，衡量工作绩效并将它与工作标准进行比较，对出现的偏差采取必要的纠正措施以实现组织目标的过程。

控制的对象一般都是针对人员、财务、作业、信息及组织的总体绩效，无论哪种控制对象，其所采用的控制技术和控制系统实质上都是相同的。控制工作的程序基本是一致的，大致可以分为三个步骤：第一，确定控制标准；第二，衡量工作绩效；第三，采取纠正措施。

微课：控制过程

1）确定控制标准

简单地说，标准是衡量工作绩效的尺度。离开了标准，控制工作就无从谈起。因此，控制标准制定得合理是有效执行控制的关键，没有科学合理的标准，控制就可能流于形式。

一般来说，制订计划本身就是控制过程的第一步。目标和计划是控制的总标准，但由于计划相对来说都比较概括，不可能对组织运行的各方面都制定出非常具体的工作标准，因此对各项业务活动实施控制，还必须以总标准为依据设置更加具体的标准。计划方案的每个目标以及这些方案所包括的每项活动、每项政策、每项规程和每项预算，都可以成为衡量实际业绩或预期业绩的标准，如实物标准、成本标准、资本标准、收益标准、计划标准等。在实际工作中，采用哪种类型的标准，需要根据控制对象的特点来决定。

常见的控制标准多种多样，有定量和定性两大类。相比较而言，定量化的控制标准更能保证控制的准确性。因此，在实际工作中，应尽可能地采用定量化和定性化相结合的方式。

（1）常用的控制标准。常用的控制标准包括：

①质量标准，如产品等级标准、合格标准、名优产品的规定等。

②成本标准，如人力资源总成本、人力资源平均成本、产品总成本、产品单位成

本等。

③数量标准，如单位工时产品数量、合格品数量、废品数量等。

④时间标准，如工时、生产周期、交货期等。

（2）控制标准的制定过程和方法。

①确定控制对象。控制首先需要知道的问题是控制什么。一项控制标准可能是为某一个员工、某一个部门制定的，也可能是为整个组织制定的。

②选择关键控制点。制定标准的同时，必须明确关键控制点的选择。所谓关键控制点，是指在组织系统的运行中受限制的那些因素，或是对计划的完成更具有影响力的因素。有了这些关键控制点，就能扩大管理人员的管理幅度，从而使管理人员能管理更多的下属。这样不仅节约了成本，还增进了沟通。因此，为了进行有效的控制，需要特别注意那些对衡量工作绩效有关键意义的因素。

对关键控制点的选择，一般应统筹考虑如下4个方面：首先，选择的关键控制点应能及时反映并发现问题，也就是说，通过关键控制点应在严重损害发生前就能显示出差异现象；其次，关键控制点应能全面反映并发现问题；再次，选择关键控制点应考虑经济实用；最后，关键控制点的选择应注意平衡，也就是要选择能反映组织绩效水平的时间与空间分布均匀的控制点。

③制定控制标准常用的方法。制定控制标准常用的方法有：A.统计计算法，利用统计方法分析各个历史时期的数据，以此为基础为组织的未来活动制定标准，但历史与现实往往存在着差距，故用此方法制定的标准可能偏离实际情况；B.工程方法，是指通过对工作情况进行全面的、科学的分析，以在此基础上所获得的数据和参数为基础建立的标准，用这种方法建立的标准准确性高，但代价大；C.经验估算法，是指由经验丰富的管理者依据经验和判断来制定标准，这种方法是以上两种方法的补充。

小看板-8-4

企业高精度管理——六西格玛模式

企业运营千头万绪，管理与质量是永远不变的主题。在经济全球化的背景下，一项全新的管理模式在美国摩托罗拉和通用电气两大巨头中试行并取得立竿见影的效果后，逐渐引起了欧美各国企业的高度关注，这项管理模式便是六西格玛模式。

该模式由摩托罗拉于1993年率先开发。采取六西格玛模式管理后，该公司平均每年提高生产率12.3%，由于质量缺陷造成的费用消耗减少了84%，运作过程中的失误率降低99.7%。该模式真正名声大振，是在20世纪90年代后期通用电气全面实施六西格玛模式取得辉煌业绩之后。通用电气首席执行官杰克·韦尔奇指出：六西格玛模式已经彻底改变了通用电气，决定了公司经营的基因密码（DNA），已经成为通用电气现行的最佳运作模式。通用电气1995年开始引入六西格玛模式，此后六西格玛模式所产生的效益加速递增，1998年公司因此节省资金75亿美元，生产率增长达到了16.7%的历史最高纪录；1999年，六西格玛模式继续为通用电气节省资金达150亿美元。

σ是希腊字母，汉语译音为西格玛，学过概率统计的人都知道其含义为标准差，六西格玛意为6倍标准差，在质量上表示每百万坏品率少于3.4，但是六西格玛模式的含义并不简单地是指上述这些内容，而是一整套系统的理论和实践方法。应用于生产流程，它着眼于揭示每百万个机会当中有多少缺陷或失误，这些缺陷和失误包括产品本身、生产的流程、包装、转运、交货延期、系统故障、不可抗力等。大多数企业运作在3～4西格玛的水平，这意味着每百万个机会中已经产生6 210～66 800个缺陷。这些缺陷将要求生产者耗费其销售额的15%～30%进行弥补。而从另一方面看，一个六西格玛模式的公司仅需耗费年销售额的5%来矫正失误。六西格玛模式的理念要求企业从上至下都必须改变，倡导“我一直都这样做，而且做得很好”的惯性思维。也许你确实已经做得很好，但是距六西格玛模式的目标差得很远。六西格玛模式不仅专注于不断提高，更注重目标，即企业的底线收益。假设某一大企业有1 000个基层单元，每一基层单元用六西格玛模式每天节约100美元，一年以300天计，企业一年将节约3 000万美元。通过该模式企业还可清晰地知道自身的水平、改进提高的额度、与目标的距离。

音频

资料来源　编者根据相关资料整理。

2）衡量工作绩效

衡量工作绩效就是按照标准衡量工作实绩达到标准的程度，其实也是控制当中信息反馈的过程。在确定了标准以后，为了确定实际工作的绩效究竟如何，管理者首先需要收集必要的信息，考虑如何衡量和衡量什么。当工作实绩与标准产生差异时，就说明工作出现偏差。这一步骤包括两个方面的内容：一是了解实际工作绩效；二是比较实际绩效与标准，找出差异。

（1）了解实际工作绩效。了解实际工作绩效是控制过程中工作量最大的阶段。这一阶段的主要工作就是通过收集实际工作的数据和信息，全面了解和掌握工作的实际情况。掌握实际工作绩效的首要问题是了解什么和如何了解。

在这里主要介绍如何了解，因为了解什么在了解工作之前就已经得到了解决。我们知道，在确定控制标准时，依据计划制定出的各种控制标准就是所要了解的内容。所谓如何了解，也就是具体用什么方法了解。在实际中，应根据具体情况具体分析。常用的了解方法有面对面的口头汇报、召开会议、分析报表资料、正式的书面文字汇报、直接观察、抽样检查等。

了解实际工作绩效本质上就是一种信息的收集过程。在信息的收集过程中，我们要特别注意所获取信息的质量问题。因此，在利用上述方法了解工作时，我们应把重心放在所获取信息的准确性、及时性、可靠性和实用性上。随着信息技术的发展，越来越多的组织建立起管理信息系统，这样一来，信息的获取就变得非常方便快捷，从而大大减少了了解实际工作绩效的工作量，为有效控制的实施创造了良好的前提条件。

（2）比较实际绩效与标准，找出差异。在了解实际工作绩效后，接下来就是将实际绩效与控制标准进行比较，并对比较的结果进行分析。

比较结果有两种可能：一种是存在偏差；另一种是不存在偏差。偏差有两种情况：一种是正偏差；另一种是负偏差。正偏差是指实际工作绩效优于控制标准，而负偏差是指实际工作绩效劣于控制标准。出现正偏差，表明实际工作取得了良好的绩效，应及时总结经验，肯定成绩。但正偏差如果太大也应引起注意，很有可能是控制标准定得太低，这时应对其进行认真分析。出现负偏差，表明实际工作绩效不理想，应迅速准确地分析其中的原因，为纠正偏差提供依据。

一般情况下，偏差产生的原因可归纳为三大类：计划或标准定得不合理、组织内部因素的变化、组织外部因素的变化。

（3）衡量绩效时应注意的问题。我们在衡量实际工作绩效时应注意以下几个问题：①通过衡量绩效，检验标准是否科学合理、切实可行；②建立有效的消息反馈系统，使实际工作情况能及时地传递给管理者，使之能及时地发现问题并采取有效的处理措施；③衡量的频度要适宜，衡量频度的确定主要取决于控制对象的特性、控制对象发生变化的时间周期及控制对象的主要影响因素。

3）采取纠正措施

纠正偏差是控制过程的最后一个阶段，也是控制过程的关键。利用科学的方法，依据客观的标准，通过对工作绩效的衡量，可以发现实际工作绩效与控制标准之间是否存在偏差。纠正偏差就是在此基础上，分析偏差产生的原因，制定并实施必要的纠正措施，使工作的实际情况与计划相一致。这项工作使控制过程得以完整，并将控制与管理的其他职能联结：纠偏使组织计划得以遵循，使组织结构和人事安排得到调整。纠正偏差大致可以分为三个步骤：一是分析偏差产生的主要原因；二是确定纠偏对象；三是采取纠偏措施。

（1）分析偏差产生的主要原因。并非所有的偏差都对企业的最终结果有影响。有些偏差可能反映了计划本身和实际工作过程中的严重问题，而另一些偏差的产生纯属偶然，从而不一定会对组织活动的最终结果产生重要影响。因此，在采取纠正偏差措施以前，一定要对反映的偏差信息进行正确的分析判断。

（2）确定纠偏对象。在现实的管理活动中，偏差的产生可能是实际工作绩效不理想造成的，也可能是控制标准不切实际造成的，因此需要予以纠正的可能不仅是组织的实际工作绩效，也包括指导这些活动的计划或既定的控制标准。

（3）采取纠偏措施。纠偏的措施有两种：一是改进实际工作绩效；二是修订控制标准。

其一，改进实际工作绩效。如果偏差是由于组织的实际工作绩效不理想造成的，管理者就应该采取措施改进绩效。其具体的措施包括：重申规章制度，明确责任，强化激励措施，加大处罚力度；变动组织机构，调整领导班子；加强员工培训等。

其二，修订控制标准。正如前面所述，偏差还有可能来自不合理的控制标准，如果标准制定得过高或过低，即使其他因素都发挥正常也难以避免偏差的出现。不切实际的标准会给组织带来很大的危害，如过高的难以实现的标准会在很大程度上打击员工的士气，而过低的很容易实现的标准又容易导致员工的懈怠情绪。所以，不切实际的标准一定要修改。

在纠正措施的选择和实施过程中，管理者需要注意以下几点：

第一，保持纠正方案的双重优化。纠正偏差可以采取多种不同的措施，所有这些措施其实施的成本都应小于不采取任何行动任由偏差发展可能给组织带来的损失，这是第一重优化。第二重优化是在第一重优化的基础上，通过对各种纠偏方案的比较，找出其中投入最少、纠偏效果最好的方案来组织实施。

第二，关注原计划实施的影响。在决策和制订计划的过程中，要充分体现控制的观点和方法。由于客观环境发生了重大变化，可能会导致原计划与标准的局部甚至全局被否定，从而要求管理者调整组织活动的方向和内容。这时我们要考虑原计划实施已经消耗的资源及这些资源所造成的影响。

第三，消除员工对纠偏措施的疑虑。纠偏措施总会在不同程度上引起组织结构的调整、人事关系的变动等，从而会使某些组织成员的利益受到影响，并对纠偏措施产生抵触情绪。因此，管理者在采取纠偏行动前，要注意组织成员对纠偏措施的不同态度，尽力消除他们的疑虑，争取更多人的理解、支持和赞同，以保证纠偏方案的顺利实施。

互动课堂 8-1

有一个小和尚担任撞钟一职，半年下来，觉得无聊之极，做一天和尚撞一天钟而已。有一天，住持宣布调他到后院劈柴挑水，原因是他不能胜任撞钟一职。小和尚很不服气地问："我撞的钟难道不准时、不响亮吗？"老住持耐心地告诉他："你撞的钟虽然很准时，也很响亮，但钟声空泛、疲软，没有感召力。钟声是要唤醒沉迷的众生，因此撞出的钟声不仅要洪亮，而且要圆润、浑厚、深沉、悠远。"

讨论：你从中得到了什么启示？

音频

8.3.2　有效控制

如果控制使用适当，无疑将有助于管理人员掌控非预期的因素，实现战略目标。所谓有效控制，就是以较少的人力、物力和财力使组织的各项活动处于受控状态。也就是说，在实际运行活动的过程中，一旦偏差出现则能及时发现并纠正偏差，从而把组织的损失降到最低。一个有效的控制系统应包括如下特征：

1）合理的标准

首先，控制标准的水平必须是科学合理的、切合实际的，标准制定得太高或太低，对组织成员都将起不到激励的作用。其次，控制标准的数量也必须是科学合理的，数量过少容易把握，但难以准确地衡量实际工作绩效；数量过多虽能够更准确地衡量实际工作绩效，但操作起来比较麻烦，代价较大，得不偿失。

2）适时控制

适时是指控制系统在实施有效控制时，及时提供信息，一旦发生偏差，系统能迅速检测并做出管理上的反应。如果反应过于迟缓，修正措施将毫无价值。如进口产品检验不合格，过了索赔期，对方就不承担责任。

时滞现象是反馈控制的一个难以克服的困难。正像前文提到的，虽然了解实际绩效，并将其与控制标准进行比较，找出偏差，可能不会花费很多时间，但分析偏差产生的原因，提出纠正偏差的具体方法也许旷日持久，当真正采取这些办法纠正偏差时，实际情况可能有了很大变化。纠正偏差的最理想的方法应是在偏差产生以前就注意到偏差产生的可能性，从而采取必要的防范措施。

如何做到这一点呢？管理者可以通过建立企业经营状况的预警系统来实现。我们可以为需要控制的对象建立一条警戒线，反映经营状况的数据一旦超过这个警戒线，预警系统就会发出警报，提醒人们采取必要的措施加以纠正，以避免偏差的扩大或防止偏差对组织不利影响的扩散。

3）适度控制

适度控制是指控制系统的作用效果在范围、程度和频度三维空间上要恰到好处，包括范围、程度和频度的各自效果与共同效果两个方面。虽然任何组织都需要控制，但控制系统的大小各异，不管管理者怎样控制，它必须与涉及的工作相适合并且是经济的。适度控制要注意以下几个方面：

（1）防止过度控制或控制不足。一方面，过多的控制常给组织成员带来约束和某种程度的不舒服，会扼杀组织中成员的积极性、主动性和创造性，会抑制他们的首创精神，从而影响个人能力的发挥和工作热情的提高，最终影响企业的绩效；另一方面，控制不足将可能导致组织活动的混乱，不能使组织活动有序地进行，不能保证各部门活动进度和比例的协调，造成资源配置的不合理及资源浪费。此外，过少的控制可能使组织中的个人无视组织的要求，我行我素，甚至利用在组织中的便利地位谋求个人私利，从而导致组织的涣散和崩溃。

（2）控制的力度和频度需要考虑多种因素。控制的力度和频度因控制对象的性质、管理的层次、管理的幅度、组织成员的素质及受教育程度等的不同而不同。一般而言，政府机构的控制力度应高于企事业单位，以保证政令畅通；科研部门的控制力度低于生产部门，以便调动科研人员的主观能动性，充分发挥他们的积极性和创造性。

（3）控制系统要有战略高度。有效控制不仅要考虑各个部门的局部利益，更应具有全局的观念，在必要的时候要为全局利益而牺牲局部利益。管理者应该关注那些对组织行为有战略影响的关键环节和关键因素，实施重点控制。

4）客观控制

客观控制是指控制的客观性，具体要求：控制标准客观、分析问题客观、纠偏措施客观，尽量避免主观臆断。然而，在现实生活中，管理者要做到客观控制是比较困难的，许多管理人员的决策基础往往是不精确的信息。销售人员为了迎合主管上司在估计销量时说些模棱两可的话；生产车间的管理人员为了达到上级制定的目标隐瞒生产成本的上升；更有甚者，一些管理者为了得到领导的青睐而虚报成绩。这些都在一定程度上影响了管理人员的客观控制，进而阻碍了管理人员做出正确的决策。

在实施管理中，要做到客观控制，必须做到以下几点：第一，要尽量避免主观因素的干扰，建立客观的、标准的计量方法，即尽量把绩效用定量的方法记录并评价，把定性的内容具体化。第二，管理人员必须谨慎适当地去分析所获得的信息。数字的客观性不能代表一切，管理人员在做出决策前还应看到数字背后的真正含义。如每月销售额的提高，不一定来自销售人员绩效的改进，也许是销售人员擅自提供了折扣，或对产品的功效做出了不切实际的保证，或答应较早的交货期等。第三，管理人员要从组织目标的角度来观察问题，避免个人偏见和成见。

5）弹性控制

企业在生产经营过程中经常会遇到某种突发的、无力抗拒的变化，如环境突变、计划疏忽、计划变更、计划失败等，这些变化使企业计划与现实条件严重背离。有效的控制系统应在这种情况下仍能发挥作用，维持组织的正常运转，也就是说，控制系统应该具有一定的弹性或灵活性。例如，在工程项目建设中，对地质进行勘测、工程量测量时经常会发生偏差，导致工程费用急剧上升，因此在做总投资预算时不能绝对化，要留有一定的余地，如安排预备费、建立预算周转金。一般来说，弹性控制要求组织最好制订弹性的计划和弹性的衡量标准。例如，管理者在制订经营计划时，应充分考虑未来企业经营可能出现的不同水平，从而为标志经营规模的不同参数值规定不同的经营额度，使预算在一个可接受的范围内变化。

思享园地

中国共产党自我革命的新境界

勇于自我革命是我们党最鲜明的品格，也是我们党最大的优势，自我革命精神是党永葆青春活力的强大支撑。党的十八大以来，习近平总书记经常讲跳出历史周期率问题，这是关系党千秋伟业的重大问题，关系党的生死存亡，关系我国社会主义制度的兴衰成败。我们党历史这么长、规模这么大、执政这么久，如何跳出治乱兴衰的历史周期率？毛泽东同志在延安的窑洞里给出了第一个答案，这就是“只有让人民来监督政府，政府才不敢松懈”；经过百年奋斗特别是党的十八大以来新的实践，我们党又给出了第二个答案，这就是自我革命。一百年来，党外靠发展人民民主、接受人民监督，内靠全面从严治党、推进自我革命，勇于坚持真理、修正错误，勇于刀刃向内、刮骨疗毒，保证了党长盛不衰、不断发展壮大。全面从严治党是新时代党的自我革命的伟大实践，取得了历史性、开创性成就，产生了全方位、深层次影响，探索出依靠党的自我革命跳出历史周期率的成功路径。实践充分证明，只要我们不断清除一切损害党的先进性和纯洁性的因素，不断清除一切侵蚀党的健康肌体的病毒，就一定能够确保党不变质、不变色、不变味，确保党在新时代坚持和发展中国特色社会主义的历史进程中始终成为坚强领导核心。

资料来源　人民日报评论员.开辟了百年大党自我革命的新境界[N].人民日报，2022-01-20.

管理大师档案

组织理论之父：马克斯·韦伯

在管理学界，韦伯被称为“组织理论之父”，他对组织理论的伟大贡献在于明确

（扫一扫
了解更多）

而系统地指出，理想的组织应以合理合法权力为基础，这样才能有效地维系组织的连续性和目标的达成。

韦伯认为，社会上有三种权力：一是传统权力，依传统惯例或世袭而拥有；二是超凡权力，来源于自然崇拜或追随；三是法定权力，通过法律或制度规定的权力。对经济组织而言，应以合理合法的权力为基础，才能保障组织连续持久的经营目标，而规章制度是组织得以良性运作的保证，是组织中合法权力的基础。

资料来源 赵娟. 组织理论之父：马克斯·韦伯 [J]. 施工企业管理，2007（8）.

8.4 控制方法

8.4.1 预算控制

预算控制是组织管理中运用最广泛、最直接的一种控制方法。预算是以财务术语（如收入、支出以及资金等）或者非财务术语（如直接工时、产量和销售量等）来表明组织的预期成果，是用数字编制的反映组织在未来某一个时期的综合计划，可以称作“数字化”或“货币化”的计划。管理者通过预算为组织的各个部门或各项活动规定了在资金、能源、劳动力及原材料等方面的支出额度，把计划分解落实到组织的各层次和各部门中去，使管理者能清楚地了解计划将涉及哪些部门和人员、多少费用、多少收入，以及实物的投入量和产出量等。预算控制是根据既定的收入、支出标准来监督和检验组织各部门的活动，以保证组织的各部门在既定的支出额度内完成组织的目标，实现利润的增长。预算控制的种类很多，概括起来可以分为以下几种：

1）收支预算控制

收支预算是对某个计划期内有关收入、支出所进行的以货币单位表示的预算，反映了组织在计划期内生产经营的财务状况。收支预算必须尽可能准确地估计各项收入、支出的数量和时间，并努力提高其实现的可靠性。

一般来说，组织的收入有销售收入、专利收入、租金收入和投资收益等，但组织的主要收入还是销售收入。而组织的经营费用的支出往往比收入复杂得多，在做收支预算时，应尽可能全面地考虑各种可能产生的开支费用，并在支出预算中留有一定的余地以备不时之需。常见的费用支出有材料费、人工费、营销费、管理费、固定资产折旧、资金筹集费和税金等。

2）实物量预算控制

实物量预算又称非货币预算，是一种以实物的数量为计量单位所表示的预算，是货币量收支预算的重要补充。常用的实物量预算包括原材料消耗量预算、直接工时数预算、燃料消耗量预算、产量预算、库存预算等。

3）资本支出预算控制

资本支出预算又称投资预算，是指组织为了扩大规模或更新设备而投资于厂房、机器、设备、库存和其他一些类目的专门性的资本支出的预算。由于资本通常是企业生存和发展最有限制性的因素之一，而且资本支出预算数额大、回收周期长，因此需要慎重考虑、单独列支，并将其与组织的发展战略和长远规划密切结合起来。管理者在做资本支出预算时应考虑的问题主要包括何时投资、投资多少、融资渠道如何、每年的现金流量如何、投资回报期多长、投资回报率多少等。

4）负债预算控制

现代组织常常通过负债经营来保持财务收支平衡，包括向银行贷款、发行企业债券、进行社会集资等。负债预算是指考虑一定时期的资产、债务和资本等账户的情况，设计筹资方式、途径和数量以及还款时间、方式和能力，防止出现“资不抵债”的情况，保持财务收支平衡的预算。另外，通过负债预算，管理者可判断组织的财务状况是否良好、是否可能产生不利的变化，从而指导事前控制。从某种意义上说，这种预算是组织中最重要的一种控制。

5）总预算控制

总预算是一种对计划期最后一天（通常是会计期末）的财务状况的预算。它把各部门的预算集中起来，编制预算汇总表用于公司的全面业绩控制；它是依据组织目标和计划编制的；它综合反映了公司的各项预算，从中可以看到销售收入、成本费用、总利润、销售利润、投资收益、投资利润率及其相互关系等。通过总预算，最高管理层可以了解各个部门为了实现公司的总目标而运行的具体情况。

为了克服预算控制中存在的不足，使预算控制能更加有效实施，我们有必要采用可变的或灵活的预算控制方案，主要包括弹性预算控制、滚动预算控制、零基预算控制和全面预算控制等，这里不再逐一介绍。

互动课堂 8-2

夏文是一家中型企业的经营者，这几年在艰难的创业过程中渡过了一个又一个难关、克服了一个又一个困难，及时抓住了市场机遇，使企业在很短的时间内得以迅速成长壮大。但是，随着企业规模的不断扩大，资金管理上常显得捉襟见肘。比如，明明账上有利润，但在承接一项重要订单时，突然发现资金周转不过来；在进行某一业务时，总认为会有一定的利润空间，但结果往往与预期不符。

刘潇经营着一家企业，生意做得红红火火，有了一定的资本积累。这几年看到房地产行业很赚钱，于是他投资开办了一家房地产公司，但楼盖到一半，突然发现资金不够用。原因是每一项工程费用都超出费用预算，筹集到的资金已不够周转，而银行看到工程停工就不再继续贷款，原来的贷款又到了期，刘潇感到焦头烂额。

讨论：上述两个案例暴露出的共同问题是什么？怎么解决？

8.4.2　非预算控制方法

1）审计法

审计法是对反映组织的资金运动过程及其结果的会计记录和财务报表进行审计、

鉴定，以判断其真实性、可靠性，从而为决策和控制提供依据的一种常用的控制方法。财务审计与管理审计是审计控制的主要内容。

（1）财务审计。所谓财务审计，是以财务活动为中心内容，以检查并核实账目、凭证、财物、债务以及结算关系等为手段，以判断财务报表中所列出的综合的会计事项是否正确无误、报表本身是否可以信赖为目的的一种控制方法。它还可以判明财务活动是否合法。它包括外部财务审计和内部财务审计两大类。

外部财务审计是指由组织外部专门的审计机构和审计人员对本组织的财务经济往来及财务程序所做的有目的的综合审核检查；而内部财务审计是由组织内部的财务人员对本组织的财务活动进行的有目的的综合审核检查。财务审计的最终目的是保证本组织的财务报表能真实准确地反映组织的财务状况。

（2）管理审计。所谓管理审计，是对组织战略目标及组织的各项职能进行的全面审计。它不仅要关注一个组织的最终工作成效，还要关注组织内在的素质能力。它是检查评价一个单位或部门管理工作的好坏，评价人力、物力和财力的组织及利用的有效性的一种重要控制手段。管理审计的内容有组织结构的合理性、客户的满意度、研究与开发的周期、生产效率、销售能力、员工的学习成长性等，其目的在于通过改进管理工作来提高经济效益。

2）财务报表分析

财务报表分析是指以财务报表和其他资料为起点与依据，采用专门的方法，来判断企业的经营成果、财务状况的好坏，并分析财务状况的变动趋势及企业经营的优劣势。财务报表分析的结果是对组织的偿债能力、风险抵御能力及盈利能力做出评价。

财务报表分析主要有实际数字法和比率法两种。实际数字法是用财务报表中的实际数字来分析，但有时这种绝对的数字因为可比性问题，不能准确地反映企业的不同时期或不同企业间的实际水平。比率法是求出实际数字的各种比率后再进行分析，因为是用相对数进行分析，所以体现出了对比的科学准确性，比较常用。

财务报表分析主要包括负债比率分析、变现能力比率分析、资产管理比率分析、盈利能力分析、生产率分析。

（1）负债比率分析，是以财务报表为依据来分析权益和资产的关系，分析不同权益之间的内在关系，从而分析组织的资本结构是否健全合理，评价组织的偿债能力。反映负债能力的财务比率主要有资产负债率、产权比率、有形净值债务率、已获利息倍数。

（2）变现能力比率分析，可以判断组织产生现金能力的强弱。反映变现能力的财务比率主要有流动比率和速动比率，其中速动比率比流动比率更能反映企业的变现能力。

（3）资产管理比率分析，可以衡量组织在资产管理方面效率的高低。反映资产管理能力的指标有很多，通常使用的主要有营业周期、流动资产周转率、总资产周转率、应收账款周转率及存货周转率。

(4) 盈利能力分析，可以分析组织赚取利润的能力。管理者在分析盈利能力时，应当排除证券买卖等非正常项目带来的影响。反映组织盈利能力的财务比率主要有销售毛利率、销售净利率、资产净利率、净值报酬率。

(5) 生产率分析，可以分析企业在计划期间内生产出多少新的价值，以及如何通过分配将其变为人工成本、应付利息和净利润。

互动课堂 8-3

你是如何控制日常生活开支的，又是如何控制大学学习过程的？

8.4.3 作业控制

作业控制是为了保证各项作业计划的全面完成而做的一系列管理工作，即衡量作业计划的实际执行情况，将其与控制标准进行对比，发现偏差并分析偏差产生的原因，采取一定的措施纠正偏差以保证作业计划的顺利实施。一般来说，作业控制主要包括成本全面控制、质量控制、库存控制等。

1) 成本全面控制

成本全面控制是在对系统的所有工作进行全面详细分析后，层层分解成本指标，以其作为衡量控制标准。也就是说，通过监控成本形成的过程来控制成本，从而提高企业的竞争优势，确保组织在预定成本下获得预期目标利润。现行的成本控制方法主要包括损益平衡分析法和降低成本法。

损益平衡分析法是通过寻找损益平衡点来确定保本销售量；降低成本法是通过降低采购成本、生命周期成本，以及规模经济、减少浪费等手段来实现成本控制。具体情况具体分析，如管理者在选择机器设备时，不能简单地考虑机器设备的直接拥有成本（包括价格、关税和运输费用等），而是应该考虑它的生命周期的全部成本（包括燃料消耗费、保养维护费、故障检修费、保险费等）。

2) 质量控制

质量控制是指管理者通过监控质量的全过程，以确保产品质量符合既定的标准。质量控制经历了事后检验、统计抽样检验和全面质量管理三个阶段。此处重点介绍全面质量管理。全面质量管理是目前提高质量较流行的方法之一，是指为保证产品质量符合规定标准和满足顾客使用要求，企业需要在产品设计、试制、生产制造直至使用的全过程中，进行全员参与的、事后检验和预先控制相结合的、从产品赖以形成的工作质量到最终产品的质量的全方位质量管理。全面质量管理突破了事后检验和统计抽样检验的局限性，贯穿于组织的整个价值流程。

随着国际竞争的加剧和顾客期望值的提升，许多企业都采用全面质量管理的方法来控制质量，把质量观念渗透到每一个组织成员和组织的每一项活动中，以实现质量的持续改进和自身竞争优势的不断提高。全面质量管理有四个主要的特征：

(1) 全过程的质量管理，即质量管理不仅是生产过程的管理控制，而且应“始于市场，终于市场”，从产品设计开始，直至产品进入市场，以及售后服务等，质量管理都应贯穿其中。

（2）全企业的质量管理。质量管理和企业的每一个部门都息息相关，不单是质量管理部门的事情，因为产品质量是做出来的，不是检验出来的，所以每项工作都与质量密切相关。

（3）全员的质量管理，即每个部门成员的工作质量决定了每个部门的工作质量，所以每个组织成员都要保证质量。为此，组织成员可成立若干质量小组，专门研究在部门或工段的质量问题。

（4）全面科学的质量管理方法。全面质量管理所采用的方法是科学全面的，以统计分析方法为基础，综合应用各种质量管理方法。全面质量管理提出的口号是："一切为了顾客，一切以预防为主，一切凭数据说话，一切按PDCA（计划—执行—检查—处理）工作步骤循环进行。"

总的来说，全面质量管理需要组织各个层次员工的积极参与和保持组织的长期投入，以便能持续地提高产品质量，达到满足甚至超越顾客期望的目的。全面质量管理需要对顾客的需求进行分析，评估组织当前能满足顾客需求的程度，以便制订缩短现实与期望差距的计划。人员培训与开发对于实施全面质量管理是至关重要的，对质量的不断改进需要一个"学习型组织"的环境。

3）库存控制

一般来说，库存是指为了满足未来需要而暂时闲置的资源，人、财、物、信息等各方面的资源都有库存问题。企业的生产要正常连续进行，供应链不能断，需要一定的库存，但库存过多或过少都会给企业带来不利的影响。库存过多，不仅占用仓库位置，还会造成保管费用上升、资金周转减慢、材料腐烂变质等；库存过少，容易造成生产过程因停工待料而中断，产成品因储备不足而出现脱销损失等。因此，库存控制的目标不是增加库存，而是在保证一定服务水平的基础上，不断降低库存。

库存控制主要解决这些问题：哪些物资要有库存？合理的库存量是多少？隔多长时间检查一次库存量？何时提出补充订货？每次订多少？

（1）库存什么。企业生产所需物资应根据数量和资金占用等情况分别对待，其中常用方法是ABC分类法。ABC分类法是根据80∶20法则（见小看板3-3马特莱法则）制定的，是一种重点管理法，其基本思想是抓住关键因素就可以事半功倍。A类资金占用比重很大（65%～80%），但品种较少（15%～20%）；C类则相反，品种较多（40%～55%），但资金占用比重很小（5%～15%）；B类介于二者之间。通过分类，对各类物资实行不同的管理。

A类物资是库存控制的重点，应施以尽可能紧的控制，包括最完整、最精确的记录，最高的作业优先权，严格控制库存数量，严格盘点，精确地确定订货点和订货量，密切追踪从而将库存压缩到最低水平。

B类物资应施以正常的控制，每隔一段固定的时间检查一次并准确记录，可按经济批量订货，只有在特殊的情况下，才给予较高的优先权。

C类物资可适当延长采购间隔期，简化管理，如设立简单的记录，可通过半年一次或一年一次的盘存来补充库存，其作业优先权最低。

（2）库存量控制。库存量的控制要考虑总体采购资金、服务质量等因素，对库存优化的目标就是在保证一定服务水平的基础上，使库存总费用最小。企业可通过控制采购间隔期或是采购批量来满足需要；也可设定一个订货点来控制，当库存量低于订货点时就需要再次订货了，如经济订货批量模型是通过确定最佳订货批量使得订货费用和保存成本之和最小。

定期订货是以时间作为库存控制的决定因素。一般来说，它是按照一个既定的时间间隔（如每月、每季度、每年）来进行订货。在订货之前，对现有库存量进行统计并与期望水平库存量进行比对，计算出差值，以差值为每次的订货量，通过补充订货使库存量恢复到期望水平上。

定量订货是以库存量作为库存控制的决定因素。它首先需要确定一个合理的安全库存水平，一旦实际库存抵达这一水平就需要进行补充订货。

（3）准时生产（just-in-time，JIT）。虽然库存被认为是必需的，但库存给许多企业带来了极大的烦恼。基于此，日本丰田汽车公司的准时生产在这方面取得了良好的成绩。准时生产又称“无库存生产方式”“零库存”，表示没有闲置的资源，提供的都是当时需要的，即需要一件、生产一件，零件一个一个地流动。

按需生产是组织生产过程的基本出发点，准时性是组织生产过程的基本要求。JIT 用“拉动式”的“看板管理”在大量重复性生产中控制生产进度，使之达到准时生产的目的。“拉动式”生产方式根据市场需求制订生产计划后，只对最后的生产工序工作中心发出指令，最后的生产工序工作中心根据需要向它的前道的生产工序工作中心发出指令，这样按反工艺顺序逐级“拉动”。在生产现场，其“拉动”靠“看板”来实现，每一张看板代表一定的数量，很容易计算和检查。它实际上是将库存放在现场，由看板数量确定各零配件的库存数量，当生产运行平稳后，就减少一些看板数量，使得生产中的一些问题暴露出来，从而采取措施，加以改进。

JIT 提供了一个不断改进的途径，按降低库存—暴露问题—解决问题这个无限的工作循环来进行。如通过降低在制品库存，可能发现生产经常中断的原因是某些设备出了故障，来不及修理，工序间在制品少了，使后续工序得不到供给。管理者就会分析来不及修理的原因，是备件采购问题还是修理效率问题？能否减少修理时间？找出原因后就能采取措施解决，使管理得到不断改进。

JIT 具有普遍性，不仅适用于大量重复性生产，而且适用于多品种批量生产；不仅适用于制造性行业，而且适用于服务性行业。如大批量重复性生产可以通过看板管理来实施 JIT，多品种批量生产则通过 MRP 系统来实施 JIT。

互动课堂8-4

JIT 对我国企业有现实意义吗？为什么？

管理定律

热炉法则

热炉法则源自西方管理学家提出的惩罚原则。它的实际指导意义在于有人在工作中违反了规章制度，就像去碰触一个烧红的火炉，一定要让他受到“烫”的处罚。

热炉外观火红，不用手去摸，也可知道炉子是热得足以灼伤人的。为了让员工趋利避害，企业的领导者就要经常对员工进行规章制度的教育和宣传，以警告或劝诫员工不要触犯规章制度，说明罚款的种类和额度。如果有企业平常把规章制度藏在抽屉里，谁都不知道里面规定了什么内容，等到员工违规后，才拿出来作为罚款的依据，显然不能服众。“热炉法则”阐述罚款制度的四大惩处原则：

（1）验证性原则。用手触摸热炉，毫无疑问地会被灼伤。谁若明知企业有相关规定，还要以身试“法”，触犯单位的规章制度，就一定要对其进行惩处，以明纪律、以儆效尤。

（2）即时性原则。碰到热炉时，立即就被灼伤。惩处必须在错误行为发生后立即进行，绝不拖泥带水，绝不能有时间差，以便达到及时改正错误行为的目的。

（3）公平性原则。不管谁碰到热炉，都会被灼伤。管理者应该是罚款制度最直接的执行者，对自己倡导的制度更应该身体力行。如果“刑不上大夫”，那么罚款制度有不如无，甚至比没有更糟糕。

机制的创新和进步也很重要。企业一方面要鼓励员工行使自身的权利和履行自身的义务，以合理化建议等形式通过正常渠道对罚款制度进行完善，积极寻找更多替代罚款的其他办法；另一方面要大力激励员工，包括加大奖励额度和范围，形成“奖励为主，处罚为辅”的激励型管理机制。只有当员工理解、认同了企业的罚款制度后，才会少了因为“要罚我”而萌生的反感，多了“我认罚”的坦然和勇气。

资料来源　佚名．热炉法则［EB/OL］．［2021-12-28］．http://zhidao.baidu.com/question/190105010.html.

增值阅读

平衡计分卡

卡普兰和诺顿发明了平衡计分卡，该方法打破了只关注财务指标的传统业绩管理方法。平衡计分卡理论认为，传统的基于财务指标的管理模式只能衡量落后的工作结果，难以评估组织前瞻性的投资。在今天，传统的业绩管理方法显然是不全面的，组织必须通过在客户、内部流程、员工、新产品开发、技术和创新等方面的投资，获得持续发展的源泉。正是基于这样的认识，平衡计分卡方法从财务、客户、流程及学习发展等互为关联的维度来平衡定位和考核组织各个层次的业绩水平。平衡计分卡的平衡指的是财务和非财务、外部和内部、长期与短期、结果和过程等多个方面的平衡。平衡计分卡能综合反映组织的经营状况，使绩效评估更合理，从而有利于组织目标的实现。

平衡计分卡具有很强的操作指导意义，通过对财务、客户、流程及学习发展等维度的内在关系（学习发展目标提供了其他三个方面目标的基础架构，是驱使财务、客户和流程三个方面获得卓越成果的动力，即学习发展决定组织未来的发展能力，是提高组织内部运营能力的基础；组织通过内部流程的优化为客户提供更大的价值；客户满意度提高，企业的财务业绩也就上去了等）的表述解释了平衡计分卡的含义。

通过不断发展，平衡计分卡已成为现今企业流行的战略实施工具，它将公司的战略落实到可操作的目标、衡量指标和指标值上。

1.构成要素

在工作实践中，不同组织制定的平衡计分卡的表现形式有很大的差别，但构成要素是基本相同的，主要包括以下几个方面：

（1）维度。维度应能反映组织战略的关键成功因素，是企业实现战略目标的关键领域。维度可以通过分析组织战略的利益相关者来确认。卡普兰和诺顿最初创建平衡计分卡的时候，将平衡计分卡定义为财务、客户、流程及学习发展四个互为关联的维度。

（2）关键绩效指标。在关键成功因素的基础上应当确认关键绩效指标。每一个关键绩效指标都是某一个关键成功因素的最佳指示器，同时每一个关键成功因素必须至少用一个关键绩效指标来描述。关键绩效指标是用来评估目标达成的量化指标，是用来回答“如何评估成功”的关键指标。

（3）衡量指标与指标值。衡量指标是由事先选定的关键绩效指标推导出来的，一个关键绩效指标可能对应一个或一个以上的衡量指标。指标值是对衡量指标的量化要求，也是评价衡量指标执行好坏的标准。

（4）行动计划。行动计划是支持平衡计分卡每个指标的具体项目计划，包含了若干个特定的行动，主要是为了衡量指标及指标值的实现。

平衡计分卡的上述各个要素都是一一对应、相互支持的。

2.平衡计分卡的指标列举

平衡计分卡中的目标和评估指标的设置必须能够落实企业的战略，强调绩效的日常管理。平衡计分卡中财务指标有总资产报酬率、净资产收益率、销售利润率、资产周转率、资产负债率、资产增长率、投资回报率等；客户方面的指标有市场份额、老客户挽留率、新客户获得率、顾客满意度、顾客获利水平等；流程指标有新产品占营收的百分比、独家产品占营收的百分比、新产品上市速度、研发周期、采购周期、制造周期、良品率、退换货率、客诉处理一次成功率等；学习发展类指标有劳动生产率、员工满意度、员工保留率、员工流失率、任职资格达标率、培训覆盖率、员工建议认可率等。

平衡计分卡是一项全新的公司绩效评估系统，目前推行平衡计分卡评估系统的公司已不局限于世界500强之类的大公司。下面以某银行实施的平衡计分卡制度为例进行介绍。

第一，银行的价值链（如图8-1所示）。

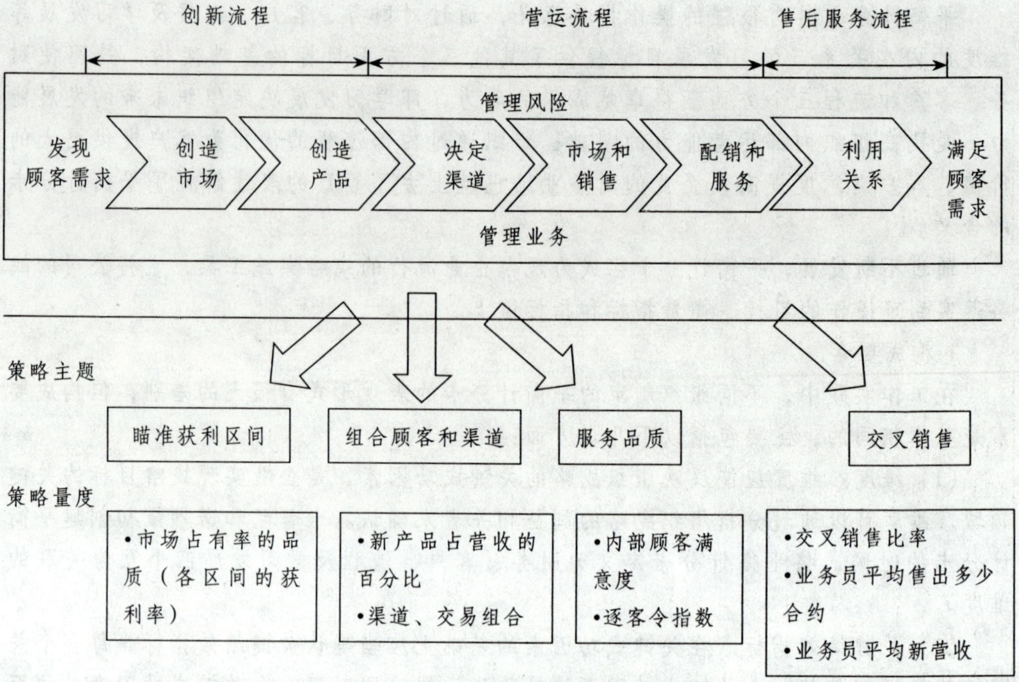

图8-1　银行的价值链

第二，银行的策略（如图8-2所示）。

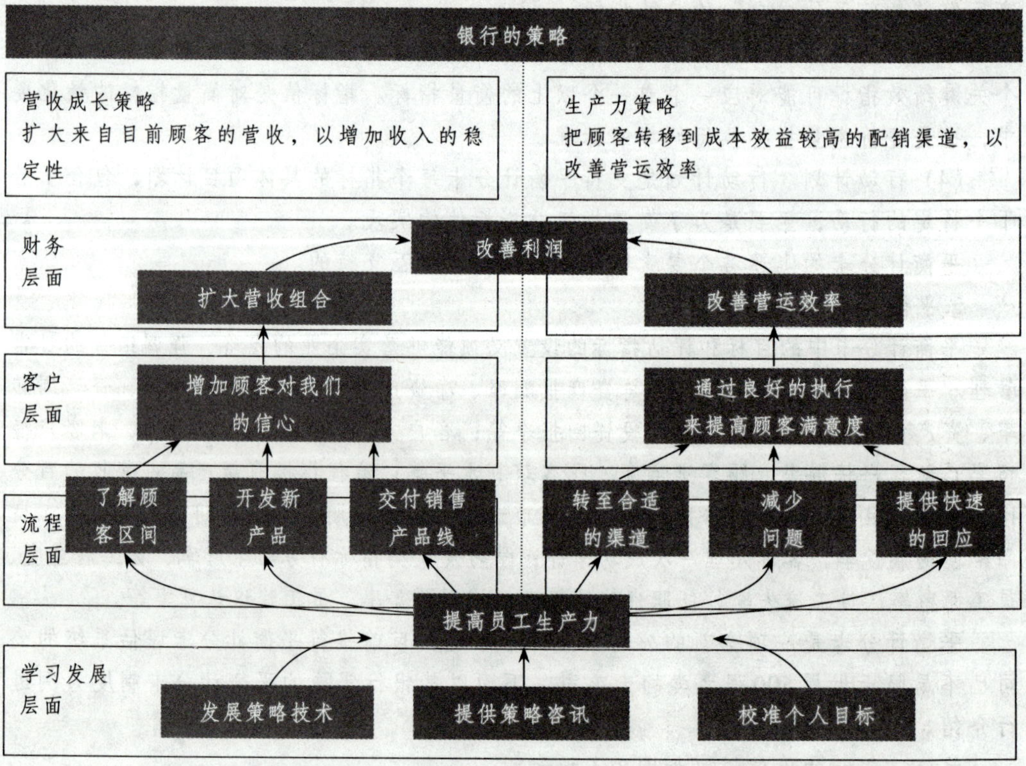

图8-2　银行的策略

第三，银行的平衡计分卡（见表8-1）。

表8-1　银行的平衡计分卡

策略目标	策略衡量标准	
	（落后指标）	（领先指标）
财务 （1）改善利润 （2）优化营收组合 （3）优化成本结构	投资报酬率 营收成长 存款服务成本改变	营收组合
客户 （1）增加顾客对我们的产品和人员的满意度 （2）增加顾客对售后服务的满意度	顾客区间占有率 顾客延续率	顾客关系的深度 顾客满意度调查
流程 （1）了解我们的顾客 （2）开发新产品 （3）交付销售产品线 （4）转移顾客至成本效益较高的渠道 （5）减少营运问题 （6）回应迅速	新产品的营收 交叉销售比率 渠道组合改变 服务出错率 满足顾客要求的时间	产品开发周期 面对顾客的时间
学习发展 （1）发展策略技术 （2）提供策略资讯 （3）校准个人目标	员工满意度	策略职位适任率 策略资讯可用率 个人目标配合率

资料来源　编者根据相关资料整理。

点评：平衡计分卡是一种非常有效的绩效考核工具，它的核心就是根据战略目标确定指标构成要素，使管理变得既简单又可控。

[基础训练]

1. 什么是控制？控制的作用是什么？
2. 计划和控制的关系是什么？
3. 控制的类型有哪几种？
4. 比较前馈控制、现场控制和反馈控制的优缺点。
5. 谈谈你对偏差的认识。
6. 控制标准的制定应满足哪些方面的要求？
7. 如何才能有效地实施预先控制？
8. 控制过程一般有哪些步骤？
9. 为什么说纠正偏差是控制的关键？

10. 试举一个成功控制的事例，并总结其经验。

[综合应用]

■实训与实践

1. 在事发7天之后才发现一名员工卷走了销售部几天的收入是没有意义的。你建议应该采取什么样的方法解决下列问题：

（1）一名员工无法隐藏很大数额的现金收入。

（2）如果有人确实隐藏了一些现金，我们可以及时发现。

2. 带领学生走访中小型生产企业或超市进行调研，每个团队完成一份关于该企业或超市管理现状与分析的调研分析报告。

3. 2020 年年初，一场突如其来的新冠肺炎疫情给各行各业带来了巨大的冲击和挑战，在党中央的坚强领导下，我国取得了抗疫斗争的重大胜利，交出了圆满答卷。企业应如何加强控制，应对挑战，克服疫情带来的不利影响，及时纠偏，以求得自身的生存与发展？

请同学们以小组为单位，选择一家企业，围绕新冠肺炎疫情对该企业造成的冲击和挑战进行观察与思考，并就该企业采取的应对行动写一份调查报告。

■案例分析

两任总经理

保利公司是一家中美合资的专业汽车生产制造企业，总投资为6 000万美元，其中固定资产为3 500万美元，中方占有53%的股份，美方占有47%的股份，主要生产针对工薪家庭的轻便、实用型汽车，在中国具有广阔的潜在市场。

谁出任公司的总经理呢？外方认为，保利公司的先进技术、设备均来自美国，要使公司发展壮大，必须由美国人来管理。中方也认为，由美国人来管理，可以学习借鉴国外企业管理方法和经验，有利于消化吸收引进技术和提高工作效率。因此，董事会形成决议：聘请美国山姆先生任总经理。山姆先生有20年管理汽车生产企业的经验，对公司的发展前景胸有成竹。谁知事与愿违，公司开业一年不但没有赚到一分钱，反而亏损80多万元人民币。山姆先生被公司辞退了。

这位曾经在日本、德国、美国等地成功地管理过汽车生产企业的经理为何在中国失败呢？多数人认为，山姆先生是个好人，在技术管理方面是个内行，为公司吸收和消化先进技术做了很多工作。他对搞好保利公司怀有良好的愿望，“要让保利公司变成一个纯美国式的企业”。他工作认真负责，反对别人干预他的管理工作，完全按照美国的模式设置了公司的组织架构并建立了一整套规章制度。在管理体制上，山姆先生实行分层管理制度：总经理只管两个副总经理，下面再一层管一层。但这套制度的执行结果造成了管理混乱，人心涣散，员工普遍缺乏主动性，工作效率大大降低。山姆先生强调“我是总经理，你们要听我的”。他甚至要求，工作进入正轨后，除副总经理外的其他员工不得进入总经理的办公室。他不知道，中国企业负责人在职工面前总是强调要和大家一样，以求得职工的认同。最终，山姆先生在公司陷入非常被动、孤立的局面。

山姆先生走后，保利公司选派了一位懂经营管理、富有开拓精神的中方年轻副厂长担任总经理，并随之组建了平均年龄只有33岁的领导班子。新班子根据实际情况和组织文化，迅速制定了新的规章制度，调整了机构，调动了全体员工的积极性。在销售方面，采取了多种促销手段。半年后，保利公司宣告扭亏为盈。

问题：

试运用管理的有关原理分析保利公司总经理成败的原因。

管理创新

第9章

我们必须走出适合国情的创新路子，特别是要把原始创新能力提升摆在更加突出的位置，努力实现更多“从0到1”的突破。

——习近平

创新是民族进步的灵魂，是一个国家兴旺发达的不竭源泉，也是中华民族最深沉的民族禀赋，正所谓“苟日新，日日新，又日新”。

——习近平

【学习目标】

知识与能力目标：

◎了解创新的含义、创新的基本原则。

◎了解创新的特征、源泉、作用。

◎了解创新主体的组成。

◎熟悉创新的过程、内容、策略及方法。

◎理解我国企业管理创新所面临的挑战。

◎能够进行创新思维的训练开发。

素养目标：

◎正确认识创新发展的重要性，了解中国优秀企业创新管理现状。

◎培养学生创新意识，增强“危机中育先机、变局中开新局”的信心与决心。

本章自学课件

趣味阅读

发现“不拉马的士兵”

一位年轻有为的炮兵军官上任伊始，到下属部队视察操练情况。他在几个部队都发现同样的问题：在每次操练中，总有一名士兵自始至终站在大炮的炮管下面，纹丝不动。军官不解，询问原因，得到的答案是：操练条例就是这样要求的。军官回去反复查阅军事文献，终于发现，长期以来，炮兵的操练条例仍沿袭非机械化时代的规则。站在炮管下的士兵的任务是负责拉住马的缰绳（在那个时代，大炮是由马车运载到前线的），以便在大炮发射后调整由于后坐力产生的距离偏差，减少再次瞄准所需要的时间。现在大炮的自动化和机械化水平很高，已经不再需要这样一个角色了，但操练条例一直没有调整，因此才出现了“不拉马的士兵”。

音频

军官的发现使上级对条例进行了符合实际的调整，并使他获得了国防部的嘉奖。

资料来源　编者根据相关资料整理。

管理启示：因循守旧、墨守成规是管理的大敌，创新则是企业展现勃勃生机的根本和源泉。

9.1 创新概述

微课：创新概述

9.1.1 创新的含义与特征

1）创新的含义

创新是一种思想及在这种思想指导下的实践，是一种原则及在这种原则指导下的具体活动。美国经济学家熊彼特在《经济发展理论》一书中首次提出了创新的概念。他认为，创新是对“生产要素的重新组合”，具体来说，包括以下五个方面：①生产一种新产品，也就是消费者还不熟悉的产品，或是已有产品的一种新用途和新特性；②采用一种新的生产方法，也就是在有关的制造部门中未曾采用的方法，这种方法不一定非要建立在科学新发现的基础上，可以是以新的商业方式来处理某种产品；③开辟一个新的市场，就是使产品进入以前不曾进入的市场，不管这个市场以前是否存在过；④获得一种原材料或半成品的新的供给来源，不管这种来源是已经存在的还是第一次创造出来的；⑤实现一种新的企业组织形式，例如建立一种垄断地位或打破一种垄断地位。

后来，许多研究者也对创新进行了定义，有代表性的定义有以下几种：①创新是开发一种新事物的过程。这一过程从发现潜在的需求开始，经历新事物的技术可行性检验，到新事物的广泛应用为止。创新之所以被描述为是一个创造性过程，是因为它产生了某种新的事物。②创新是运用知识或相关信息创造和引进某种有用的新事物的过程。③创新是对一个组织或相关环境的新变化的接受。④创新是指新事物本身，具体来说，就是指被相关使用部门认定的任何一种新的思想、新的实践或新的制造物。⑤创新是新思想转化为具体行动的过程。

由此可见，创新概念所包含的范围很广，涉及许多方面。比如，有的东西之所以被称作创新，是因为它提高了工作效率或巩固了企业的竞争地位；有的是因为它改善了人们的生活质量；有的是因为它对经济具有根本性的促进作用。但值得注意的是，创新并不一定是全新的东西，旧的东西以新的形式出现或以新的方式结合也是创新。我们说，创新是生产要素的重新组合，其目的是获取潜在的利润。

2）创新的特征

（1）创新的不确定性。

第一，市场的不确定性。这主要是指不易预测市场未来需求的变化。外界因素如经济环境、消费者的偏好都会对市场变化产生影响。当出现根本性创新时，市场方向无从确定，也就无法确定需求。如计算机刚问世时，有人估计全美国只有几十台的需求，这显然同实际情况相差万里。市场不确定性的来源，还可能是不知道如何将潜在的需求融入创新产品中去，以及未来产品如何变化以反映用户的需求。当存在创新竞争者时，市场的不确定性还指创新企业能否在市场竞争中战胜对手。

第二，技术的不确定性。这主要是指不确定如何用技术来体现、表达市场中消费者需求的特征；能否设计并制造出可以满足市场需求的产品和工艺。有不少产品构思，按其设计的产品要么无法制造，要么制造成本太高，因此这种构思和产品都没有什么商业价值。新技术与现行技术系统之间的不一致性也是一个重要的不确定性来源。

第三，战略的不确定性。这主要是针对重大技术创新和重大投资项目而言的。它指一种技术创新的出现使已有投资与技能过时的不确定性，即难以判断它对创新竞争基础和性质的影响程度，以及面临新技术潜在的重大变化时企业如何进行组织适应与投资决策。当出现重大技术创新时，战略不确定性常常因严重的战略性决策失误导致产业竞争者领先地位的交替。例如，美国钢铁业面临氧气顶吹转炉等重大工艺创新机会时，固执己见，没有引入新的工艺技术，而日本则利用这一机会建成了当时世界上效率最高的钢铁厂。

（2）创新的保护性和破坏性。不同创新对企业产生影响的范围、程度和性质是不同的。两个极端的情况是：保护性的创新和破坏性的创新。保护性的创新会提高企业现有技术能力的价值和可应用性。破坏性的创新则使企业现有的技能和资产遭到毁坏，新的产品或工艺技术会使企业现有的资源、技能和知识只能低劣地满足市场的需求，或者根本无法满足市场需求，从而降低现有能力的价值，在极端情况下，会使现有能力完全过时。

（3）创新的必然性和偶然性。必然性是由管理的不可复制性产生的。管理的不可复制性客观上要求管理创新，从泰罗制管理到丰田生产方式，再到现代流行的CIMS、虚拟系统、电子商务、网络营销等，可以说任何一种新的管理模式、方法的产生都与时代发展、科技进步密切相关。很多情况下，创新是在大量的实验、调研、严谨思考的背景下产生的。然而，另一种创新方式对管理人员来说是丝毫不能忽视的，那就是偶然性创新。就像牛顿从苹果落地而发现万有引力定律一样，一些偶然的事件也可以引发创新。

（4）创新的被排斥性。创新活动常常受到来自各方面的排斥、压力和抵制。习惯于原有生活方式和思维方式的人们往往不欢迎任何改动与变革。形象地说，创新恐惧症已成为现代组织——企业、学校、政府等的一种通病。在一般情况下，没有麻烦，没有威胁，也没有紧迫感，一切都显得平平稳稳。所以，一项新产品的创新就其本质而言，是一场推进创新力量和排斥、抵制创新力量之间的激烈斗争，管理者所面临的挑战就是如何在这些力量中间保持平衡。需要注意的是：我们应该对华而不实的或仅仅是象征意义的新产品的创新，以及与新产品战略目标不相一致的新产品持抵制态度，这种抵制不应受到阻挠。

互动课堂9-1

你有过创新思想被排斥的经历吗？

（5）创新的复杂性。有人说，创新过程就像链条，只要增加上游的基础研究的投入，就可以直接增加下游的新技术、新产品的产出。但在实际经济活动中，创新有许多的起因和知识来源，可以在研究、开发、市场化和扩散等任何阶段发生。创新是诸多复杂因素相互渗透并且共同作用的结果，创新不是一个独立的事件，而是由许多小事件组成的一个螺旋式上升的轨迹，是一个复杂的系统过程。

（6）创新的时效性。从企业角度看，创新一般总是从产品创新开始的。一种新的市场需求总是表现为产品需求，因而在创新初期，企业的创新活动主要是产品创新。一旦新产品被市场接受，企业将把注意力集中在过程创新上，其目的是降低生产成本、改进品质、提高生产效率。当产品创新和过程创新进行到一定程度时，企业的创新注意力又会逐渐转移到市场营销创新上，其目的是提高产品的市场占有率。在这些创新重点的不同时间段上，还会伴随着必要的组织创新。当新产品投放市场一定时间后又会被更新的产品所替代，这种替代也使得创新具有时效性。新产品被更新的产品所替代的原因可能有两方面：一是消费者的偏好发生了变化；二是生产产品的技术得到了更新。正是因为创新具有时效性，所以在进行创新决策时要考虑三个问题：消费者对创新产品需求的持续时间、该产品被其他产品替代的可能性以及创新所处的时期。

（7）创新的动态性。事物是发展变化的，不仅组织的内外部环境不断发生变化，而且组织的创新能力要不断积累、不断提高，决定创新能力的创新要素也要进行动态调整。从企业间的竞争来看，随着企业创新的扩散，企业原有竞争优势将会消失，这就要不断推动新的一轮又一轮的创新，以便不断确立企业新的竞争优势。因此，创新绝不是静止的，而是动态的。不同时期组织的创新内容、方式、水平是不同的。从企业发展的总趋势看，前一时期低水平的创新，总是要被后一时期高水平的创新所替代。创新活动的不断开发和创新水平的不断提高，正是推动企业发展的不竭动力。

小看板 9-1

利用白鼠安装电线

一家建筑公司的经理忽然收到一份购买两只小白鼠的账单，不由心生好奇。原来这两只小白鼠是他的一个部下买的。他把那个部下叫来，问他为什么要买两只小白鼠。部下说是为了安装新电线。原来他们公司正在维修一栋楼房，需要把电线穿过一根10米长但直径只有2.5厘米的管道，而且管道是砌在砖石里，有4个弯。谁也想不出办法怎么让电线穿过去，最后这个部下想到了一个办法。他到商店买来两只小白鼠，一公一母。他把一根线绑在公鼠身上并把它放到管子的一端。另一名工作人员则把母鼠放到管子的另一端，逗它吱吱叫。公鼠听到母鼠的叫声，便沿着管子跑去救它。公鼠沿着管子跑，身后的那根线也被拖着前进。这样，公鼠就拉着电线跑过了整个管道。

启示：具有创新意识的人面对问题时不会手足无措，他会积极寻找解决问题的办法，直到最终解决问题。

9.1.2 创新的作用

（1）创新可以提高组织竞争实力。

创新可以将组织的劣势转化为优势，将不利因素转化为有利因素。例如，洗衣机的载物洗涤容量一般为5千克，并且呈现逐步增大趋势。海尔公司凭着灵敏的市场触角，巧妙地在产品的细微之处大胆创新，与消费潮流背道而驰，思维逆转，推出2千克装的“小小神童”洗衣机。海尔的“只有淡季的思想，没有淡季的产品”的创新理念，使海尔随时保持创新思维，建立了一整套技术创新制度和相应的科研管理模式，最终赢得了市场。

（2）创新为组织的长期持续发展提供动力。

组织要想持续发展，必须进行创新，不进行创新，其发展就会缺乏推动力。早在1994年，著名的经济学家克鲁格曼就提出了“虚拟的亚洲经济”的观点。他认为亚洲（除日本外）经济的增长主要是依靠资金和劳动力的大量投入，而不是依靠科技进步，因此这一地区的经济高速增长是不可能持续很久的。这一预言不幸被言中。1997年爆发的东南亚金融危机波及整个亚洲，导致这些国家的经济增长放缓，甚至出现负增长。这正好说明了光靠资金和劳动力的大量投入来推动经济增长是不可持续的，必须把重点转移到知识创新上来。

（3）自主创新是取得进步的根本。

对任何组织而言，创新都是根本。一个企业要取得先进的知识和技术有两个途径：一是引进；二是创新。引进知识和技术当然不失为一种快捷的方法，这种方法曾经是一些发展中国家和企业实现赶超的主要途径，但事实上，这样永远无法真正赶超发达国家和先进企业，因为你并未掌握和拥有真正的核心技术。实践反复告诉我们，关键核心技术是要不来、买不来、讨不来的。只有把关键核心技术掌握在自己手中，才能从根本上保障国家经济安全、国防安全和其他安全。因此，要真正强大起来，必须走自主创新之路，这对于我国尤其重要。党的二十大报告指出，要加快实施创新驱动发展战略，加快实现高水平科技自立自强。实施创新驱动发展战略根本在于增强自主创新能力。面对科技创新发展新趋势，世界主要国家都在寻找科技创新的突破口，抢占未来经济科技发展的先机。我们不能在这场科技创新的大赛场上落伍，必须迎头赶上、奋起直追、力争超越，赢得主动、赢得优势、赢得未来。

9.2　创新过程与主体

9.2.1　创新的原则

为了推动创新并保证创新活动的顺利进行，需要正确处理各方面的关系，遵循一定的原则。创新的主要原则有以下几点：

1）创新与维持相协调的原则

创新活动与维持活动既有区别，又相互联系、相辅相成。维持是创新的基础，创新是维持的发展；维持是为了实现创新的成果，创新为维持提供更高的起点；维持使组织保持稳定性，创新使组织具有适应性。维持与创新都是组织生存和发展所不可缺少的，然而创新与维持有时相互矛盾、相互冲突。正确处理二者的关系，寻求创新与维持的动态平衡和最优组合，是管理者的职责，也是创新应遵循的原则。例如，研究开发新产品，要受原有产品技术水平、人员素质、管理水平以及资金积累的制约；新产品处在研究开发甚至开始生产和投入市场阶段，原有产品的生产同时进行，这就需要正确处理新产品开发和原有产品生产之间的关系，从而满足创新与维持相协调原则的要求。在企业中，创新与维持的平衡和组合更复杂，如创新目标、规模、顺序的选择要适当，新技术的引入和改进创新要紧密结合，创新组织与其他组织之间要相互配合等。

2）开拓与稳健相结合的原则

开拓是创新的本质要求。所谓开拓，就是要不断地向新的领域、新的高度进发。没有开拓进取，就没有创新。然而，组织中不思进取、安于现状的现象往往普遍存在，创新活动也经常受到来自各方面甚至是高层管理人员的非议、排斥、打压和抵制，不少人担心创新会付出更大的代价，担心会改变熟悉的工作方式，担心会失去既得的利益等。这些现象成为组织创新的最大障碍。因此，管理者应以极大的热情鼓励、支持和组织创新活动，要营造促进创新的组织氛围，重塑组织文化，激发员工奋发向上、开拓进取。

组织创新总是在现实基础上的创新，任何成功的创新都是科学的，不容半点虚假。开拓精神还必须同求实态度相结合。求实稳健并非安于现状、墨守成规，而是面向社会、面向市场，从实际出发，量力而行，这是创新成功和稳步发展的重要保证。脱离实际的变革，不可避免地会出现盲目性、随意性和反复性。大量事实表明，创新者不是专注于冒险而是专注于机会，通过将感性认识上升为理性认识，在系统分析创新机会来源的基础上，找准机会并加以利用。一旦开展创新，就必须脚踏实地采取各种措施，经过持续的努力，确保创新的成功。

3）统一性和灵活性相结合的原则

有组织的创新，必须有统一明确的目标、协调的行动、优势集中的兵力。没有统一明确的目标，创新活动将失去方向，形成盲目乱干；没有协调的行动，创新人员就不能团结合作，容易各自为政、相互封锁；没有优势兵力的集中，创新力量分散，则不仅会延缓时间，痛失良机，甚至会导致失败。创新本身又具有偶然性或机遇性，并不都在可以预料的计划之内。另外，多数创新者往往是“骑在丰富想象力上获得冒险成功的人”，他们酷爱做自己幻想的事。因此，创新的组织应具有灵活性，要放松对员工的控制，使计划具有弹性。如允许创新者自己确定题目，允许使用部分工作时间去探索新的设想，提供一定的创新尝试所需要的资金、物质条件和试验场所，允许创新者自己选择合作伙伴等，这样既有利于充分调动创新者的积极性，又有利于及时捕获创新机会。

4）奖励创新、允许失败的原则

创新的创造性、风险性、效益性，决定了组织应对创新者的劳动及其成果进行公正评价和合理奖励。对所有的创新建议，都要实施正向的激励政策，对创新成果确有重大价值并得以采用的，要在物质上给予重奖，在职称、职务上予以破格晋升，使奖励与创新的风险和贡献相一致。同时，创新者的创新动机有一种对个人成就感的追求和自我实现的满足，创新的精神奖励不仅是必要的，甚至是更为重要的。因此，不仅要对创新成果进行精神的、物质的奖励，而且要在创新的全过程中给予创新者更多的理解、尊重和支持，给予创新者放手施展抱负和才能的条件与权利。

创新是不断探索尝试、经常受挫失败又努力改进提高的过程。在创新过程中，一帆风顺是极为罕见的事情，允许失败则是对创新者积极性、创造性的保护和支持。对于失败，创新者不应悲观失望、半途而废，管理者不应冷眼相看、横加指责。创新的组织管理者对待失败要宽容，要热情主动地帮助创新者总结和吸取教训，鼓励创新者坚持不懈，继续进行大胆探索和试验，直到取得成功。

9.2.2 创新的过程

微课：创新过程与主体

要有效地组织创新工作，就必须研究和揭示创新的规律。创新有无规律？对这个问题目前颇有争议。美国是创新活动比较活跃的国家，对创新活动也有比较深的理解，所以3M公司的一位常务副总裁在一次讲演中甚至这样开头："大家必须以一个坚定不移的信念作为出发点，这就是——创新，它是一个杂乱无章的过程。"

应该说，杂乱无章是创新的本质的说法可以为人们所接受。因为创新是对旧事物的否定、对新事物的探索。对旧事物的否定，必定要突破原先的制度，破坏原先的秩序，必须不遵守原先的章法；对新事物的探索，意味着要在不断的尝试中去寻找新的秩序、新的方法，在取得最终成果之前，要经历无数次的反复、无数次的失败。因此，它看上去必然是杂乱的，但这种杂乱是相对于旧制度、旧秩序而言的，就创新的总体来说，它必然遵循一定的步骤、程序和规律。

总结众多成功企业的经验，成功的创新要经历：寻找机会—提出构想—迅速行动—坚持不懈这四个阶段。

1）寻找机会

创新是对原有秩序的破坏。原有秩序之所以要打破，是因为其内部存在着或出现了某种不协调的现象。这些不协调对系统的发展造成了某种不利的影响。创新活动正是从发现和利用旧秩序内部的冲突开始的，可以说冲突为创新提供了契机。

旧秩序中的不协调既可产生于组织的内部，又可产生于组织的外部。就外部而言，有可能成为创新契机的变化主要有：

（1）技术的变化。技术的变化可能影响相关资源的获取、生产设备及产品的技术水平。

（2）人口的变化。人口的变化可能影响劳动力市场的供给和产品销售市场的需求。

（3）宏观经济环境的变化。宏观经济环境的变化如迅速增长的经济背景可能给企业带来不断扩大的市场，而整个国民经济的萧条则可能降低企业产品需求者的购买能力。

（4）文化与价值观念的转变。文化与价值观念的转变可能改变消费者的消费偏好或劳动者对工作及其报酬的态度。

就内部来说，引发创新的不协调现象主要有：

（1）生产经营中的“瓶颈”。生产经营中的“瓶颈”，可能影响劳动生产率的提高和劳动积极性的发挥，因而始终困扰着管理人员。这种不协调环节的产生，既可能是某种材料的质地不够理想，且始终找不到替代品，也可能是某种工艺加工方法的不完善，或是某种分配政策的不合理。

（2）意外的成功和失败。如派生产品的利润贡献不声不响地、出人意料地超过了主营产品；老产品经过精心整顿、改进后，结构更加合理、性能更加完善、质量更加优异，但并未得到预期数量的订单等。这些出乎意料的成功和失败，往往可以把组织从原先的思维模式中解放出来，从而成为创新的一个重要源泉。

2）提出构想

敏锐地观察到了不协调的现象以后，还要透过现象研究原因，并据此分析和预测不协调的未来变化趋势，估计其可能带来的积极或消极的后果，在此基础上，努力利用各种方法，消除不协调，使组织在更高层次上实现平衡的创新构想。

3）迅速行动

创新成功的秘密主要在于迅速行动。提出的构想可能还不完善，甚至可能很不完善，但这种并非十全十美的构想必须立即付诸实施才有意义。“没有行动的思想会自生自灭。”这句话对于创新思想的实践尤为重要。一味追求完美，以减少受讥讽、被攻击的机会，就可能错失良机，把创新的机会白白地送给竞争对手。例如，20世纪70年代，施乐公司为了把产品搞得十全十美，在罗切斯特建造了一座全由工商管理硕士（MBA）人员占用的29层高楼。这些MBA在大楼里对第一件可能开发的产品设计了拥有数百个变量的模型，编写了一份又一份的市场调查报告，然而，当这些人继续不着边际地分析时，当产品研制工作被搞得越来越复杂时，竞争者已把施乐公司的市场抢走了50%以上。所以，创新的构想只有在不断的尝试中才能逐渐完善，企业只有迅速地行动才能有效地抓住时机。

音频

4）坚持不懈

构想经过尝试才能成熟，而尝试是有风险的，不可能一击即中。创新过程是不断尝试、不断失败、不断提高的过程。因此，创新者在开始行动以后，为取得最终的成功，必须坚定不移地继续下去，决不能半途而废，否则便会前功尽弃。

互动课堂9-2

一只鸟从教室敞开的窗户飞了进来，找不到出去的路了。这时，教室里的老师和学生们一同把这只鸟向敞开的窗户方向驱赶，但是没有成功。然后，他们决定抓住这只鸟，好把它拿到教室外面放飞，但是他们没有抓住这只鸟。老师建议大家冷静下来，争取想一个好主意能让这只鸟返回到外面。很快，课堂上产生了一个很聪明又很有效的办法……

讨论：你知道是什么办法吗？你有更好、更新、更有趣的方法吗？

9.2.3　创新的主体

1）全体员工是创新活动的源泉

管理创新活动的源泉在于全体员工的积极性、智慧和创造力的发挥，因此管理者要营造出鼓励创新的氛围，依靠全体员工开展管理创新活动。这样才能不断涌现新的创意，管理创新活动的推行也更容易得到支持。当然，作为个人的员工很难成为管理创新的主体，因为其工作性质属于操作层，且受到上司多方面的控制，虽有创意也很难在工作中进行实践。但作为群体中的员工往往能成为管理创新的主体，这是因为群体中可以包容大量的创意，当这些创意得到企业家认可并付诸实施时，这些员工就成了真正的管理创新主体，他们在每天的工作过程中就可以亲身实践。比如，通过成立各种小组等，全员性地参与管理创新，如合理化建议制度（在我国，海尔公司的合理化建议活动也很有特色，读者可以自行了解相关内容）、零缺点运动、质量管理小组、创造发明委员会等；日本企业创造出许多广为流传的管理创新成果，像著名的全面质量管理、准时生产体制等，为企业创造了大量的财富。

动画：创新进取

2）管理者是管理创新的中坚力量

许多管理者是在专业分工的条件下对自己职责范围内的事务、人员、资源进行管理。这些管理领域如人事、财务、生产、营销等都存在着大量的创新空间，因此这些管理者如果提出创意并加以有效实施的话，就能成为管理创新的主体。当然，这一阶层的管理者受到上级和自身权限的约束，其创意往往需要得到上级的认可才能转变为创新活动。如果在企业家的鼓励下，一个企业中许多管理人员都在进行管理创新的探索，那么这家企业必定是充满活力的。例如在福特"让工薪阶层都有一辆福特车"的创新思维指导下，生产部门的管理人员会同技术人员经过艰苦努力，不断修改创意，设计实施方案，最后终于推出了"生产流水线"这一生产流程方面的重大创新，极大地扩张了生产规模，降低了产品成本，成为自工业革命以来足以同其他重大科技发明创造相提并论的一项管理创新。

3）管理专家和研究机构是管理创新的辅助力量

在复杂、多变和激烈的竞争环境中求生存，单凭企业家和几个管理人员的知识、智慧、经验有时是不够的，还需要借助一些专门的管理专家、研究机构的理论和智慧，依靠他们来分析收集信息，制订创新方案，并帮助企业家付诸实施。这种利用"外脑"的方式对管理创新是非常重要的。有资料表明，国外一些企业的重大创新成果很多是由专家组成的"智囊团"和研究机构创造出来的。因此，管理创新也要充分发挥这部分力量的作用。

4）创新型企业家是管理创新的关键

由于企业家在整个企业发展中所处的特殊地位和管理支配力，他们或亲自提出创意付诸实施，或对管理创新活动产生重大影响，因此企业家是管理创新成败的关键人物。企业要想不断创新，首先必须有锐意进取的创新型企业家。

企业家应始终寻求变化，对变化做出及时反应，并把变化作为创新机会予以利用。企业家的创新精神要求他们必须具备一定的心智特征和能力结构。

（1）创新型企业家的心智特征。心智特征是指由过去的经历、素养、价值观等形成的基本固定的思维方式和行为习惯。作为管理创新主体的企业家应具备下面一些心智特征：

第一，善于学习，具有广博的知识。这是企业家对某一问题有超越常人看法或认识的基础。因为新的知识和信息是对过去知识体系的一种冲击与发展，可以使人们从过去无法解决的问题中得到新的启迪，也是保证管理创新的主体具备较高思维起点的关键。

第二，善于思考，具有系统的思维方式。这是一种发散式的思维，同平常人的线性思维方式不同。创新型企业家通常采取一种系统的全方位思维方式，即从具体到综合、从局部到全局、从现象到原因的思维方式，把问题的相关方面都考虑到。许多管理上的创意都是这样产生的。

第三，勇于进取的价值取向。只有具备强烈的事业心、高度的责任感、永不满足的价值观，企业家才能对创新的追求永无止境，不断攀登管理的高峰。

第四，健全的心理素质。这是确保企业家创新活动成功的重要心理特征。它包括自知与自信、理智的情绪、坚强的意志、雄伟的胆略、宽容的心态、对挫折的忍耐、敢于冒险等。

第五，优秀的品质。使命感、信赖感、责任感、诚实、公平、勇气、热情等都是创新型企业家应具备的优良品质。

（2）创新型企业家的能力结构。作为管理创新主体的企业家必须具备一定的能力才可能完成管理创新的过程。这些能力可分为三个层次：核心能力、必要能力和增效能力。核心能力突出地表现为创新能力；必要能力包括转化能力和应变能力；增效能力则表现为协调组织以加快进展的能力。

第一，创新能力。创新能力表现在企业家善于敏锐地观察旧事物的缺陷，准确捕捉到新事物的萌芽，提出大胆新颖的推测和创意，继而进行周密的论证，拿出可行方案并付诸实施。它基于个人的创新意识，是管理创新主体最重要的能力，不具备这种能力则管理创新无从谈起。

第二，转化能力。转化能力是指管理创新主体将创意转化为可操作的具体方案的能力。转化能力表现为企业家要善于在转化过程中运用综合、移植、改造、重组、创新等技法，来保证好的创意能够转化为可实施的方案。

第三，应变能力。管理创新本身就是应变的产物，应变是主观思维的一种“快速反应能力”，是创新能力的基础。应变能力表现为能审时度势，能在复杂的变化中辨明方向，产生应对的创意和策略。

第四，组织协调能力。管理创新需要投入相当多的资源，需要一定的周期，而且可能面临来自各方面的阻力。只有管理创新主体具备较强的组织协调能力，才能够有效地安排所投入的资源，在改变原来的管理模式、推行新的管理方式时，使企业依然有效运转，才能使创新行为得到各方的合作与支持，从而提高管理创新成功的可能性。

管理大师档案

竞争战略之父：迈克尔·波特

被誉为“竞争战略之父”的迈克尔·波特（Michael E. Porter）是一位外表文弱、气质坚定的伟大理论领袖。似乎果真有哈利·波特般的魔力，他的理论已渗透到商业和市场的各个方面，影响遍布全球，并成为当今世界上最有影响的管理学家之一，竞争战略的第一权威。其著作被美国《福布斯》杂志评为全美500家最大企业的经理、咨询顾问及证券分析师所奉为必读的“圣经”。

波特的影响力遍及全球，他的竞争战略研究开创了企业经营战略的新领域。波特认为，“竞争”是企业成败的核心，决定了企业的创新、文化凝聚力、执行效率等与整体表现息息相关的各种活动。波特的理论贡献在于，他综合前人研究提出“五力分析”，认为产业结构系于五大竞争力；厂商的策略即在于如何应对五大竞争力以增加利润。其后波特又指出，要想取得“持续的竞争优势”，必须采取三种“一般性策略”，即成本优势、差异化和焦点化，它们可以使企业在其所处行业中获得高于平均水平的绩效。

（扫一扫了解更多）

资料来源　田树生. 竞争战略之父：迈克尔·波特［J］. 施工企业管理，2007（7）.

9.3　创新的内容、策略与方法

微课：创新的内容、策略与方法

9.3.1　创新的内容

系统在运行中的创新涉及许多方面。在此，我们主要以社会经济生活中大量存在的企业系统来介绍创新的内容。

1）观念创新

管理观念又称管理理念，是指管理者或管理组织在一定的哲学思想支配下，由现实条件决定的经营管理的感性知识和理性知识构成的综合体。一定的管理观念必定受到一定社会的政治、经济、文化的影响，是企业战略目标的导向、价值原则，同时管理观念必定折射在管理的各项活动中。20世纪80年代以来，经济发达国家的优秀企业家提出了许多新的管理观念，如知识增值观念、知识管理观念、全球经济一体化观念、战略管理观念、持续学习观念等。有的企业的经营管理观念存在着经营不明确、理念不当、缺乏时代创新精神等问题，因此应该尽快适应现代社会的需要，结合自身条件，构建自己独特的经营管理理念。

2）目标创新

我们知道，知识经济时代的到来促进了企业经营目标的重新定位。为什么？原因很简单：一是企业管理观念的革命，要求企业经营目标重新定位；二是企业内部结构的变化，促使企业必须重视非股东主体的利益；三是企业与社会的联系日益密切、深入，社会的网络化程度大大提高，企业正成为这个网络中重要的联结点。因此，企业经营的社会性越来越突出，从而要求企业高度重视自己的社会责任，全面修正自己的经营目标。众所周知，美国曾经最为推崇利润最大化，盈利能力曾经是评价美国企业好坏成败的唯一标准，可是就在那里，今天评价企业的标准已经发生了巨大的变化。适应知识经济时代的协调的多元企业经营目标观念被广为接受。例如，在全世界享有盛誉的美国《财富》杂志评选最优秀企业时，采用了创新精神、总体管理质量、财务的合理性程度、巧妙地使用公司财产的效率以及公司做全球业务的效率等九项指标。从这些带有导向性的指标中我们看到，企业对员工、对社会、对用户的责任等指标在整个指标体系中占了相当分量。所以，在新的经济背景下，企业要生存，目标就要调整为“通过满足社会需要来获得利润”。

3）技术创新

技术创新是企业创新的主要内容，企业中出现的大量创新活动是有关技术方面的。技术水平高低是反映企业经营实力的一个重要标志，企业要在激烈的市场竞争中处于主动地位，就必须不断地进行技术创新。由于一定的技术都是通过一定的物质载体和利用这些载体的方法来实现的，因此企业的技术创新主要表现在要素创新、要素组合方法的创新和产品创新三个方面。

（1）要素创新。企业的生产过程是一定的劳动者利用一定的劳动手段作用于劳动对象，使之发生物理、化学形式或性质变化的过程。参与这个过程的要素主要包括材料、设备以及企业员工三类。材料是构成产品的物质基础，材料的费用在产品成本中占很大的比重，材料的性能在很大程度上影响产品的质量。设备创新对于减少原材料、能源消耗，对于提高劳动生产率、改善劳动条件、改进产品质量有十分重要的意义。企业的人事创新，既包括根据企业发展的技术进步的要求，不断地从外部取得合格的新的人力资源，也包括应注重企业内部现有人力资源的继续教育，提高人的素质，以适应技术进步后的生产与管理的要求。

（2）要素组合方法的创新。利用一定的方式将不同的生产要素加以组合，这是形成产品的先决条件。要素的组合包括生产工艺和生产过程两个方面。工艺创新既要根据新设备的要求，改变原材料、半成品的加工方法，又要求在不改变现有设备的前提下，不断研究和改进操作技术与生产方法，以实现对现有设备的更充分的利用和现有材料的更合理的加工。工艺创新与设备创新是相互促进的，设备的更新要求工艺方法做相应的调整，而工艺方法的不断完善又必然促进设备的改造和更新。企业应不断地研究和采用更合理的空间分布与时间组合方式，做好人机配合，提高劳动生产率，缩短生产周期，从而在不增加要素投入的情况下，提高要素的利用效率。历史上，福特汽车公司将泰罗的科学管理原理与汽车生产实际相结合而产生的流水线生产方式是一个典型的生产组织创新。

（3）产品创新。产品创新包括品种和结构的创新。品种创新要求企业根据市场需要的变化，根据消费者偏好的转移，及时地调整企业的生产方向和生产结构，不断开发出受消费者欢迎的产品；结构创新在于不改变原有品种的基本性能，对现有产品结构进行改进，使其生产成本更低，性能更完善，使用更安全，更具市场竞争力。产品创新是企业技术创新的核心内容。它既受制于技术创新的其他方面，又影响其他技术创新效果的发挥；新的产品和产品的新结构，往往要求企业利用新机器设备和新工艺方法；而新机器设备、新工艺的运用又为产品的创新提供了更优越的物质条件。

互动课堂9-3

从前，有一家酒店客流十分红火，出现了安装的电梯不够用的情况，于是就打算再增加一部。请来的专家们通过观察、研究，认为唯一的办法就是在每层楼都打个大洞，直接安装新电梯。方案被酒店高层确定下来后，专家们坐在酒店前厅商谈工程施工计划，他们的谈话恰巧被一位正在打扫卫生的清洁工听到了。清洁工说："在每层楼都打个大洞，肯定会尘土飞扬，弄得乱七八糟的。"一位专家答道："没办法，谁让酒店当初设计时没有想到多装一部电梯呢？"清洁工想了一会儿，说道："我要是你们，我就把电梯装在楼的外面。"专家们听了清洁工的话，惊诧之余，又不约而同地为清洁工的这一想法叫绝。于是，一个新生事物——室外电梯产生了。

讨论：你得到的启发是什么？请再列举几个产品创新的案例。

4）制度创新

制度是组织运行方式、管理规范等方面的一系列的原则规定，制度创新从社会经济角度来分析企业系统中各成员间的正式关系的调整和变革。企业只有具有完善的制度创新机制，才能保证技术创新和管理创新等的有效进行。如果旧的、落后的企业制度不进行创新，就会成为严重制约企业创新和发展的桎梏。企业制度主要包括产权制度、组织制度和管理制度三个方面的内容。产权制度创新就是实现产权制度的变革，通过调整和优化企业所有者、经营者和劳动者三者的关系，使各个方面的权益得到充分的体现；组织制度创新和管理制度创新就是不断调整企业的组织结构和修订、完善企业内部的各项规章制度，使企业内部各种要素合理配置，最大限度地发挥效能。

5）结构创新

在工业化社会的时代，市场环境相对稳定，企业为了实现规模经济效益，降低成本，纷纷以正规化、集权化为目标。但随着企业规模的不断发展，组织复杂化程度越来越高，信息社会的到来，使环境中的不稳定因素也越来越多，竞争越来越激烈。管理者意识到传统的组织结构不适应现代环境的多变性便会实施创新。一个有效组织应当是能随着环境的变化而不断调整自己的结构，使之适应新的环境的组织。根据这一认识，现代企业组织正不断朝着灵活性、有机性方向发展。

6）环境创新

环境是企业经营的土壤，也制约着企业的经营。环境创新不是指企业为适应外界变化而调整内部结构或活动，而是指通过企业积极的创新活动去改造环境，去引导环境朝着有利于企业经营的方向变化。例如，通过企业的公关活动，影响社区、政府政策的制定；通过企业的技术创新，影响社会技术进步的方向。就企业而言，市场创新是环境创新的主要内容。市场创新是指通过企业的活动去引导消费、创造需求。人们一般认为新产品的开发是企业创造市场需求的主要途径。其实，市场创新的更多内容是通过企业的营销活动来进行的，即在产品的材料、结构、性能不变的前提下，或通过市场的地理转移，或通过揭示产品新的物理使用价值，来寻找新用户，再通过广告宣传等促销工作，来赋予产品一定的新的使用价值，影响人们的某种消费行为，诱导、强化消费者的购买动机，增加产品的销售量。

7）文化创新

现代管理发展到文化管理阶段，可以说已达到顶峰。企业文化通过员工价值观与企业价值观的高度统一，通过企业独特的管理制度体系和行为规范的建立，使得管理效率有了较大提高。创新不仅是现代企业文化的一个重要支柱，还是社会文化中的一个重要部分。如果文化创新成为企业文化的根本特征，那么创新价值观就能得到企业全体员工的认同，行为规范就会得以建立和完善，企业创新动力机制就会高效运转。

互动课堂9-4

"北有王麻子，南有张小泉。"在中国剪刀行业中，王麻子剪刀厂声名远扬。历史悠久的王麻子剪刀，早在（清）顺治八年（1651年）就在京城菜市口成立，是著名的中华老字号企业。数百年来，王麻子剪刀产品以刃口锋利、经久耐用而享誉民间。即使中华人民共和国成立后，王麻子剪刀仍很"火"，在生意最好的20世纪80年代末，王麻子剪刀1个月曾创造过卖出7万把菜刀、40万把剪刀的最高纪录。

但从1995年开始，王麻子剪刀的好日子一去不返，陷入连年亏损的地步，甚至落魄到借钱发工资的境地。审计资料显示，截至2002年5月31日，王麻子剪刀资产总额为1 283万元，负债总额为2 779万元，资产负债率高达216.6%，只能向法院申请破产。

资料来源 编者根据相关资料整理。

讨论：你从中得到了什么启示？

9.3.2 创新的策略

1）首创型创新策略

首创型创新是创新度最高的一种创新活动。其基本特征在于首创。例如，率先推出全新的产品，率先开辟新的市场销售渠道，率先采用新的广告媒介，率先改变销售价格等，所有这些行为都可称为首创型创新。首创型创新具有十分重要的意义，因为没有首创，就不会有改创型创新或仿创型创新。每一项重大的首创型创新，都会先后在不同的地区引起一系列相应的改创型创新和仿创型创新活动，从而具有广泛且深远的创新效应。对于企业来说，进行首创型创新，可以开辟新的市场领域，提高企业的市场竞争力，获得高额利润。对于处于市场领先地位的企业来说，要想保持自己的市场领先地位，也必须不断地进行首创型创新。

一般来说，首创型创新活动风险较大、成本较高，但利润较高。由于市场需求的复杂性和市场环境的多变性，以及生产、技术等方面的不确定性，首创型创新活动具有较大的不确定性和风险性。另外，要开辟一个全新的市场，企业必须先进行大量的市场开发投资，包括市场调查、产品开发、设备更新、组织变动、人员培训、广告宣传等市场开发费用。当然，如果首创型创新获得成功，企业便会因此获得巨大的市场利益；如果首创型创新失败，企业就会蒙受一定的损失。首创型创新是一种高成本、高风险、高回报的创新活动。因此，在采用首创型创新策略时，创新者应根据实际情况，充分考虑各种创新条件的影响，选择适当的创新时机和方式，及时进行创新。

2）改创型创新策略

改创型创新的目标是对已有的首创进行改造和再创造，在现有首创的基础上，充分利用自己的实力和创新条件，对他人的首创进行再创新，从而提高首创的市场适应性，推动新市场的不断发展。这是一种具有中等创新度的创新活动。改创型创新策略，是介于首创型策略与仿创型创新策略之间的一种中间型创新策略。改创性是改创型创新策略的基本特征。改创者不必率先创新，只需对首创者的创造进行改良或改造，因此改创者所承担的创新成本和风险比较小，所获创新收益却不一定比首创者少。当然，改造也是一种创造，也具有一定的风险。首创是重要的，改创也是重要的。如果没有首创，便没有改创的前提和基础，然而如果没有改创，许多首创便没有其市场发展前景。例如，飞机、汽车、计算机等首创产品，如果没有后来的不断改进和再创新，也就不会有今天这样的大发展。

3）仿创型创新策略

仿创型创新是创新度最低的一种创新活动，其基本特征在于模仿性。模仿者既不必率先创造全新的新市场，甚至不必对首创进行改创。仿创者既可模仿首创者，又可以模仿改创者，其创新之处表现为自己原有市场的变化和发展。一些缺乏首创能力和改创能力的中小企业，往往采用模仿策略，进行仿创型创新。

一般来说，仿创者所承担的市场风险和市场开发成本都比较小。虽然仿创者不能取得市场领先地位，却可以通过自己某些独特的市场发展条件来获得较大的收益和竞争优势。例如，仿创者可以采取率先紧跟首创者的策略，从而取得时间优势，或者采用市场割据策略、低成本策略，从而获得价格等优势。仿创有利于推动创新的扩散，因而也具有十分重要的意义。任何一个首创或改创企业，无论它拥有多强的实力，都无法在一个比较短的时间内占领所有的市场。因此，一旦首创或改创获得成功，一大批仿创者出现就成为必然。

总之，在制定创新策略时，不同的企业应该选择一个适当的创新度，进行适度创新。所谓适度创新，就是既要适应市场需求的发展状况，又要适应本企业的创新条件。只有这样，创新者才能充分利用和发挥本企业的创新优势，尽量减少或避免创新的风险，提高创新的效果，促进企业的发展。

管理游戏

游戏简介：培训师先用积木做好一个模型。根据“指导者”的描述，“操作者”搭建一个模型，根据与标准模型的对比确定胜出队伍。

道具：七彩积木

参加人数：20～30人

用时：30分钟

场地：教室

游戏步骤：

第一步，将参加人员分成若干组，每组4~6人为宜。

第二步，每组讨论3分钟，根据自己平时的特点分成两队，分别为“指导者”和“操作者”。

第三步，请每组的“操作者”暂时先到教室外面等候。

第四步，培训师拿出自己做好的模型，让每组剩下的“指导者”观看（不许拆开），并记录下模型的样式。

第五步，15分钟后，将模型收起，请“操作者”进入教室，每组的“指导者”将刚刚看到的模型描述给“操作者”，由“操作者”搭建一个与模型一模一样的造型。

第六步，培训师展示标准模型，用时少且出错率低者为胜。

第七步，让“指导者”和“操作者”分别将自己的感受用彩笔写在白纸上。

9.3.3 创新的方法

1）头脑风暴法

头脑风暴法是美国创造工程学家A. F. 奥斯本在1939年提出的一种创新方法。这种方法是通过一种别开生面的小组畅谈会，在较短的时间内充分发挥群体的创造力，从而获得较多的创新设想。当一个与会者提出一个新的设想时，这种设想就会激发小组内其他成员的联想。当人们卷入“头脑风暴”的洪流之后，各种各样的构想就像燃放鞭炮一样，点燃一个，引爆一串。这种方法的规则有：

（1）不允许对别人的意见进行批评或反驳，任何人不做判断性结论。

（2）鼓励每个人独立思考，广开思路，提出的改进设想越多越好，越新越好，允许相互之间存在矛盾。

（3）集中注意力，针对目标，不私下交谈，不干扰别人的思维活动。

（4）可以补充和发表相同的意见，使某种意见更具说服力。

（5）参加会议的人员不分上下级，平等相待。

（6）不允许以集体意见来阻碍个人的创造性设想。

（7）参加会议的人数不超过10人，时间限制在20分钟到1小时。

这种方法的目的在于创造一种自由奔放的思考环境，诱发创造性思维的共振和连锁反应，产生更多的创造性思维。讨论1小时能产生数十个乃至几百个创造性设想，适用于问题较单纯、目标较明确的决策。

这种方法在运用中又发展出“反头脑风暴法”，做法与“头脑风暴法”相反，对一种方案不提肯定意见，而是专门挑毛病、找矛盾。它与“头脑风暴法”一反一正可以互相补充。

2）综摄法

综摄法是美国人戈登在1944年提出的一种开发潜在创造力的方法。它是以已知的东西为媒介，把毫不关联、互不相同的知识要素结合起来创造出新的设想，也就是摄取各种产品和知识的精粹，综合在一起创造出新的产品或知识，故名综摄法。这样可以帮助人们发挥潜在创造力，打开未知世界的窗口。综摄法有两个基本原则：

（1）异质同化，即“变陌生为熟悉”。这实际上是综摄法的准备阶段，是指对待不熟悉的事物要用熟悉的事物、方法、原理和已有的知识去分析对待它，从而提出新设想。

（2）同质异化，即“变熟悉为陌生”。这是综摄法的核心，是指对熟悉的事物、方法、原理和知识，用不熟悉的态度去观察分析，从而启发出新的创造性设想。

3）逆向思维法

逆向思维法是指为实现某一创新或解决某一因常规思路难以解决的问题，而采取反向思维寻求解决问题的方法。该方法是一种科学的、复杂的思维方法，常常表现为对根深蒂固的传统观念的背叛，要求在运用该法时一定要对思维对象有全面、深入、细致的了解，依据具体情况具体分析的原则进行，还要求具有敢于离经叛道、敢担风险、勇于创新的精神。

传统观念和思维习惯常常阻碍着人们的创造性思维活动的展开，逆向思维就是要冲破条条框框，从现有的思路返回，即从与它相反的方向寻找解决难题的办法；常见的方法有：就事物的结果倒过来思维；就事物的某个条件倒过来思维；就事物所处的位置倒过来思维；就事物起作用的过程或方式倒过来思维等。

小看板-9-2

牛仔裤的发明

大家都知道牛仔裤的发明人是美国的李维斯。当初他跟着一大批人去西部淘金，途中一条大河拦住了去路，许多人感到愤怒，但李维斯说：“太好了！”他设法租了一条船以摆渡过河的人，结果赚了不少钱。不久摆渡的生意被人抢走了，李维斯看到采矿工人出汗很多，饮用水很紧张，于是别人采矿他卖水，又赚了不少钱。后来卖水的生意又被抢走了，李维斯又观察发现，因为采矿时工人跪在地上，裤子的膝盖部分特别容易被磨破，而矿区里有许多被人丢弃的帆布帐篷，于是他就把这些旧帐篷收集起来洗干净，做成裤子出售，牛仔裤就这样诞生了。

小看板-9-3

创新思维的特征

音频

创新思维与程序性的一般逻辑思维不同，它的主要特征是：

创新思维在思路的选择上、思考的技巧上、思维的结论上，都具有独到之处。在前人和现有的思想基础上有新的见解、新的发现、新的突破，从而具有一定范围内的首创性和开拓性。创新思维并不十分看重别人的经验和方法，不完全遵循现有的程序，它在方式、方法、程序、途径等方面都是没有约束的，因而可以自由想象，可以多方位地试探解决问题的方法。它与任何固守某一思路并陷入僵化的思维完全不同。创新思维作为一种开创性的、灵活多变的思维活动，就像审美判断和艺术创造一样，往往因人而异、因时而异、因问题和对象而异，不存在普遍适用的、固定而规范化的方法和程序，因而也是不可模仿和模拟的。创新思维所要解决的是管理中出现的前无先例的问题，认识的是内外环境中的全新的变化情况，所以是一种探索。

资料来源 编者根据相关资料整理。

4）灵感顿悟法

在创新过程中，灵感是普遍存在的现象，也占有极为重要的地位。有人将灵感思维、逻辑思维与形象思维并列在一起，称为三大思维。所谓灵感，是创造者在创造过程中达到高潮阶段所出现的一种富有创造性的心理状态。灵感即顿悟，顿是突然，悟是感悟。伟人、大发明家、大理论家们通常都会经历顿悟的情景。

小看板 9-4

米老鼠的诞生

"米老鼠"家喻户晓，但"米老鼠"形象是在发明人穷困潦倒的生活状态下顿悟出来的。迪士尼本来住在一座老鼠日夜横行的公寓里，后来因付不起房租，夫妇两个被迫搬出了公寓。两人呆坐在公园的长椅上，不知何去何从。突然，从迪士尼的行李包里钻出一只小老鼠，一副机灵滑稽的模样。这时，迪士尼头脑中突然闪过一个念头，惊喜地对妻子大声说："好了！世界上像我们这样穷困潦倒的人不少，我要把小老鼠可爱的面孔画成漫画，让千千万万的人从小老鼠的形象中得到安慰和快乐！"就这样，风行世界数十年之久的"米老鼠"形象诞生了，而迪士尼从此摆脱了贫困潦倒的生活。

5）类比创新法

类比就是在两个事物之间进行比较，这两个事物可以是同类的，也可以是不同类的，甚至差别很大。通过比较，找出两个事物的类似之处，然后据此推断出它们在其他方面的类似之处，因此类比创新法是一种富有创造性的发明方法，有利于发挥人的想象力，从异中求同，从同中求异，产生新的知识，得到创新性成果。类比方法很多，有拟人类比法、直接类比法、象征类比法、因果类比法、对称类比法、综合类比法等。

6）分合思维法

分合思维法是将思考对象的有关部分，在思想上进行分解或重新组合，试图找到解决问题的新方法。分合思维法可以分为分解思维法和组合思维法两种。分解思维法可以"化腐朽为神奇"，把无用的因素分离出去，把有用的因素提取出来，加以利用；组合思维法可以由组合而创新。二者都是很有用的创造思维法。

小看板 9-5

大家都知道曹冲称象的故事，曹冲用的就是分合思维法。曹冲用木船为媒介，把大象分解为等量的石头，分别称出石头的重量，再加到一起，不就等于大象的重量了吗？这是一个典型的分合思维法的例子。

帽子与上衣连起来组成新的款式，上衣与裤子连起来组成背带裤，上衣与裙子连起来成为连衣裙；收音机与录音机组合成收录机；橡皮与铅笔粘在一起成了新型铅笔，据说发明这种铅笔的人是个穷画家，穷得连橡皮头都舍不得丢掉，把它粘在铅笔上，因而成了一项发明，申请了专利，穷画家一跃而成了大富翁。这些便是分合思维法的妙用。

7）模仿创新法

人类的创造发明大多是由模仿开始的，然后进入独创。勤于思考就能通过模仿进行创造发明，当今有许多物品模仿了生物的一些特征，以致形成仿生学。模仿不仅可用于工程技术、艺术领域，也可用于管理领域等。

8）检核表法

这种方法几乎适用于任何类型与场合的创造活动，因此又被称为“创造方法之母”。它是用一张一览表对需要解决的问题逐项进行核对，从各个角度诱发多种创造性设想，以促进创造发明、革新或解决工作中的问题。实践证明，这是一种能够大量开发创造性设想的方法。

检核表法是一种多渠道的思考方法，包括以下一些创造技法：迁移法、引入法、改变法、添加法、替代法、缩减法、扩大法、组合法和颠倒法。它启发人们缜密地、多渠道地思考问题和解决问题，并广泛运用于创造发明、革新和企业管理。它的要害是一个“变”字，而不把视线凝固在某一点或某一方向上。

小看板 9-6

黄帝问路

上古时代，黄帝带领六位随从到贝茨山见大隗，在半途上迷路了。他们巧遇一位放牛的牧童。

黄帝上前问道：“小孩儿，贝茨山要往哪个方向走，你知道吗？”

牧童说：“知道呀！”于是便指点他们方向。

黄帝又问：“你知道大隗住哪里吗？”

牧童说：“知道啊！”

黄帝吃了一惊，便随口问道：“看你年纪小小，好像什么事你都知道不少啊！”接着又问道：“你知道如何治国平天下吗？”

牧童说：“知道，就像我放牧的方法一样，只要把牛的劣性去除了，那一切就平定了呀！治天下不也是一样吗？”

音频

黄帝听后，非常佩服：真是后生可畏，原以为他什么都不懂，却没想到这小孩儿从日常生活中得来的道理，就能理解治国平天下的方法。

在公司里，有许多领导或者“老前辈”，总喜欢倚老卖老，开口闭口“以我十几年的经验……”来否定新人的创见，认为后辈太嫩，社会阅历不多，绝对要对他们服从。其实，领导或“老前辈”的经验值得后辈学习，但年轻一代的新见解、新创见，不也是值得领导或“老前辈”研究及重视的吗？正所谓：活到老，学到老。两代人的思想交流，一定可以惠及大家。

一个人的工作也许有完成的一天，但一个人的教育没有终点。

资料来源　佚名. 黄帝问路［EB/OL］.［2021-12-28］. http: //www.mbachina.com/html/management/36779.html.

9.4 中国企业的管理创新

9.4.1 中国企业面临的挑战

当前，以互联网、大数据、人工智能为代表的新一代信息技术蓬勃发展，催生出新产业、新业态、新模式，给经济发展、社会进步、人民生活带来重大而深远的影响。中国企业目前正处于一个巨大的创新时期，中国的科技创新进入了一个跟跑和并跑、领跑并存的新阶段。一方面，以企业为代表的民间创新，成为社会进步的另一个引擎。“百度大脑”人工智能技术、阿里巴巴“飞天开放平台”等技术成果，在全球互联网领域内也属先进行列。华为、中兴通讯等企业参与的中国5G技术方案，在全球5G标准制定中赢得一席之地。另一方面，社会对于科学求真求实的探讨，也在不断深入。当前，中国企业既要使自己能够与国家的经济体系的转变合拍，又要使管理水平不高的企业状况能够得以改变并有所创新，以跟上世界现代企业管理发展的步伐。这种双重任务使中国的企业在发展过程中面临着管理创新的挑战。

管理知识的积累是信息技术等先进技术能够得以发挥作用的重要条件。西方国家能够快速进入知识经济时代就是因为其所具有的长期的管理知识的积累。我国企业适应市场经济的时间还短，与工业发达国家上百年的历史相比还相当不成熟，这就决定了我国企业管理水平上的多层次性和复杂性。

1）经济制度和体系创新的挑战

中国的经济制度和体系正由计划经济制度和体系向市场经济制度和体系转变。这种转变对企业而言，意味着要对原有的经营理念、生产运作方式、管理方式等进行扬弃和取舍，并重新在企业运行过程中学习和建立一套新的理念、方式、方法。企业在市场竞争中会遇到一系列现代经营管理上的问题，如市场分析和预测、消费者行为心理的研究、供应商的选择和合作、遇到危机时的应急策略等，这些问题在西方现代企业管理中已经得到解决或者正在探讨，但对于中国的企业来说仍需要在实践中进行探索。

2）知识经济和经济全球化的挑战

知识经济的全面兴起为经济全球化奠定了基础。在这样的背景下，新一轮兼并浪潮席卷全球。企业经历了生产型管理之后必须快速转向创新型管理。我国加入WTO以来，面对的已不再是相对封闭的国内市场，而是一个在世界贸易组织规则之下的、开放而通畅的国际大市场，这种开放使中国的经济发展提升到了一个新的水平，中国企业的经营和管理与国际惯例的接轨势在必行。但是我国有的企业尚未从根本上解决这个转型问题——计划经济时代所产生的“等、靠、要”的思想还在某种程度上束缚着企业。其具体表现为：企业经济效益总体不高；新产品开发速度慢，与市场要求差距大；企业内部人、财、物的利用率低；国际市场的分析和跨国经营的经验缺乏等。

3）现代生产运作管理方式的挑战

在过去，生产运作管理系统的研究和实践主要考虑的是制造业的问题，甚至许多时候只涉及生产系统内部，绝大部分的生产运作管理理论和方法也是针对制造业的。但在今天，人们已经把服务业作为生产运作管理系统的一个重要方面来加以研究，提出了许多更适用于服务业的新的生产运作管理系统理论和方法并应用于实践中，这使得生产运作管理的范围大大扩大。随着科技的进步和人们生活条件的不断改善，消费者的价值观念变化很快，消费需求日趋多样化、个性化，这使得产品的生命周期相应缩短，从而使得生产运作管理模式发生了相应变化。同时，随着信息技术和现代生产运作管理技术的飞速发展，国外许多企业通过智能化、数字化、虚拟化、网络化、敏捷制造等来提升企业竞争力，而我国有的企业才将计算机等现代管理手段和技术运用到生产运作管理领域，因此这些企业必须迅速实现管理手段的现代化，否则在全球化的竞争中将无法与国外先进企业抗衡，从而面临被淘汰的危险。

4）技术创新能力薄弱的挑战

当今世界的竞争，归根结底是科技实力与技术创新能力的竞争。中国与发达国家的高技术产业经济相比，差距还很大。从总体上看，我国科技创新基础还不牢，自主创新特别是原创力还不强，关键领域核心技术受制于人的格局没有从根本上改变。虽然市场机制正在健全，但是科技转化为现实生产力的能力还比较薄弱，科技对经济的贡献率还不是很高。许多企业缺少拥有自主知识产权的技术和产品，生产工艺落后，缺乏国际竞争力。

小看板-9-7

2021年是我国5G商用取得重大突破的一年。5G网络覆盖从城市扩展到乡镇，已建5G基站数量超过115万个，占全球70%以上；5G终端连接数已超过4.5亿个，用户渗透率突破27%；5G推动数字经济与实体经济不断融合，2021年5G直接带动经济总产出1.3万亿元，直接带动经济增加值约3 000亿元，间接带动总产出约3.38万亿元，间接带动经济增加值约1.23万亿元，分别比2020年增长33%、39%、31%和31%。

资料来源　中国信息通信研究院. 中国5G发展和经济社会影响白皮书［R］. 北京：2022.

9.4.2　中国企业管理创新的阻力及克服方法

1）中国企业管理创新的阻力

我国企业在经济全球化的竞争中要遵循新的游戏规则，创新是唯一的出路，在进行管理创新时，不可避免地会遇到阻力。根据我国企业的实际情况，企业在管理过程中通常会遇到以下方面的阻力：

（1）观念转变的阻力。在中国，创新的阻力主要来自文化的影响，不把中国文化中的某些保守因素考虑进去的创新往往会以失败而告终。创新的最大阻力不是来自技术的改进，也不是来自先进体系的缺乏，而是来自观念的陈旧。有的企业长期以来习惯了计划经济体制下的经营管理，对市场经济快速多变的情况感到不适应，因此企业在不得不进行创新时往往首先要克服来自观念方面的阻力。

（2）目标过高的阻力。由于有的企业管理水平不高，在制定创新目标时，不应好高骛远或照搬照套国外成功企业的创新经验，把创新目标定得过高，这实际上会阻碍企业的创新。例如，我国有的企业照搬美国摩托罗拉公司的成功经验，在企业内推行六西格玛管理模式，结果刚开始轰轰烈烈，到最后不了了之，浪费了大量的精力和财力等。之所以产生这样的现象，原因在于这些企业在创新活动过程中，往往没有仔细分析该管理理论和方法的适用性，在不了解其来龙去脉的情况下，就进行套用，结果适得其反。

（3）目光短浅的阻力。有的企业由于目光短浅，仅考虑眼前利益或墨守成规，畏难不前，不能适时进行创新，结果是企业不能产生创新的火花，以致在竞争中处于劣势，甚至被淘汰。还有的情况是企业中有些人认为管理创新不符合企业的目标和最佳利益，为一时的得失而斤斤计较，缺乏长远眼光，看不到创新对企业发展产生的深远影响，从而错失良机。

（4）内部的阻力。在一定程度上，创新意味着组织结构的创新或者业务流程的重组等，因此创新受到的阻力往往也来自企业内部人员。企业之所以创新，当然是现有的组织结构或业务流程等存在着种种弊端，但是在创新的推行中，难免涉及许多人的切身利益，因此创新受到了来自有关升迁、权力、金钱等利益层面和心态不正、惰性、安全感缺乏以及对未来的恐惧等意识层面的挑战。许多创新由于受到内部既得利益者的反对而宣告流产。另外，在有的企业中由于长期积累的弊病而形成的一些惯性，也会对创新起到一定的反作用。

（5）过度分析论证的阻力。管理本身具有一定的不可复制性，创新更多意味着前无古人，总包含着一定的风险因素。过分挑剔的眼光和过度的分析论证都可能将创新扼杀在摇篮之中。实质上，任何一种行动方案，在实施过程中都会随着实际情况的变化而调整，然后逐渐完善。没有天生完美的方案，这是在实践中屡试不爽的真理。有的企业在实施创新时为了求稳、求好，一步到位，往往会因为过度分析论证而导致创新流产。

2）管理创新阻力的克服

管理者要成功实施管理创新，必须克服上面所述的来自各个方面的阻力，争取员工的支持和合作，但是管理者应该如何应对管理创新中的抵触情绪、克服创新阻力呢？

（1）观念创新。观念创新是企业创新的先导，决定企业的生死存亡。企业观念创新就是指形成能够比以前更好地适应环境的变化并更有效地利用资源的新概念或新构想的活动。观念创新必须与外部环境的变化同步。它是一个自我否定的过程，要超越固有的思维模式，打破旧的利益分配格局。有的企业之所以对遇到的许多问题束手无策，就是因为观念受到了束缚，已经习惯于在自己熟悉的范围内寻找对策，而事实上现在的环境与过去相比已经发生了根本性的变化。在这种情况下，即使使出浑身解数，也无济于事。只有跳出原有的圈子，才能柳暗花明，而要跳出原有的圈子，就必须进行观念更新。企业管理者和员工应该不断学习，吸收先进企业的管理创新思想和经验，树立创新的意识。企业的经营者应该主动进行观念创新，以便适应现在这个变化迅速的企业外部环境。

(2) 领导风格的创新。任何一种创新工作的实施，都需要有一支强有力的创新领导队伍。没有好的领导队伍，创新工作就很难取得成功。创新的决策和运行需要控制，这就要求各级管理人员不但要善于领导，还应该具有创造、沟通的能力，这也意味着企业管理者对自身的领导能力要有非常清醒的认识，应该重新审视自己的领导风格，打破传统的等级观念，改变依靠命令推行创新的思想，通过建立适合企业长远发展的创新目标和措施以及与企业内外部环境的沟通和协调推行创新。

(3) 实事求是地分析企业实际情况。企业在进行创新时，目标过高或目光短浅都可能导致创新的失败。这就要求企业能够客观地评价历史和现状。只有对历史和现状有一个正确的评价，才可能让员工切实体会到创新的重要性，从而制定出合理的目标和正确的措施。在分析企业情况时，要防止出现前面提到过的过度分析论证的情况，导致创新裹足不前。

(4) 创新计划的交流。在创新之前，企业有关管理部门应提前对员工进行教育，使员工做好创新的准备，需要向员工传达创新的动因、性质、内容、目的、逻辑以及可能的结果等。有时就算管理部门的改革建议能使每个人受益，员工也可能因为没有领会它的目的而反对它。此时，管理层和员工之间的良好沟通可以预防或消除抵制。管理层应该在沟通的基础上再引导员工参与到创新计划的制订和实施中来。除了内部的成员外，企业必须顾及其他利益相关的外部人员，如政府机关人员、供应商、新闻媒体人员等，因为有时外部力量对创新也起着很重要的作用。为了创新的成功实施，企业对这些外部环境因素不应忽视。

思享园地

北斗卫星导航系统
——中国自行研制的全球卫星导航系统

北斗卫星导航系统（Beidou Navigation Satellite System，BDS）是中国自行研制的全球卫星导航系统，也是继GPS、GLONASS之后的第三个成熟的卫星导航系统。

北斗卫星导航系统（BDS）和美国GPS、俄罗斯GLONASS、欧盟GALILEO，是联合国卫星导航委员会已认定的供应商。

我国高度重视北斗卫星导航系统的建设发展，自20世纪80年代开始探索适合国情的北斗卫星导航系统发展道路，形成了“三步走”发展战略：2000年年底，建成北斗一号系统，向中国提供服务；2012年年底，建成北斗二号系统，向亚太地区提供服务；2020年，建成北斗三号系统，向全球提供服务。2023年4月27日消息，中国计划2023年发射1～3颗北斗组网备份卫星，进一步提升星座稳健性和可用性。

北斗卫星导航系统由空间段、地面段和用户段3部分组成，可在全球范围内全天候、全天时为各类用户提供高精度、高可靠定位、导航、授时服务，并且具备短报文通信能力等。

全球范围内已经有137个国家与北斗卫星导航系统签下了合作协议。随着全球组网的成功，北斗卫星导航系统未来的国际应用空间将会不断扩展。

2035年，中国将建成以北斗卫星导航系统为核心，更加泛在、更加融合、更加智能的国家综合定位导航授时体系，为未来智能化、无人化发展提供核心支撑。届时，从室内到室外、深海到深空，用户均可享受全覆盖、高可靠的导航定位授时服务，北斗卫星导航系统将更好地服务全球、造福人类。

北斗卫星导航系统标志由正圆形、写意的太极阴阳鱼、北斗星、网格化地球和中英文文字等要素组成。

圆形构型象征中国传统文化中的“圆满”，深蓝色的太空和浅蓝色的地球代表航天事业。

太极阴阳鱼蕴含了中国传统文化。

北斗星是自远古时起人们用来辨识方位的依据。司南是中国古代发明的世界上最早的导航装置，两者结合既彰显了中国古代科学技术成就，又象征着卫星导航系统星地一体，为人们提供定位、导航、授时服务的行业特点，还寓意着中国自主卫星导航系统的名字——北斗。

网格化地球和中英文文字代表了北斗卫星导航系统开放兼容、服务全球。

资料来源 根据北斗卫星导航系统网站资料整理。

管理定律

马蝇效应

林肯少年时和他的兄弟在肯塔基老家的一个农场里犁玉米地，林肯牵马，他兄弟扶犁，而那匹马很懒，慢慢腾腾，走走停停，可是有一段时间马走得飞快。林肯感到奇怪，到了地头，他发现有一只很大的马蝇叮在马身上，他就把马蝇打落了。看到马蝇被打落了，他兄弟就抱怨说：“哎呀，你为什么要打掉它，正是那家伙使马跑起来的嘛！”没有马蝇叮咬，马慢慢腾腾，走走停停；有马蝇叮咬，马不敢怠慢，跑得飞快。这就是马蝇效应。马蝇效应给我们的启示是：一个人只有被叮着、咬着，他才不敢松懈，才会努力拼搏、不断进步。

增值阅读

创新之“过”

多数知识型或科技型企业都将创新视为企业的灵魂，视为企业发展的不竭动力，但是通过对众多企业的调研发现，创新不足是问题，盲目创新也是问题。事实上，创新对企业发展具有正反两方面的作用，创新需要管理，盲目的创新、过分的创新，可能意味着自杀。

尽管很多企业成天谈论开发革命性新产品的必要性，但真正的突破几乎总是来自充满活力的年轻初创企业。这里的主要原因很好理解，建立新市场所需的是冒险、试验和有点鲁莽的热情，这与运作成熟企业所需的不同。

这样说并非否认创新是企业发展的动力和赢得竞争优势的重要手段，但企业创新不同于大学等专门科研机构的创新。专门科研机构创新的目的在于发现新知识或新技术，其制约因素主要在于人、财、物构成的科研能力大小。企业创新有着特殊的制约因素，那就是市场需求，包括客户需求和竞争需求。高绩效的企业创新来自市场需求导向，失去市场需求导向的创新是盲目的创新。多数拥有创新声誉的企业都深谙创新之道，但它们最好的点子往往是借鉴而来的。

1.过快创新

过快创新是单纯追求技术推出速度而脱离市场节奏的一类创新。不给创新成果一段相对稳定的应用过程，总是在快速不断地推陈出新、更新换代，虽然满足了技术人员的创新欲望，但会造成创新的不经济。日本的汽车企业在20世纪80年代就品尝过汽车换型过快（平均3~4年）、研发投入过多的教训。尽管赢得了局部竞争的胜利，但给企业背上了较重的财务包袱。相对而言，英特尔公司有节奏地推出新产品的策略，就是对创新进行有效管理的成功案例。CPU从286到586，又从Pentium 1到Pentium 4，表面看来是按照摩尔定律进行的技术创新、产品换代，实质是对市场节奏的巧妙把握，对游戏规则的灵活掌握。企业应该以市场为导向而不能以技术为导向。创新是为客户服务的，而不是给客户找麻烦的。

不仅是技术，管理创新也会有过快的问题。华为公司有针对性地提出“先僵化、再优化、后固化”的思路，就是为了尽量避免管理学习过程中过快创新可能带来的问题。

2.过早创新

企业存在的理由是满足客户需求，但更高调和更激进的企业往往提出要“创造客户需求”。尽管俗话讲“买的不如卖的精”，但是这种假定自己比客户聪明的想法亦有问题。比如，过于超前的技术或产品创新是为少数超前客户服务的，这可能导致短期内无法形成有效的、有规模的市场。跟不上客户需求是问题，超越了客户需求同样是问题，正所谓“领先一步是先进，领先三步是先烈”。

过早创新产生的理由之一往往是强调所谓的长远目标或长期战略，而忽视了企业近期的生存需要，于是当欣赏新技术所描绘的美好远景的人数过少时，创新可能会演变成“找死”的盲动主义。企业创新必须注意短期市场和长期市场的协调，“明天是美好的，但别在黎明前死去”，活着才是硬道理。

企业创新必须以客户需求为导向。北京中关村流行的一句话很到位：“卖出去才是硬道理。”当企业陷入不得不批评竞争对手产品技术落后，不久就会被淘汰，而客户却不以为意的时候，就得反思企业是否偏离客户需求导向了。

凭技术优势而自豪的高科技公司更容易滑向技术导向。北大方正激光照排产品的成功就是因为竞争对手过分得意于产品在某些特殊功能上的技术优势，比如能够排版微积分、苯环等，错误地将目标客户集中在了特定出版社等狭窄领域，从而为北大方正留下了报社等广阔的市场空间。背离客户需求的创新是盲目创新，脱离有效客户需求的创新同样是盲目创新。

华为公司可以说是非常崇尚技术创新的公司，但公司为自己确定的宏观商业模式是“产品发展的路标是客户需求导向，企业管理的目标是流程化组织建设”，再次确认了走客户需求导向不走技术导向的成长之路。

3. 过度创新

过快和过早创新主要是从技术和产品角度看的，掉进这两个陷阱可能是因为竞争所致，与企业过强的技术导向有密切关系，但过度创新则与技术因素无关。

过度创新指的是企业在组织或管理变革方面过于激烈的、急风暴雨式的创新。创新或变革对原有组织或管理系统造成过大冲击，使组织失去了起码的稳定性和连续性，这是很多企业创新或变革失败的主要原因。企业规模越大，其管理结构、流程以及人际关系就越复杂，适宜“搞改良”，不适宜“闹革命”；适宜循序渐进，不适宜大的震动。华为公司总裁任正非形象地将这种创新叫“文火慢慢烤”，联想柳传志先生则将它比喻为“绕大弯”。

管理进步的标志之一就是流程化，流程化可以减少和避免随意性。在某种意义上，小企业怕超速扩张，大企业怕随意变革。

避免过度创新有一些原则可循。比如，衔接有序原则：防止变革过程中出现决策和责任真空，在新组织完全建立前，旧的决策模式不完全消失，保障业务变革在有序中进行。继承发扬原则：反对“一朝天子一朝臣”，反对新干部上台否认前任的管理，反对随意地破坏原有文化或管理的合理的内核以及与周边已形成的习惯性协调。评估论证原则：稳定发展时期不能提倡管理上的大胆探索，任何管理改进，都要以全局为目标来进行评估，任何变革都必须经相关委员会充分论证后批准等。

企业要保持持续的创新，还需要建立创新的激励和保障机制，为创新分配充足的资源是必要条件，同时不能忽视对创新成果的正确考评。比如，创新成果必须是为企业创造效益的，而不是为科研人员晋升职称的；创新成果必须是不断累积成文档的，而不能只是储存于员工头脑中的。

总之，创新是实现企业持续成长的一种手段，而不是目的。因此，创新本身没有对错，但创新的结果可能是吃到馅饼，也可能是掉进陷阱，盲目的创新极有可能导致企业掉进过快、过早、过度创新的陷阱。对某些正在成长为大公司的企业更是如此——有研究表明，中小企业的特殊优势在于新产品、新技术的创新能力，大企业的特殊优势不是创新能力而是对各种资源的吸收和整合能力。所以，对于志在做大、做强、做久的企业来讲，创新重要，如何管理创新、避免创新陷阱更为重要。

点评：创新对管理来说固然重要，但如何把握好创新的“度”，对于成功管理而言更加重要。

[基础训练]

1. 生活中，你是一个具有创新意识的人吗？周围的人在这个问题上是如何评价你的？

2. 你能理解熊彼特创新含义中五个具体方面的内容吗？说说你的看法。

3. 请为创新的过程画一张图。

4. 创新工作的原则有哪些？

5. 创新的内容包括哪些？你体会最深的是哪个？为什么？

6. 你认为创新主体中最重要的是哪一个？说出你的理由。

7. 创新的策略和方法各有哪些？

8. 填写表9-1，并试着用它分析你面临的一个问题，找到新的解决方法。

表9-1　个人创新目标工作表

背景资料：
目标：
1.创新想法：
2.预期结果：
3.方法：
4.时间安排：

[综合应用]

■实训与实践

1.每两个团队为一组，围绕班级某项工作开一次讨论会，用头脑风暴法找出创新构想。各组做好记录，然后进行比较，看谁想得多、想得好。最后列出认为具有可行性的构想（可有多个）。

2.游戏、讨论。

（1）以团队为单位，假设你是一家玩具公司的员工，给定的任务就是要设计出一个新的玩具，可以是任何类型、针对任何年龄段，唯一的要求就是要有新意。

（2）给10分钟时间，然后让每一个团队选出一名代表，对他们设计的玩具进行详尽的介绍，内容应该包括名称、目标群体、卖点、广告、预算等。

（3）以团队为单位讨论下列问题：

A. 什么样的创意会让你觉得眼前一亮？怎样才能想出这些创意？

B. 时间的限制对你们想出好的创意是否有影响？

C. 一个好的提案是不是只要有好的创意就行了？如果不是的话还需要什么东西？

3. 经济全球化是当今世界经济发展的特征，资源、技术、信息、人才和商品等在全球范围内流动，中国企业要想在国际竞争中占据优势地位，必须提升管理水平，实现管理创新。只有通过管理创新，才能使企业的管理体制和运行机制更加规范合理，实现人、财、物等资源的有效配置。

（1）请同学们以小组为单位，以“创新是……”进行游戏接龙（如“创新是人类发展的不竭动力”“创新是人类智慧的结晶”“创新是一个民族的灵魂”等），要求言简意赅，主题突出，5分钟内完成。

（2）请同学们以小组为单位，选出“我心中的创新企业”，并制作文案在班级介绍，由教师进行点评。

■案例分析

“庄妈妈”和她的净菜社

“庄妈妈”原名叫庄卫红，是上海纺织厂的一名女工，1996年下岗。下岗后，文化程度不高，又没有管理经验的她带领4个人借款3万元创办了“庄妈妈净菜社”，开辟了上海服务行业的一个新行当。庄卫红的第一批顾客就是家门口的6家邻居，每家每月收10元服务费。净菜社的口号是“以妈妈精神为客户服务”。开张后不久，上海媒体竞相报道了庄卫红创业的事迹，并亲切地称其为“庄妈妈”。就在当年年底，她被评为“上海十大杰出青年”“中国青年五四奖章”获得者。在社会方方面面的支持下，她迅速将净菜社的规模做大。净菜社刚成立的时候，资金有限，设备简陋，但在不到1年的时间内，她就得到各种社会扶植资金70多万元，前来洽谈合作的机构也络绎不绝。一时间，连庄卫红自己也都觉得，除不失时机地做大“蛋糕”之外，净菜社几乎没有别的选择。首先是机构，迅速膨胀，员工从4人增加到70多人，进而发展到100多人。净菜社还成立了董事会，庄卫红自任董事长，她的丈夫出来当副手，并建立了财务、统计、生产一部、生产二部、办公室、运输、仓库、采购等部门，光是办公室就有5名成员。但是净菜社的经营情况并不理想，自开业以来从未盈利，最好的月份每月营业额可达20万元，一般月份平均不过10余万元，100余名员工靠这点儿收入维持，其困难可想而知，更何况庄卫红要出席各种大会小会，交流演讲，光车费每年就要花去20多万元。这样算下来，最少的月份也要亏损4 000元。开业4年来，净菜社已经负债达100多万元。在这种情况下，许多员工不断流失。2000年，净菜社的员工从100余人锐减到4人。当年8月1日，净菜社因欠房租近10万元被迫关门。2000年9月1日，当记者在上海静安区石门一路一条普通的小弄堂里找到净菜社时，发现已是人去楼空，门缝里夹着一张电话费催账单和几封邮件。透过门缝往里瞧，屋里只有一辆自行车和几个菜盆。据周围的邻居讲，自从净菜社关门后，庄卫红闭门不出，一直没有再来过。

短短4年，净菜社从辉煌到失败，引起社会各方面的关注和议论。一位熟悉净菜社发展历程的人士说：“庄卫红由于创业心切，步子迈得太快，失败是难免的。”尽管如此，人们还是赞扬庄卫红的创业精神，为她的失败深深惋惜。有人从经营管理和个人素质方面帮助她出谋划策，庄卫红也说：“我下岗这么多年，政府对我创业如此关心，我很想回报社会，但是当了老板后，才发现市场经济是无情的，我犯的最大的错误就是只想解决就业岗位，却没有考虑这些岗位的持久性，企业不成功，什么岗位都是空的，一个行业只有在市场上立足，才能证明有多少

真正的岗位需求。”

资料来源 梁建增，孙克文，赵微. 纪事［M］. 北京：高等教育出版社，2003.有删减。

问题：

（1）结合案例谈谈你对创新的理解。

（2）请分析“庄妈妈净菜社”失败的直接原因和深层原因分别是什么。

主要参考文献

［1］邢以群．管理学［M］．5版．杭州：浙江大学出版社，2019.

［2］王凤彬，李东．管理学［M］．5版．北京：中国人民大学出版社，2018.

［3］周三多，陈传明，刘子馨，等．管理学——原理与方法［M］．7版．上海：复旦大学出版社，2018.

［4］刘秋华．企业管理［M］．2版．大连：东北财经大学出版社，2015.

［5］马浩．战略管理学精要［M］．2版．北京：北京大学出版社，2015.

［6］卿涛．人力资源管理概论［M］．2版．北京：北京交通大学出版社，2015.

［7］张蕾，闫奕荣．企业管理——理论与案例［M］．2版．北京：中国人民大学出版社，2015.

［8］刘兰剑，李玲．管理定量分析：方法与技术［M］．北京：中国人民大学出版社，2014.

［9］高立法．企业全面风险管理实务［M］．3版．北京：经济管理出版社，2014.

［10］戴淑芬．管理学教程［M］．4版．北京：北京大学出版社，2013.

［11］刘追，石冠峰．管理学［M］．大连：东北财经大学出版社，2013.

［12］肖海林．企业战略管理：理论、要径和工具［M］．北京：清华大学出版社，2013.

［13］刘昕．人力资源管理［M］．北京：中国人民大学出版社，2012.

［14］罗宾斯，库尔特．管理学［M］．李原，孙健敏，黄小勇，译．11版．北京：中国人民大学出版社，2012.

［15］马凌，施涛，何建洪，等．高级管理学［M］．北京：科学出版社，2012.

［16］郭爱英，张立峰．人力资源管理［M］．2版．北京：科学出版社，2011.

［17］周健临．管理学教程［M］．3版．上海：上海财经大学出版社，2011.

［18］朱吉玉．世界500强经营管理之道［M］．大连：东北财经大学出版社，2011.

［19］尤建新，雷星晖．企业管理概论［M］．4版．北京：高等教育出版社，2010.

［20］赵丽芬．管理理论与实务［M］．2版．北京：清华大学出版社，2010.

［21］赵国忻．管理学基础［M］．北京：科学出版社，2008.

［22］路宏达．管理学基础［M］．4版．北京：高等教育出版社，2018.

［23］蒋永忠，张颖．管理学基础［M］．北京：清华大学出版社，2007.

［24］朱林．管理原理与实训教程［M］．北京：北京邮电大学出版社，2008.

［25］劳动和社会保障部职业技能鉴定中心．与人交流能力训练手册（试用本）［M］．北京：人民出版社，2008.

[26] 张云河．管理学基础［M］．4版．北京：中国人民大学出版社，2022.

[27] 杨刚，向泽映，戴旻．现代企业文化学［M］．北京：对外经济贸易大学出版社，2007.

[28] 全琳琛．执行能力培训全案［M］．北京：人民邮电出版社，2008.

[29] 郭济兴，李世俊．三国演义与经营谋略［M］．南宁：广西人民出版社，1988.